● 이 책에 쏟아진

천재의 정의를 '아무 노력 없이도 위대한 업적을 내는 사람'이 아니라 '매일, 조금씩, 될 때까지 탁월성을 추구하는 사람'이라고 생각한다면, 당신은 반드시 이 책을 읽어야 한다. 아름다운 문체와 풍성한 사례 그리고 엄밀한 데이터로 구성된 보기 드문 훌륭한 책이다!

_ 최인철(서울대학교 심리학과 교수, 《프레임》 저자)

이 책은 재능 신화를 떠받드는 세상에 던지는 설득력 있고 흥미로운 대답이다. 앤절라 더크워스는 성공하는 사람을 구분 짓는 특성은 열정과 끈기라는 진리를 우리에게 다시 한 번 상기시킨다.

_ 말콤 글래드웰(《아웃라이어》 저자)

놀랍도록 신선하며 독창적이다!《그릿》은 잠재력의 가능성에 대한 선입견을 완전히 깨부수며 우리에게 새로운 관점을 선사한다.

_ 수전 케인(《콰이어트》 저자)

《그릿》은 미국의 국보로 삼아야 할 엄청난 책이다. 이 책은 교육과 경영 현장, 독자들의 삶을 완전히 바꿔놓을 것이다.

_ 로렌스 서머스(전 미 재무장관, 전 하버드대학교 총장)

말이 필요 없는 명저다. 이 책은 열정을 느끼는 일에 헌신할 때 비로소 진정한 성공을 얻을 수 있다는 점을 과학적으로 증명해낸다.

_ 아리아나 허핑턴(전 허핑턴포스트 미디어그룹 회장, 《제3의 성공》 저자)

대단히 매혹적이며 감동적이다. 이 책을 한번 집어 들면 손에서 놓을 수 없을 것이다.

_ 에이미 커디(하버드대학교 경영대학원 교수, 《자존감은 어떻게 시작되는가》 저자)

경쟁 상대를 앞지르는 법에 관해 지금껏 알고 있던 내용들은 잊어라. 당신에게 필요한 덕목은 영리함이 아니라 끈기다! 사회적 통념에 도전하는 생각을 사랑하는 내게 이 책은 완벽함 그 자체다.

_ 사이먼 시넥(《스타트 위드 와이》 저자)

이 책은 현대의 고전이다. 보다 현명하게 일하고, 더 나은 삶을 살기 원하는 이들이라면 반드시 읽어야 할 책이다. 나는 이 책이 당신의 인생을 완전히 바꿔놓을 것이라고 장담한다.

_ 다니엘 핑크(《드라이브》 저자)

앤절라 더크워스는 '그릿' 연구를 대중화시킨 혁혁한 공을 세웠다. 학교에서 배우는 단순한 끈기가 아닌 열정이 있는 끈기의 힘이 무엇인지 우리에게 상기시켜주는 훌륭한 책이다.

_ 데이비드 브룩스(《소셜 애니멀》 저자, 《뉴욕 타임스》 칼럼니스트)

심리학자들이 수십 년간 찾아온 성공의 비밀을 앤절라 더크워스가 밝혀냈다! 이 책은 성공의 비결이 무엇인지, 그리고 어떻게 그 비결을 우리의 것으로 만들 수 있는지 생생하게 알려준다.

_ 대니얼 길버트(《행복에 걸려 비틀거리다》 저자)

매우 유용한 책이다. 유례없을 정도로 지식에 접근하기 쉬워진 세상에서 이를 가장 적절히 활용할 사람들의 핵심 특성을 묘사한다. 독자들에게 열정을 좇고 그것을 지속하는 힘을 가르쳐주는 책이다.

_ **살만 칸**(칸 아카데미 설립자)

대단히 흥미롭고 정확하며 실용적인 이 책은 성공에 관한 고전이 될 것이다.

_ **댄 히스**(《스틱!》 저자)

자식과 남편, 내게 소중한 모든 사람에게 계속 소리 내어 읽어주고 싶은 책이다. 위대함에 이르는 지름길이 없다는 말은 사실이다. 하지만 지도는 존재한다. 지금 여러분 손에 그 지도가 들려 있다.

_ **아만다 리플리**(《무엇이 이 나라 학생들을 똑똑하게 만드는가》 저자)

탁월성을 추구하는 데 있어서 진정한 투지를 이끌어내는 특성들보다 중요한 것은 없다고 확신한다. 여러분도 나만큼 이 책을 재미있게 읽었으면 한다.

_ **브래드 스티븐스**(미 프로농구 보스턴 셀틱스 감독)

대단히 중요한 책이다. 우리는 너무나도 오랫동안 선천적 재능이라는 신화에 갇혀 있었다. 앤절라 더크워스는 우리가 성취에 이르는 길을 제대로 이해할 수 있도록 한줄기 빛을 선사해준다. 사람들을 대신해 깊은 감사의 뜻을 전한다.

_ **데이비드 솅크**(《우리 안의 천재성》 저자)

많은 깨우침을 주는 책이다. 선천적으로 영리한 사람이 아니라 인내하며 폭풍이 지나가기를 기다리고, 다시 도전할 용의가 있는 사람이 인생의 정상을 정복할 것이라는 사실을 가르쳐준다.

_ **에드 비에스터스**(에베레스트를 비롯 히말라야 14좌 등정에 성공한 산악인)

환상적이다. 앤절라 더크워스는 수십 년간의 심리학 연구, 기업인과 운동선수의 감동적인 성공담, 자신의 독특한 개인적 경험을 종합해 당신과 당신의 자녀가 직장과 학교에서 더 큰 의욕과 열정, 끈기를 발휘할 수 있게 해주는 현실적 전략을 만들어낸다.

_ 폴 터프(《아이는 어떻게 성공하는가》 저자)

성공을 예측해주는 요인들을 면밀하고 매력적으로 탐구하고 있다. 이 책은 우리가 더 노력하고 계속 앞으로 나아가게 하는 요인들을 둘러싼 많은 사람들의 오해와 예측변인들을 다루고 있다. 책 곳곳에서 등장하는 본인의 이야기가 그녀의 이론을 가장 잘 증명해준다.

_ 토리 버치(토리 버치 회장, 디자이너)

이 시대에 가장 중요한 책이다. (우리 어머니가 끈덕짐이라고 표현하는) '그릿'의 힘을 연구하는 데 앞장서온 저자는 이 책에서 적절한 일화와 경구를 동원해가며 그녀의 통찰을 우리 자신과 우리 자녀의 삶에 유용하게 적용할 방법을 확실하게 보여준다.

_ 로버트 퍼트넘(하버드대학교 공공정책대학원 교수,
《우리 아이들: 빈부격차는 어떻게 미래 세대를 파괴하는가》 저자)

힘을 불어넣어주는 책! 앤절라 더크워스는 평범한 사람도 극기와 인내만 있으면 선천적 재능을 가진 사람만큼 성공할 수 있으며 사고만큼이나 사고방식이 중요하다는 견해에 주목하게 만든다.

_ 솔레다드 오브라이언(스타피쉬 미디어 그룹 회장)

풍부한 과학 정보, 감동적 이야기, 간결하고 우아한 문체, 흥미로운 개인적 사례가 결합되어 있다. 올해 읽은 책 중에서 나를 가장 변화시키고 새로운 지식에 눈뜨게 해준 책이다.

_ 소냐 류보머스키(캘리포니아대학교 심리학과 교수, 《행복의 신화》 저자)

아이들이 성공하기를 바라는 교육자라면 꼭 읽어야 할 책이다.

_ 조엘 클라인(전 뉴욕시 교육감)

이런 책을 기다렸다! 앤절라 더크워스는 지속적 성공 이면의 이야기, 과학적 지식, 긍정에 관한 이야기를 들려준다. 꼭 읽어야 할 책이다.

_ 바버라 프레드릭슨(국제긍정심리협회 회장, 《내 안의 긍정을 춤추게 하라》 저자)

심리학자 앤절라 더크워스는 '그릿'을 교육 정책가들 사이의 유행어로 만들었다. 끈기를 육성해야 한다는 그녀의 생각은 여러 사람의 삶을 확실히 개선시켰다. 1,000만 회 이상 조회된 저자의 TED 강연 내용이 이 책에 완벽하게 정리되어 있다.

_ 주디스 슐레비츠(《뉴욕 타임스》 서평)

다양하고 의미 있는 아이디로 가득하다. 저자는 자신의 연구와 현대 심리학 거장들의 연구를 알기 쉽게 연결시킨다. 마틴 셀리그먼, 미하이 칙센트미하이, 안데르스 에릭슨과 캐롤 드웩의 책을 관심 있게 읽은 사람이라면 이 책에 빠져들지 않을 수 없을 것이다.

_ 브라이언 존슨(아마존 독자, 유튜브 'Philosophers Note' 운영자)

가장 잘 보이는 곳에 이 책을 두어라. 그리고 열정을 북돋워야 할 때, 장기적인 목표를 위해 인내심이 필요할 때, 더 나은 경험을 하고자 하는 그 모든 순간에 이 책을 읽고 또 읽어라. 그 빛나는 길에 이 책이 좋은 안내자가 될 것이다.

_ 조지 우드(아마존 독자)

이 책은 열정과 끈기가 중요하다는 사실을 과학적으로 증명한다. 그릿을 길러주는 데 참고할 모형을 찾고 있는 부모와 교사들에게 매우 유용한 안내서이다.

_ 《워싱턴 포스트》

저자의 이 책은 열정의 현실적 정의와 성공에 관한 심리학 연구들을 흥미롭게 알려준다. 그릿이 있는 사람이 되기 위해서 목적에 강박적으로 사로잡혀 있을 필요는 없다. 다만 '시간이 지나도 변치 않는 일관성'만 지니면 된다. 이 책을 통해 당신도 투지가 강한 사람이 되어 끊임없이 나아가길 바란다.

_《월스트리트 저널》

최근에 어딘가에서 '그릿'이라는 단어를 보았다면 앤절라 더크워스 덕분이다. 그녀의 연구는 교육과 육아 분야에서 꼭 필요했던, 자녀가 좌절을 극복할 기회는커녕 이를 경험할 기회조차 박탈하는 헬리콥터 부모와 대립되는 방식을 제시한다. 선천적 재능에 관한 신화를 가차 없이 끌어내리는 윌 스미스, 윌리엄 제임스, 제프 베저스의 어머니 등 매우 다양한 사람들로부터 수집한 증거들은 여러분의 기억에 오래 남을 것이다.

_《더 애틀랜틱》

저자는 재능이 아닌 '열정'과 '연습'이 완벽의 경지에 이르게 해준다는 사실을 이 책에서 쉽게 설명해준다. 세상의 많은 보통의 존재들에게 영감을 주는 책이다.

_《피플》

이 책은 교육 분야에서 일하는 사람뿐만 아니라 경영인들이라면 꼭 읽어야 할 책이다. 최고의 자기계발서이자 비즈니스 필독서다.

_《포브스》

이 책만큼 성공 이론에 대해 명확한 지침을 알려주는 책은 찾을 수 없을 것이다!

_《슬레이트》

유용한 정보와 영감을 주는 책! 새로운 시대의 성공 비밀을 낱낱이 파헤쳤다.

_《퍼블리셔스 위클리》

마음을 사로잡는 책이다. 다니엘 핑크, 말콤 글래드웰, 수전 케인 같은 유명 저자들도 감탄한 책이다.

_ 《북리스트》

일화와 과학, 통계를 적절히 섞어놓은 책이다. 케케묵은 자기계발서와 달리 《그릿》은 묘하게 격려가 되고, 더 노력해서 잘해야 할 것 같은 기분이 들며, 즐겁게 읽힌다.

_ 《커커스 리뷰》

《그릿》은 부모와 교사 모두에게 '게임 체인저'와 같은 책이다. 저자의 방대한 심리학 연구에 기초한 이 책은 아이들과 학생들을 어떻게 가르쳐야 하는지 무척 중요한 통찰을 던져준다. 책장을 덮자마자 이 책에서 말하는 것들이 부모와 교사로서 내 삶에 오랫동안 남아 가르침을 줄 것이라는 확신이 든다. 강력 추천한다.

_ 《잉글우드 북리뷰》

그릿

Grit:
The Power of Passion and Perseverance
by Angela L. Duckworth
First published by Scribner,
an imprint of Simon & Schuster, Inc., New York.

Korean Translation Copyright ⓒ 2016 by The Business Books and Co., Ltd.
Korean translation rights arranged with InkWell Management, LLC, New York
through EYA(Eric Yang Agency), Seoul.

GRIT

IQ, 재능, 환경을 뛰어넘는 열정적 끈기의 힘

그릿

앤절라 더크워스 지음 | 김미정 옮김

비즈니스북스

옮긴이 **김미정**

서울대학교 사회교육과에서 학사 및 석사 학위를 받았으며 미국 일리노이대학교에서 교육심리학
전공 박사과정을 수료했다. 고등학교와 대학에서의 학생들을 가르치기도 했고 10년 넘게 영상번
역가로 활동했다. 글밥아카데미를 수료하고 바른번역에 소속되어 활동 중이다.

그릿

1판   1쇄 발행   2016년 10월 25일
2판   1쇄 발행   2019년 2월 20일
2판 76쇄 발행   2024년 12월 27일

지은이 | 앤절라 더크워스
옮긴이 | 김미정
발행인 | 홍영태
편집인 | 김미란
발행처 | (주)비즈니스북스
등 록 | 제2000-000225호(2000년 2월 28일)
주 소 | 03991 서울시 마포구 월드컵북로6길 3 이노베이스빌딩 7층
전 화 | (02)338-9449
팩 스 | (02)338-6543
대표메일 | bb@businessbooks.co.kr
홈페이지 | http://www.businessbooks.co.kr
블로그 | http://blog.naver.com/biz_books
페이스북 | thebizbooks
인스타그램 | bizbooks_kr
ISBN 979-11-6254-063-3 03190

평범한 나는 어떻게 '천재들의 상'을 받게 되었나

나는 자라면서 '천재'라는 단어를 자주 들었다.

그 단어를 들먹이는 사람은 언제나 아버지였다. 아버지는 "그런데 네가 천재는 아니잖니!"라고 불쑥 말하고는 했다. 저녁식사를 하다가, 드라마 중간에 광고를 보다가, 《월스트리트 저널》Wall Street Journal을 펼쳐 들고 소파에 털썩 주저앉고는 그렇게 말했다.

내가 어떻게 반응했는지는 기억나지 않는다. 아마 못 들은 척했을 것이다.

아버지는 천재성과 재능에 관심이 많아서 누가 누구보다 재능이 많은지 자주 견주곤 했다. 당신과 당신의 가족이 얼마나 똑똑한지 늘 촉각을 곤두세웠다.

아버지는 나만 부족하다고 생각하지 않았다. 자식들 모두가 천재는 아니라고 여겼다. 아버지의 잣대로 보면 아무도 아인슈타인은 아니었다. 이는 아버지께 큰 실망이었던 듯했다. 아버지는 자식들의 머리가 뛰어나지 않아서 장차 성공하는 데 지장이 생길까 봐 염려했다.

2년 전 나는 '천재들의 상'으로 종종 불리는 맥아더상_{MacArthur Fellowship}을 수상하는 영광을 누렸다. 그것은 지원해서 받는 상이 아니다. 친구나 동료에게 추천해달라고 부탁할 수도 없다. 해당 분야의 최고 권위자들로 구성된 비밀 위원회에서 후보자가 창의적이며 중요한 연구를 하고 있는지 판단하여 수상을 결정한다.

생각지도 못했는데 전화로 수상 소식을 전해 듣는 순간 감사하면서도 신기했다. 곧이어 무심코 내 지적 잠재력을 진단하던 아버지의 모습이 떠올랐다. 아버지의 판단은 틀리지 않았다. 내가 동료 심리학자들보다 월등히 똑똑해서 맥아더상을 수상한 것은 아니기 때문이다. 그러나 아버지의 답("딸은 천재가 아니다.")은 옳았지만 질문("딸은 천재일까?")은 적절치 않았다.

맥아더 재단이 내게 전화로 수상 소식을 알려주고 공식 발표를 할 때까지 약 한 달 동안, 남편을 제외하고는 누구에게도 이를 알려서는 안 됐다. 덕분에 나는 이 역설적 상황을 곰곰이 생각해볼 시간을 가질 수 있었다. 천재가 아니라는 말을 계속 들으며 자랐던 여자아이가 천재에게 주어지는 상을 수상하게 된 것이다. 그것도 '성공은 타고난 재능보다 열정과 끈기에 달려 있다'는 사실을 밝혀내서 받게 된 상이었다. 꽤 힘든 학교들을 다니며 박사학위까지 취득한 나지만 초등학교 3학년 때는 시험에서 떨어져 가고 싶었던 영재반에 들어가지 못했다. 내 부모는 중국인 이민자였지만 교회에 다니라고 강요하지도 않았고, 뼈를 깎는 노력을 하라고 설교하지도 않았다. 사람들의 고정관념과 달리 나는 피아노도 바이올린도 연주할 줄 모른다.

맥아더상 수상자가 발표된 날 아침 나는 부모님 아파트로 건너갔다. 어머니와 아버지는 이미 소식을 들어 알고 계셨고 이모, 고모, 숙모 할 것 없이 잇달아 축하 전화를 걸어왔다. 마침내 전화벨 소리가 멈추자 아버지가 나를 바라보며 "대견하구나."라고 말씀하셨다.

하고 싶은 말은 많았지만 나는 그냥 "고마워요, 아버지."라고만 대답했다.

지난날을 곱씹어봐야 소용없는 일이었다. 아버지가 말은 그렇게 해도 실제로는 나를 자랑스러워했다는 것을 알고 있었다. 그래도 어린아이였던 때로 돌아가 지금 알고 있는 사실을 아버지께 말씀드리고 싶은 마음이 약간은 들었다. 나는 이렇게 말할 것이다. "아버지, 제가 천재가 아니라고 하셨죠. 그걸 반박하지는 않을게요. 아버지는 저보다 똑똑한 사람들을 많이 아실 테니까요." 그 말에 냉정하게 동의하며 고개를 끄덕일 아버지 모습이 그려진다.

"하지만 하나만 말씀드릴게요. 아버지가 자신의 일을 좋아하는 만큼 저도 자라서 제 일을 좋아할 거예요. 저는 그냥 직업이 아니라 천직을 찾을 거예요. 매일 스스로에게 도전하고, 넘어지면 다시 일어날 거고요. 거기서 가장 똑똑한 사람은 못 되더라도 가장 집념이 강한 사람이 되려고 노력할 겁니다."

그리고 아버지가 여전히 듣고 계신다면 이렇게 말할 것이다. "아버지, 길게 보면 재능보다 끝까지 하겠다는 집념이 더 중요할지 몰라요."

어른이 된 지금은 이 주장을 증명할 과학적 증거도 갖고 있다. 그뿐 아니라 강한 집념, 즉 그릿grit은 변화하는 특성이라는 사실과 이를 기르는 방법도 연구를 통해 알고 있다.

이 책에는 내가 그릿에 대해 알아낸 모든 사실이 요약되어 있다.

나는 이 책을 탈고한 뒤에 아버지를 뵈러 갔다. 그리고 며칠에 걸쳐 한 장씩 한 줄도 빠뜨리지 않고 아버지께 읽어드렸다. 10여 년째 파킨슨병과 싸우고 있는 아버지가 책 내용을 얼마나 이해했을지는 잘 모르겠다. 그래도 아버지는 열심히 귀를 기울이는 듯했고 책을 다 읽어드리자 나를 바라보았다. 영원 같은 순간이 지나간 뒤 아버지는 고개를 한 번 끄덕였다. 그리고 내게 미소를 지었다.

차 례

제1부

그릿이란 무엇인가

제2부

'포기하지 않는 나'는
어떻게 만들어지는가

내 안에서 그릿을 기르는 법

제3부

'내면이 강한 아이'는 어떻게 길러지는가

아이들의 그릿을 키워주는 법

그릿이란
무엇인가

THE POWER OF PASSION
AND PERSEVERANCE

제1장

그릿, 성공의
필요조건

당신이 웨스트포인트에 있는 미국 육군사관학교에 발을 들여놓았다면 드디어 해낸 것이다!

웨스트포인트의 입학 전형은 미국 유수의 대학들만큼 엄격하다. 아주 높은 SAT 또는 ACT(미국 대학입학자격시험) 점수와 뛰어난 고등학교 성적은 필수다. 11학년부터 지원 절차를 밟아야 하고 하원의원이나 상원의원 또는 미국 부통령의 추천서까지 받아야 한다. 하버드대학교 입학 전형에도 없는 항목들이다. 게다가 달리기, 팔굽혀펴기, 윗몸일으키기, 턱걸이를 포함한 체력 평가에서도 최고점을 받아야 한다.

해마다 1만 4,000명 이상의 11학년생이 지원 절차를 밟는다.[1] 그중에서 필수 서류인 추천서를 받는 데 성공한 4,000명이 추려진다. 그리고 다시 절반이 약간 넘는 2,500명이 웨스트포인트의 엄격한 학업과 체력 기준을 통과하고, 그렇게 선발된 집단에서 1,200명만이 입학 허가를 받아 등록한다. 웨스트포인트의 남녀 입학생 거의 전원이 학교 대표팀 선수 출신으로 대부분 주장이었다.

그럼에도 불구하고 생도 다섯 명 중 한 명이 졸업 전에 중퇴한다.[2] 더욱 놀라운 점은 중퇴생의 상당수가 입학한 첫해 여름에 '비스트 배럭스' Beast Barracks, 일명 비스트라고 공식 문서에도 표기된 7주간의 집중 훈련을 받는 도중에 그만둔다는 사실이다.

어떤 학생들이 입학하려고 2년 동안 준비한 학교를 2개월도 채 다니지 않고 그만둔다는 말인가? 하지만 그 2개월간의 생활이 예사롭지 않다. 웨스트포인트 핸드북에서는 비스트를 이렇게 설명한다. "웨스트포인트에서 생활하는 4년 중에 신체적으로나 정신적으로 가장 힘들게 느껴질 이 훈련은 학생들이 신입 생도에서 군인으로 변모하도록 설계되었다."[3]

비스트 배럭스 일과표

5:00 AM	기상
5:30 AM	기상 점호
5:30~6:55 AM	체력 단련
6:55~7:25 AM	세면 및 청소
7:30~8:15 AM	조식
8:30~12:45 PM	훈련/수업
1:00~1:45 PM	중식
2:00~3:45 PM	훈련/수업
4:00~5:30 PM	단체 경기
5:30~5:55 PM	세면 및 청소

6:00~6:45 PM	석식
7:00~9:00 PM	훈련/수업
9:00~10:00 PM	지휘관 점호
10:00 PM	소등

일과는 오전 5시에 시작된다. 생도들은 5시 30분까지 집합하고 정렬해 부동자세로 국기게양식을 거행한다. 그 뒤로 강도 높은 달리기나 체조, 열병행진, 강의실 수업, 화기 훈련, 운동이 쉴 새 없이 이어진다. 밤 10시가 되면 애잔한 소등나팔 소리와 함께 불이 꺼진다. 그리고 다음 날이면 똑같은 일과가 다시 반복된다. 주말도 없고 식사 시간 이외의 휴식 시간도 없으며 웨스트포인트 밖에 있는 가족이나 친구와의 연락도 일절 할 수 없다.

한 생도는 비스트를 이렇게 묘사한다. "생도들은 모든 발달 영역에서 정신적, 신체적, 군사적, 사회적으로 다양한 도전을 받습니다. 훈련에서는 생도들의 약점을 들춰냅니다. 그들을 단련시키기 위해서죠."[4]

그렇다면 어떤 생도가 비스트를 통과하는가?

나는 2004년 심리학과 대학원 2년 차일 때부터 그 답을 찾아 나섰지만 미국 육군에서는 같은 질문을 수십 년째 해오고 있었다. 내가 그 퍼즐을 풀겠다고 나서기 약 50년도 더 전인 1955년, 제리 케이건Jerry Kagan이란 젊은 심리학자가 육군에 징집된 후 웨스트포인트로 배치됐다. 그는 거기서 신입생도 중에 누가 남고 누가 떠날지 밝혀낼 목적으로 실시하는 검사를 담당하게 됐다.[5] 무슨 운명인지 케이건은 웨스트포인트의 중퇴생에 대해 연구한 최초의 심리학자였을 뿐 아니라 내가 대학에 가서 처음 만난 심리학자이기도 했다. 나는 그의 실험실에서 2년간 시간제 근무까지 했다.

케이건은 알곡과 쭉정이를 가려내려던 웨스트포인트의 초창기 노력은 아무런 성과가 없었다고 평했다. 그는 생도들에게 그림이 인쇄된 카드를 보여주고 무엇이 떠오르는지 말해보라는 검사만도 수백 시간은 했을 거라고 회상했다. 이 검사는 내면 깊숙이 자리한 무의식적 동기를 밝혀내는 데 목적이 있으며, 숭고한 행위와 용감한 공적을 떠올린 생도들은 중퇴하지 않고 졸업할 것이라는 근거로 실시됐다. 원리는 훌륭해 보이는 많은 아이디어처럼 이 검사도 실제로는 별 소용이 없었다. 생도들의 대답은 다채롭고 재밌었지만 그들이 실생활에서 내리는 결정과는 아무런 상관이 없었다.

그 후로도 여러 세대의 심리학자들이 웨스트포인트의 중퇴생 문제에 매달렸지만 어떤 연구자도 왜 가장 촉망받는 생도 일부가 훈련이 시작되자마자 그만두는 일이 발생하는지 확실히 설명하지 못했다.

나는 비스트에 대해 알게 된 직후에 웨스트포인트 교수로 수년째 재직 중인 군 심리학자, 마이크 매슈스Mike Matthews의 연구실을 찾아갔다. 매슈스는 웨스트포인트가 엄격한 입학 절차를 통해 성장 잠재력을 지닌 남녀 생도를 성공적으로 가려내고 있다고 했다.[6] 입학처 직원들이 지원자별로 SAT 또는 ACT 성적, 해당 연도의 졸업생 수를 고려한 고등학교 석차, 잠재적 리더십에 대한 전문가의 평가, 객관적인 체력 평가에서 받은 점수들을 대입해서 가중평균을 구한 종합전형점수Whole Candidate Score를 준거로 쓴다는 점을 특히 강조했다.

종합전형점수는 지원자가 다양하고 엄격한 4년 과정을 통과할 인재인지 판단하기 위해 웨스트포인트에서 마련한 최상의 추정치라고 할 수 있다. 다시 말해서 생도들이 군 지도자에게 요구되는 수많은 기술을 얼마나 수월하게 습득할 수 있는지 추측해보는 수치다.

종합전형점수는 웨스트포인트 입학을 결정짓는 가장 중요한 요인이지만 이마저도 비스트를 통과할 수 있는 생도를 확실하게 예측해주지는 못했다. 사실 종합전형점수에서 최고점을 받은 생도나 최저점을 받은 생도나 중도 탈락률은 비슷했다.[7] 매슈스가 내게 연구실 문을 열어준 이유도 그 때문이었다.

매슈스는 자신이 청년 시절 공군에 입대한 뒤에 받았던 훈련에서 수수께끼의 실마리를 얻었다. 그가 받은 신병 훈련은 웨스트포인트의 기초 훈련인 비스트만큼 끔찍하지는 않았지만 상당히 유사했다. 가장 중요한 유사점은 현재의 역량으로는 버거운 도전 과제들이 주어진다는 점이었다. 매슈스와 다른 신병들은 난생처음 할 수 없는 일을 하라는 요구를 매 시간 받았다. "2주도 안 돼 지치고 외롭고 좌절감에 빠져 그만두려고 했습니다. 동기들 모두가 그랬지요."[8]

일부는 정말 그만뒀지만 매슈스는 그러지 않았다. 그는 위기 대처 능력과 재능은 아무 상관이 없다는 놀라운 사실을 목격했다. 실제로 훈련 도중에 포기하는 신병들 중 그 이유가 능력이 부족해서인 경우는 드물었다. 그보다 중요한 것은 '절대 포기하지 않는' 태도였다.[9]

태도, 성공한 사람들의 특별한 공통점

그 무렵 도전에 임하는 불굴의 자세가 중요하다고 말한 사람은 마이크 매슈스만이 아니었다. 성공의 심리학을 막 탐구하기 시작한 대학원생이던 나는 재계, 예술계, 체육계, 언론계, 학계, 의학계, 법조계 지도자들을 면담하면서 다음과 같은 질문을 던졌다. "당신의 분야에서 최고는 누구입니까?", "그들은 어떤 사람인가요?", "그들의 어떤 점이 특별하다고 생각합니까?"

면담에서 드러난 성공한 사람들의 특성 중에는 해당 분야에 한정된 것도 있었다. 예컨대 다수의 기업인은 재무 위험을 감수하는 성향을 언급했다. "면밀한 계산 끝에 수백만 달러가 걸린 결정을 내리고도 편히 잘 수 있어야 합니다." 하지만 예술가에게 이 특성은 전혀 중요하지 않은 듯했다. 그들이 언급한 특성은 창작 욕구였다. "나는 뭐든 만들기를 좋아해요. 왠지 모르지만 그냥 좋아요." 그에 반해 운동선수들은 승리할 때 느끼는 황홀감이 동기가 된다고 했다. "승자는 정면 대결을 좋아합니다. 그리고 패배를 싫어하죠."

분야별 특성과 함께 공통적인 특성도 드러났는데 내 관심사는 그 '공통 특성들'이었다. 분야에 상관없이 크게 성공한 사람들은 운도 좋았고 재능도 있었다. 그 이야기는 전에도 들어와서 의아할 것도 없었다.

하지만 그게 전부가 아니었다. 면담 중 많은 사람들이 나에게 잠재력을 실현해보기도 전에 중도 하차하거나 흥미를 잃어 모두를 놀라게 했던 유망주들의 이야기를 들려줬다.

실패한 뒤에도 계속 시도하는 의지가 매우 중요하고도 쉽지 않은 특성인 듯했다. "일이 잘 풀릴 때는 잘해내지만 잘 안 풀릴 때는 무너져버리는 사람들이 있습니다." 이들과의 면담에서 거론된 성공한 사람들은 정말 끈질기다는 특성을 갖고 있었다. "사실 처음에는 글을 썩 잘 쓰지 못했던 친구가 있었어요. 우리는 그의 글을 읽다가 어설프고 멜로드라마 같아서 웃고는 했어요. 하지만 그는 문장력을 계속 향상시켰고 지난해에는 구겐하임 재단에서 연구비까지 지원받았죠." 또한 성공한 사람들은 끊임없이 발전을 추구했다. "그녀는 결코 만족하는 법이 없었어요. 이 정도면 만족할 만할 때도 본인이 가장 가혹한 비평가였죠." 큰 업적을 달성한 사람들은 끈기가 남달랐다.

크게 성공한 사람들은 왜 그렇게 끈덕지게 자신의 일에 매달렸을까? 그들 대부분이 사실상 달성이 불가능해 보일 만큼 큰 야망을 품고 있었다. 그들의 눈에는 자신이 늘 부족해 보였다. 그들은 현실에 안주하는 사람들과는 정반대였다. 그럼에도 불만을 가지는 자신에게 정말로 만족을 느꼈다. 그들 각자가 비할 바 없이 흥미롭고 중요한 일을 한다고 생각했고, 목표의 달성만큼 이를 추구하는 과정에서 만족을 느꼈다. 그들이 해야만 하는 일 중에서 일부는 지루하고 좌절감을 안기고 심지어 고통스럽다고 해도 그들은 추호도 포기할 생각을 하지 않았다. 그들의 열정은 오래 지속됐다.

요컨대 분야에 상관없이 대단히 성공한 사람들은 굳건한 결의를 보였고 이는 두 가지 특성으로 나타났다. 첫째, 그들은 대단히 회복력이 강하고 근면했다. 둘째, 자신이 원하는 바가 무엇인지 매우 깊이 이해하고 있었다. 그들은 결단력이 있을 뿐 아니라 나아갈 방향도 알고 있었다. 성공한 사람들이 가진 특별한 점은 열정과 결합된 끈기였다. 한마디로 그들에게는 그릿grit이 있었다.(Grit은 사전적으로 투지, 끈기, 불굴의 의지를 모두 아우르는 개념이다. 그래서 저자가 말하는 '열정과 집념이 있는 끈기'라는 그릿의 뜻을 한국어의 한 단어로 명확하게 표현하기란 쉽지 않다. 이 책에서는 그릿이라는 단어를 그대로 쓰되, 문맥에 따라 투지와 의지 등으로 번역했다. ─편집자)

하지만 명료하게 실체가 잡히지 않는 특성을 어떻게 측정할 것인가? 군의 심리학자들도 수십 년이 지나도록 수량화하지 못한 특성이 아니던가? 내가 면담했던 사람들 역시 첫눈에 알아볼 수 있는 특성이라고 하면서도 직접 검사해볼 방법을 생각해내지 못했다.

나는 자리에 앉아 면담 기록을 훑어봤다. 그리고 때때로 피면접자들의 말을 그대로 인용하면서 그릿이 있는 사람을 묘사하는 질문들을 만들어나갔다.

질문의 절반은 끈기에 관한 것이었다. "나는 좌절을 딛고 일어나 중요한 도전에 성공한 적이 있다.", "나는 뭐든 시작한 일은 반드시 끝낸다.", 와 같은 것들이었다.

나머지 절반은 열정에 관한 질문들이었다. "나의 관심사는 해마다 바뀐다.", "나는 어떤 아이디어나 프로젝트에 잠시 사로잡혔다가 얼마 후에 관심을 잃은 적이 있다." 등을 물었다.

그렇게 그릿 척도grit scale가 만들어졌다. 솔직히 응답한다면 이 검사지는 당신이 얼마나 투지와 집념을 갖고 인생을 사는지 측정해줄 것이다.

어떤 사람이 비스트를 통과하는가?

2004년 7월 비스트 둘째 날, 웨스트포인트 생도 1,218명은 그릿 척도를 작성했다.

전날 생도들은 웨스트포인트에서 허용하는 단 90초 동안 부모님과 작별 인사를 나눴다. 남자들은 머리를 밀고 민간인 복장에서 그 유명한 회색과 흰색의 웨스트포인트 제복으로 갈아입었다. 사물함을 배정받고 헬멧과 기타 장비들도 지급받았다. 그리고 정렬 방법 정도는 이미 알고 있다는 자신감이 무색하게 4학년 생도들에게 제대로 된 정렬법부터 교육받았다. "이 줄에 맞춘다! 줄을 밟지도 말고 넘지도 말고 줄에 못 미쳐서도 안 된다! 이 줄과 똑같이 맞춘다!"

처음에 나는 그릿 척도 점수가 SAT나 ACT 점수와 비례하는지 살펴봤다. 결과가 어땠을까? 그릿 점수는 입학 사정 과정에서 공들여 계산한 종합전형점수와는 아무런 관계가 없었다. 다시 말해 생도가 가진 재능은 그의 그릿에 대해서 알려주는 바가 없었고 역으로 살펴봐도 마찬가지였다.

재능과 그릿이 별개의 특성이라는 조사 결과는 매슈스가 공군 훈련 과정에서 관찰한 현상과도 일치했지만, 처음에는 이런 결과를 대면하고 몹시 놀랐다. 대체 재능 있는 생도들이 오래 버티지 못하는 이유가 무엇인가? 재능 있는 생도가 노력하며 끝까지 버틴다고 말해야 논리적으로 맞다. 훈련을 버텨내기만 하면 성공이 보장될 생도가 바로 그들이기 때문이다. 비스트를 끝까지 통과한 생도들만 놓고 본다면 종합전형점수가 웨스트포인트에서의 모든 성적을 알려주는 훌륭한 예측변인이다. 학점뿐 아니라 군사 훈련과 체력 점수까지 정확하게 예측해준다.[10]

그러므로 재능이 그릿을 보장해주지 않는다는 것은 참으로 놀라운 사실이었다.

비스트의 마지막 날까지 71명의 생도가 탈락했다.[11] 그릿은 비스트를 통과할 생도와 통과하지 못할 생도를 알려주는 대단히 신뢰할 만한 예측변인으로 밝혀졌다.

이듬해 나는 연구를 계속 진행하기 위해 웨스트포인트를 다시 찾았다.

그해의 비스트 중도 탈락자는 62명이었고 이번에도 그릿이 어떤 생도가 남을지 예측해주는 변인이었다. 그에 반해 비스트를 통과한 생도와 탈락한 생도의 종합전형점수는 별다른 차이가 없었다. 나는 전형점수를 구성하는 개별 점수들도 자세히 살펴보았다. 역시 차이가 없었다.

그렇다면 비스트 수료에 중요한 요인은 무엇인가?

SAT 점수, 고등학교 석차, 리더십 경험, 운동 실력, 그 어느 것도 중요하지 않다.

종합전형점수도 중요하지 않다.

중요한 것은 '그릿'이다.

그릿은 어디에서든지 통하는가?

그릿은 웨스트포인트 밖에서도 중요한가? 나는 이를 확인하기 위해 탈락자가 많이 나오는 다른 환경을 찾았다. 비스트가 너무 혹독한 훈련이라서 그릿이 필요한지 혹은 그릿이 전반적으로 책임을 다하게 만드는 요인인지 알고 싶었기 때문이다.

그릿의 힘을 시험한 다음 영역은 매 시간은 아니더라도 매일 거절당하는 일이 다반사인 영업직이었다. 나는 한 리조트 회사에 고용된 남녀 영업사원 수백 명에게 그릿 척도를 포함한 성격검사지들을 작성해달라고 부탁했다. 6개월 후 회사를 다시 방문했을 때 영업사원의 55퍼센트가 회사를 그만두고 없었다.[12] 그릿은 회사에 남을 사원과 떠날 사원을 예측해줬다. 그뿐만 아니라 외향성, 정서적 안정성, 성실성 등 흔히 측정되는 어떤 성격 특성도 그릿만큼 회사에 계속 남을 사람을 예측해주진 못했다.

그 무렵 나는 시카고 교육청에서 걸려온 전화를 받았다. 웨스트포인트의 심리학자들처럼 교육청의 연구원들도 어떤 학생이 고등학교 졸업장을 성공적으로 취득할지 자세히 알고 싶어 했다. 그해 봄 수천 명의 11학년 학생들이 간이 그릿 척도와 다른 질문지들을 작성했다. 1년여가 지났을 때 그들 가운데 12퍼센트는 졸업하지 못했다. 예정대로 졸업한 학생들은 중퇴한 학생들보다 그릿 점수가 높았다. 그릿은 학생들이 얼마나 학교를 중시하는지, 얼마나 성실히 공부하는지, 심지어 학교가 얼마나 안전하다고 느끼는지 등 그 어떤 변인들보다 졸업 가능성을 정확히 예측해주었다.

이와 유사하게 두 개의 미국인 대표본에서도 그릿이 높은 성인일수록 학교 교육을 더 많이 받을 가능성이 크다는 사실이 밝혀졌다. 경영학 석사, 박사, 의학박사, 법학박사 또는 다른 대학원 학위를 취득한 성인은 4년제 대학만 졸업한 이들보다[13], 그리고 4년제 대학 졸업자는 대학에서 학점을 이수하기는 했으나 학위를 받지 못한 사람들보다 투지가 강했다. 흥미롭게도 2년제 대학에서 성공적으로 학위를 취득한 성인들이 4년제 대학 졸업자보다 그릿 척도 점수가 약간 더 높았다. 처음에는 이런 결과가 이해가 안 됐지만 얼마 후에 전문대학교의 중퇴율이 80퍼센트에 이른다는 사실을 알게 됐다.[14] 역경을 이겨낸 사람들이므로 투지가 유달리 강했던 것이다.

나는 그린베레Green Berets로 더 잘 알려진 육군 특수부대와의 공동 연구도 병행하게 됐다. 그린베레는 육군에서 최고의 훈련을 받으며 가장 어렵고 위험한 임무에 배치되는 부대다. 그린베레가 되려면 여러 단계의 혹독한 훈련을 거쳐야 한다. 내가 조사하러 갔을 때는 9주간의 신병 훈련소를 거쳐 4주간의 보병 훈련, 3주간의 공수 교육 그리고 4주간의 지도 읽기와 길 찾기 교육 중심의 예비 과정을 마친 다음이었다. 이 모든 예비 훈련이 대단히 힘들기 때문에 단계마다 탈락하는 병사들이 나온다. 하지만 본 훈련에 들어갈 병사를 뽑는 특수부대 선발 코스는 한층 더 어렵다. 제임스 파커James Parker 특수부대 사령관의 말에 의하면 이는 그린베레 훈련의 마지막 단계로 '올라갈 사람과 올라가지 못할 사람을 결정하는' 코스다.[15]

특수부대 선발 코스에 비하면 비스트는 여름휴가나 다름없다. 훈련병들은 동이 트기 전부터 저녁 9시까지 전력을 다해 훈련을 받아야 한다. 주간과 야간의 길 찾기 훈련뿐 아니라 6킬로미터와 11킬로미터의 구보와 행군을 때로는 30킬로그램 군장을 메고 해야 한다. 또한 일명 내스티닉Nasty Nick으로 불리는 장애물 훈련에서는 철조망 아래의 물웅덩이를 기어가고, 높은 통나무 위를 건너고, 그물 다리를 타고 지나가고, 구름사다리에 매달려 건너가야 한다.

선발 코스까지만 올라와도 대단한 성과지만 내가 조사했던 지원자의 42퍼센트가 코스를 끝내기 전에 기권했다.[16] 그렇다면 이를 통과하는 지원자들은 어떤 점이 다른가? 바로 그릿이 있었다.

군대, 교육, 비즈니스에서의 성공을 예측해주는 요인에는 그릿 외에 무엇이 있을까?[17] 영업에서는 사전 경험이 도움이 되는 것으로 밝혀졌다. 영업 경험이 없는 사원들은 경험이 있는 사원들보다 일을 계속할 가능성이 낮았다. 시카고 공립학교에서는 격려해주는 교사가 학생들의 졸업 가능성을 높여주는 변인이었다. 그린베레에 지원한 군인에게는 훈련이 시작되는 시점의 기초 체력이 가장 중요했다.

그러나 이런 특수 요인을 갖춘 사람들끼리 비교해도 여전히 그릿이 모든 분야에서 성공을 예측해주는 요인이다. 각종 분야별로 성공에 도움이 되는 특수 속성과 장점에 상관없이 그릿은 모든 분야에서 중요하다.

'잠재력'과 잠재력을
'발휘하는 것'의 차이

내가 대학원에 진학한 해에 《스펠바운드》Spellbound라는 다큐멘터리 영화가 개봉됐다. 영화는 남학생 세 명과 여학생 다섯 명이 스크립스 내셔널 스펠링 비Scripps National Spelling Bee(단어의 철자를 한 자씩 발음해 맞히는 세계 최대 규모의 영어 대회—편집자) 결선을 준비하고 겨루는 과정을 따라다니며 보여준다. 손에 땀을 쥐게 하는 스펠링 비 결선은 해마다 워싱턴에서 3일 동안 개최되며 평소 상업성이 높은 스포츠 경기를 주로 방송하는 ESPN에서 생방송으로 중계된다. 여덟 명의 학생은 이 결선에 진출하기 위해 먼저 전국 각지의 철자 맞히기 대회에서 수백 개 학교의 수천 명 학생들을 꺾어야 했다. 라운드가 거듭될수록 어려워지는 출제 단어의 철자를 단 한 번의 실수도 없이 맞혀서 학급, 학년, 학교, 시, 도의 모든 학생 중에서 1등을 해야 한다는 의미였다.

《스펠바운드》를 본 나는 궁금해졌다. 'schottische'(스코틀랜드 춤곡)와 'cymotrichous'('곱슬곱슬한 머리카락을 가진'이라는 뜻—편집자) 같은 단어의 철자를 하나도 놓치지 않고 맞히려면 제 나이보다 발달된 언어 능력이 얼마나 중요하며 그릿은 어느 정도의 역할을 할까?

나는 스펠링 비 우승자 출신으로 현재 대회 사무국장인 페이지 킴블 Paige Kimble에게 전화를 걸었다. 그녀는 활달하게 응대해주었다. 킴블도 나만큼이나 우승자들의 심리 구조를 알고 싶어 했다. 그녀는 몇 개월 후에 치러질 결선에 진출할 273명이 확정되는 대로 그들에게 설문지를 발송하기로 했다.[18] 설문지를 작성하는 학생에게는 후한 보상이 될 25달러짜리 상품권을 답례로 주겠다는 약속에 결선 진출자의 약 3분의 2가 내 실험실로 설문지를 보내왔다. 가장 나이가 많은 응답자는 대회 규정에 따른 연령 상한선인 열다섯 살이었고, 가장 어린 참가자는 겨우 일곱 살이었다.

결선 진출자들은 그릿 척도를 작성했을 뿐 아니라 철자 연습에 들이는 시간도 보고했다. 그들은 평균적으로 주중에는 하루 한 시간 이상, 주말에는 하루 두 시간 이상 연습한다고 했다. 평균은 그랬지만 전혀 공부하지 않은 참가자가 있는가 하면 지난주 토요일에 아홉 시간이나 공부했다는 참가자도 있을 정도로 편차가 컸다.

나는 결선 진출자의 일부만 별도로 표집해서 언어지능검사를 실시했다. 집단 전체로 봤을 때 참가자들은 비범한 언어 능력을 보였다. 하지만 참가자들 간의 점수 차이가 상당히 커서 어떤 아이들은 언어 영재 수준의 점수를 받은 반면에 어떤 아이들은 그 연령대의 '평균' 점수를 받았다.

ESPN에서 결선 중계방송을 하던 날, 나는 긴장되는 마지막 순간 열세 살인 아누락 카시압Anurag Kashyap이 A-P-P-O-G-G-I-A-T-U-R-A('앞꾸밈음'이란 음악 용어)의 철자를 정확히 맞혀 마침내 우승을 거머쥐는 장면까지 쭉 지켜봤다.

그렇게 최종 순위까지 확보한 뒤 데이터 분석에 들어갔다. 그 결과, 결선이 치러지기 몇 달 전에 측정한 그릿 점수가 참가자들의 최종 성적을 예측해주는 변인이었다. 간단히 말해서 그릿이 높은 아이들이 나중 라운드까지 진출했다. 어떻게 된 일일까? 그릿이 높은 아이들은 더 많은 시간 동안 공부하고 더 많은 스펠링 비 대회에 출전했다.

재능은 어땠을까? 언어 지능 역시 어느 라운드까지 진출할지 예측해 줬다. 하지만 언어 지능과 그릿 사이에는 아무런 관계가 없었다. 또한 언어에 재능이 있는 참가자들이 재능이 덜한 참가자들보다 더 오랜 시간 공부하지도 않았으며 스펠링 비 대회 출전 경력이 더 많지도 않았다.

그릿과 재능이 별개라는 사실은 아이비리그 대학생들을 대상으로 한 연구에서도 다시 드러났다. 그 연구에서는 SAT 점수와 그릿 점수가 반비례 관계로 나왔다.[19] 연구의 표본 가운데서 SAT 점수가 높은 학생들의 평균 그릿 점수는 또래 학생들보다 약간 낮았다. 이 연구 결과와 그동안 수집해온 다른 자료들을 종합해서 얻은 통찰이 향후 내 연구의 기본 지침이 됐다. 그것은 우리가 잠재력을 갖고 있는 것과 그 잠재력의 발휘는 별개라는 사실이다.

제2장

우리는 왜 **재능**에
현혹되는가?

심리학자가 되기 전에 나는 교사
였다. 그때 아이들을 가르쳤던 교실에서 재능만으로는 성취가 보장되지
않는다는 사실을 목격했다. 비스트라는 이름을 듣기도 전의 일이었다.[1]

나는 27세에 정규 교사로서 아이들을 가르치기 시작했다. 뉴욕 미드타
운에서 파란 유리 외벽의 초고층 건물에 자리한 세계적 경영컨설팅 회사
인 맥킨지McKinsey 뉴욕사무소를 그만둔 지 한 달 뒤의 일이었다. 맥킨지
의 동료들은 내 결정에 어리둥절해했다. 내 또래 대부분이 입사하고 싶
어 안달이고, 세계에서 가장 명석하고 영향력 있는 기업으로 늘 이름을
올리는 회사를 왜 떠나는지 의아해했다.

지인들은 내가 주당 근무시간이 80시간이나 되는 직장과 좀 더 여유

있는 생활을 맞바꿨다고 짐작했지만, 교사를 해본 사람이라면 세상에서 교직보다 힘든 직업이 없다는 사실을 잘 알 것이다. 그렇다면 왜 맥킨지를 그만뒀을까? 어떻게 보면 내가 잠시 둘러 온 길은 교직이 아니라 컨설팅이었다. 나는 대학에 다니는 동안 줄곧 인근 공립학교 아이들에게 개인 지도를 해주거나 멘토가 돼주었다. 졸업 후에는 무료 학력 신장 프로그램을 만들어 2년 동안 운영했다. 그 후에는 옥스퍼드대학교에서 난독증의 신경학적 기제에 대한 연구로 신경과학 석사학위를 취득했다. 그래서 교사 생활을 시작했을 때 비로소 제자리로 돌아온 느낌이었다.

그렇다고는 해도 갑작스러운 변화였다. 한 주 만에 내 월급은 '정말? 월급을 이렇게 많이 줘?' 수준에서 '와! 이 도시의 교사들은 도대체 어떻게 먹고살아?' 수준으로 떨어졌다. 저녁식사는 고객에게 청구할 비용으로 주문한 초밥이 아니라 숙제를 채점해가며 급히 먹는 샌드위치로 바뀌었다. 출근할 때 타는 전철 노선은 같았지만 미드타운을 지나 남쪽으로 여섯 정거장을 더 가서 로어 이스트 사이드Lower East Side에서 내렸다. 옷차림도 구두와 진주 목걸이, 정장 대신에 온종일 서 있어도 편한 신발과 분필 가루가 묻어도 상관없는 옷으로 바뀌었다.

내가 가르쳤던 학생들의 나이는 12~13세였다. 학생 대부분이 세련된 카페가 곳곳에 생겨나기 전의 A애비뉴에서 D애비뉴에 몰려 있는 저소득층 주택단지에 살았다. 내가 근무하기 시작한 첫 학기에 우리 학교는 가난한 도시 지역의 학교를 소재로 한 영화의 세트장으로 선정되기까지 했다. 내 임무는 학생들이 7학년 수학책에 나오는 분수와 소수, 대수학과 기하학의 가장 기본적인 개념들을 배울 수 있게 돕는 것이었다.

첫 주부터 다른 급우보다 수학 개념을 쉽게 습득하는 학생들이 눈에

띄었다. 반에서 가장 재능 있는 학생들을 가르치는 일은 기쁨이었다. 그들은 말 그대로 '이해가 빨랐다.' 능력이 부족한 학생이라면 파악하기 힘든 수학 문제의 기본 양식을 내가 일러주지 않아도 알아챘다. 칠판에 문제를 한 번만 풀어주면 "알겠다!"라고 말하고는 다음 문제를 혼자 힘으로 정확하게 풀어냈다.

그런데 놀랍게도 성적표가 나갔을 때 수업 시간에 두각을 나타냈던 학생들 중 일부는 기대했던 만큼의 성적이 나오지 않았다. 물론 잘한 학생도 있었다. 하지만 능력이 뛰어난 학생들 중 적잖은 수가 그저 그런 성적을 받았다.

반면에 처음에 고전했던 학생들 중 다수는 내 예상보다 좋은 성적을 거뒀다. 이 '과잉성취자'overachiever들은 매일 준비물을 확실히 챙겨서 수업에 들어왔다. 장난을 치거나 창밖을 내다보는 일 없이 필기를 하고 질문을 했다. 처음에 이해하지 못한 내용을 몇 번이나 다시 들여다보았고 가끔은 점심시간이나 오후 선택과목 시간에 도움을 청하러 오기도 했다. 그들의 노력은 성적으로 나타났다.

적성aptitude이 학업 성취를 보장해주지는 않는 듯했다. 수학적 재능과 수학 과목에서의 탁월성은 다른 이야기였다. 내게는 놀라운 일이었다. 수학은 아무리 해도 안 되는 학생이 있고, 재능을 가진 일부 학생이 앞서는 과목이라는 것이 사회적 통념이다. 솔직히 나도 그런 가정을 갖고 첫 학기를 시작했다. 수학을 쉽게 이해하는 아이들이 당연히 급우들을 계속 앞지를 줄 알았다. 사실 수학적 재능을 타고난 아이들과 나머지의 성적 차이는 시간이 갈수록 벌어지리라고 예상했다.

나는 재능에 현혹되어 있었다.

그러나 시간이 지나면서 어려운 질문을 스스로에게 던지기 시작했다. 한 단원의 수업을 끝냈는데도 개념을 명확히 이해하지 못하고 고전하는 학생들은 시간이 좀 더 필요했던 것일까? 수업 내용을 더 잘 전달해줄 다른 설명 방식을 찾아야만 했을까? 재능이 없는 것은 어떻게 해줄 수 없다고 속단하기 전에 노력의 중요성을 고려해야만 했을까? 그리고 학생들과 내가 좀 더 지속적으로 노력할 방법을 찾아내는 것이 교사로서의 내 책임이 아니었을까?

그런 고민과 함께 성적이 나쁜 학생도 정말 흥미가 있는 이야기를 할 때는 얼마나 똑똑해 보였는지 되돌아보았다. 아이들은 각종 농구 통계, 정말 좋아하는 노래의 가사, 최신 드라마의 복잡한 줄거리 등 나는 따라잡기도 힘든 대화를 술술 나눴다. 학생들을 좀 더 파악하면서 그들 모두가 매우 복잡한 일상을 영위하고 다양한 지식에 통달해 있다는 사실을 알게 됐다. 그런데 방정식에서 X 하나를 구하는 일이 그토록 어렵다는 말인가?

학생들의 재능이 모두 똑같지는 않았다. 그렇지만 학생들과 내가 충분히 시간을 들여 노력한다면 7학년 수학의 학습 목표 정도는 달성할 수 있지 않을까? 학생 모두에게 그 정도 재능은 분명히 있다는 생각이 들었다.

한 학년이 끝나갈 무렵 나는 약혼자와 결혼식을 올렸다. 남편도 맥킨지를 그만두고 다른 직장을 구하는 바람에 우리는 뉴욕에서 샌프란시스코로 이사했다. 나는 로웰고등학교의 수학 교사 자리를 구했다.

로웰고등학교는 로어 이스트 사이드의 교실과는 다른 세계였다. 늘 안개가 끼는 태평양 연안 분지에 자리한 로웰은 샌프란시스코의 고등학교 중 유일하게 학업 성적을 토대로 입학생을 선발하는 학교였다. 로웰은

캘리포니아대학교의 여러 캠퍼스에 가장 많은 학생을 보내는 고등학교이며 미국 유수의 대학에도 다수의 졸업생을 진학시킨다.

나처럼 미국 동부 연안 지역에서 자란 사람이라면 로웰을 샌프란시스코의 스타이브센트Stuyvesant(뉴욕에 있는 고등학교로 미국에서 가장 우수한 공립학교로 선정됐다.—옮긴이)로 보면 될 것이다. 그렇다면 로웰의 학생들은 일반 고등학교로 진학한 학생들에 비해 월등히 뛰어난 수재들이라 생각할 것이다.

하지만 내가 보기에 로웰고등학교의 학생들은 지능보다 근면성이 남달랐다. 한번은 내가 담임을 맡은 학생들에게 공부를 얼마나 하는지 물어봤다. 그들은 한결같이 몇 시간씩, 그것도 1주일이 아니라 하루에 몇 시간씩 공부한다고 말했다.

그러나 다른 학교와 마찬가지로 학생에 따라 공부에 기울이는 노력과 성적은 편차가 대단히 컸다. 뉴욕에서 확인했듯이 수학적 이해력이 뛰어나서 성적이 좋을 것으로 기대했던 학생들 중 일부는 급우들보다 뒤처졌다. 반면에 열심히 노력하는 학생들 중 일부는 시험은 물론 쪽지 시험에서도 늘 최고의 성적을 받았다.

데이비드 르엉David Luong도 그렇게 열심히 공부하는 학생들 가운데 한 명이었다.

르엉은 9학년 대수학 수업을 들었다. 로웰의 대수학 수업은 12학년에 대학과목선이수제Advanced Placement 시험(이하 AP 시험)을 보는 심화반과 내가 가르치는 일반반으로 나뉘어 있었다. 내 수업은 수학 배치고사에서 심화반에 배정될 만큼 높은 점수를 얻지 못한 학생들이 들었다.

르엉은 처음부터 두각을 나타낸 학생은 아니었다. 그는 조용히 교실

뒤편에 앉아 있었다. 손도 자주 들지 않았고 자진해서 칠판 앞으로 나와 문제를 푸는 일도 드물었다. 하지만 곧 숙제를 채점할 때마다 데이비드가 제출한 숙제가 늘 완벽하다는 사실을 알아챘다. 그는 쪽지 시험과 일반 시험에서도 A를 받았다. 답이 틀렸다고 채점했을 때는 그가 아니라 내 실수일 때가 많았다. 게다가 얼마나 배움을 갈망하는 학생이었는지! 그는 수업 시간에 완전히 몰입했고, 수업 후에는 좀 더 어려운 과제를 달라고 공손히 부탁했다.

나는 대체 이 아이가 내 반에서 무엇을 하고 있는지 의아해지기 시작했다. 얼마나 말이 안 되는 상황인지 깨닫자마자 곧장 수학과 부장 선생님의 사무실로 그를 데려갔다. 상황을 설명하는 데 시간이 오래 걸리지는 않았다. 다행히 부장 선생님은 요식 절차보다 학생에게 더 가치를 두는 현명하고 훌륭한 교사였기 때문이다. 그녀는 르엉을 내 반에서 심화반으로 바꾸는 서류를 바로 작성해주었다.

나는 훌륭한 학생 하나를 잃었지만 심화반 교사는 훌륭한 학생을 새로 얻었다. 물론 르엉은 심화반에 간 뒤로 성적의 기복이 있었고 전부 A를 받지도 못했다. "선생님 반에서 심화반으로 옮긴 뒤에 다른 학생들보다 약간 뒤처졌어요." 그가 나중에 내게 말했다. "그다음 해에 들은 기하학은 계속 어렵더라고요. 결국 A를 못 받고 B를 받았어요."[2] 기하학 수업의 첫 시험에서 르엉은 D를 받았다.

"그래서 어떻게 했니?" 내가 물었다.

"낙담했죠. 정말 실망했지만 그 일을 곱씹고 있지는 않았어요. 다음에 어떡해야 할지 거기에 집중해야 한다고 생각했어요. 그래서 선생님을 찾아가서 도움을 청했어요. 기본적으로 제가 무엇을 틀렸는지, 바른 풀이는 무엇인지 이해하려고 노력했어요."

12학년에 올라간 르엉은 두 개의 미적분 수업 중에서 최상급 과정을 들었다. 그해 봄에 그는 AP 시험에서 5점 만점을 받았다.

르엉은 로웰을 졸업하고 스와스모어 칼리지Swarthmore College에 진학했다. 그리고 공학과 경제학을 복수 전공해 두 개의 학사학위를 받고 졸업했다. 졸업식 날 나는 그의 부모와 나란히 앉아 함께 축하 인사를 나눴다. 학업능력평가가 수업 시간에 교실 뒤편에 조용히 앉아 있던 학생을 잘못 판단하는 경우도 많다는 사실을 스스로 증명해 보인 것이다.

2년 전 그는 UCLA에서 기계공학 박사학위를 취득했다. 그의 박사학위 논문은 트럭 엔진의 열역학과정에 대한 최적 성능의 알고리즘이 주제였다. 쉬운 말로 옮기면 수학을 응용해 효율적 엔진을 만들 방법을 모색한 것이다. 현재 그는 에어로스페이스Aerospace Corporation의 공학자이다. 난도가 높고 진도가 빠른 수학 수업을 들을 준비가 안 됐다고 여겼던 소년이 말 그대로 '로켓 과학자'가 됐다.

그 후 몇 년간 교직에 있으면서 재능이 성취를 좌우한다는 확신이 줄어든 반면에 노력의 결실에 대해 점점 흥미를 갖게 됐다. 그 수수께끼를 깊이 파헤쳐 보기로 결심한 나는 결국 심리학을 공부하기 위해 교직을 떠났다.

성취의 근원을 찾아서

대학원에 진학한 뒤 '왜 어떤 사람들은 성공하고 어떤 사람들은 실패하는가?'라는 질문은 심리학자들이 오랫동안 의문을 느껴온 문제임을 알게 됐다. 그 주제에 가장 먼저 관심을 가졌던 이들 중 하나인 프랜시스 골턴Francis Galton은 이를 두고 사촌인 찰스 다윈Charles Darwin과 논쟁을 벌이기도 했다.

어느 모로 보나 골턴은 신동이었다. 그는 네 살에 읽고 쓸 수 있었다. 여섯 살에는 라틴어와 긴 나눗셈법을 알았고 셰익스피어 작품의 구절들을 암송할 수 있었다. 그는 뭐든 쉽게 배웠다.[3]

1869년 골턴은 성취의 근원에 관한 그의 첫 번째 연구 논문을 출간했다. 그는 과학, 운동, 음악, 시, 법 분야의 유명 인물 목록을 정리하고 그들에 관한 모든 전기 자료를 모았다. 골턴은 아웃라이어outlier(표본 중 다른 대상들과 확연히 구분되는 통계적 관측치, 각 분야에서 큰 성공을 거둔 탁월한 사람이란 뜻—옮긴이)에게는 세 가지 두드러진 특성이 있다고 결론 내렸다. 그들은 비범한 '재능'과 함께 남다른 '열의'와 '열심히 일할 능력(노력)'을 지니고 있었다.[4]

다윈은 골턴의 책을 50쪽까지 읽어 내려가다 재능을 성취의 긴요한 요인 중 하나로 꼽은 데 놀라움을 느꼈다. 그는 골턴에게 이런 편지를 부쳤다. "네가 반대 의견을 갖고 있던 내 생각을 어느 정도는 바꿔 놓았다. 나는 바보를 제외하고 사람들이 열의와 노력 면에서 차이가 있을 뿐 지적으로는 크게 다르지 않다고 항상 주장해왔으니까. 아직도 나는 대단히 중요한 차이는 열의와 노력에 있다고 생각한다."[5]

물론 다윈 스스로가 골턴이 연구했던 바로 그 '성공한 사람'이었다. 역사상 큰 영향을 미친 과학자 중의 한 사람으로 인정받는 다윈은 최초로 식물과 동물 종의 다양성을 자연선택natural selection에 의한 결과로 설명했다. 그는 동식물뿐 아니라 사람을 볼 때도 예리한 관찰자였다. 생존을 좌우하는 생물의 근소한 차이를 관찰하는 일이 그의 천직이었다. 그러므로 성취의 결정적 요인에 관한 다윈의 의견, 즉 열의와 노력이 지적 능력보다 훨씬 중요하다는 믿음을 잠시 고려해보는 것도 가치가 있겠다.

다윈의 전기작가 대부분은 그가 신통한 지적 능력의 소유자였다고 주장하지 않는다.[6] 물론 머리가 좋기는 했지만 번뜩이는 통찰력을 지니고 있지는 않았다. 그는 '꾸준히 하는 유형'이라고 할 수 있다. 다윈의 자서전에도 이런 견해를 입증하는 내용이 나온다. 그는 이렇게 털어놓는다. "나는 머리가 좋은 사람들처럼 이해력이 빠르지는 않다. 추상적인 사고를 길게 이어가는 능력도 전적으로 부족하다."[7] 그는 자신이 아주 훌륭한 수학자나 철학자 재목도 아니고 기억력도 보통 이하라고 생각했다. "기억력도 매우 나빠서 날짜 하나, 시 한 줄도 며칠 이상 절대 기억하지 못할 정도다."

어쩌면 다윈의 말이 지나친 겸손일 수도 있다. 하지만 자신이 근면성실하게 자연법칙을 이해하려고 노력해온 점을 칭찬할 때는 거리낌이 없었다. "놓치기 쉬운 일들을 알아차리고 주의 깊게 관찰하는 데는 내가 보통 사람들보다 뛰어나다고 생각한다. 성실히 관찰하고 사실을 수집하는 데는 더할 나위 없이 훌륭하다고 할 수 있다. 그리고 그보다 훨씬 중요한 점은 자연과학에 대한 나의 꾸준하고 열렬한 사랑이다."

어느 전기작가의 묘사에 따르면, 다윈은 남들이 진즉에 더 쉬운 문제로 관심을 옮긴 뒤에도 한 문제를 붙들고 계속 고민하는 사람이었다.

사람들은 문제가 이해가 안 되면 보통 '나중에 생각해봐야겠다'고 한 뒤에 사실상 잊어버린다. 다윈은 반쯤은 고의적인 이런 식의 망각을 의도적으로 경계했던 듯하다. 그는 모든 질문을 마음 한편에 담아두고 적

절한 자료가 나타나면 언제든 끄집어낼 수 있게 했다.[8]

———

그로부터 40년 뒤 대서양 건너편에 있는 하버드대학교의 심리학자, 윌리엄 제임스William James가 '사람들마다 목표 추구 방식이 어떻게 다른가?'라는 문제를 다루기 시작했다. 제임스는 길고도 화려한 경력의 후반부에 이를 주제로 한 글을 《사이언스》Science에 기고했다(그때나 지금이나 심리학뿐만 아니라 자연과학과 사회과학 분야에서 최고의 학술지다). 글의 제목은 '인간의 능력'Energies of Men이었다.[9]

제임스는 친한 친구와 동료들의 성공 및 실패 사례를 되짚어 보고 자신 또한 좋았던 시기와 나빴던 시기에 기울였던 노력이 질적으로 달랐음을 성찰하며 다음과 같이 말했다.

"인간의 잠재력에 비하면 우리는 반쯤 졸고 있는 거나 마찬가지다. 불은 사위어 가는데 공기구멍은 거의 닫혀 있는 상태와 같다고나 할까. 우리는 우리가 가진 정신적, 신체적 능력의 아주 일부분만 활용하고 있다."

제임스는 인간의 잠재력과 그 실현 사이에 격차가 있다는 사실을 강조했다. 운동보다는 음악, 예술보다는 사업에 재능이 있는 등 다양한 능력이 존재한다는 사실을 부인하지는 않았지만[10] 그는 이렇게 주장했다. "일반적으로 개개인은 자기 한계에 훨씬 못 미치는 삶을 산다. 인간은 다양한 능력을 지니고 있으면서도 이를 활용하지 못한다. 최대치 이하의 열의를 보이고 최고치 이하로 행동한다."

제임스는 이런 사실 또한 인정했다. "물론 한계는 있다. 나무가 하늘까지 자라지는 않는다." 하지만 우리 대다수는 이런 외적 한계 때문에 발전을 못하는 것이 아니다. "세상 사람들은 능력을 넘치게 갖고 있지만 매우 특출한 사람만이 그 능력을 전부 활용한다는 사실에는 변함이 없다."

1907년에 쓰인 이 말은 오늘날에도 여전히 사실이다. 그렇다면 우리가 재능을 그토록 강조하는 까닭은 무엇인가? 우리 대부분이 아직 여정의 출발점에 서 있고 외적 한계와는 너무나 멀리 떨어져 있다. 그런데 왜 있는지 확실하지도 않은 한계에 연연하는가? 그리고 왜 노력이 아니라 재능이 먼 장래에 우리가 이룰 성취를 결정하리라고 여기는가?

재능을 편애하는 사람들

여러 해 동안 재능과 노력 중에서 어느 것이 더 중요하다고 생각하는지 전국적인 설문조사가 실시됐다. 그 결과 노력이 더 중요하다고 응답한 미국인이 두 배 정도 많았다.[11] 운동 능력에 대해 질문받았을 때도 비슷한 반응을 보였다.[12] 그리고 "신입사원을 고용할 때 어떤 자질이 가장 중요하다고 생각합니까?"라는 질문에서는 '근면성'을 고른 미국인이 '재능'을 고른 사람의 다섯 배 가까이나 됐다.[13]

이 결과는 음악 전문가들을 대상으로 한 치아중 차이Chia-Jung Tsay의 설문조사 결과와 일치한다. 음악인들도 선천적 재능보다 후천적 훈련이 더 중요하다고 응답한 이들이 확연히 많았다. 하지만 차이가 실험을 통해 음악인들의 태도를 살펴봤을 때 말과는 정반대로 우리에게는 선천적 재능을 사랑하는 편견이 있다는 결과가 나왔다.

차이는 전문 음악인들에게 경력이 거의 같다고 소개한 두 피아니스트의 연주 녹음테이프 일부를 들려줬다. 피험자들은 몰랐지만 실은 한 연주자가 같은 곡의 다른 부분을 연주한 것이었다. 한 연주자는 일찍이 선천적 재능을 입증해보인 '재능형'으로, 한 연주자는 강한 성취동기와 끈기를 보여준 '노력형'으로 묘사됐다. 피험자들은 노력 대 재능의 중요성에 대해 말로 밝힌 신념과는 정반대로 재능형이 성공할 가능성이 높고 고용할 만하다는 판단을 내렸다.[14]

차이는 근면과 노력이 칭송받는 분야인 기업에서도 이와 같은 언행의 불일치가 나타나는지 후속 연구를 진행했다. 그녀는 다양한 경력을 가진 직장인 수백 명을 모집해 두 집단으로 나눴다. 피험자의 절반은 근면함과 노력, 경험으로 성공했다고 쓰인 '노력형' 기업가의 자기소개서를 읽었다. 나머지 절반은 타고난 능력으로 성공했다고 쓰인 '재능형' 기업가의 자기소개서를 읽었다. 그런 다음 피험자들은 자신이 읽은 소개서의 기업가가 녹음했다는 사업제안서를 들었다.

음악가를 대상으로 했던 연구와 마찬가지로 여기서도 재능형이 성공할 가능성과 고용될 가능성 및 사업제안서의 수준을 더 높이 평가받았다.[15] 관련 연구에서 한 명만 지원해줄 수 있다면 재능형과 노력형 두 기업가 중 어느 쪽을 선정하겠냐고 물었을 때도 피험자들은 재능형을 선호하는 경향을 보였다.[16] 노력형이 재능형보다 경영 경험이 4년 더 많고 창업 자본이 4만 달러가 더 많다고 했을 때에야 재능형을 선호하는 현상이 사라졌다.

차이의 연구는 재능과 노력에 대한 우리의 양면성을 드러낸다. 우리가 중시한다고 표명하는 신념과 마음속 깊이 더 가치를 두는 신념이 일치하지 않을 수 있다. 우리가 평소 말로는 연애 상대를 고를 때 외모를 보지 않는다고 해놓고 실제로 데이트할 때는 착한 사람보다 매력적인 사람을 선택하는 것과도 약간 비슷하다.

이런 '선천적 재능에 대한 편향'naturalness bias은 현재의 자리에 노력으로 올라간 사람에게 은근히 불리하게 작용하며, 선천적 재능으로 오른 듯한 사람에게 은근히 유리하게 작용한다. 우리는 자신의 선천적 재능에 대한 편향을 타인에게 부정하려 할 것이다. 심지어 자기 자신에게도 부정할지 모른다. 하지만 우리의 선택에서는 편향이 드러난다.

차이 자신의 삶이 재능과 노력에 대한 우리의 양면적 태도를 드러내는 흥미로운 예라고 할 수 있다. 현재 유니버시티 칼리지 런던University College London의 교수인 그녀는 여러 권위 있는 학술지에 논문을 발표해왔다. 그녀는 어릴 때 '음악계로 진출할 소질과 잠재력, 성취를 보이는' 학생들에게 '음악적 재능과 기교를 성장시킬 수 있는 분위기'[17]를 경험하게 해주는 줄리아드Juilliard 예비학교에서 수업을 들었다.

또한 차이는 하버드대학교에서 여러 개의 학위를 취득했다. 우선 심리학과에 입학해 준최우등(최고 성적 3등급 중 두 번째에 해당—편집자)으로 졸업했다. 그리고 과학사와 사회심리학, 두 개의 석사학위를 취득했다. 마지막으로 조직적 행동과 심리학 박사학위와 함께 음악 박사학위까지 취득했다.

인상적인가? 아니라면 피바디음악대학Peabody Conservatory에서 피아노 연주 및 교육학으로 학위를 취득했으며 링컨센터Lincoln Center, 케네디예술센터Kennedy Center, 유럽연합 의장 기념 연주회는 물론이고 카네기홀에서도 연주했다는 사실을 덧붙여야겠다.

이런 경력만 본다면 그녀가 당신이 아는 누구보다 뛰어난 재능이 있는 사람이라는 성급한 결론을 내리고 "세상에, 젊은 여성이 이렇게 비범한 재능을 타고나다니!"라고 감탄할 것이다. 그리고 차이의 연구 결과가 맞다면 노력의 결과("세상에, 젊은 여성이 그렇게나 열심히 노력하다니!")로 볼 때보다 재능으로 설명할 때 그 업적이 더 빛나고, 신비롭고, 경이롭게 채색될 것이다.

그다음에는 어떤 일이 이어질까? 학생에게 특별한 재능이 있다고 믿을 때 어떻게 되는지 보여주는 연구는 대단히 많다. 우리는 그 학생에게 특별한 관심을 보이고 큰 기대를 보낸다. 그들이 출중하기를 기대하고 그 기대는 자기 충족적 예언self-fulfilling prophecy(미래에 대한 기대가 그 미래에 영향을 주는 경향성—옮긴이)으로 작용한다.[18]

나는 차이가 본인의 음악적 성과를 어떻게 이해하는지 물었다. "제게 재능도 좀 있었겠죠." 차이의 대답이었다. "하지만 그보다는 음악을 너무 사랑해서 유년 시절 내내 하루 네 시간에서 여섯 시간 동안 연습한 덕택이에요." 그녀는 대학에 와서 수업과 과외활동으로 꽉 찬 살인적인 일정 속에서도 거의 그 정도 시간을 내서 연습했다. 따라서 그녀는 재능도 얼마간 있었지만 노력형이기도 했다.

'왜 그렇게 연습을 많이 했을까?' 나는 궁금했다. 연습을 강요당했을까? 그녀에게 '선택권'이 있었을까?

"제가 한 거예요. 제가 하고 싶어서요. 연주 실력이 점점 향상되었으면 하는 바람으로요. 연주회장을 꽉 채운 청중들 앞에서 무대에 오르는 모습을 머릿속에 그리면서 연습했어요. 많은 청중들의 박수를 받는 상상을 했죠."[19]

재능 중심 경영이
불러온 파국

내가 맥킨지를 퇴사하고 교사가 됐던 해에 맥킨지의 파트너 세 명이 《인재전쟁》The War for Talent이라는 보고서를 발표했다.[20] 베스트셀러가 될 정도로 널리 읽힌 보고서였다.[21] 이 보고서의 핵심은 현대 경제에서 기업의 흥망은 '최고 인재를 확보하는 능력'에 달려 있다는 것이었다.

"재능이란 무엇을 말하는가?" 맥킨지의 저자들은 책의 첫머리에서 이렇게 묻는다.[22] 그리고 뒤이어 이렇게 답한다. "가장 일반적인 의미에서 재능은 개인의 고유한 소질, 기술, 지식, 경험, 지능, 판단력, 태도, 성격, 충동 등 인간 능력의 총합이다." 이렇게 여러 가지를 열거했다는 것은 우리 대부분이 재능을 정확히 정의하지 못하고 있다는 현실을 보여준다. 하지만 '고유한 소질'이 제일 처음에 언급된 점은 그리 놀랍지 않다.

《포천》Fortune에서는 표지에 맥킨지를 실으면서 이런 머리글을 썼다. "젊은 맥킨지 파트너와 자리를 함께할 경우, 칵테일 한두 잔이 들어가자마자 그가 탁자에 기대면서 SAT 성적을 비교해보자는 불편한 제안을 할 것만 같다."[23] 기자는 "분석력 또는 그곳 직원의 말로 '명석함'을 높이 사는 맥킨지 문화의 특성"은 아무리 강조해도 지나치지 않다고 썼다.[24]

맥킨지는 하버드나 스탠퍼드 같은 대학교에서 MBA를 취득한 사람이나 내 경우처럼 명석한 두뇌를 증명할 경력이 있는 사람들을 데려다 많은 월급을 주는 것으로 유명하다. 맥킨지의 입사 면접을 볼 때 나도 대부분의 지원자들처럼 패기 넘치는 분석력을 시험하는 어려운 질문들을 받았다. 한 면접관은 나에게 자리를 권하고 자신을 소개한 다음 "한 해 동안 미국에서 생산되는 테니스공이 몇 개나 될까요?"라고 질문했다.

"그 질문은 두 가지 방식으로 접근할 수 있을 것 같습니다." 내가 대답했다. "첫 번째는 무역기구 같은 기관의 관계자를 찾아 물어보는 방법입니다." 면접관이 고개를 끄덕이면서도 두 번째 답을 듣고 싶다는 눈길을 보냈다.

"또는 몇 가지 가정을 하고 계산해보는 방법이 있습니다."

그러자 면접관이 만면에 미소를 띠었다.

"미국 인구가 2억 5,000만이라고 가정해보겠습니다. 그리고 테니스를 열심히 치는 연령대를 10세부터 30세까지라고 잡겠습니다. 그 연령대가 인구의 4분의 1쯤 될 것입니다. 그럼 테니스를 치는 사람이 6,000만 명이 약간 넘는다고 추정할 수 있습니다."

그때부터 면접관이 큰 관심을 보였다. 실제로 테니스를 치는 사람의 수가 얼마나 되는지, 테니스를 치는 평균 횟수는 얼마인지, 한 게임에서 공이 몇 개나 사용되며 바람이 빠지거나 잃어버려서 교체해줘야 하는 주기는 얼마나 되는지 전혀 정보가 없는 상태에서 나는 추정치만 갖고 곱하고 나누며 논리 게임을 계속해나갔다.

계산을 해서 수치를 내놓기는 했지만 정보가 전혀 없는 상태라 정확하지 않은 가정을 계산 과정에 계속 추가했기 때문에 내가 구한 값은 크게 빗나갔을 것이다. 마지막으로 나는 이렇게 말했다. "저는 수학이 힘들지는 않습니다. 여학생 하나를 개인 지도 해주고 있는데 그 아이가 지금 분수를 배우고 있어서 같이 암산을 많이 하거든요. 하지만 제가 그 질문의 답이 꼭 필요할 때 어떻게 할지 물어보신 거라면 실제로 답을 아는 사람에게 전화해보겠다고 답변하겠습니다."

면접관이 다시 미소를 지으며 면접을 통해 자신이 알아야 할 사항은 모두 파악했다고 안심시켜주었다. 또한 지원서도 충분히 검토했다고 했다. 지원서에는 맥킨지가 서류 전형에서 중시하는 SAT 성적도 기재되어 있었다. 맥킨지가 《인재전쟁》에서 재능을 가장 중시하는 문화를 조성하라고 미국 경제계에 조언한 거라면 그들은 자사의 조언을 그대로 실천하고 있었다.

맥킨지 뉴욕사무소에 채용되자마자 처음 1개월은 플로리다 주 클리어워터에 있는 고급 호텔에서 지내게 될 거라는 통보를 받았다. 거기에는 나처럼 기업 실무를 전혀 모르는 신입사원 30여 명이 와 있었다. 하지만 그들은 각자의 전공 분야에서 쟁쟁한 경력을 갖고 있었다. 내 옆자리에 앉은 사람은 물리학 박사였다. 그 반대쪽 옆에는 외과 전문의, 뒤에는 변호사 두 명이 앉아 있었다.

우리 가운데 누구도 경영 전반이나 특정 산업에 대해 잘 알지 못했다. 하지만 금방 달라질 터였다. 단 한 달 만에 '미니 MBA'로 불리는 집중 강좌를 끝내기로 되어 있었기 때문이다. 회사는 철저한 심사를 거쳐 학습이 빠른 사람들을 선발했다고 생각했으므로 우리가 초단기간에 엄청난 양의 정보를 습득하리라는 사실을 믿어 의심치 않았다.

현금 유동성, 매출과 수익의 차이 및 명칭도 생소했던 '민간 부문'에 관한 기본적인 지식을 어느 정도 갖춘 우리는 세계 각지에 흩어진 사무소로 발령을 받았고, 그곳의 컨설턴트 팀과 함께 배당받은 기업 고객들이 던져준 문제를 해결해야 했다.

나는 곧 맥킨지의 사업 방식이 간단하다는 사실을 알게 됐다. 기업은 매달 거액의 컨설팅 비용만 지불하면 내부적으로 해결이 안 돼 골치 아픈 문제를 맥킨지 팀에 맡길 수 있다. 우리는 고객과의 '계약'이 끝나갈 때 회사 내부에서 나오기 힘든 예리한 보고서를 내놓아야 했다.

자산이 수십억 달러에 이르는 대형 제약회사에 제출할 대담하고 전면적인 권고 사항들을 요약해 슬라이드로 준비하는 동안 나도 이게 무슨 말인지 모르겠다는 생각이 들었다. 시니어 컨설턴트들은 더 잘 알 수도 있겠지만 대학을 갓 졸업한 후배들은 나보다도 모를 터였다.

그렇다면 왜 그런 어마어마한 비용을 지불하고 우리를 고용하는가? 우선 한 가지 이유는 우리가 사내 정치에 때 묻지 않은 외부자의 시각을 제공한다는 이점 때문일 것이다. 또한 우리는 경영상의 문제들을 가설과 데이터를 바탕으로 해결할 방법도 알고 있다. 최고경영자들이 맥킨지에 자문을 의뢰하는 이유는 수없이 많을 것이다. 그러나 무엇보다도 우리가 지금 현장에 있는 사람들보다 명석하리라는 이유가 가장 클 것이다. 맥킨지 팀을 고용한다는 것은 '최고의 실력, 최고의 두뇌'를 가진 컨설턴트를 고용한다는 뜻이었다.

《인재전쟁》에 의하면 재능 있는 직원들을 적극 기용하고 재능 없는 직원들을 적극 도태시키는 기업이 크게 성장한다. 그런 기업에서는 큰 연봉 격차는 당연할 뿐 아니라 바람직한 일이다. 이유가 무엇인가? 승자 독식의 경쟁적 환경을 조성해야 재능이 뛰어난 직원은 회사에 머물고 부족한 직원은 다른 직장을 찾아 떠나기 때문이다.

지금까지 어떤 기고가들보다 맥킨지에 대해 심층적인 조사를 해온 더프 맥도널드Duff McDonald는 맥킨지의 경영철학을 '상식과의 전쟁'이라고 부르는 편이 더 어울린다고 주장했다.[25] 맥도널드는 원래의 맥킨지 보고서에서 그들의 전략을 적극 수용한 모범 사례의 회사들이 보고서가 출판된 지 수년 뒤에는 경영 실적이 저조했다는 점을 지적한다.

베스트셀러 저자인 말콤 글래드웰Malcolm Gladwell 또한 《인재전쟁》을 비판한다.[26] 그는 맥킨지가 주장하는 '재능 중심'talent mindset 경영의 완벽한 본보기로 엔론Enron을 꼽는다. 모두 알다시피 엔론의 말로는 해피엔딩이 아니었다. 엔론은 한때 세계 최대 에너지 회사였으며 《포천》에 의해 6년 연속 미국에서 가장 혁신적인 기업으로 선정되기도 했다. 그러나 2001년 엔론이 파산 신청을 하면서 대대적이고 체계적인 회계 부정을 통해 이례적인 수익을 낸 것처럼 속여왔다는 사실이 드러났다. 엔론의 붕괴로 부정행위에 관여한 적도 없는 직원 수천 명이 일자리와 건강보험, 퇴직연금을 잃었다. 당시 미국 역사상 최대 규모의 기업 파산이었다.[27]

엔론의 대실패를 지나치게 높은 지능지수를 강조한 탓으로 돌릴 수는 없다. 또한 그릿의 부족을 탓할 수도 없다. 하지만 글래드웰은 엔론이 직원들에게 남보다 똑똑하다는 사실을 증명하라고 요구함으로써 의도치 않게 자아도취 문화를 조장했으며, 겉으로는 잘난 척하면서도 속으로는 깊은 불안에 시달리는 직원들을 양산했다는 주장을 설득력 있게 펼친다.

엔론이 도산한 후에 만들어진 다큐멘터리 《엔론 – 세상에서 제일 잘난 놈들》Enron: The Smartest Guys in the Room을 관통하는 주장도 동일하다. 엔론이 승승장구하던 시절 최고경영자는 맥킨지 컨설턴트 출신의 자신만만하고 명석한 제프 스킬링Jeff Skilling이었다. 스킬링은 매년 직원의 등급을 매기고 하위 15퍼센트를 바로 해고하는 엔론의 인사고과제도를 개발했다.[28] 즉 절대적 기준으로 얼마나 성과를 냈건 다른 직원보다 성과가 떨어지는 직원을 해고시켰다. 그래서 이 인사제도는 엔론 내에서 '등급 평가 후 해고'rank-and-yank로 불렸다. 스킬링은 이를 맥킨지가 수립한 중요한 전략의 하나로 여겼다. 하지만 결국에는 이 전략이 속임수를 보상해주고 성실성을 막는 근무 환경을 만드는 데 일조했을 것이다.

우리가 재능 신화를
버려야 하는 이유

재능은 나쁜 것인가? 우리 모두의 재능은 똑같은가? 두 질문에 대한 답은 모두 "아니요."이다. 어떤 기술을 빠른 속도로 학습할 수 있는 능력은 분명 큰 행운이며 좋든 싫든 우리 가운데 일부는 다른 사람들보다 학습 능력이 뛰어나다.

그렇다면 왜 '노력형'보다 '재능형'에 관심을 두는 일이 그렇게 나쁜 일인가? 《아메리카 갓 탤런트》America's Got Talent, 《더 엑스 팩터》The X-Factor, 《차일드 지니어스》Child Genius 같은 오디션이나 경연 프로그램의 부정적인 면은 무엇인가? 7~8세에 불과한 어린아이들을 소수의 '영재'와 다수의 영재 아닌 아이들로 나누면 안 되는 이유는 무엇인가? '탤런트 쇼'처럼 재능을 겨루는 행사들은 얼마나 유해한가?

내가 볼 때 재능에만 집착하는 자세가 해로울 수 있는 가장 큰 이유는 간단하다. 재능만 집중 조명함으로써 나머지 모두를 가릴 위험이 있기 때문이다. 우리가 그릿을 비롯한 다른 요인들이 실제보다 중요하지 않다는 메시지를 은연중에 보낼 수도 있다.

스콧 배리 코프먼Scott Barry Kaufman의 예를 들어보자. 내 연구실에서 두 사무실 건너에 있는 연구실을 쓰는 코프먼은 내가 아는 심리학과 교수들과 거의 비슷하다. 그는 깨어 있는 시간의 대부분을 읽고, 생각하고, 자료를 수집하고, 글을 쓰면서 보낸다. 그리고 논문을 써서 학술지에 발표한다. 길고 어려운 단어도 많이 안다. 그는 카네기멜론, 케임브리지, 예일대학교에서 학위를 받았다. 취미로는 첼로를 연주한다.

하지만 어린 시절 코프먼은 학습 지진아로 간주됐고 사실이 그랬다. "실은 어릴 때 중이염을 자주 앓았어요." 코프먼은 그렇게 이유를 설명한다. "그래서 소리 정보를 바로바로 처리하는 데 어려움이 있었습니다. 나는 늘 다른 급우보다 한두 발짝 늦었어요."[29] 그가 학업에 전혀 진척을 보이지 않자 결국 특수반에 배정되었고 초등학교 3학년 때는 유급까지 했다. 그 무렵 학교심리학자에게 지능검사를 받았다. 그는 "끔찍했다."고 말할 정도로 불안에 떨며 치른 지능검사에서 IQ가 너무 낮게 나왔던 탓에 학습 장애아들이 다니는 특수학교로 보내졌다.

열네 살이 되어서야 그를 유심히 지켜보던 한 특수교사가 코프먼을 한쪽으로 데려가 왜 좀 더 어려운 수업을 듣지 않는지 물었다. 그때까지 코프먼은 자신의 지능이 낮다는 사실에 의심을 품어본 적이 없었다. 오히려 자신은 재능이 없어서 장래에 할 수 있는 일이 별로 없을 거라고 체념하고 있었다.

그는 자신의 가능성을 믿어준 교사를 만나면서 결정적인 전환점을 맞이했다. '네가 할 수 있는 것은 여기까지야'라는 말 대신 '네가 무엇을 할 수 있을지 누가 알겠어?'라는 말을 들었다. 그 순간 코프먼은 '나는 누구인가? 나는 아무런 미래가 없는 학습 장애아일 뿐인가? 아니면 나도 무언가가 될 수 있을까?'라는 생각을 난생처음 하게 되었다.

그 답을 찾기 위해 코프먼은 학교에서 제공하는 기회를 거의 놓치지 않고 도전했다. 라틴어 수업을 듣고 교내 뮤지컬 공연과 합창단에 참여했다. 물론 모든 활동에서 특출하지는 않았지만 그 속에서 배운 것이 있었다. 자신이 가망 없는 존재가 아니라는 사실이었다.

코프먼은 첼로라면 비교적 쉽게 배울 수 있겠다고 생각했다. 그의 할아버지가 거의 50년간 필라델피아 오케스트라에서 첼리스트로 활동하고 있었으므로 할아버지께 개인 지도를 받을 수 있겠다 싶었기 때문이다. 할아버지의 허락을 받아 여름방학에 첼로를 처음 잡은 코프먼은 하루에 8~9시간씩 연습했다. 그는 연주 실력을 높이겠다는 투지에 넘쳤는데 첼로 연주가 즐거웠기 때문만은 아니었다. "제가 뭐라도 할 수 있는 지적 능력의 소유자라는 사실을 사람들에게 증명해 보이고 싶었어요. 그때 심정으로는 그게 뭐든 상관없었죠."[30]

코프먼은 연주 실력이 부쩍 향상된 덕분에 가을 학기에 교내 오케스트라 단원이 되었다. 그의 사연이 거기서 끝났다면 투지가 강한 인물의 사례에 들지 못했을 것이다. 그는 첼로 연습을 계속했고 연습 시간을 늘리기까지 했다. 연습 때문에 점심을 거르기도 했고 수업에 빠질 때도 있었다. 그는 졸업반이 되었을 때 제2첼로 주자, 즉 오케스트라에서 두 번째로 첼로를 잘 켜는 연주자가 되었으며 합창단원으로도 활동했다. 그는 음악과에서 주는 각종 상을 수상했다.

코프먼은 이제 우등반에서 듣는 과목도 많아졌고 성적도 올랐다. 그는 친구 대부분이 영재교육 프로그램에 들어가 있었기 때문에 자신도 같이 하고 싶었다. 자신도 플라톤에 대해 토론하고, 두뇌 개발 퍼즐을 풀고, 지금보다 더 많은 내용을 배우고 싶었다. 물론 어린 시절에 평가받은 지능지수로는 어림없는 일이었다. 코프먼은 학교심리학자에게 들었던 말을 아직도 기억하고 있다. 그는 냅킨에 종 모양의 곡선을 그리고 그 정점을 가리키며 말했다. "여기가 평균이야." 그런 다음 곡선 오른쪽의 한 지점을 가리키며 "이 IQ면 영재반에 가지."라고 말하더니 반대편 왼쪽의 한 지점을 짚고는 "너는 여기 속해."라고 말했다.

"잠재적인 능력보다 성적이 잘 나오는 지점은 어디예요?" 코프먼이 물었다.[31]

학교심리학자는 고개를 가로저으며 그에게 나가라고 했다.

그해 가을 코프먼은 '지능'이라는 것을 공부해봐야겠다는 결론을 내렸다. 그는 카네기멜론대학교 인지과학 프로그램에 지원했지만 떨어졌다. 물론 불합격 통지서에는 낙방 이유가 구체적으로 언급되지 않았지만 스콧은 뛰어난 학과 성적과 활발한 특별활동 경력을 고려해볼 때 SAT 성적이 나빴기 때문이라는 결론을 내리지 않을 수 없었다.

코프먼은 그때 일을 이렇게 회상한다. "투지가 생기더라고요. '꼭 해내고 말 거야. 떨어졌어도 상관없어. 내가 배우고 싶은 것을 공부할 방법을 찾을 거야.'라고 다짐했어요."[32] 그러고는 카네기멜론대학교 음악대학에 오페라 전공으로 실기시험을 봤다. 이유가 뭐였을까? 오페라 전공은 SAT 성적보다 음악적 소질과 표현력을 중시했기 때문이다. 입학 첫해 스콧은 선택과목으로 심리학을 수강했다. 그리고 곧 심리학을 부전공으로 선택했다. 이어서 오페라에서 심리학으로 전공을 바꿨고 파이 베타 카파 Phi Beta Kappa(미국 최우수 학생 친목단체 —옮긴이) 상을 받고 졸업했다.

나도 코프먼처럼 초등학생 시절에 지능검사를 받았는데 영재반에 배정될 정도로 똑똑하지는 않다는 판정을 받았다.[33] 선생님이 재검사를 요청한 때문인지는 모르겠으나 나는 이듬해에 다시 지능검사를 받았고 영재반에 배정됐다. 내가 영재와 범재의 경계에 있었다고 말할 수도 있다.

이 이야기들은 재능이 있다는 것은 멋진 일이지만 재능검사는 그렇지 못하다는 근거로 해석될 수도 있다. 이는 재능검사 및 그릿을 비롯한 심리검사들이 매우 불완전하다는 논쟁으로 이어질 것이다.

하지만 이 이야기의 또 다른 결론은 재능만 강조할 경우 그에 못지않게 중요한 '노력'에 대한 관심을 잃게 된다는 것이다. 다음 장에서는 재능도 중요하지만 노력은 그 두 배로 중요하다는 주장을 하려 한다.

제3장

재능보다 **두 배** 더
중요한 노력

내가 재능이란 단어를 읽거나 듣지 않고 넘어가는 날은 단 하루도 없다. 스포츠면부터 경제면까지, 신문 주말판에 실린 배우와 음악가 소개부터 정계 유망주에 대한 1면 기사까지 신문의 모든 면에 재능을 암시하는 단어들이 넘쳐난다. 누군가가 기사에 나올 만한 업적을 달성하는 즉시 그를 '비상한 재능'이 있는 사람으로 지명하는 것처럼 보인다.

그러나 재능을 지나치게 강조하면 다른 모든 요인을 간과하게 된다. 극단적인 경우 다음과 같은 그림을 거의 사실로 믿는다.

나는 최근에 라디오 방송에서 힐러리 클린턴과 빌 클린턴을 비교하는 한 논평가의 이야기를 들은 적이 있다. 그는 두 사람 모두 소통 능력이 뛰

재능

성취

어나다고 말했다. 하지만 빌 클린턴이 '타고난 정치인'인 반면에 힐러리 클린턴은 정치인의 역할에 자신을 끼워 맞춰야만 한다고 평가했다. 그의 견해로는 빌이 재능형인 반면에 힐러리는 노력형에 불과했다. 드러내놓고 말하지는 않았지만 힐러리가 결코 남편에 필적하는 정치인이 될 수 없을 거라고 암시하는 발언이었다.

나도 그런 말을 뱉을 뻔한 경우들이 있다. 굉장히 인상적인 사람을 보면 반사적으로 "정말 천재인데!"라는 혼잣말이 나오려 한다. 내가 그런 말을 해서는 안 되는데도 말이다. 그런데 왜 그런 말을 하는 걸까? 어째서 재능에 대한 무의식적 편향이 남아 있는 것일까?

몇 년 전 승부욕이 강한 수영선수들을 연구한 논문, 《탁월성의 일상성》 Mundanity of Excellence을 읽은 적이 있다.[1] 이 논문의 주요 결론은 제목에 압축되어 있듯이 빛나는 인간의 업적이 실은 평범해 보이는 무수한 개별 요소의 합이라는 것이다.

이 논문의 저자인 사회학자 댄 챔블리스Dan Chambliss는 이렇게 말한다. "최상급 기량은 사실 수십 개의 작은 기술 및 동작 하나하나를 배우거나 우연히 깨치고, 주의 깊은 연습을 통해 습관으로 만들고, 전체 동작으로 종합해서 나온 결과물이다. 부분 동작들 중에서 비범하거나 초인적인 동작은 하나도 없다. 정확하게 실행된 동작들이 합해져 탁월한 기량이 나올 뿐이다."[2]

그러나 탁월성이 평범함 속에서 나온다는 말은 호응을 얻기 힘들다. 챔블리스는 자료 분석을 마친 뒤 동료에게 일부를 보여줬을 때 "좀 더 재미있게 써야겠네. 여기 나오는 사람들을 더 흥미롭게 묘사해봐."라는 평을 들었다.[3]

나는 챔블리스에게 전화해 그가 관찰한 내용 중 몇 가지를 자세히 물어보았다. 그는 수영선수로 활동하다가 선수 생활을 그만둔 뒤 몇 년간 비상근 코치로 일하면서 재능과 그 재능이라는 단어를 우리가 어떤 의미로 사용하는가에 매료되었다. 젊은 조교수였던 챔블리스는 수영선수를 대상으로 심층적인 질적 연구를 해보기로 했다. 그는 총 6년 동안 동네 수영 클럽부터 올림픽 출전을 꿈꾸는 우수한 선수 팀까지 모든 수준의 수영선수와 코치들을 면담하고, 관찰하고, 때로는 함께 생활하고, 원정 경기까지 따라다녔다.

"재능은 우리가 성공한 운동선수에게 붙이는 가장 흔한 비전문가적 설명일 것이다.[4] 우리는 마치 재능이라는 '눈에 보이지 않는 실체가 경기 성적이라는 표면적 현실 뒤에 존재하고 있어서 최고 선수와 나머지 선수들을 구별'해주는 것처럼 말한다.[5] 그리고 위대한 선수들을 나머지 우리에게는 허락되지 않은 특별한 재능과 신체적, 유전적, 심리적, 생리적인 '인자'를 타고난 축복받은 존재처럼 바라본다. '재능'이 있는 선수도 있고 없는 선수도 있다. '재능을 타고난' 선수도 있고 아닌 선수도 있다."

나는 챔블리스의 관찰이 정확하다고 생각한다. 우리는 운동선수나 음악가 등이 입이 떡 벌어질 만큼 놀라운 성과를 어떻게 냈는지 설명할 수 없으면 이내 포기하고 "재능이네! 그건 가르쳐서 되는 게 아니야."라고 말하는 경향이 있다. 다시 말해서 경험과 훈련만으로 통상적인 범위를 훌쩍 넘는 탁월한 수준에 어떻게 도달할 수 있었는지 쉽게 이해가 안 될 때 자동으로 '타고났다'는 분류를 한다.

챔블리스는 위대한 수영선수들의 전기를 통해 그들의 궁극적 성공에 기여한 많은 요소들을 알 수 있다고 말한다. 예를 들어 아주 뛰어난 수영 선수들은 거의 예외 없이 수영에 관심이 있고, 코치 강습료와 대회 참가비 그리고 그에 못지않게 중요한 수영장 이용료를 지불할 정도의 수입이 있는 부모를 두었다. 결정적으로 수년간 수천 시간 동안 연습을 했고, 그 모든 연습 시간에 수많은 구성 동작들을 다듬은 결과가 한 번의 결점 없는 경기로 집약돼 나왔다.

재능이 눈부신 기량을 완벽히 설명해준다는 가정은 틀린 듯하지만 한편으로는 이해되기도 한다. 그는 이렇게 설명한다. "4년마다 돌아오는 올림픽 중계방송이 최고의 선수를 볼 유일한 기회이거나 매일 훈련하는 모습은 보지 못한 채 경기만 봤다면, 성공의 이유를 재능으로만 설명하기 쉽다."[6]

이어서 그는 수영으로 성공하는 데는 생각보다 많은 재능이 필요하지 않다고 강조한다.

"누구나 마이클 펠프스Michael Phelps(통산 28개의 메달을 따낸 미국 수영선수—옮긴이)처럼 될 수 있다는 뜻은 아니시죠?" 내가 물었다.

"물론 아닙니다." 그가 대답했다. "우선 훈련으로도 안 되는 신체 구조상의 이점이 있잖아요."[7]

"그리고 똑같이 열심히 하고 같은 코치에게 지도받아도 어떤 선수들은 다른 선수들보다 발전 폭이 크다고 하지 않았나요?" 내가 이어서 질문했다.

"그랬죠. 하지만 탁월한 기량을 정복할 수 있다는 사실이 중요합니다. 탁월한 기량은 수많은 기술이 합해져 나오고 그 하나하나의 기술은 노력으로 익힐 수 있는 것이니까요."

챔블리스는 탁월한 기량을 갖추기까지 들인 수많은 시간, 나날, 주, 해를 저속 촬영한다면 다른 사람들도 그가 봐왔듯이 평범한 동작들이 합해져 빼어난 기량이 완성되는 과정을 볼 수 있으리라고 주장한다. 하지만 나는 평범한 구성 동작의 점진적 숙달로 탁월한 기량이 전부 설명될지 궁금했다. 과연 그게 전부일까?

"저도 그렇지만 우리 모두가 신비로움과 마법을 좋아하기 때문에 그런 미련을 버리지 못하죠." 그의 대답이었다.

이어서 그는 로디 게인스Rowdy Gaines(1984년 LA 올림픽 3관왕―옮긴이)와 마크 스피츠Mark Spitz의 수영 시합을 지켜봤던 이야기를 들려줬다. "스피츠는 1972년 올림픽에서 금메달 일곱 개를 딴 선수로 마이클 펠프스 이전에 최고로 꼽혔습니다." 그가 설명했다. "1984년 은퇴한 지 12년이나 지나 스피츠가 다시 나타났습니다. 나이는 이미 30대 중반이었죠. 그리고 당시 100미터 자유형 세계기록 보유자인 로디 게인스와 같은 조에 배정되었어요. 두 선수는 수영장을 왕복하는 동안 50미터 경기를 하듯이 전력 질주를 하더군요. 주로 게인스가 앞서갔지만 그들이 절반쯤 갔을 때 수영팀 전원이 수영장을 에워싸고 스피츠의 모습만 지켜봤죠."

팀에 있던 모든 선수가 로디 게인스와 함께 훈련했으므로 그의 실력을 익히 알고 있었다. 올림픽에서 금메달을 따리라고 점쳐지고 있다는 사실도 알았다. 하지만 나이 차이 때문에 스피츠와 수영을 해본 선수는 아무도 없었다. 한 선수가 손으로 스피츠를 가리키며 "세상에, 물고기네요."라고 말했다.

그의 말투에서 경이로움이 느껴졌다. 탁월성의 일상성을 연구하는 사람조차 기량을 재능으로 설명하는 방식에 쉽사리 빠지는 것처럼 보였다. 나는 그렇게 대단한 기량이면 신의 영역이 아니겠냐고 슬며시 그를 떠보았다.

대답 대신 그는 내게 니체의 글을 읽어보라고 했다.

니체? 철학자 니체? 마크 스피츠의 기량을 설명하다 난데없이 왜 19세기 독일 철학자 이야기를 하지? 알고 보니 니체 역시 이 문제를 놓고 오랫동안 고민한 적이 있었다.

성취 = 재능 × 노력^2

"모든 완전한 것에 대해 우리는 그것이 어떻게 생겨났는지 묻지 않는다." 니체는 말했다.[8] 대신 "우리는 마치 그것이 마법에 의해 땅에서 솟아난 것처럼 현재의 사실만을 즐긴다."[9]

나는 그 구절을 읽으면서 자신들의 우상인 스피츠가 인간의 경지를 넘어선 듯한 기량을 펼치는 것을 구경하는 젊은 수영선수들의 모습이 떠올랐다.

"아무도 예술가의 작품 속에서 그것이 완성되기까지의 과정을 보지 못한다." 니체는 말했다. "그 편이 나은 점도 있다. 작품으로 완성되는 과정을 보게 되는 경우에는 언제나 반응이 다소 시들해지기 때문이다."[10] 다시 말해서 우리는 마크 스피츠가 남들은 선천적 혹은 후천적으로도 갖지 못한 수영에 대한 재능을 갖고 태어났다고 믿고 싶어 한다. 우리는 수영장 옆에서 그가 아마추어에서 프로 선수로 성장하는 모습을 지켜보는 걸 바라지 않는다. 우리는 '완성된 탁월한 기량'을 보는 것을 더 좋아한다. 일상성보다는 신비함을 선호한다.

하지만 무엇 때문인가? 마크 스피츠가 우수한 기량을 노력으로 얻은 것이 아니라고 우리 스스로를 기만하는 이유는 무엇인가?

"우리의 허영심과 자기애가 천재 숭배를 조장한다." 니체가 말했다.[11] "왜냐하면 천재를 마법적인 존재로 생각한다면 우리 자신과 비교하고 우리의 부족함을 느끼지 않아도 되기 때문이다……. 누군가를 '신적인 존재'로 부르면 '우리는 그와 경쟁할 필요가 없어진다.'"

즉 선천적 재능으로 신화화함으로써 우리 모두는 경쟁에서 면제받는 것이다. 그리고 현재 상황에 안주하게 된다. 내가 교직 생활 초창기에 재능과 성취를 동일시하고 그 결과 학생도, 나도 노력해야 한다는 생각을 못 했을 때도 그랬던 것이 틀림없다.

그렇다면 탁월성의 실체는 무엇인가? 니체가 내린 결론도 댄 챔블리스와 똑같았다. "사고를 한 방향으로 모아 모든 것을 소재로 활용하며 자신과 타인의 내면을 부단히 관찰하여 어디에서나 본보기와 자극을 찾아내고, 지칠 줄 모르고 자신의 방식으로 결합시키는"[12] 사람들이 위대한 업적을 이룬다.

니체는 재능에 대해서는 뭐라고 했을까? 그는 누구보다도 장인을 본보기로 생각하라고 말한다. "소질과 타고난 재능에 대해 말하지 말라! 타고난 재능이 거의 없어도 위인이 된 이들을 여럿 들 수 있다. 그들은 탁월한 솜씨를 배워서 (우리가 이름 붙인 대로) '천재'가 되었다……. 그들은 모두 유능한 장인답게 작은 부분을 제대로 만드는 법부터 진지하게 배운 다음 전체를 구성하는 일에 조심스럽게 도전했다. 그들은 눈부신 전체에 감탄하기보다 작고 부수적인 것들을 잘 만드는 데서 즐거움을 느꼈기 때문에 거기에 충분한 시간을 할애했다."[13]

대학원 2년 차에 막 접어든 어느 날, 나는 지도 교수인 마틴 셀리그먼 Martin Seligman과 주간 회의를 하기 위해 마주 앉았다. 상당히 긴장됐다. 그는 사람들, 특히 지도 학생들을 긴장시키는 구석이 있었다.

당시 60대였던 셀리그먼은 심리학계에서 주는 상이라는 상은 전부 수상했다. 그의 초기 연구들은 우울증에 대한 이해의 폭을 넓혀줬다. 이후 그는 미국 심리학회 회장을 역임했으며 과학적 방법으로 인간의 안녕과 관련된 문제에 접근하는 긍정심리학 분야를 창시했다.[14]

셀리그먼은 딱 벌어진 가슴에 중저음의 목소리를 갖고 있었다. 행복과 안녕을 연구하지만 그를 쾌활한 사람이라고 묘사하기는 힘들다.

아마도 내가 그전 주에 한 일이나 우리가 진행하던 연구 중에서 다음 계획에 대한 보고를 할 때였을 것이다. 그가 내 이야기를 중간에 끊으며 불쑥 말했다. "자네는 2년 동안 좋은 아이디어를 내놓지 못하는군."

나는 멍하니 입을 벌린 채 그를 빤히 바라보며 방금 무슨 말을 들은 건지 파악하려고 애썼다. 한참 동안 눈도 깜박이지 못했다. 2년이라니? 나는 대학원에 진학한 지 2년이 채 지나지도 않았다!

침묵이 흘렀다.

잠시 후 셀리그먼 교수는 팔짱을 끼고 얼굴을 찡그리며 말했다. "자네는 온갖 복잡한 통계 처리도 잘하고, 모든 학부모에게 어떻게든 피험자 동의서도 받아내고, 몇 번 통찰력 있는 소견도 내놓았어. 하지만 자네에게는 이론이 없어. 성취심리학 이론이 없단 말이야."

또 침묵이 흘렀다.

"무슨 이론이요?" 교수님이 무슨 말을 하는지 전혀 알아들을 수 없었던 내가 마침내 물었다.

다시 침묵이 흘렀다.

"이제 책과 논문은 그만 읽고 생각을 해."

나는 교수님 연구실을 나와 내 사무실로 가서 울었다. 집으로 돌아와 남편 앞에서 또 울었다. 못된 교수님이라고 혼잣말로 그리고 큰 소리로 욕을 했다. 그는 왜 내가 못한 점만 지적했을까? 왜 내가 잘한 일을 칭찬해주지 않았을까?

'자네에게는 이론이 없어……'

그 말이 며칠 동안 내 머릿속을 맴돌았다. 마침내 나는 눈물을 닦고 욕을 멈추고 컴퓨터 앞에 앉았다. 워드 프로그램을 열고 깜박이는 커서를 바라보면서 내가 인생에서 성공하려면 재능만으로는 충분하지 않다는 기본적인 관찰 소견에서 크게 나아가지 못했음을 자각했다. 나는 재능과 노력, 기술, 성취가 정확히 어떤 관계에 있는지 파악하지 못하고 있었다.

이론은 설명이다. 이론은 무수히 많은 사실과 관찰 내용들이 무슨 뜻인지 가장 기본적인 용어로 설명해준다. 이론은 필연적으로 불완전하다. 지나치게 단순화하기 때문이다. 하지만 지나친 단순화를 통해 이해를 돕는다.

재능만으로 성취를 전부 설명하지 못한다면 무엇이 빠졌을까?

이론이 없다고 교수님께 꾸중을 들은 후로 나는 성취심리학 이론을 수립하기 위해 노력했다. 실험실에 있는 노트북 10여 대의 용량이 넘치도록 수십 쪽에 이르는 도표를 만들었다. 때로는 혼자, 때로는 가까운 동료들과 함께 성취이론에 대해 10년 넘게 고민한 끝에 마침내 재능에서 성취에 이르는 과정을 설명하는 단순한 등식 두 개를 완성했다.

그 등식은 아래와 같다.

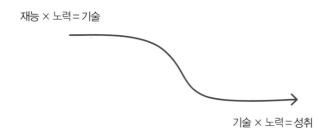

재능 × 노력 = 기술

기술 × 노력 = 성취

여기서 재능은 '노력을 기울일 때 기술이 향상되는 속도'를 말한다.[15] 성취는 '습득한 기술을 사용했을 때의 결과물'이다. 물론 훌륭한 코치나 스승을 만나는 등의 기회 또한 매우 중요하다. 어쩌면 개인적 요인보다 중요할 수도 있다. 하지만 내 이론에서는 이런 외적 변인을 다루지 않으며 행운도 포함시키지 않는다. 심리만 중요한 것이 아니기 때문에 성취를 심리학적으로 설명하는 내 이론은 불완전하다.

그렇지만 유용성은 있다고 생각한다. 내 이론에서는 동일한 환경에 놓인 개인들을 고려할 때 각자의 성취는 오직 재능과 노력 두 가지에 의해 좌우된다고 본다. 물론 기술이 향상되는 속도인 재능도 매우 중요하다. 하지만 노력은 위의 등식에서 한 번이 아니라 두 번 인수로 고려된다. 노력을 통해 기술이 생긴다. 동시에 노력은 기술을 '생산적'으로 만들어준다. 몇 가지 예를 들어보자.

워런 매켄지: 1만 개 이상의 작품을 만드는 장인

미네소타에 사는 워런 매켄지Warren MacKenzie라는 유명한 도예가가 있다. 현재 92세인 그는 성인이 된 뒤로 한시도 도예 작업에서 손을 놓지 않았다. 역시 예술가였던 죽은 아내와 그는 초창기에 여러 가지를 시도했다. "뭐든 할 수 있을 것 같았던 젊은 시절에는 도예도 하고 그림도 그리고 텍스타일 디자인도 하고 보석 세공도 하고 이것저것 다 해보자고 생각했어요. 르네상스인처럼 만능이 돼보려고 한 거죠."[16]

하지만 곧 한 영역에서 실력을 차근차근 쌓아가는 쪽이 여러 영역에서 아마추어로 머무르는 것보다 만족스럽다는 사실을 확실히 느꼈다. "결국 우리 부부는 소묘와 회화, 실크스크린 작업도 그만두고 텍스타일 디자인도 접고 도예에 집중하게 됐습니다. 우리가 진짜로 관심 있는 영역은 도예라고 생각했거든요."[17]

매켄지가 내게 말했다. "솜씨 좋은 도예가는 하루에 40~50개의 작품을 만들 수 있습니다.[18] 이 중에는 잘된 작품도 있고 보통인 작품도 있고 형편없는 작품도 있습니다. 몇 점 정도가 상품 가치가 있고 그중에서도 소수의 작품이 매일 사용하더라도 계속 눈길을 사로잡겠죠."[19]

물론 미술계가 매켄지를 찾는 이유는 그가 괜찮은 작품을 많이 만들기 때문만은 아니다. 그의 작품이 아름답고 형태가 독특하기 때문이다. "나는 최대한 흥미롭고 사람들의 집에 어울릴 만한 작품을 만들려고 노력하고 있습니다."[20] 그럼에도 불구하고 단순화해서 말하면, 매켄지가 만든 시간을 초월하는 아름다움과 실용성을 갖춘 작품의 총 개수가 그가 예술가로서 달성한 업적이 될 것이다. 거장의 한 사람으로 꼽힌다 하더라도 평생 남긴 걸작이 한두 점뿐이라면 만족스럽지 않을 것이다.

매켄지는 90세를 넘긴 지금도 매일 물레를 돌린다. 이런 노력을 통해 그는 기술을 향상시켜왔다. "우리 부부가 처음 도예를 시작했을 때 만든 도자기 중에는 지금 생각해보면 형편없는 것들도 있었습니다. 그때는 훌륭한 작품이라고 생각했지요. 우리가 만들 수 있는 최선의 작품이었지만 당시의 생각이 단순했던 만큼 작품 역시 단순했고 요즘 내 작품에서 볼 수 있는 깊이가 없었죠."[21]

"처음 1만 개의 작품을 만들 때까지는 힘들었는데 그 뒤부터는 조금씩 수월해졌어요." 그가 이어서 말했다.[22]

작업이 수월해지고 매켄지의 기술이 향상되면서 하루에 만들어내는 작품의 수가 늘어났다.

$$재능 \times 노력 = 기술$$

동시에 그가 세상에 내놓은 훌륭한 작품의 수도 증가했다.

$$기술 \times 노력 = 성취$$

매켄지는 노력을 통해 '최대한 흥미롭고 사람들의 집에 어울릴 만한 작품'을 점점 더 잘 만들게 됐다. 그리고 그렇게 쏟아부은 노력 덕분에 더 많은 것을 성취했다.

존 어빙: 난독증을 극복하고 세계적인 작가가 되기까지

"가아프Garp는 타고난 이야기꾼이었다."[23]

이는 존 어빙John Irving의 네 번째 소설 《가아프가 본 세상》The World According to Garp에 나오는 구절이다. 자기 소설의 주인공처럼 어빙은 멋진 이야기를 들려준다. 그는 '현재 미국 문학계에서 가장 뛰어난 이야기꾼'으로 칭송받는다.[24] 지금까지 열 권이 넘는 소설을 썼으며 그 대부분이 베스트셀러가 됐고 절반은 영화로 제작됐다. 《가아프가 본 세상》은 내셔널 북 어워드National Book Award(전미 출판인 컨소시엄에서 매년 시상하는 문학상—옮긴이)를 수상했으며 그가 직접 각색한 《사이더 하우스》The Cider House Rules는 아카데미 각본상을 수상했다.

하지만 가아프와 달리 어빙은 재능형이 아니었다. 가아프는 '지어내는 이야기마다 앞뒤가 착착 들어맞는 듯했지만'[25] 어빙은 원고를 여러 차례 고쳐 쓴다. 그는 습작 시기를 이렇게 묘사한다. "무엇보다도 원고를 전부 뜯어고쳤어요……. 재능의 부족을 심각하게 느끼기 시작했죠."[26]

어빙은 고등학교에 다니는 동안 영어 과목에서 C⁻를 받았다고 한다. SAT 언어영역 점수는 800점 만점에 475점으로[27] SAT를 치른 학생들 중에서 하위 3분의 1에 해당하는 점수를 받았다. 게다가 졸업 학점이 모자라서 고등학교를 1년 더 다녀야 했다. 어빙은 교사들이 자신을 '게으르고 멍청한' 학생으로 여겼다고 회상한다.[28]

그러나 어빙은 게으르지도 멍청하지도 않았다. 심한 난독증이 있었을 뿐이었다. "저는 공부를 잘할 수가 없었어요……. 친구들이 역사 과목의 읽기 과제를 한 시간 안에 끝낼 수 있다면 저는 두세 시간을 할애해야 했습니다. 철자를 외울 수 없으면 가장 자주 틀리는 단어들만 모아 단어장을 만들어서 공부했어요."[29] 그의 아들이 난독증으로 진단받았을 때 어빙은 비로소 왜 자신이 그렇게 열등한 학생이었는지 이해했다. 어빙의 아들은 친구들에 비해 읽는 속도가 현저히 느렸다. "아들도 저처럼 손가락으로 문장을 짚어가며 읽더라고요. 저도 여전히 그렇게 읽거든요. 내가 쓴 글이 아니면 무슨 글이든 아주 천천히 손가락으로 짚어가며 읽습니다."[30]

읽고 쓰기가 쉽지 않았던 까닭에 어빙은 '어떤 일을 아주 잘하려면 능력 이상으로 노력해야 한다'는 것을 배웠다. "제 경우에는 두 배로 집중해야 한다는 것을 알게 됐습니다. 거듭해서 하다 보면 타고난 재능이 없는 일도 제2의 천성처럼 된다는 것을 깨달았죠. 그 일을 할 능력이 있기는 하지만 하루아침에 되지는 않는다는 사실을 배웠습니다."[31]

이른 나이에 재능을 발견한 사람도 그런 교훈을 배울 수 있을까? 그들도 거듭거듭 반복하고, 애를 쓰고, 인내하는 능력이 숙달될 수는 있지만 하룻밤 새 얻을 수 없는 것임을 알게 될까?

일부는 그럴 것이다. 하지만 일찌감치 재능보다 노력에 의존해야 했던 사람들이 더 잘 알 것이다. "제가 요즘 쓰는 소설에 자신 있는 이유 중의 하나는 아무리 힘들어도 원고를 계속 검토할 지구력 하나는 뛰어나기 때문입니다." 어빙이 말했다.[32] 그는 열 번째 소설을 출간한 후에 이렇게 말했다. "작가로서 제가 가장 잘하는 일은 고쳐쓰기입니다. 저는 소설이든 각본이든 초고를 완성한 시간보다 더 많은 시간을 들여서 원고를 수정합니다."[33]

어빙은 남들처럼 유창하게 읽지 못하고 맞춤법에도 서툰 것이 '장점이 되었다'고 말했다. "소설을 쓸 때는 속도가 느리다고 곤란하진 않습니다. 작가가 원고를 계속 검토한다고 해서 손해 볼 일은 없지요."[34]

어빙은 매일매일 노력한 끝에 역사상 가장 문장력이 좋고 다작하는 작가가 됐다. 그는 노력을 통해 대가가 되었고, 노력 끝에 얻은 대가의 필력으로 나를 포함한 수백만 독자에게 감동을 준 작품을 탄생시켰다.

윌 스미스: 죽거나 혹은 끝까지 하거나

그래미상을 수상한 음악가이자 오스카상 후보에 올랐던 윌 스미스will Smith도 재능과 노력, 기술, 성취에 대해 많은 생각을 해왔다. 과거에 그는 "내가 특별히 재능이 있다고 생각해본 적이 한 번도 없습니다."라고 말했다. "내가 남보다 나은 점이 있다면 어리석고 지독해 보일 정도의 근면성을 가진 것입니다."[35]

윌 스미스가 보기에 성공은 곧 끝까지 해내는 것이었다. 그는 연예인으로 최고의 자리에 오른 비결을 묻는 질문에 이렇게 대답했다.

내가 남들과 확실히 다른 점이 있다면 러닝머신 위에서 죽는 것도 두려워하지 않는 자세뿐입니다. 나보다 운동을 많이 하는 사람은 없을 겁니다. 물론 나보다 재능이 많은 사람, 똑똑한 사람, 성적 매력이 넘치는 사람들이 있겠죠. 그 모든 면에서 나보다 나은 사람도 있을 거고 나보다 아홉 가지가 나은 사람도 있을 것입니다. 하지만 나와 함께 러닝머신에 올라간다면 그 사람이 먼저 기권하거나 내가 죽거나 둘 중 하나입니다. 정말로요.[36]

1940년 하버드대학교 연구자들도 같은 생각을 했다. 그들은 '건강한 청년의 특성'을 알아냄으로써 '사람들이 보다 행복하고 성공적인 삶을 살도록 돕겠다는'[37] 연구 목표를 구상하고, 하버드대학교 2학년생 130명에게 최대 5분 동안 러닝머신에서 뛰라고 요청했다. 러닝머신의 경사를 높이고 속도를 최대로 설정해서 학생들은 보통 4분밖에 버틸 수 없었다. 겨우 1분 30초를 버틴 이들도 있었다.[38]

이 러닝머신 실험은 학생들이 신체적으로뿐 아니라 정신적으로도 지치게 고안됐다. 연구자들은 학생들의 기준 체력보다 힘들게 러닝머신을 설정함으로써 '지구력과 의지력'을 측정해냈다.[39] 그들은 러닝머신에서 힘겹게 달린 시간이 피험자의 유산소 능력aerobic capacity과 근력뿐 아니라 '스스로를 다그칠 용의 또는 너무 고통스러워지기 전에 중지하는 경향'과도 관계가 있다는 사실을 알고 있었다.[40]

그로부터 수십 년이 지난 후 조지 베일런트George Vaillant라는 정신과 의사가 러닝머신 실험에 참가했던 이들을 추적 조사했다. 이제 60대가 된 피험자들은 대학 졸업 후부터 2년에 한 번씩 연구자들에게 연락을 받았고, 그간 그들이 작성한 설문지, 서신, 심층면접 기록 등 온갖 자료가 하버드대학교에 개인별 폴더로 보관되어 있었다. 연구자들은 각 피험자의 수입, 승진, 병가, 사회 활동, 자기보고 방식으로 측정한 직장과 가정에서의 만족도, 정신과 치료 경력, 신경안정제 같은 감정 조절 약물 사용 경력까지 기록해두었다. 베일런트는 그 모든 정보를 종합해서 성인기 전반의 심리적 적응도를 추정했다.

그 결과 20세에 러닝머신에서 달린 시간은 성인기의 심리적 적응을 예측해주는 신뢰할 만한 변인으로 밝혀졌다. 베일런트와 그의 팀은 피험자가 러닝머신에서 달린 시간을 결정짓는 변인이 그들의 청년기 체력 상태이며, 따라서 성인기의 심리적 안녕을 예측해주는 변인이 러닝머신에서 달린 시간이 아니라 청년기의 체력일 가능성도 고려했다. 하지만 기준 체력의 차이를 고려해 계산해도 '러닝머신에서 달린 시간과 정신 건강 간

에는 여전히 상관관계가 존재한다'는 사실을 발견했다.[41]

즉 월 스미스가 중요한 사실을 지적했던 것이다. 인생이라는 마라톤을 달릴 때는 노력이 대단히 중요하다.

"선생님은 러닝머신에서 얼마나 버티셨을까요?" 나는 베일런트 교수에게 물었다. 내가 보기에 베일런트 본인이 그릿의 전형 같았기 때문이다. 베일런트는 정신과 레지던트 과정을 갓 마친 신참 의사 시절에 1940년의 러닝머신 실험과 피험자들에 관한 그간의 수집 자료들을 발견했다.

자료들이 바통처럼 한 연구팀에서 다음 연구팀으로 건네지는 동안 사람들의 관심과 열의는 줄어들고 있었다. 그러다 자료가 그의 손에 들어왔다.

베일런트는 연구에 다시 활기를 불어넣었다. 그는 우편과 전화로 연구 대상자들에게 연락을 취하고 세계 구석구석까지 찾아가 한 사람씩 면담했다. 현재 80대인 베일런트는 대부분의 연구 대상자들보다 오래 살고 있다. 그리고 발달 연구로 사상 최장기 종단연구인 그 연구 결과를 보고하는 네 번째 책을 쓰고 있다.

러닝머신에서 얼마나 버텼겠느냐는 내 질문에 베일런트 교수가 이렇게 대답했다. "나는 그다지 끈기가 없어요. 비행기에서 십자말풀이를 하다가 잘 안 풀리면 항상 정답을 보는걸요."[42]

십자말풀이에서는 그리 투지가 강하지 않다는 말이었다.

"집에서 고장 난 물건이 있으면 일단 아내에게 미뤄요. 그러면 아내가 고치죠."

"그렇다면 선생님은 투지가 없다고 생각하세요?" 내가 물었다.

"하버드대학교 종단연구가 마무리된 것은 내가 한결같이 고집스레 끌고 왔기 때문입니다. 그 연구 하나는 중요하게 생각하고 계속 신경 썼죠. 내가 매료된 연구거든요. 사람들이 성장하는 모습을 지켜보는 것보다 흥미로운 일은 없으니까요."

잠시 말을 멈췄던 그는 고등학생 시절에 육상팀에서 장대높이뛰기 선수로 활약했던 이야기를 들려줬다. 장대높이뛰기 선수들은 기량 향상을 위해 철봉에 매달려 팔 굽히기, 일명 턱걸이를 했다.

"나는 누구보다도 턱걸이를 많이 했어요. 몸이 아주 건장해서가 아니었어요. 전 체력이 좋은 편이 아니었거든요. 그저 연습을 많이 한 덕분이었죠."

우디 앨런: 그만두지 않는 힘

다작 작가이자 감독인 우디 앨런woody Allen은 과거 젊은 예술가들에게 조언을 해달라고 하자 이렇게 대답했다.

내가 지켜보니까 작가가 꿈이라고 말하지만 첫 단계에서 실패하고 실제로는 희곡 한 편, 책 한 권 쓰지 못하는 사람이 대다수입니다. 이에 비해, 일단 희곡이나 소설 한 편을 실제로 완성한 사람은 뒤이어 연극으로 상연하거나 책으로 출간하더군요.[43]

좀 더 간결한 앨런의 표현에 따르면 이렇다. "일단 출석만 하면 8할은 성공이다."Eighty percent of success in life is showing up.[44]

1980년대에 조지 부시George H. W. Bush 전 대통령과 마리오 쿠오모Mario Cuomo(전 뉴욕주지사—옮긴이)가 연설에서 자주 인용한 덕택에 우디 앨런의 이 말은 밈meme(진화생물학자 리처드 도킨스Richard Dawkins가 제시한 용어로 유전적 방법이 아니라 모방을 통해 전해지는 문화 요소를 말한다.—옮긴이)처럼 되었다. 각각 공화당과 민주당의 지도자인 두 사람은 많은 문제에서 의견이 달랐지만 시작한 일을 끝까지 해내는 자세가 중요하다는 데는 전적으로 동의했다.

나는 베일런트 교수에게 내가 1940년에 하버드대학교 연구팀에 있었다면 한 가지 제안을 했을 거라고 말했다. 나는 피험자들에게 원한다면 다음 날 다시 와서 러닝머신 실험을 해도 좋다고 했을 것이다. 내 생각에 그들 중 일부는 다시 하면 더 오래 달릴 수 있는지 확인하러 왔겠지만, 일부는 처음에 나온 기록으로 만족하고 오지 않았을 것이다. 심지어 연구자에게 더 오래 달릴 수 있는 신체적 또는 정신적 전략을 아는지 묻는 피험자도 있었을 것이다. 그런 친구들은 세 번, 네 번 시도해보겠다고 했을 것이고, 나는 그렇게 자발적으로 찾아온 횟수를 토대로 그릿 점수를 매겼을 것이다.

처음에 러닝머신에서 버틴 시간도, 힘들지만 노력을 계속하는 그릿을 보여준다고 생각한다. 하지만 다음 날 다시 찾아와 러닝머신에 올라가는 행동이야말로 확실히 그릿을 보여주는 것이다. 다시 찾아오지 않고 영원히 그 실험과는 작별하기로 한다면 전날의 고생이 아무것도 아닌 게 되기 때문이다. 그럼 기술이 향상되지도 않을 것이며 지금의 기술로 얻는 결실도 없을 것이다.

사실 러닝머신은 비유로도 아주 적절하다. 조사된 바에 의하면 가정용 운동 장비를 구입한 사람들 가운데 기대만큼 사용하지 않는 이들이 약 40퍼센트로 추정된다고 한다.[45] 운동할 때 자신을 독려하는 일도 물론 중요하다. 하지만 가장 큰 문제는 운동을 아예 멈추는 것이다. 모든 코치와 운동선수가 말해주듯이 오랜 시간 꾸준한 노력이 가장 중요하다.

길을 막 접어들었다가 그 길을 완전히 포기하는 일이 얼마나 자주 발생하는가? 지금 이 순간 얼마나 많은 러닝머신, 실내 자전거, 웨이트 기구가 전국 각지의 지하실에서 먼지를 뒤집어쓰고 있는가? 얼마나 많은 아이들이 운동을 해보겠다고 나섰다가 한 시즌이 끝나기도 전에 그만두는가? 얼마나 많은 이들이 모든 친구에게 스웨터를 떠주겠다고 맹세했다가 겨우 소매 반쪽만 뜨고 바늘을 내려놓는가? 텃밭 가꾸기, 퇴비 만들기, 다이어트 하기도 마찬가지다. 얼마나 많은 이들이 시작할 때는 들떠서 열심히 하다가 첫 번째 큰 장애물이나 긴 침체기를 만나자마자 영원히 포기해버리는가?

많은 이들이 시작했던 일을 너무 빨리, 너무 자주 그만두는 듯하다. 어느 날 하루 기울이는 노력보다는 다음 날, 그다음 날도 눈을 뜨면 러닝머신 위에 올라갈 각오가 되어 있는 것이 더 중요하다.

내가 제대로 계산했다면 재능은 두 배로 갖고 있지만 노력은 절반만 하는 사람은 보통 사람과 같은 기술 수준에 도달할 것이다. 그리고 시간이 지나면서 내놓는 결과물은 훨씬 작을 것이다. 노력형은 기술이 향상됨에 따라 이를 활용해 도자기를 만들고 책을 쓰고 영화를 감독하고 연주회를 한다. 그 도자기, 책, 영화, 연주회의 질과 양으로 성공을 판단한다면 끝없는 연습을 통해 재능을 타고난 사람과 동일한 기술 수준에 이른 노력형이 장기적으로 더 큰 성공을 거둘 것이다.

윌 스미스는 이렇게 지적한다. "재능과 기술은 두각을 나타내려고 노

려하는 사람, 꿈이 있는 사람, 무언가를 해내고 싶은 사람들이 크게 오해
하는 개념들 중의 하나입니다. 재능은 선천적으로 타고나지만 기술은 무
수히 많은 시간 동안 다듬을 때만 향상됩니다."[46]

나는 여기에 기술이 성취와도 다르다는 말을 덧붙이고자 한다. 노력하
지 않을 때 당신의 재능은 발휘되지 않은 잠재력일 뿐이다. 재능이 기량
으로 발전할 수도 있지만, 노력 없이는 불가능하다. 노력은 재능을 기량
으로 발전시켜주는 동시에 기량이 결실로 이어지게 해준다.

제4장

당신의 그릿을
측정하라

나는 최근에 펜실베이니아대학교 와
튼경영대학원의 학생들에게 그릿을 주제로 강연을 했다. 강연을 끝내고
단상의 원고를 치우기도 전에 미래의 기업가 한 명이 급히 달려 나와 자
신을 소개했다.

교사로서 가르치는 보람이 드는 매력과 에너지, 열정이 넘치는 풋풋한
학생이었다. 자신이 얼마나 투지에 넘치는 사람인지 보여줄 작정인 듯
그는 숨 가쁘게 이야기를 쏟아냈다. 연초에 오랜 시간 투지를 불태우고
며칠씩 밤을 새가며 창업 자본 수천 달러를 모았다고 했다.

나는 대단하다고 칭찬해줬다. 하지만 그릿은 강도보다 지구력이라는
말을 서둘러 덧붙였다. "그러니까 1, 2년 동안 똑같은 에너지로 그 사업

을 추진한 후에 내게 이메일을 보내줘요. 그때는 학생의 투지에 관해 더 말해줄 수 있겠네요."

그는 곤혹스러워했다. "글쎄요, 몇 년씩 같은 사업을 하지는 않을 것 같은데요."

좋은 지적이었다. 처음에는 유망해 보였지만 실패한 벤처 회사가 많다. 낙관했던 사업계획서가 쓰레기통으로 들어가는 경우도 많다.

"좋아요, 지금 창업을 계획한 사업을 계속하지 않을 수는 있어요. 하지만 같은 분야가 아니라 완전히 무관한 사업을 한다면 학생 이야기가 그릿을 보여주는 것인지는 잘 모르겠네요."

"한 회사를 계속 운영해야 한다고요?" 그가 물었다.

"반드시 그래야 하는 것은 아니에요. 하지만 이 분야에서 저 분야로, 이 기술에서 저 기술로 옮겨 다닌다면 그것은 그릿이 있는 사람의 행동이 아니죠."

"하지만 자주 옮겨 다닌다고 해도 그 일을 하는 동안 정말로 열심히 일한다면 그릿이 있는 게 아닌가요?"

"단지 열심히 한다고 그릿이 있다고 하지는 않아요. 그것은 그릿의 일부분일 뿐이죠."

그가 멈칫했다.

"왜죠?"

"우선 탁월성excellence에 도달하는 데는 지름길이 없기 때문이에요. 진정한 전문 기술을 개발하고 대단히 어려운 문제를 이해하기까지는 시간이 걸리죠. 대다수의 사람들이 생각하는 그 이상의 시간이 걸려요. 그런 다음에 그 기술들을 적용해서 사람들에게 가치가 있는 재화와 용역을 생산해내야 해요. 로마는 하루아침에 이루어지지 않았죠."

그가 가만히 듣고 있었으므로 이야기를 계속했다.

"정말 중요한 점은 이거예요. 그릿은 학생이 매우 관심이 있어서 계속 고수할 용의가 있는 일에 노력을 기울이는 거예요."

"자신이 사랑하는 일을 하는 것이군요. 이해했습니다."

"맞아요, 자신이 사랑하는 일을 하는 거지만 그냥 사랑에 빠지면 안 되고 사랑을 지속시켜 나가야만 하죠."

열정에도 끈기가
필요하다

당신의 그릿은 어느 정도인가? 아래는 내가 웨스트포인트 생도들을 대상으로 한 연구에서 처음 개발하고 이 책에 인용된 다른 연구에서도 사용했던 그릿 척도다.[1] 각 문항을 읽고 자신에게 해당되는 칸에 표시를 해보라. 질문을 너무 오래 생각하지 말고 당신이 직장 동료나 친구, 가족뿐 아니라 '대부분의 사람'에 비해 어떤지 자문하고 답해보라.

당신이 표시한 칸에 해당하는 점수를 합산한 뒤 10으로 나눠서 나온 점수가 당신의 총 그릿 점수다. 이 척도의 최고 점수는 5점(그릿이 매우 높음)이며 최저점은 1점(그릿이 전혀 없음)이다.

다음 쪽의 표를 이용해 자신의 점수를 미국 성인 대표본과 비교해볼 수 있다(예를 들어 당신의 점수가 4.1이면 우리 표본에 속한 성인의 70퍼센트보다 그릿이 높은 것이다).[2]

	전혀 그렇지 않다	그렇지 않다	그런 편이다	그렇다	매우 그렇다
1. 나는 새로운 아이디어와 프로젝트 때문에 기존의 것에 소홀해진 적이 있다.	5	4	3	2	1
2. 나는 실패해도 실망하지 않는다. 나는 쉽게 포기하지 않는다.	1	2	3	4	5
3. 나는 한 가지 목표를 세워놓고 다른 목표를 추구한 적이 종종 있다.	5	4	3	2	1
4. 나는 노력가다.	1	2	3	4	5
5. 나는 몇 개월 이상 걸리는 일에 계속 집중하기 힘들다.	5	4	3	2	1
6. 나는 뭐든 시작한 일은 반드시 끝낸다.	1	2	3	4	5
7. 나의 관심사는 해마다 바뀐다.	5	4	3	2	1
8. 나는 성실하다. 나는 결코 포기하지 않는다.	1	2	3	4	5
9. 나는 어떤 아이디어나 프로젝트에 잠시 사로잡혔다가 얼마 후에 관심을 잃은 적이 있다.	5	4	3	2	1
10.나는 좌절을 딛고 중요한 도전에 성공한 적이 있다.	1	2	3	4	5

당신의 점수는 현재 스스로에 대한 평가임을 기억하라. 지금 이 순간 당신의 그릿은 이전의 그릿과 다를 수 있다. 그리고 훗날 그릿 척도로 다시 검사해보면 점수가 다를 수 있다. 이 책에서 계속 언급하겠지만 여러 근거로 볼 때 그릿은 변할 수 있는 특성이다.

백분위수	그릿 점수
10%	2.5
20%	3.0
30%	3.3
40%	3.5
50%	3.8
60%	3.9
70%	4.1
80%	4.3
90%	4.5
95%	4.7
99%	4.9

그릿을 구성하는 두 요소는 열정과 끈기다. 더 깊이 알아보고 싶다면 요소별 점수를 계산해볼 수도 있다. 홀수 항목의 점수를 합산한 뒤 5로 나눈 값이 열정 점수, 짝수 항목의 점수를 더한 뒤 5로 나눈 값이 끈기 점수다.

열정에서 높은 점수를 받았다면 끈기 점수도 높을 것이다. 역으로도 같은 관계가 성립된다. 하지만 짐작하건대 끈기 점수가 열정 점수보다 아주 조금 높을 것이다. 모든 사람이 그렇지는 않겠지만 내가 조사했던 대부분이 그랬다. 나도 이 장을 쓰면서 검사했을 때 끈기 점수가 5.0점, 열정 점수가 4.2점, 총 그릿 점수는 4.6점이었다. 이상하게 들릴지 모르지만 내게는 오랫동안 같은 목표에 일관되게 집중하는 일이 열심히 노력하며 좌절을 딛고 일어서는 일보다 어렵다.

　일반적으로 끈기 점수가 열정 점수보다 높게 나온다는 이야기는 열정과 끈기가 정확히 같은 요인은 아니라는 사실을 암시한다. 나는 두 요소가 어떻게 다른지 자세히 구별 짓고 그릿의 일부분으로 어떻게 이해해야 하는지 보여주려 한다.

　그릿 척도를 작성하는 동안 열정 항목에는 얼마나 열심히 목표에 전념하는지 묻는 항목이 하나도 없다는 사실을 눈치챘을 것이다. 열정이라는 단어는 강렬한 감정 상태를 묘사할 때 자주 사용되므로 이상해 보일 것이다. 많은 사람에게 열정은 '열중'이나 '집착'과 동의어다. 하지만 성공한 사람들과 면담하면서 성공의 조건을 물어봤을 때 그들이 언급한 열의는 다른 종류였다. 그들의 발언에서는 열정의 강도보다 시간이 흘러도 한결같은 '열정의 지속성'이 자주 언급됐다.

　예를 들어 나는 면담 과정에서 줄리아 차일드Julia Child(프랑스 요리를 TV를 통해 널리 알린 미국 요리연구가―옮긴이)의 방송을 보면서 자랐고 성인이 되어서도 여전히 요리에 매료된 요리사들의 이야기를 들었다. 투자자가 된 지 40년, 50년째에도 금융시장에 대한 호기심이 거래 첫날과 동일한 투자자에 대해서도 들었다. 수년 동안 밤낮없이 같은 문제를 놓고 고민하면서도 한 번도 "이 정리는 집어치우겠어! 이제 다른 문제를 고민하겠어."라고 말한 적 없는 수학자도 있었다. 그래서 열정을 측정하는 문항에서 시간이 흘러도 얼마나 '꾸준히' 목표를 고수하는지 묻는 것이다.

　열정은 오랫동안 한결같이 계속 몰두하는 모습을 묘사하기에 적합한 단어인가? 어떤 사람들은 더 적절한 단어를 찾아야 한다고 말할 것이다. 그럴지도 모른다. 하지만 중요한 점은 열의는 흔히 볼 수 있지만 '지속적인 열의'는 드물다는 것이다.

제프리 게틀먼Jeffrey Gettleman을 예로 들어보자. 그는 약 10년간 《뉴욕 타임스》New York Times 동아프리카 지부장을 맡고 있으며 2012년에는 동아프리카의 분쟁을 다룬 기사로 국제 보도 부문 퓰리처상을 수상했다. 국제 보도 부문에서 유명인사에 가까운 그는 목숨을 걸고 취재하는 용기 그리고 상상도 못할 만큼 끔찍한 사건에도 굴하지 않고 보도하는 의지로 다른 기자들에게 널리 존경받고 있다.

우리는 20대 초반에 처음 만났다. 당시 우리는 옥스퍼드대학교 석사 과정을 밟고 있었다. 나는 맥킨지에 입사했다가 교사를 거쳐 심리학자가 되기 전이었고 게틀먼은 첫 기사를 쓰기 전이었다. 당시 우리는 무엇을 하며 살고 싶은지 확신이 없었고 진로 때문에 고민이 많았다.

최근에 나는 게틀먼과 통화했다. 그는 아프리카 전역을 취재하는 동안 활동 거점인 나이로비에 있었다. 전화 연결 상태가 좋지 않아 몇 분에 한 번씩 상대의 말이 들리는지 확인해야 했다. 동문들과의 추억을 회상하고 서로의 자녀 소식을 주고받은 다음에 그에게 열정이 무엇이라고 생각하는지, 그의 삶에 열정이 어떤 역할을 해왔는지 이야기해달라고 부탁했다.

"아주 오래전부터 내가 살고 싶은 곳은 분명히 알고 있었어." 게틀먼이 대답했다. "동아프리카에서 일하면서 살고 싶은 열망이 있었지."[3]

"난 몰랐어. 세계 특정 지역이 아니라 언론계 일에 열정을 가진 줄 알았거든. 기자가 되거나 동아프리카에서 살거나 둘 중 하나만 할 수 있다면 무엇을 선택할 거야?"

나는 게틀먼이 기자를 선택하리라고 예상했다. 한데 아니었다.

"기자가 내게 잘 맞는 일이기는 해. 항상 글 쓰는 일에 끌렸거든. 새로운 환경에서 사는 것도 늘 좋았어. 따지고 드는 언론계의 특성도 좋았고. 내 성격이 그런가 봐. 나는 권위에 도전하는 것이 좋아. 하지만 어떻게 보면 기자 일은 목적을 위한 수단이라고 할 수 있어."

게틀먼의 열정이 드러나기까지는 몇 년의 세월이 걸렸다. 그리고 이는 그의 마음속에 감춰진 작은 보석이 드러나기를 기다리는 수동적인 발견이 아니라 능동적 구성의 과정이었다. 게틀먼은 열정을 찾으러 다닌 것이 아니라 열정을 만들어냈다.

18세에 일리노이 주 에번스턴Evanston에서 뉴욕 주 이타카Ithaca로 이사한 게틀먼은 장래 직업이 그려지지 않았다. 코넬대학교에서 철학을 전공했지만 '필수과목 학점을 채우기가 가장 쉬웠다'는 이유가 꽤 크게 작용한 결정이었다.⁴ 1학년을 마치고 방학을 맞이한 그는 동아프리카를 방문했다. 그것이 열정이 싹튼 출발점이었다. "어떻게 설명해야 할지 모르겠어. 아프리카가 내 마음을 흔들어놓았다고나 할까. 여기에는 내가 소통하고 싶은 혼 같은 것이 있었고 그걸 내 인생의 일부로 만들고 싶었어."⁵

방학이 끝나고 새 학기가 되자 게틀먼은 스와힐리어(아프리카 동부에서 널리 쓰이는 반투어군 언어—편집자) 과목을 듣기 시작했다. 2학년을 마친 뒤에는 휴학하고 1년 동안 세계 각지로 배낭여행을 다녔다. 그러면서 동아프리카를 다시 방문했고 처음 방문했을 때와 같은 경이로움을 느꼈다.

하지만 거기서 생활할 수 있는 방법은 여전히 불확실했다. 그가 어떻게 진로로 기자를 떠올렸을까? 한 교수가 게틀먼의 글 솜씨를 칭찬하며 언론계로 가라고 제안했을 때 게틀먼은 '그런 멍청한 이야기는 처음 들어보네……. 재미없는 신문 일을 누가 하고 싶겠어?'라고 생각했다.⁶ (나도 교수가 되라는 말에 그의 반응처럼 '누가 지루한 교수가 되고 싶겠어?'라고 생각했던 기억이 난다.) 게틀먼은 학생 신문인《코넬 데일리 선》Cornell Daily Sun 기자로 활동하기도 했지만 취재기자가 아니라 사진기자였다.

"옥스퍼드에 진학했을 때 나는 연구의 방향을 못 잡고 있었어.[7] 교수들은 내가 공부하고 싶은 주제가 분명하지 않다는 사실에 충격을 받았지. '여기에 왜 온 거니? 여기는 진지하게 공부하는 곳이야. 무엇을 공부하고 싶은지 확고하지 않다면 여기 있으면 안 되지.' 이런 반응이었어."

당시 나는 게틀먼이 사진 보도를 공부하러 왔다고 짐작했다. 그를 볼 때면 우리가 친해졌을 무렵 개봉했던《매디슨 카운티의 다리》The Bridges Of Madison County에서 클린트 이스트우드가 연기한 세상 경험 많고 현명한 사진작가, 로버트 킨케이드가 연상됐기 때문이다. 사실 나는 게틀먼이 20년 전에 보여줬던 사진들을 아직 기억하고 있다.《내셔널 지오그래픽》National Geographic에 실린 사진인 줄 알았을 만큼 멋있었다.

옥스퍼드 대학원에 다닌 지 2년째로 접어들던 해에 그는 언론계 일이 자신에게 정말 잘 맞는다는 사실을 깨달았다. "기자에 대해 더 많이 배우면서 기자가 된 뒤에 어떻게 아프리카로 돌아갈 수 있는지, 그랬을 때 얼마나 재미있을지, 게다가 처음에 상상했던 것보다 독창적인 기사를 쓸 수 있다는 사실까지 알게 되니까 '됐어! 이 일을 해야겠군.' 싶었어. 나는 아프리카로 갈 수 있는 길을 신중하게 계획했어. 언론계는 단계가 매우 확실하고 A에서 B, C, D로 가는 길이 분명하거든."

그는 A단계로 옥스퍼드대학교 학보인《처웰》Cherwell에 글을 기고했다. B단계로는 여름방학 기간에 위스콘신 주의 작은 신문사에서 인턴사원으로 일했다. C단계에서는 플로리다 주《세인트피터즈버그 타임스》St. Petersburg Times의 경찰 출입 기자가 됐다. D단계로《로스앤젤레스 타임스》

Los Angeles Times로 옮겼다가 E단계로 《뉴욕 타임스》의 애틀랜타 통신원이
됐다. F단계로 전쟁을 취재하며 외국 특파원 생활을 했고, 2006년 그가
목표를 설정한 지 10여 년 만에 《뉴욕 타임스》 동아프리카 지부장이라는
G단계에 마침내 도달했다.

"참으로 여러 곳을 거치며 돌고 돌아서 왔지. 그동안 힘들고 실망하고
사기도 꺾이고 두렵기도 했어. 하지만 결국에는 여기까지 왔어. 정확히
내가 원했던 곳에 온 거지."

수많은 다른 그릿의 전형들과 마찬가지로 제프리 게틀먼에게 열정이
무엇을 의미하는지 생각한다면 소위 열정이 폭죽과 같다는 비유는 적절
하지 않다. 폭죽은 순식간에 찬란한 불꽃이 사라지고 쉬익 소리와 몇 줄
기 연기, 화려했던 기억만 남긴다. 반면에 게틀먼의 여정은 나침반과 같
은 열정을 보여준다. 나침반은 만들고 방향을 맞추는 데 시간이 걸리지
만 제대로 맞춰지면 길고 구불구불한 길에서 원하는 곳으로 끝까지 길을
안내해준다.

당신의 '최상위 목표'는
무엇인가?

시애틀 미식축구팀, 시호크스Seahawks의
코치인 피트 캐럴Pete Carroll은 이렇게 묻는다. "당신에게는 인생철학이 있
습니까?"[8]

어떤 사람들은 이 질문을 이해하지 못하고 이렇게 대답할 것이다. "글
쎄요, 제가 여러 가지를 추진하고 있어서 목표도 많고 계획한 일도 아주

많은데요. 어느 것을 말하는 거죠?"

하지만 아무 문제없이 '나는 이것을 원한다'고 확신을 갖고 말하는 사람도 있다.

캐럴이 질문한 목표의 수준을 이해한다면 그 의미가 좀 더 명확해질 것이다. 그는 오늘 또는 올해 특별히 처리하고 싶은 일을 묻는 것이 아니다. 그는 당신이 인생에서 이루려는 일을 묻는다. 그릿의 요소 중에서 열정에 관해 질문한 것이다.

캐럴의 철학은 '무슨 일이든 현재의 수준을 뛰어넘어라'이다.[9] 캐럴도 게틀먼처럼 보다 포괄적인 의미에서 자신의 목표가 무엇인지 이해하기까지 시간이 걸렸다. 그가 뉴잉글랜드 패트리어츠New England Patriots의 수석 코치직에서 해고되며 코치 경력 가운데 최악의 순간을 맞이했을 때가 목표를 돌아본 계기가 됐다. 그해는 캐럴의 일생에서 미식축구 선수나 코치로 뛰지 않은 최초이자 유일한 해였다. 그런 위기의 순간에 친한 친구 하나가 다음 일자리보다 총체적인 문제를 고민해야 한다고 충고했다. "자네도 철학이 있어야 해."

캐럴은 자신에게 철학이 없었고 그것이 필요하다는 사실을 깨달았다. "내게 다시 팀을 이끌 기회가 주어진다면 내 모든 행동의 추진력이 될 철학이 준비돼 있어야 한다는 생각이 들었습니다."[10] 캐럴은 많은 고민과 반성을 했다. "그 후 몇 주, 몇 개월 동안 내 생활은 메모를 하고 그것들을 정리하는 일로 채워졌죠."[11] 그와 동시에 UCLA의 농구부 코치로 10번의 우승이라는 대기록을 세운 전설적인 존 우든John Wooden의 책들을 닥치는 대로 읽었다.

많은 코치처럼 캐럴도 전에 우든의 책을 읽은 적이 있었다. 하지만 그의 책을 다시 읽으면서 코치계의 우상이 말하는 내용을 훨씬 깊이 이해하게 됐다. 그중에서도 팀이 잘해야 할 일은 무수히 많지만 그것들을 아우르는 비전을 확실히 제시하는 게 무엇보다 중요하다는 대목이 가슴에 가장 와 닿았다.

그 순간 캐럴은 어떤 경기에서의 우승이나 시즌 우승, 공격적 라인업 구상, 선수들과 대화하는 기술 등의 개별 목표들을 조직화하고 목적을 설정할 필요가 있음을 깨달았다. 그는 이렇게 말했다. "명확하게 서술된 철학은 궤도를 유지할 수 있는 지침과 범위를 제공합니다."

캐럴의 이야기를 이해하는 한 가지 방법은 목표를 위계화하는 것이다.[12] 위계화된 목표의 맨 아래에는 가장 구체적인 목표가 온다. 예컨대 '오늘 오전 8시까지는 집을 나서겠다' '동업자의 전화에 응답하겠다' '어제 작성하던 이메일을 마저 끝내겠다' 등과 같은 단기적으로 해야 할 일들이다. 이런 하위 수준의 목표는 목적을 달성하기 위한 수단일 뿐이다. 하위 목표를 달성하려는 이유는 단지 우리가 원하는 또 다른 목표를 얻게 해주기 때문이다. 그에 반해서 위로 갈수록 더욱 추상적이고 일반적이며

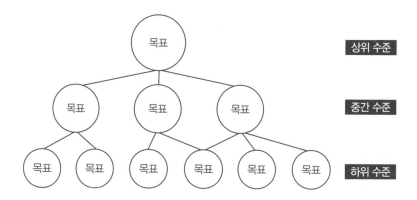

중요한 목표가 된다. 상위 목표일수록 그 자체가 목적이고, 하위 목표일수록 목적을 위한 수단이 된다.

위의 도표에는 세 가지 수준의 목표만 제시되어 있지만 이는 편의상 단순화한 것이다. 최하위 목표와 최상위 목표 사이에는 여러 수준의 중간 목표가 있을 수 있다. 예를 들어 8시 전에 집을 나서기는 하위 목표다. 이 목표는 오로지 정시 출근이라는 중간 목표 때문에 중요하다. 왜 정시에 출근하려고 신경을 쓰는가? 시간을 잘 지키고 싶기 때문이다. 왜 시간을 엄수하려고 하는가? 시간 엄수는 함께 일하는 사람들을 존중하는 마음을 보여주기 때문이다. 그것이 왜 중요한가? 훌륭한 지도자가 되고 싶기 때문이다.

이런 식으로 "왜?"라는 질문을 스스로에게 하고 "왜냐하면……"이라는 답변을 계속 해나가다 보면 목표의 위계에서 최상위 목표에 이르게 된다. 최상위 목표는 다른 목적을 이루기 위한 수단이 아니다. 그 자체로 목적이다. 일부 심리학자는 최상위 목표를 '궁극적 관심'ultimate concern이라고 부른다.[13] 나는 최상위 목표를 모든 하위 목표에 방향과 의미를 제공하는 나침반으로 생각한다.

명예의 전당에 이름을 올린 투수, 톰 시버Tom Seaver를 생각해보자. 그는 1987년 42세의 나이로 은퇴하기까지 311승, 탈삼진 3,640회, 완봉승 61회, 평균자책점 2.86의 기록을 수립했다.[14] 1992년에는 98.8퍼센트라는 역대 최고의 득표율로 명예의 전당에 올랐다. 시버는 20년에 이르는 프로 야구 선수 시절에 '날마다, 해마다 내가 던질 수 있는 최상의' 피칭을 목표로 했다.[15] 그런 목표는 하위 목표에 의미와 체계를 부여했다.

내가 무엇을 먹고, 언제 잠을 자고, 깨어 있을 때 무엇을 할지, 전부 피칭을 염두에 두고 결정합니다. 예를 들어 일광화상을 입으면 며칠 동안 공을 던지지 못할 수도 있습니다. 때문에 플로리다에 가서도 선탠을 피하고, 절대 셔츠를 벗지 않습니다……. 피칭을 위해 오른손을 아껴야 하므로 개를 쓰다듬을 때나 난로에 장작을 넣을 때는 왼손을 사용합니다. 체중을 줄여야 하므로 겨울에는 초콜릿 쿠키 대신 코티지치즈를 먹습니다.[16]

시버의 얘기를 들노라면 그의 생활이 너무 우울할 것만 같다. 하지만 그는 상황을 그렇게 보지 않았다. "나는 공을 던질 때 행복해요. 야구에 내 인생을 바쳤습니다……. 그건 내가 하고 싶어서 정한 일입니다. 공을 잘 던질 때 행복하니까 나를 행복하게 만드는 일을 하는 것뿐입니다."[17]

내가 말하는 열정은 단순히 관심 있는 일이 있다는 의미가 아니다. 그것은 동일한 최상위 목표에 변함없이 성실하고 꾸준하게 관심을 둔다는 의미다. 변덕스럽지도 않다. 열정은 날마다 잠들 때까지 생각했던 질문을 잠에서 깨어나는 순간부터 다시 생각하게 만든다. 옆 걸음질 치거나 다른 곳으로 가지 않고 같은 방향을 향해서 한 발짝이라도 더 나아가기를 열망한다. 극단적일 경우 그런 집중력이 집착으로 불리기도 한다. 열정이 있다면 모든 행동의 의의를 궁극적 관심, 즉 인생철학에 부합하는 데서 찾게 된다.

열정은 우선순위를 확실하게 만든다.

'할 수 있다'의
함정

　　　　　　　　　　그릿은 아주 오랫동안 동일한 상위 목표
를 유지하는 것을 말한다. 피트 캐럴이 '인생철학'이라고 부르는 최상위
목표는 대단히 흥미롭고 중요해서 당신이 깨어 있는 동안의 많은 활동을
구조화해준다. 투지가 강한 사람의 중간 목표와 하위 목표는 대부분 어
떤 식으로든 최상위 목표와 관련이 있다. 반면에 투지의 부족은 일관성
이 부족한 목표 구조에서 비롯됐을 수 있다.

　투지 부족이 드러나는 몇 가지 경우가 있다. 내가 만났던 어떤 젊은이
들은 의사가 되겠다거나 NBA에서 뛰는 농구선수가 되겠다는 등의 꿈을
분명히 밝히면서 얼마나 근사할지 생생히 그려냈다. 하지만 그 목표를
달성하기 위한 중간 수준 또는 하위 수준 목표들을 제시하지 못하는 경우
가 많았다. 그들의 목표 체계에는 상위 목표는 있지만 이를 지지해줄 중
간이나 하위 수준의 목표들이 없었다.

　내 친한 친구이자 동료 심리학자인 가브리엘 외팅겐Gabrielle Oettingen은
이를 '긍정적 환상'positive fantasizing이라고 부른다.[18] 외팅겐은 자신의 연구
에서 낙관적 미래만을 떠올리고 그것을 달성할 방법, 특히 중도에 마주칠
장애물을 고려하지 않는다면 단기적으로는 이익이 될 수 있지만 장기적
으로는 손해라고 주장한다. 단기적으로는 의사가 되겠다는 포부로 희망

에 부풀지만 장기적으로는 목표를 이루지 못한 실망 속에서 살게 되기 때문이다.

더 흔한 경우는 중간 수준의 목표만 여럿이고 이를 통합해줄 상위 수준의 목표가 없는 것이다.

또는 상충하는 몇 개의 목표 체계를 갖고 있지만 이들 간에 아무런 관계도 없는 것이다.

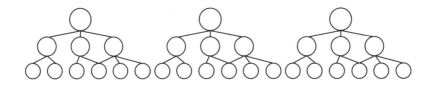

목표의 상충은 어느 정도 인간이란 존재의 불가피한 특징이다. 예를 들어 나는 직업인으로서의 목표 체계와 함께 어머니로서의 목표 체계도 갖고 있다. 톰 시버도 프로 야구선수로서 뛰어야 하는 원정 경기와 연습 일정 때문에 원하는 만큼 가족과 시간을 보내기가 힘들다고 했다. 즉 뛰어난 피칭 실력은 그가 직업인으로서 갖는 열정과 목표였지만, 그에게 중요한 또 다른 목표 체계도 분명히 있었다.

나도 시버처럼 '심리학을 활용해 아이들이 잘 자랄 수 있도록 돕는다'라는 일과 관련된 목표 체계가 하나 있다. 하지만 두 딸에게 가능한 한 최고의 엄마가 되겠다는 별도의 목표 체계도 갖고 있다. 일하는 부모라면 모두 알겠지만 두 가지 '궁극적 관심'을 유지하기는 쉽지 않다. 언제나 시간과 에너지, 관심이 부족한 것만 같다. 나는 그런 긴장 상태를 감수하기로 했다. 젊었을 때는 경력을 포기하거나 가정을 꾸리지 않는 대안도 고려했었다. 하지만 도의적으로 '옳은 결정'이란 없으며 내게 맞는 결정이 있을 뿐이라고 판단을 내렸다.

그러므로 우리 삶에서 깨어 있는 매 순간 하나의 상위 목표를 지향해야 한다는 생각은 투지가 아주 강한 사람에게도 바랄 수 없는 극단적인 이상일 뿐이다. 그러나 가장 중요한 목표의 달성에 기여하는 정도에 따라 다수의 중간 목표와 하위 수준의 실천 목표들을 줄여나갈 수도 있다고 본다. 그리고 직업상 상위 목표는 여럿이 아닌 하나가 이상적이라고 생각한다.

요컨대 목표 체계가 단계별로 정리되고 통합되어 있을수록 좋다.

자수성가형 갑부로 평생 일군 자산이 하버드대학교 기부금의 약 두 배라는 워런 버핏Warren Buffett은 전용기 조종사에게 간단히 3단계로 우선순위를 정하는 방법을 알려주었다.[19]

이야기의 전말은 이렇다. 버핏은 충직한 전용기 조종사를 보면서 당신에게도 틀림없이 나를 행선지로 데려다주는 일 외에 큰 꿈이 있었지 않느냐고 물었다. 조종사가 그렇다고 대답하자 버핏은 우선순위를 정하는 3단계를 차근차근 설명해주었다.

첫째, 직업상 목표 25개를 쓴다.

둘째, 자신을 성찰해가면서 그중에 가장 중요한 목표 5개에 동그라미를 친다. 반드시 5개만 골라야 한다.

셋째, 동그라미를 치지 않은 20개의 목표를 찬찬히 살핀다. 그 20개는 당신이 무슨 수를 써서라도 피해야 할 일이다. 당신의 신경을 분산시키고 시간과 에너지를 빼앗고 더 중요한 목표에서 시선을 앗아갈 일이기 때문이다.

나는 처음 이 이야기를 듣고서 '누가 25개나 되는 직업상 목표를 갖고 있어? 말이 안 되잖아?'라고 생각했다. 그리고 당시 내가 진행하던 모든 프로젝트를 종이에 써보았다. 32번째 줄에 이르렀을 때 이 방법이 내게 도움이 될 수 있겠다는 생각이 들었다.

흥미롭게도 바로 떠오르는 목표 대부분이 중간 수준 목표였다. 일반적으로 사람들은 단 하나가 아닌 몇 가지 목표를 써보라고 하면 중간 수준의 목표를 쓴다.

나는 우선순위를 매기는 데 도움이 되도록 각각의 일이 얼마나 흥미롭고 중요한지 정리해서 적을 칸을 추가했다. 그리고 각각의 목표를 흥미도와 중요도가 낮은 순에서 높은 순으로 1부터 10까지 점수를 매겼다. 그다음 항목별로 두 점수를 곱해서 1부터 100의 범위 내에 있는 점수를 구했다. '흥미도×중요도'에서 100이 나온 목표도 없었지만 1이 나온 목표도 없었다. 그리고 버핏의 조언에 따라 가장 흥미롭고 중요한 목표 몇 개에만 동그라미를 치고 나머지는 무슨 수를 쓰든 피해야 할 일의 범주로 강등시키려고 했다.

노력해봤지만 그럴 수 없었다. 나와 버핏 중에 누가 맞는 건지 의구심을 품고 하루를 보낸 후에 다시 들여다보았다. 그러자 내 목표들 가운데 서로 연관된 것들이 많다는 사실을 깨달았다. 단 하나의 궁극적인 목표는 아이들의 성취와 안녕을 돕겠다는 것이었고, 대부분이 이를 달성하기 위한 수단인 목표들이었다. 그렇지 않은 직업상 목표는 몇 가지뿐이었다. 나는 마지못해 그 목표들을 반드시 피해야 할 일들의 목록에 넣었다.

언제라도 버핏과 한자리에 앉아 내 목표들을 함께 살펴본다면 (내 필요가 그의 목표 체계에 들 리 없으므로 가능하지 않겠지만) 그는 틀림없이 우선순위 정하기의 핵심은 시간과 에너지가 한정돼 있다는 사실을 직시하는 데 있다고 말해줄 것이다. 성공한 사람이라면 누구라도 할 일을 정하기 위해 하지 않아도 될 일부터 결정해야 할 때가 있다. 그 점은 알고 있다. 하지만 나는 그 방면으로는 아직 갈 길이 멀다.

그러나 종래의 우선순위 정하기로는 충분하지 않다는 지적을 하려 한다. 매우 다른 상위 수준의 직업 목표들로 활동이 분산되면 심한 갈등을 겪을 것이다. 마음속의 나침반은 둘 또는 셋, 넷, 다섯이 아니라 하나여

매우 다른 상위 수준의 목표들로 활동이 분산되면 앞으로 나아갈 수 없다. 궁극적인 목표는 단 하나여야 한다.
출처: Frank Modell, the New Yorker, July 7, 1962, The New Yorker Collection/The Cartoon Bank.

야 한다.

따라서 버핏의 우선순위 정하기 3단계에 한 단계를 추가하려 한다. 바로 '이 목표들이 공동 목표에 얼마나 기여하는가?'라고 자신에게 묻는 단계다. 그 목표들이 같은 목표 체계의 일부일수록, 그리하여 동일한 궁극적 관심을 지향할수록 열정이 한곳으로 집중된다.

그럼 4단계 우선순위 정하기 방식에 따른다면 명예의 전당에 입성하는 투수가 되거나 사상 최고의 부자가 될 수 있는가? 아마도 아닐 것이다. 하지만 당신이 관심을 둔 목표, 당신이 원하는 지점에 가까워질 가능성은 높아질 것이다.

때로는 경로 변경도 필요하다

위계화한 자신의 목표를 보면 그릿은 그 속의 모든 하위 목표 하나하나를 어떻게든 끝없이 고집스럽게 추구하는 것이 결코 아니라는 사실을 깨닫게 된다. 사실 이 순간 매우 열심히 추구하고 있는 몇 가지 일을 포기해야 하는 상황도 생길 수 있다. 모든 하위 목표가 이뤄지지는 않을 것이다. 물론 목표를 달성하기 위해 열심히 노력해야 한다. 심지어 상상했던 것 이상으로 오래 노력해야 한다. 하지만 보다 중요한 목적을 달성하기 위한 수단에 지나지 않는 목표를 완수해보겠다고 시간을 낭비하거나 헛된 노력을 하지는 않길 바란다.[20]

나는 지역 도서관에서 유명한 주간지 《뉴요커》New Yorker의 만화 작가인 라즈 채스트Roz Chast의 강연을 들으며 하위 목표들을 잘 통합시킨 목표 체계가 참으로 중요하다는 생각을 했다. 그녀는 상당한 경력을 쌓은 지금도 만화를 퇴짜 맞는 비율이 90퍼센트쯤 된다고 했다. 그리고 예전에는 그보다 훨씬 더 높았다고 말했다.

나는 그 정도 퇴짜율이 일반적인지 알아보기 위해 《뉴요커》의 만화 편집장인 밥 맨코프Bob Mankoff에게 전화를 걸었다. 내게는 충격적일 만큼 높은 수치였기 때문이다. 맨코프는 채스트가 정말 이례적인 경우라고 알려줬다. '휴!' 안심이 됐다. 나는 세상의 모든 만화가가 열 번 가운데 아홉 번은 퇴짜를 맞는다는 생각을 하고 싶지 않았다. 하지만 맨코프는 대부분의 만화가가 더 높은 퇴짜율을 감수해야 한다고 말했다. 다른 작가들보다 훨씬 자주 그의 잡지에 작품이 실리는 '계약직 만화가'들은 매주 총 500개 정도의 만화를 제출한다. 잡지 한 호에 만화를 실을 수 있는 지면은 평균 17개 정도에 불과하다. 계산을 해보니 퇴짜율이 96퍼센트가 넘었다.

"맙소사! 확률이 그렇게 형편없이 낮은데 누가 계속하겠어요?"

일단 한 사람, 맨코프가 있다.

맨코프의 이야기는 끈질기게 상위 목표를 추구하려면 목표 체계 내의 하위 목표에 대해서는 어느 정도의 유연성이 필요하다는 역설적인 현실을 잘 보여준다. 자신의 상위 목표가 무엇인지 알 만큼 인생을 어느 정도 살고 고민도 거친 후에, 상위 목표는 잉크로 쓰더라도 하위 목표는 연필로 써야 한다. 그래서 때에 따라 수정하거나 혹은 전부 지우고 새로운 하위 목표를 대신 쓸 수 있어야 한다.

《뉴요커》의 만화 수준과는 거리가 멀지만 지금까지 설명한 내용을 다음에 그림으로 나타내봤다.

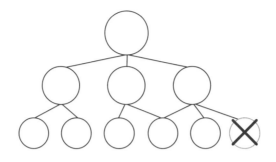

짙은 색으로 가위표를 친 하위 목표는 '저지된 목표'다. 퇴짜 통보 편지거나 장애물, 막다른 길, 혹은 실패다. 그릿이 있는 사람은 실망스럽고 마음도 아프겠지만 그 상태에 오래 머물지는 않는다. 그는 곧바로 다른 만화를 그리는 등 목적 달성에 기여할 수 있는 '새로운 하위 목표'를 알아본다.

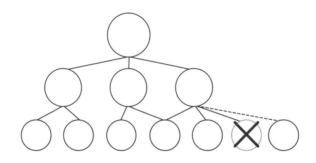

그린베레의 신조 중 하나는 '임기응변, 적응, 극복'이다.[21] 많은 사람이 어린 시절 "한 번에 성공하지 못하면 다시, 또다시 시도하라."는 말을 들으며 자랐을 것이다. 지당한 충고다. 하지만 "시도하고 다시 시도해도 안 되면 다른 방법을 시도하라."는 그린베레의 신조도 새겨들어야 한다. 이는 하위 목표에서 꼭 필요한 조언이다.

다음은 밥 맨코프의 이야기이다.

《뉴욕 타임스》동아프리카 지부장 제프리 게틀먼처럼 맨코프도 무엇에 열정을 느끼는지 늘 분명히 알았던 것은 아니었다. 어린 시절 맨코프는 그림 그리기를 좋아했고 자기 동네 브롱크스에 있는 고등학교 대신 후에 영화《페임》Fame의 무대가 된 라과디아 예술고등학교LaGuardia High School of Music and Art에 진학했다. 하지만 입학 후에 치열한 경쟁을 목격하고는 겁을 먹었다.

"정말 미술에 재능 있는 사람들과 생활하면서 제 재능은 시들어갔습니다. 졸업하고 3년 동안 펜도, 연필도, 붓도 잡지 못했어요." 맨코프는 이렇게 회상했다.[22] 대신 그는 시러큐스대학교Syracuse University에 입학해 철학과 심리학을 공부했다.

그는 대학 4학년 때 전설적인 만화가, 시드 호프Syd Hoff가 쓴《만화 입문》Learning to Cartoon이라는 책을 샀다. 호프는 '노력이 재능보다 두 배는 중요하다'는 격언의 본보기가 되는 사람이다. 그는 평생 571편의 만화를 《뉴요커》에 게재했고, 60권이 넘는 동화책의 글을 쓰고 그림을 그렸으며, 두 편의 연재만화를 배급사에 팔았고, 말 그대로 수천 편의 그림과 만화를 여러 간행물에 기고했다. 호프의 책은 "만화가가 되는 게 어렵다고 생각하는가? 그렇지 않다. 이를 증명하기 위해 이 책을 썼다."[23]라는 기분 좋은 말로 시작된다. 그리고 구성, 원근법, 인물, 표정 등의 장이 이어진다. 마지막 장의 제목은 '게재 불가 통지서 속에서 살아남기'이다.

맨코프는 호프의 조언에 따라 만화 27편을 그렸다. 그리고 만화가를 직접 만나주지 않는《뉴요커》를 제외한 잡지사들을 여기저기 찾아가 그 작품들을 팔아보려고 했다. 물론 찾아갔던 모든 편집자에게 그 자리에서 퇴짜를 맞았다. 편집자 대부분이 더 많은 작품을 갖고 다음 주에 다시 와 보라고 했다. "더 많은 작품이라고? 27편 이상을 그릴 수 있는 사람이 어디 있어?" 맨코프는 의아했다.[24]

맨코프가 게재 불가 통지서를 다룬 마지막 장을 읽어볼 사이도 없이 어느 날 베트남전에 참전하라는 징집영장이 날아왔다. 그는 참전하고 싶은 마음이 별로 없었다. 사실 가기 싫은 마음이 더 컸다. 그래서 재빨리 실험심리학 전공으로 대학원에 진학했다. 그 후 몇 년 동안 쥐를 미로에 풀어놓고 실험하면서 틈틈이 그림을 그렸다. 그러다 박사학위를 취득하기 직전에 심리학 연구는 자신의 천직이 아니라는 자각이 들었다. "내 성격 특성상 다른 일이 맞는 것 같았어요. 나는 누구보다 재미있는 사람이라고 스스로 생각하고 있었거든요. 사실 내가 좀 재미있어요."[25]

한동안 맨코프는 자신의 유머 감각을 직업으로 삼을 방법으로 두 가지를 고려했다. "스탠드업 코미디언이 되거나 만화가가 되어야겠다고 생각했어요."[26] 그는 두 가지 일 모두에 열심히 매달렸다. "낮에는 코미디 대본을 짜고 밤에는 만화를 그렸어요." 하지만 시간이 흐르면서 두 가지 중간 목표 가운데 하나가 다른 하나보다 매력적으로 느껴졌다. "당시의 스탠드업 코미디는 달랐어요. 제대로 된 코미디 클럽도 없었습니다. 무대에 서려면 보르슈트 벨트Borscht Belt(뉴욕 북부에 있는 유대인들의 호텔 단지—옮긴이)까지 가야 했는데 거기는 별로 가고 싶지 않았어요……. 그 사람들에게는 내 유머가 잘 먹히지 않았거든요."

그래서 맨코프는 스탠드업 코미디를 포기하고 만화 그리기에 모든 힘을 쏟아부었다. "2년 동안 만화를 줄기차게 제출했는데 그 결과는 《뉴요커》에서 받은 게재 불가 통지서들뿐이었습니다. 화장실 벽을 도배해도 될 만큼 수없이 받았죠."[27] 몇 잡지사에 만화가 팔리는 작은 성과도 있었지만 그즈음 맨코프는 훨씬 구체적이고 야심찬 상위 목표를 수립해두고 있었다. 이제 단지 유머를 직업으로 삼는 데 그치지 않고 세상에서 가장 뛰어난 만화가가 되고 싶었다. "만화계에서 《뉴요커》는 야구계의 뉴욕 양키스처럼 최고였습니다." 맨코프는 설명했다. "거기 들어갈 수 있으면 최고 중 하나가 되는 거였죠."[28]

쌓여가는 게재 불가 통지서를 보며 맨코프는 '노력, 또 노력'이 통하지 않는다는 사실을 은연중에 깨달았다. 그는 변화를 주기로 결심했다. "뉴욕 시립 도서관에 가서 1925년부터 《뉴요커》에 실린 모든 만화를 찾아봤습니다."[29] 처음에 그는 자신의 그림 실력이 부족한 탓이라고 생각했지만 매우 성공한 《뉴요커》 만화가 중에는 데생 실력이 턱없이 부족한 사람도 있었다. 그래서 만화 표제어의 길이가 부적절하게 짧거나 길 가능성도 생각했지만 그 또한 근거가 없어 보였다. 대체로 표제어가 짧았지만 모든 만화가 그렇지는 않았고 맨코프의 표제어가 유달리 길지도 않았다. 유머 코드가 빗나갔을 가능성도 고려해봤다. 그 역시 아니었다. 인기 있는 만화 중에는 기발한 작품, 풍자에 강한 작품, 철학적인 작품도 있었으며 그냥 재미있는 작품도 있었다.

모든 만화의 공통점은 한 가지, 독자가 생각하게 만든다는 것이었다.

그리고 공통점이 하나 더 있었다. 모든 만화가에게는 자신만의 스타일이 있었다. 단 한 가지 '최고'의 스타일이 존재하지는 않았다. 중요한 것은 작품에 속속들이 배어 있는 각 만화가의 '고유한 표현법'이었다.

맨코프는 《뉴요커》에 실렸던 모든 만화를 하나하나 살펴보며 그 정도는 자신도 그릴 수 있다고 생각했다. 더 잘할 것도 같았다. "'이 정도는 나

도 할 수 있어. 이것도 할 수 있겠다.'라는 생각이 들었어요. 완전히 자신
감이 생겼죠."[30] 그는 자신도 사람들이 생각하게 만들 만화를 그릴 수 있
고, 자신만의 스타일을 개발할 자신도 있었다. "저는 다양한 스타일을 시
도해봤습니다. 결국에는 점을 찍어 표현하는 기법으로 결정했죠." 이제
는 널리 알려진 맨코프의 만화 스타일은 점묘법으로, 고등학생 때 프랑
스 인상주의 화가인 조르주 쇠라Georges Seurat의 그림을 접하고 시도해본
적 있는 기법이었다.

1974년부터 1977년까지 2,000번가량 《뉴요커》로부터 퇴짜를 맞은 끝
에 맨코프의 아래 만화가 채택됐다.

그는 이듬해에 13점의 만화를 《뉴요커》에 팔았고 다음 해에는 25점,
그다음 해에는 27점을 팔았다. 1981년 맨코프는 《뉴요커》에서 계약직
만화가가 되어보지 않겠냐는 편지를 받고 그 제안을 수락했다.

출처: Robert Mankoff, the New Yorker, June 20, 1977, The New Yorker Collection/The Cartoon Bank

맨코프는 편집자이자 멘토로서 만화가 지망생들에게 '우리 인생처럼 만화를 그리는 일도 십중팔구는 잘 풀리지 않으므로' 작품을 한꺼번에 10점씩 제출하라고 조언한다.[31]

사실 하위 목표를 포기하는 행동은 용인할 수 있을 뿐 아니라 때로는 꼭 필요하다. 원래 설정했던 하위 목표는 이를 대체할 수 있고 실현 가능성이 더 높은 목표가 나타나면 포기해야만 한다. 경로 변경이 필요한 또 하나의 경우는 다른 하위 목표, 즉 같은 목적을 달성할 수 있는 다른 수단이 더 효율적이거나 재미있다는 등의 이유로 원래 계획에 더 타당할 때다.

어떤 장거리 여행이든 돌아갈 일이 생길 수 있다.

하지만 상위 수준의 목표일수록 이를 고수하는 것이 옳다. 나도 개인적으로 연구비를 신청했다가 거절당하거나 실험에 실패했을 때 너무 연연하지 않으려고 노력한다. 그런 실패가 정말 쓰라리기는 하지만 너무 오래 곱씹어 생각하지 않고 넘긴다. 반면에 중간 목표는 쉽게 포기하지 않으며, 솔직히 나의 궁극적 목적, 피트 캐럴의 용어로는 내 인생철학을 바꾸는 일은 어떤 이유로든 포기한다는 것은 상상할 수 없다. 일단 모든 부품을 찾아서 조립한 내 나침반은 몇 주, 몇 달, 몇 년이 지나도 같은 방향을 가리킬 것이다.

위인과 일반인을 구분 짓는
네 가지 지표

내가 첫 번째 면담 연구를 출발점으로 그

릿 연구의 길로 들어서기 오래전에, 스탠퍼드대학교의 심리학자 캐서린 콕스Catharine Cox는 크게 성공한 인물들의 특성을 분류하는 연구를 했다.

1926년 콕스는 역사적으로 매우 큰 업적을 남긴 위인 301명의 전기 내용을 바탕으로 한 연구 결과를 발표했다.[32] 그녀는 시인, 정치 지도자, 종교 지도자, 과학자, 군인, 철학자, 미술가, 음악가 등을 망라해 조사했다. 모두 콕스가 조사하기 4세기 전에 살다가 죽은 인물들이었으며, 그들의 업적에 대한 기록이 유명한 백과사전 6권의 분량에 달했다.

콕스의 처음 목표는 이 인물들이 그들끼리 그리고 인류 전체와 비교했을 때 얼마나 명석했는지 추정해보는 것이었다. 그녀는 모든 증거를 샅샅이 뒤져 그들이 지적으로 조숙했던 흔적을 찾았고, 그런 행적을 보였던 나이와 수준을 토대로 각 인물의 아동기 지능을 추정했다. 800쪽이 넘는 책을 요약본이라 할 수 있을지 모르겠지만 출판된 이 연구의 요약본에는 콕스가 조사한 301명의 사례사case history가 아동기 지능이 가장 낮은 인물부터 가장 높은 인물 순으로 정리되어 있다.

콕스에 따르면 301명 중에서 가장 명석한 인물은 철학자 존 스튜어드 밀John Stuart Mill이다. 그는 3세에 그리스어를 배웠고, 6세에 로마 역사에 대한 글을 썼으며, 12세에는 아버지를 도와 인도 사료들을 검토했다. 이로 미루어 보아 아동기 IQ가 190 정도로 추정된다.

아동기 지능이 인류 전체의 평균보다 아주 살짝 높은 100에서 110 정도로 추정돼 콕스의 순위에서 최하위권에 든 인물로는 현대 천문학의 창시자인 니콜라우스 코페르니쿠스Nicolaus Copernicus, 화학자이자 물리학자인 마이클 패러데이Michael Faraday, 스페인 시인이자 소설가인 미구엘 드 세르반테스Miguel de Cervantes가 있다. 아이작 뉴턴Isaac Newton의 IQ는 정확히 중간쯤인 130으로 추정됐는데, 이는 오늘날 많은 영재 프로그램에서 정해놓은 최저 자격 요건이다.

콕스는 IQ 추정치를 토대로 볼 때 위대한 업적을 남긴 역사적 인물들은 전체적으로 우리보다 명석했다고 결론 내렸다. 여기까지는 놀라울 것이 없다.

예상 밖의 결과는 가장 큰 업적을 남긴 위인들과 가장 작은 업적을 남긴 위인들이 IQ로는 구분이 되지 않았다는 점이다. 콕스가 선정한 저명한 천재 상위 10명의 아동기 IQ는 평균 146이었고, 지명도가 낮은 하위 10명의 아동기 IQ는 평균 143으로 두 집단의 차이는 미미했다. 다시 말해, 콕스의 표본에서 지능과 명성 간의 관계는 대단히 적었다.

콕스가 선정한 상위 10인(지명도가 가장 높은 천재)[33]

프랜시스 베이컨 Sir Francis Bacon

나폴레옹 보나파르트 Napoleon Bonaparte

에드먼드 버크 Edmund Burke

요한 볼프강 폰 괴테 Johann Wolfgang von Goethe

마르틴 루터 Martin Luther

존 밀턴 John Milton

아이작 뉴턴 Isaac Newton

윌리엄 피트 William Pitt

볼테르 Voltaire

조지 워싱턴 George Washington

콕스가 선정한 하위 10인(지명도가 가장 낮은 천재)

크리스티안 K. J. 폰 분젠Christian K. J. von Bunsen

토머스 차머스Thomas Chalmers

토머스 채터턴Thomas Chatterton

리처드 코브던Richard Cobden

새뮤얼 테일러 콜리지Samuel Taylor Coleridge

조르주 J. 당통Georges J. Danton

요제프 하이든Joseph Haydn

위그 펠리시테 로베르 드 라므네Hugues-Felicite-Robert de Lamennais

주세페 마치니Giuseppe Mazzini

요아힘 무라트Joachim Murat

상위 10인에 등극하거나 하위 10인으로 강등되는 데 지적 재능이 중요하게 작용하지 않았다면 결정적 요인은 무엇인가? 콕스와 조교들은 수천 쪽의 전기 자료를 자세히 읽으면서 301명 가운데 100명의 천재만 따로 뽑아 67가지 성격 특성을 평가했다. 콕스는 현대 심리학자들이 중시하는 모든 성격 특성을 망라해 그중에서 위인과 일반인, 나아가 상위 10인과 하위 10인을 구분 지을 수 있는 특성들을 최대한 살펴보았다.

그런데 67가지 성격 특성 대부분에서 위인과 일반인 간에는 미세한 차이점밖에 발견되지 않았다. 예를 들어 명성은 외향성, 쾌활함, 유머 감각과는 거의 관련이 없었다. 또한 성공한 사람이라고 모두 학교 성적이 좋지도 않았다. 하지만 위인과 일반인을 확실히 구분 지어주는 네 가지 지표가 있었다. 이 지표들은 상위 10인과 하위 10인, 즉 대단히 저명한 인물과 덜 저명한 인물도 명확하게 구분해주었다. 콕스는 이 지표들을 묶어 '지속적 동기 부여'persistence of motive라고 불렀다.

그중에서 두 지표는 그릿 척도의 열정 항목으로 쉽게 바꿀 수 있다.

- (하루하루 겨우 살아가는 삶과 대조되는) 멀리 목표를 두고 일하고, 이후의 삶을 적극적으로 준비하며 확고한 목표를 향해 노력하는 정도.

- 단순한 변덕으로 과제를 포기하지 않음. 새로움 때문에 다른 일을 시작하지 않으며 변화를 모색하지 않는 성향.

그리고 나머지 두 지표는 그릿 척도의 끈기 항목으로 쉽게 바꿔 쓸 수 있다.

- 의지력과 인내심의 정도. 한 번 결정한 사항을 조용히 밀고 나가는 결단력.

- 장애물 앞에서 과업을 포기하지 않는 성향. 끈기, 집요함, 완강함.

콕스는 연구 결과를 요약하며 이렇게 결론 내렸다. "지능이 최상위권은 아니지만 상위권에 속하면서 끈기가 유달리 강한 이들이, 지능이 최상위권이면서 끈기가 다소 부족한 이들보다 크게 성공할 것이다."[34]

당신이 그릿 척도에서 어떤 점수를 받았든 자신을 성찰해볼 계기가 되었기를 바란다. 자기 성찰을 통해 당신의 목표들을 정하고, 그것들이 열정의 대상인 단 하나의 최상위 목표와 얼마나 일관되는지를 명료화하기만 해도 발전한 것이다. 또한 현재 인생이 보내는 거절 쪽지 앞에서 당신이 얼마나 끈기 있게 버틸 수 있는지 알아가는 것도 진전이라 할 수 있다.

이제 시작이다. 다음 장에서는 그릿이 어떻게 변할 수 있고, 왜 달라지는지 살펴보도록 하자. 그리고 제6장부터는 그릿을 어떻게 기를 수 있는지 배워보자.

제5장

그릿의 성장 비밀

"그릿은 유전이 되나요?"

그릿에 관한 강연을 할 때마다 거의 항상 이와 비슷한 질문을 받는다. 어떤 문제에서나 늘 제기되는 유전–환경 논쟁이다. 우리는 직관적으로 키와 같은 특성은 대체로 유전자 복권에 의해 결정되지만 영어를 쓰는가, 프랑스어를 쓰는가의 문제는 양육과 경험의 문제임을 안다. 농구 지도 현장에 "키는 훈련할 수 없다."는 유명한 표현도 있다 보니 그릿에 대해 알게 된 사람들의 대다수는 그릿이 키와 비슷한 특성인지 언어와 비슷한 특성인지 관심을 보인다.

"그릿이 우리 DNA 속에 있는가?"라는 질문에 짧게 답할 수도 있고 길게 답할 수도 있다. 짧게 대답한다면 "부분적으로는 그렇다." 길게 답변하자면 좀 복잡해진다. 내가 볼 때 주목할 가치가 있는 것은 긴 답변이다.[1] 과학의 발전으로 우리는 유전자와 경험, 그리고 그 둘의 상호작용이 어떻게 우리의 모습을 결정짓는지 이해의 폭을 크게 넓혀왔다. 하지만 유감스럽게도 복잡할 수밖에 없는 과학적 사실의 특성상 그에 대한 오해가 이어지는 듯하다.

먼저 인간의 특성 전부는 유전과 경험 모두의 영향을 받는다는 사실을 분명하게 말해줄 수 있다.

키를 생각해보자. 키는 유전자의 영향을 크게 받는다. 어떤 사람은 매우 크고, 어떤 사람은 매우 작고, 그 외 다수의 사람은 다양한 중간 키를 갖게 되는 주 이유는 유전자의 차이다.

하지만 남성과 여성의 평균 키가 단 몇 세대 만에 크게 증가한 것도 사실이다. 병무기록에 따르면 영국 남성의 평균 키가 150년 전에는 165센티미터였지만[2] 현재는 평균 178센티미터이다.[3] 더 큰 증가세를 보인 국가들도 있다. 보통 네덜란드 남성의 키는 거의 185센티미터로 지난 150년간 15센티미터 이상 증가했다.[4] 나는 네덜란드인 공동 연구자들을 만날 때마다 세대 간 신장의 증가세를 떠올리게 된다. 몸을 굽혀주는 그들의 배려에도 불구하고 나는 여전히 삼나무 숲속에 서 있는 기분이다.

유전자 풀gene pool이 단 몇 세대 만에 그렇게 극적으로 변했을 가능성은 없어 보인다. 신장 증가를 가져온 가장 큰 요인은 영양 상태의 개선, 깨끗한 공기와 물, 현대 의학의 발전이었다. 덧붙이자면 세대에 따른 체중 증가 폭은 신장 증가 폭보다 더욱 크며, 이 역시 우리 DNA의 변화라기보다는 더 많이 먹는 반면 덜 움직인 결과로 보인다. 심지어 같은 세대 안에서도 환경이 키에 미치는 영향을 목격할 수 있다. 건강에 좋은 음식을 충분히 제공받는 어린이는 크게 자라지만 영양이 부실한 아이는 성장이 느리다.

마찬가지로 정직성과 관대함[5], 그릿 같은 특성도 유전과 경험의 영향을 함께 받는다. 지능지수[6], 외향성, 자연을 즐기는 성향[7], 단것을 즐기는 성향[8], 골초가 될 가능성[9], 피부암에 걸릴 확률[10] 등 생각할 수 있는 모든 특성에도 유전뿐만 아니라 환경 또한 중요하다.

그릿과 유전, 환경의 상관관계

다양한 재능 역시 유전자의 영향을 받는다. 우리 중 일부는 노래[11]나 덩크 숫[12], 2차 방정식[13]을 쉽게 배울 수 있는 유전자를 갖고 태어난다. 하지만 우리의 직관과 달리 '재능'이 전적으로 유전에 의해 결정되지는 않는다. 특정 기술을 발전시키는 속도는 경험의 영향 또한 크게 받는다.

사회학자 댄 챔블리스는 고등학교 시절에 수영선수였지만 전국 상위권에 들 수 없으리라는 사실이 분명해지자 수영을 그만뒀다.

"나는 키도 작고 발바닥굽힘plantar flexion(족저 굴곡, 엄지발가락이 발바닥 쪽으로 굽는 현상—편집자)에 문제가 있었습니다." 그가 설명했다. "다리부터 발가락까지 일자로 뻗을 수가 없습니다. 조금밖에 안 펴져요. 신체 구조상의 제약이죠. 그래서 최상위권 대회에서는 평영 종목에만 참가할 수 있었습니다."[14] 나는 그와 대화를 끝낸 뒤 발바닥굽힘에 대해 조사해봤다. 스트레칭으로 관절이 움직이는 범위를 늘려줄 수는 있지만 특정 뼈들의 길이에 따라 발과 발목의 유연성이 결정된다고 한다.

그러나 실력 향상의 최대 장애물은 신체 구조가 아니라 그의 코치였다. "지금 돌이켜 생각해보면 참으로 형편없는 코치 두 사람을 만났어요.[15] 고등학교 때 4년간 지도받았던 코치 중에 한 분은 가르쳐준 게 없었습니다. 아무것도요. 한번은 그분에게 평영 턴하는 법을 배웠는데 방법이 틀렸더군요."

그러다 챔블리스는 연구 대상이었던 국가대표팀과 올림픽팀 코치들과 시간을 보내면서 마침내 훌륭한 코치를 경험하게 됐다.

"몇 년 뒤에 다시 수영장에 다니면서 체력을 키웠더니 200미터 개인 혼영에서 고등학교 때만큼 빠른 기록이 나왔어요."

역시 같은 이야기다. 유전 또는 환경만 중요한 것이 아니라 둘 다 중요하다.

과학자들은 유전과 환경이 재능과 그릿 같은 특성에 영향을 미친다는 사실을 어떻게 확신하는가? 지난 수십 년간 같은 가정 혹은 다른 가정에서 자란 일란성 쌍둥이와 이란성 쌍둥이를 연구해온 덕분이다. 일란성 쌍둥이는 모든 DNA가 동일한 반면에 이란성 쌍둥이는 평균 절반 정도의 DNA만 공유한다. 그 사실과 함께 많은 복잡한 통계 방법들을 동원해 (훌륭한 선생의 설명을 듣는다면 그렇게 복잡할 것 없지만) 연구자들은 쌍둥이가 얼마나 비슷하게 성장할지, 각 형질의 유전율heritability을 추론할 수 있다.

아주 최근에 런던의 연구자들이 영국에 살고 있는 10대 쌍둥이 2,000쌍 이상에게 그릿 척도 검사를 실시했다고 알려왔다.[16] 이 연구에서 추정한 바로는 그릿 척도 중 끈기의 유전율은 37퍼센트, 열정의 유전율은 20퍼센트였다. 이는 다른 성격 특성들의 유전율 추정치와 비슷한 수준으로,

아주 간단히 말하면 사람들 간의 그릿 차이는 일부는 유전적 요인에서, 나머지는 경험에서 원인을 찾을 수 있다는 뜻이다.

한 가지 더 덧붙일 사실은 하나의 유전자만으로는 그릿의 유전 가능성을 설명해줄 수 없다는 것이다. 거의 모든 인간의 특성은 하나 이상, 즉 여러 유전자의 영향을 받는 다유전자polygenic 유전임이 수십 편의 연구를 통해 입증되었다.[17] 키에 영향을 미치는 유전자는 지금까지 밝혀진 것만 해도 697개나 된다.[18] 그 유전자들 중 일부는 다른 특성에도 영향을 미친다. 인간의 게놈genome은 총 2만 5,000개나 되는 유전자로 구성되어 있으며,[19] 이들 유전자 간에는 물론 환경적 요인과도 복잡하게 상호작용하지만 그에 대한 이해는 아직 크게 부족하다.

그래서 우리가 알게 된 사실은 무엇인가? 첫째, 그릿과 재능 및 성공에 관련된 다른 심리적 특성 모두가 유전자와 환경의 영향을 함께 받는다. 둘째, 그릿 또는 어떤 심리적 특성도 단 하나의 유전자에 의해 결정되지 않는다.

여기에 한 가지 더 중요한 사실을 지적하려고 한다. 셋째, 추정된 유전율은 사람들이 평균과 다른 이유를 설명해주지만 평균 자체에 대해서는 아무런 정보도 알려주지 않는다.

키의 유전율은 특정 모집단에서 키가 큰 사람도 있고 작은 사람도 있는 개인차를 설명해주기는 하지만 평균 키가 어떻게 변해왔는지는 말해주지 않는다. 평균 키의 변화는 우리가 실제로 성장한 환경의 영향과 그 중요성이 매우 크다는 증거가 되므로 이는 주목할 만한 지적이다.

성공심리학과 더욱 깊은 연관이 있는 또 한 가지 놀라운 예는 플린 효과Flynn effect이다. 최초 발견자인 뉴질랜드의 사회과학자, 제임스 플린

James Flynn의 이름을 딴 플린 효과는 지난 세기 동안 IQ가 깜짝 놀랄 만큼 증가한 현상을 일컫는다. 얼마나 증가했을까? 오늘날 널리 쓰이는 지능 검사지인 웩슬러 아동용 지능검사와 성인용 지능검사로[20] 30개국 이상에서 측정해본 결과 지난 50년간 IQ가 평균 15점 이상 증가한 것으로 나타났다.[21] 바꿔 말해서, 100년 전 사람들의 지능을 현대 기준에 맞춰 측정했다면 평균 IQ가 정신지체의 경계선인 70으로 나왔을 것이다. 또한 100년 전의 기준으로 현대인의 지능을 측정하면 평균 IQ가 영재 프로그램에 들어갈 수 있는 하한선인 130으로 나올 것이다.

플린 효과를 알게 됐을 때 처음에는 믿기지가 않았다. 사람들이 어떻게 그리 빠른 속도로 훨씬 똑똑해질 수 있었을까?

이런 의심과 함께 더 알고 싶은 욕심이 들어 플린 교수에게 전화를 걸었다. 그러자 세계 각지로 강연을 다니느라 바쁜 그가 필라델피아까지 와서 자신의 연구를 설명해줬다. 그를 처음 본 순간 학자의 캐리커처 같다고 생각했다. 키가 크고 약간 마른 체격에 금속 테 안경을 쓴 데다 청회색 곱슬머리는 헝클어져 있었다.

플린 교수는 IQ 변화에 관한 기본적인 사실들로 이야기를 시작했다. 그는 수년에 걸쳐 측정해온 IQ 원점수를 검토하는 과정에서 일부 영역이 다른 영역보다 증가 폭이 크다는 사실을 발견했다. 그는 칠판 앞으로 가서 경사도가 큰 선을 그리며 추상적 사고를 측정하는 IQ검사 점수가 이렇게 큰 폭으로 증가했다고 말했다. 예를 들면 요즘은 많은 아동이 "개와 토끼는 어떤 점이 비슷할까요?"라는 질문에 대답할 수 있다. 아이들은 개와 토끼 둘 다 살아 있다거나 모두 동물이라고 대답할 것이다. 채점 안내서를 보면 이런 대답에는 절반의 점수만 준다고 되어 있다. 둘 다 포유

동물이라고 대답하는 통찰력 있는 아이들에게는 점수를 다 준다. 그에 반해 1세기 전의 어린아이들은 어리둥절하며 "개는 토끼를 쫓아가요."라고 대답했을 것이다. 그런 대답은 0점이다.

인류의 추상적 사고력은 점점 향상되고 있다.

플린 교수는 지능검사에서 특정 하위 검사의 점수만 대폭 증가하는 이유를 농구와 텔레비전을 예로 들어 설명했다. 지난 세기 동안 모든 농구 시합은 경쟁이 치열해졌다. 학창시절에 농구를 좀 했던 플린의 말로는 심지어 몇 년 사이에도 경기가 달라지고 있다고 한다. 무슨 일이 있었던 것일까?

플린의 견해에 따르면 이는 텔레비전 때문이다. 농구는 텔레비전으로 시청하기에 좋은 경기인 까닭에 방송과 함께 인기가 높아졌다. 가정마다 텔레비전이 보급되면서 더욱 많은 아이들이 농구를 하기 시작했고, 농구 스타들이 일상적으로 구사하는 왼손 레이업 슛, 크로스오버 드리블, 우아한 훅 슛 등의 기술을 아이들도 시도하게 됐다. 그리고 기술이 향상된 아이마다 본의 아니게 함께 겨뤘던 아이들의 학습 환경을 향상시켰다. 농구 실력을 향상시키는 방법 중의 하나가 기술 수준이 약간 더 높은 아이들과 시합하는 것이기 때문이다.

플린은 이런 기술 향상의 선순환을 '사회적 승수 효과'social multiplier effect 라고 부르는데,[22] 세대가 지나면서 추상적 사고가 향상되는 현상도 똑같이 승수 효과로 설명할 수 있다고 주장한다. 지난 세기 동안 우리의 직업과 일상생활은 점점 더 분석적이며 논리적인 사고를 요구하고 있다. 우리는 학교를 더 오래 다니게 됐고 공부하는 동안 갈수록 단순 암기에 의존하지 말고 사고를 하라는 요구를 많이 받는다.

작은 환경의 차이나 유전적 차이가 선순환을 촉발할 수 있다. 어느 쪽이든 그 효과는 사회 안에서 문화를 통해 증대된다. 우리 개개인이 모두가 속한 환경을 풍요롭게 만들고 있기 때문이다.

나이가 들수록
그릿도 성장한다

아래 그래프를 한번 살펴보자. 그래프는 연령별로 그릿 점수가 어떻게 달라지는지 보여준다. 미국 성인 대표본의 자료를 토대로 한 이 그래프의 가로축을 살펴보면 우리 표본에서 가장 그릿이 높은 성인은 60대 이상이며 가장 낮은 성인은 20대임을 알 수 있다.

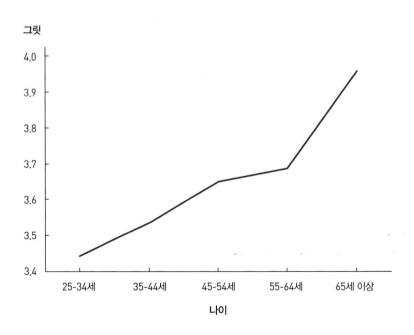

이 자료를 보면 그릿은 일종의 '역플린 효과'를 보인다고 설명할 수 있다. 예컨대 70대가 그릿이 높은 이유는 근래에 비해 지속적 열정과 끈기를 강조하는 가치 규범의 시대 문화 속에서 성장했기 때문일 가능성이 있다. 다시 말해서 대공황기에 성장한 '가장 위대한 세대'the Greatest Generation 가 1980년대 초반부터 2000년대 초반 사이에 출생한 밀레니엄 세대보다 투지가 강한 이유는 과거와 현재의 문화 요소 차이 때문일 수 있다.

그릿과 나이의 비례 관계[23]를 이런 식으로 설명해준 사람은 나보다 연장자인 동료였다. 그는 내 어깨 너머로 위의 그래프를 보더니 고개를 가로저으며 말했다. "그럴 줄 알았어! 내가 수십 년 동안 같은 대학에서 같은 강좌를 대학생들에게 가르쳐왔잖아요. 그런데 요즘 학생들은 예전만큼 공부를 열심히 하지 않는다니까요!" 평생 듀폰DuPont에서 화학자로 일하다 진짜로 금시계를 받고 퇴직한 아버지 역시 내 강연 뒤에 달려 나와 나에게 말을 걸었던 와튼스쿨 학생에게 같은 말을 했을 것이다. 그 청년은 밤을 새가며 벤처 사업을 준비했지만 몇 년 안에 완전히 새로운 일을 하리라고 예상하고 있었으니 말이다.

또는 연령별 그릿의 차이가 세대 변화와 아무런 상관이 없을 가능성도 있다. 이 자료는 단순히 사람들이 시간이 흐르면서 성숙해지는 모습을 보여주는 것일 수도 있다. 나 자신의 경험이나 제프리 게틀먼과 밥 맨코프 같은 그릿의 전형들의 이야기로 미루어볼 때 인생철학이 생기고, 거절당하고 실망한 뒤에도 툭툭 털어버리는 법을 배우고, 얼른 포기해야 할 하위 목표들과 좀 더 고집해야 할 상위 목표들의 차이를 알게 되면서 그릿이 성장하는 듯하다. 이런 성숙 가설에서는 우리가 나이가 들면서 장기간 열정과 끈기를 유지하는 능력이 발달한다고 본다.

두 설명 방식을 구분하려면 다른 종류의 연구가 필요하다. 나는 위에 제시된 그래프 자료를 얻기 위해 여러 연령대의 사람들에게 현재의 그릿 수준에 대해 질문했다. 정신과 의사인 조지 베일런트가 하버드 학생들을 추적 조사한 방식처럼 나도 그들을 평생 추적 조사한다면 이상적일 것이다. 그릿 척도가 만들어진 지 그리 오래되지 않았기 때문에 그릿이 일생 동안 어떻게 변하는지 저속도촬영 영화처럼 보여줄 수는 없다. 그런 영화를 원하지만 현재 내게는 스냅 사진밖에 없다.

다행히 다른 성격 특성을 검토한 종단연구들은 많다. 수년에서 수십 년 동안 연구 대상을 추적 조사한 많은 연구에서 뚜렷이 드러난 경향이 있다. 우리 대부분은 인생 경험이 쌓이면서 성실성, 자신감, 배려, 평정 심이 발달한다는 것이다.[24] 그런 변화는 20대와 40대 사이에 주로 찾아 오지만 평생 인성 발달이 멈추는 시기는 사실상 없다. 이 자료들을 전체 적으로 살펴봤을 때 현재 성격심리학자들이 주장하는 '성숙의 원리' maturity principle가 보인다.[25]

우리는 성장한다. 적어도 대부분은 성장한다. 성장에 따른 변화는 어 느 정도 생물학적으로 결정되어 있다. 사춘기와 갱년기의 성격 변화가 여기에 해당된다. 하지만 전반적인 성격 변화는 인생 경험의 영향을 더 받는다.

인생 경험이 정확히 어떻게 성격을 변화시키는가?

우리가 변하는 한 가지 이유는 이전에 몰랐던 내용을 배우기 때문이 다. 예를 들어 우리는 직업적 포부를 계속 바꿔 봐도 만족스럽지 못하다 는 사실을 시행착오를 거치며 배울 것이다. 내 20대 시절은 분명히 그랬 다. 비영리 단체를 운영했다가 신경과학 전공으로 대학원에 진학했고, 그 뒤 경영 컨설팅 회사에 취업했다가 다시 교직으로 이직하면서 '유망한 초보자' 노릇도 재미있지만 진정한 전문가 역할이 훨씬 더 만족스럽다는 사실을 깨달았다. 수년간의 노력으로 얻은 결실을 타고난 재능 덕분으로 오해받을 때가 많으며 세계적 수준의 실력자가 되려면 끈기만큼 열정이 필요하다는 사실도 알게 됐다.

또한 우리는 소설가 존 어빙이 그랬듯이 '어떤 일을 아주 잘하려면 능력 이상으로 노력해야 한다'는 사실을 깨닫고, '타고난 재능이 없는 일도 거듭하다 보면 제2의 천성처럼 된다'는 점을 인식하게 되며, 마지막으로 그 정도로 열심히 하는 능력은 '하루아침에 생기지 않는다'는 현실을 배우게 된다.[26]

인간의 특성에 대한 통찰력 외에 또 어떤 것들이 나이와 함께 변하는가? 바로 우리의 상황이 바뀐다. 우리는 나이가 들면서 새로운 상황에 던져진다. 첫 직장을 구하고 결혼을 하고 부모님이 연로해지면서 어느새 우리가 그분들의 보호자가 된다. 이런 변화는 우리에게 이전과 달리 행동하도록 요구할 때가 많다. 우리는 지구상의 어떤 생물보다 적응력이 뛰어난 존재이므로 그런 변화에 대처하기 위해 달라진다.

즉 우리는 필요할 때 변한다. 필요는 적응의 어머니다.

한 가지 사소한 예를 들어보자. 내 둘째 딸 루시는 어찌된 일인지 세 살이 되도록 변기 쓰는 법을 배우지 못했다. 남편과 나는 딸이 기저귀를 떼게 하려고 선물로 유혹하고 달래고 속임수를 쓰는 등 최선을 다했다. 기저귀를 떼는 방법을 다룬 책은 모조리 읽고 거기 나오는 모든 방법을 시도해봤다. 적어도 할 일이 산더미인 일하는 부모로서 할 수 있는 한 열의를 다했지만 아무 소용이 없었다. 루시의 의지가 우리보다 강하다는 사실만 확인했다.

루시는 세 돌이 지난 직후에 거의 대부분이 기저귀를 차는 유아반에서 기저귀 갈이용 탁자도 없는 '언니' 반으로 옮겼다. 새 교실로 데려간 첫날 루시는 조금 두려운 듯 휘둥그레진 눈으로 낯선 환경을 둘러보았다. 친숙한 이전 교실에 남았으면 하는 마음이었을 것이다.

나는 그날 오후 루시를 데리러 갔을 때를 결코 잊지 못할 것이다. 아이는 자랑스럽게 미소 지으며 변기를 썼다고 알려줬다. 이어서 이제부터 기저귀를 차지 않겠다는 말을 수차례 반복했다. 그리고 정말 그랬다. 화장실을 사용하는 훈련이 한순간에 끝났다. 그게 어떻게 가능했을까? 아이가 다른 아이들과 줄을 서서 화장실에 갔을 때 자기 차례가 되면 변기에 용변을 봐야 하는 상황임을 인식하고 그 요구대로 행동한 것이다. 아이는 해야만 하는 일을 하는 법을 배운 것이다.

최근 시애틀에 있는 사립 중·고등학교인 레이크사이드 스쿨Lakeside School의 교장 버니 노Bernie Noe가 자신의 딸 이야기를 들려줬다. 성숙의 원리를 정확히 보여주는 이야기였다. 노의 가족은 관사에 살고 있지만 10대인 딸은 거의 매일 지각을 했다. 어느 여름방학에 그녀는 동네 옷 가게에서 옷을 정리하는 아르바이트 자리를 구했다. 그런데 출근 첫날 가게 점장이 "지각하면 바로 해고야."라고 말했다.[27] 그녀는 깜짝 놀랐다. 두 번의 기회도 주지 않다니! 그녀는 참아주고 이해해주고 기회를 다시 주는 사람들과 평생 살아왔는데 말이다. 그래서 어떻게 되었을까?

"신기하더라고요." 노가 말했다. "딸의 행동이 그렇게 즉각적으로 바뀐 적은 정말 처음이었어요." 곧바로 그의 딸은 자명종을 두 개나 맞춰놓고 지각이 절대 용납되지 않는 직장에 정시보다 일찍 도착하기 위해 애썼다. 청소년이 성숙한 존재로 자라도록 이끌어줄 사명을 지닌 교장으로서 노는 자기의 힘에는 한계가 있다고 여긴다. "장사하는 사람이라면 점원 아이가 자신을 특별하다고 생각하든 말든 신경 쓰지 않습니다. '일할 수 있겠니? 일을 못 하면 너는 우리 가게에 필요 없다'고 하면 그뿐이죠."

훈계의 효과는 본인의 행동이 가져올 결과에 비해 절반밖에 안 된다.

성숙의 원리는 이렇게 요약될 수 있다. 시간이 흐르면서 우리는 잊을 수 없는 인생의 교훈을 얻고, 점점 증가하는 상황의 요구에 맞춰 적응해 간다. 그리고 점차 새로운 사고방식과 행동이 습관이 된다. 급기야 이전의 미성숙했던 자신을 기억도 할 수 없는 날이 온다. 우리는 적응하고, 그렇게 적응한 행동들이 반복되어, 마침내 스스로를 규정하는 정체성으로 발전한다. 내가 수집해온 그릿과 연령에 관한 자료들을 종합해보면 두 가지 설명과 일치한다. 하나는 우리가 성장해온 시대 문화에 의해 그릿이 결정된다는 것이며, 또 다른 하나는 나이가 들수록 그릿이 강해진다는 것이다. 두 설명 모두 사실일 수 있으며 둘 다 어느 정도는 사실이라고 생각한다. 어느 쪽이든 내가 수집한 자료에서 나온 스냅 사진은 그릿이 완전히 확정된 특성이 아님을 보여준다. 모든 측면의 심리적 특성처럼 그릿은 당신이 생각하는 것보다 유연하다.

그릿을 기르는
네 가지 방법

그릿이 발달할 수 있다면 어떤 식으로 발달하는가?

나는 거의 매일 자신도 좀 더 그릿이 있으면 좋겠다는 사람들에게서 이메일과 편지를 받는다. 그들은 어떤 것도 실력이 늘 때까지 진득이 붙들고 있지 못한다고 한탄한다. 그리고 자기 재능을 허비하고 있다고 생각한다. 장기 목표의 수립을 간절히 원하고 그 목표를 열정과 끈기를 갖고 추구하길 바란다.

하지만 그들은 어디서부터 시작해야 할지 모른다.

그렇다면 일단 지금의 자기 위치를 이해하는 일부터 시작하는 것이 좋다. 원하는 만큼 그릿이 없다면 그 이유를 스스로에게 물어라.

사람들은 이런 뻔한 대답을 내놓을 것이다. "내가 게을러서 그렇겠죠."

이런 대답도 나올 것이다. "나는 뭐든 잘 잊어버려요."

또는 이럴 것이다. "일을 진득이 못 하는 성격이에요."

나는 이런 대답이 전부 틀렸다고 생각한다.

사람들이 어떤 일을 포기할 때는 이유가 있다. 사실 각양각색의 이유로 포기한다. 당신이 하던 일을 포기하기 직전에 아래의 네 가지 생각 중 어느 하나가 머릿속을 스쳐 지나갔을 것이다.

"지루해."

"노력할 가치가 없어."

"이것은 내게 중요한 일이 아니야."

"나는 못 하겠으니 포기하는 게 좋겠어."

이런 생각들을 한다고 해서 그게 도덕적으로나 윤리적으로 잘못은 아니다. 이 장에서 보여주려고 했던 것처럼 그릿의 전형인 사람들도 목표들을 포기한다. 하지만 문제의 목표가 상위 수준의 것일수록 그들은 더욱 고집스럽게 끝을 보려 한다. 가장 중요한 점은 그릿의 전형들은 나침반을 바꾸지 않는다는 것이다. 그들은 모든 자기 행동의 지침이 되는 단 하나의 중요한 목표에 대해서만큼은 위에 열거된 발언을 입 밖에도 꺼내지 않는다.

그릿의 발달 과정에 대해 내가 알게 된 내용들은 탁월한 열정과 끈기의 완벽한 본보기인 사람들과의 면담에서 온 것들이 많다. 나는 이 책 곳곳에서 그들과의 대화를 부분적으로 인용했다. 이를 통해 독자가 그들의 머리와 가슴을 들여다보고 자신이 따를 만한 믿음, 태도, 습관 등을 찾게 되길 바란다.

그릿에 관한 면담 기록들은 내 연구 자료의 한 축으로 웨스트포인트나 내셔널 스펠링 비 같은 곳에서 진행한 체계적인 양적 연구들을 보완하는 역할을 해왔다. 두 종류의 연구를 종합했을 때 성숙한 그릿의 전형들이 공통적으로 갖고 있는 네 가지 심리적 자산이 드러났다. 이는 위에서 열거된 핑계를 각각 반박해주며, 수년에 걸쳐 일정 순서로 발달하는 경향을 보인다.

첫째는 관심이다. 열정은 당신이 하는 일을 진정으로 즐기는 데서 시작된다. 내가 조사했던 그릿의 전형들도 모두 자신의 일 중에서 재미가 덜한 측면이 있었고, 전혀 즐겁지 않은 잡일이지만 참고 하는 일이 적어도 한두 가지는 있었다. 그럼에도 불구하고 대체로 자기 일에 푹 빠져 있고 일에서 의미를 발견한다. 계속 일에 매력을 느끼고 아이 같은 호기심을 내비치는 그들은 '나는 내 일을 사랑해!'라고 온몸으로 외친다.

둘째는 연습이다. 이는 어제보다 잘하려고 매일 단련하는 종류의 끈기를 말한다. 그러니까 특정 영역에 관심을 느끼고 발전시킨 다음에는 온 마음을 다해 집중하고 난관을 극복하며 기술을 연습하고 숙달시켜야 한다. 하루에 몇 시간씩, 몇 주, 몇 개월, 몇 년 동안 자신의 약점을 집중적으로 반복 연습해야 한다. 그릿은 현재에 안주하기를 거부한다. 관심이 무엇이든, 이미 얼마나 탁월한 수준에 이르렀든 상관없이 그릿의 전형들은 "무슨 일이 있어도 지금보다 나아질 거야!"라는 말을 입에 달고 산다.

셋째는 목적이다. 자신의 일이 중요하다는 확신이 열정을 무르익게 한다. 목적이 없는 관심을 평생 유지하기란 대부분의 사람들에게 거의 불가능한 일이다.[28] 따라서 개인적으로 흥미로운 동시에 타인의 안녕과 밀접한 관련이 있는 일을 찾아내지 않으면 안 된다. 소수는 목적의식을 일찌감치 깨닫지만, 다수는 어떤 일에 관심이 생기고 수년 동안 절제하며 연습한 뒤에야 타인을 위해 봉사하겠다는 동기를 강하게 느낀다. 그러나 그릿이 발달한 사람들은 하나같이 이렇게 말한다. "내 일은 나에게도, 타인에게도 중요합니다."

마지막 넷째는 희망이다. 희망은 위기에 대처하게 해주는 끈기를 말한다. 이 책에서는 관심, 연습, 목적 다음에 희망이 논의되지만 희망이 그릿의 마지막 단계에만 나타나는 것은 아니다. 희망은 모든 단계에서 나타나는 특징이다. 상황이 어려울 때나 의심이 들 때도 계속 앞으로 나아가는 법을 배우려면 맨 처음부터 끝까지 희망을 유지하는 일이 더없이 중요하다. 우리는 다양한 시점에서 크게 작게 허물어진다. 그대로 주저앉는다면 투지를 잃지만, 일어난다면 투지는 더 커진다.

나 같은 심리학자의 참견 없이 스스로 그릿을 이해한 사람도 있을 것이다. 이미 지속적으로 깊은 관심을 느끼는 일이 있고, 끊임없이 도전을 받아들일 준비가 돼 있으며, 서서히 목적의식을 발전시켰고, 어떤 역경에도 끄떡없이 나아갈 능력이 있다는 자신감까지 넘칠 수도 있다. 그런 사람이라면 그릿 척도에서 5점 만점에 5점 가까이 받았을 것이다. 그들에게 박수갈채를 보낸다!

반면에 자신이 바라는 만큼 그릿이 없는 사람들을 위해 다음 장부터의 내용을 준비했다. 그릿도 미적분학과 피아노처럼 스스로 배울 수 있다. 여기에 약간의 지침이 더해진다면 크나큰 도움이 될 수 있을 것이다.

관심, 연습, 목적, 희망의 네 가지 심리적 자산은 상품처럼 가지고 있거나 갖고 있지 않거나 둘 중 하나가 아니다. 당신은 관심을 느끼고 발전시키고 심화하는 법을 익힐 수 있다. 훈련을 습관으로 만들 수 있다. 목적의식과 의미를 찾고 발전시킬 수 있다. 그리고 스스로에게 희망을 가르칠 수 있다.

한마디로 당신 내부에서부터 그릿을 길러나갈 수 있다. 그 방법은 다음 제2부에서 알아보자.

제2부

'포기하지 않는 나'는 어떻게 만들어지는가

내 안에서 그릿을 기르는 법

THE POWER OF PASSION
AND PERSEVERANCE

제6장

관심사를 분명히 하라

'열정을 좇아라'는 졸업식 축사의 단골 주제다.[1] 나도 학생으로 그리고 교수로 그런 축사를 들을 만큼 들었다. 적어도 연사의 절반, 어쩌면 그 이상이 자기가 사랑하는 일을 하는 것이 얼마나 중요한지 강조했으리라고 장담한다.

오랫동안 《뉴욕 타임스》 십자말풀이 편집자로 일하고 있는 윌 쇼츠Will Shortz는 인디애나대학교 졸업생들에게 이런 축사를 했다. "여러분이 살면서 가장 즐겁게 할 수 있는 일을 찾아 직업으로 삼으라고 조언하고 싶습니다. 인생은 짧습니다. 여러분의 열정을 좇으십시오."

제프 베이조스Jeff Bezos는 프린스턴대학교 졸업생들에게 자신이 고액 연봉을 받는 맨해튼 금융가의 고위직을 떠나 아마존을 창업한 이야기를 들려줬다.

"오랜 고민 끝에 제 열정을 좇아 불안한 길을 택했습니다."[2] 그리고 이렇게 말했다. "여러분이 하고 싶은 일이 무엇이든 열정이 없다면 그 일을 고수할 수 없다는 사실을 살면서 알게 될 것입니다."[3]

이런 조언은 6월의 더운 날씨에 졸업 가운과 학사모를 쓰고 있어야 하는 졸업식장에서만 들을 수 있는 건 아니다. 나는 그릿의 전형들과 나눈 면담에서 똑같은 이야기를 거의 같은 단어로 몇 번이나 들었다.

헤스터 레이시Hester Lacey도 마찬가지였다. 레이시는 2011년부터 쇼츠나 베이조스만큼의 업적을 이룬 사람들을 매주 한 명씩 인터뷰해온 영국의 기고가다. 그녀의 칼럼은 매주 《파이낸셜 타임스》Financial Times에 실린다. 패션디자이너(니콜 파리Nicole Farhi), 작가(살만 루슈디Salman Rushdie), 음악가(랑랑Lang Lang), 코미디언(마이클 페일린Michael Palin), 쇼콜라티에(샹탈 코디 Chantal Coady), 바텐더(콜린 필드Colin Field) 등 인터뷰 대상이 누가 됐든 레이시는 똑같은 질문들을 던진다. 그중에는 "당신의 추진력은 어디에서 나오나요?", "내일 당신의 모든 것을 잃는다면 무엇을 하겠습니까?"도 포함돼 있다.[4]

나는 레이시에게 '초특급 성공을 거둔' 인물 200명 이상을 인터뷰하면서 알게 된 점이 무엇인지 물었다.

"인터뷰마다 반복해서 나왔던 한 가지는 '나는 내 일을 사랑한다'는 이야기였어요.[5] 사람마다 표현은 조금씩 달랐어요. 단순히 '나는 내 일을 사랑해요'라고 이야기한 사람이 많았죠. 하지만 '나는 정말 행운아예요', '매일 아침 일어나면서 일이 기대돼요', '당장 스튜디오에 나가고 싶어요', '새로운 프로젝트를 얼른 시작하고 싶어요'라고 표현하는 사람들도 있었어요. 그 사람들은 해야만 하는 일이라서 또는 수입이 좋아서 하는 게 아니었습니다."

열정을 좇는 건 정말
허황된 일일까?

나는 '열정을 좇으라'는 가르침을 듣고 자라지 못했다. 그 대신 '진짜 세상'에서 살아남는 일이 나처럼 '보호받는 삶'을 살고 있는 젊은이가 상상하는 것 이상으로 중요하다는 이야기를 들었다. '정말 좋아하는 일을 찾는' 지나치게 이상적인 꿈은 사실상 가난과 실망으로 가는 확실한 길이 될 수 있으니 주의하라는 말을 들었다. 의사 같은 직업이 수입과 사회적 지위를 보장해주며 지금은 잘 모르겠지만 길게 보면 그것이 내게 더 중요하다는 이야기도 자주 들었다.

짐작했겠지만 그런 조언을 해준 사람은 아버지였다.

"그런데 아버지는 왜 화학자가 되셨어요?" 한번은 내가 물었다.

"할아버지가 정해주신 일이었다." 아버지는 전혀 억울한 기색 없이 대답했다. "내가 어릴 적에 가장 좋아한 과목은 역사였어." 수학과 과학도 좋아했지만 대학에서 전공을 결정할 때는 선택의 여지가 없었다고 했다. 가업인 섬유공장을 물려주기 위해 할아버지가 아들들이 대학에 갈 때면 섬유 생산 공정과 관련된 전공을 정해줬기 때문이다. "가업을 이어가려면 역사가가 아니라 화학자가 필요했어."

하지만 중국 공산혁명으로 가업이었던 섬유공장은 갑작스레 문을 닫았다. 아버지는 미국에 정착했고 얼마 후부터 듀폰에서 근무하게 됐다.

그리고 회사의 과학자들 중에서 최고위직까지 승진한 후에 35년간의 직장 생활을 마감했다.

아버지는 과학적인 문제나 행정 문제로 골똘히 생각에 잠길 때가 많을 만큼 회사 일에 몰두했고 성공적으로 직장 생활을 하셨다. 그런 점을 고려하면 열정보다 현실성을 선택하는 것이 최선일 가능성도 생각해볼 가치는 있는 듯하다.

젊은이들에게 세상에 나가 자신이 좋아하는 일을 하라고 조언해주는 것이 그렇게 허황된 일일까? 지난 10여 년간 관심에 대해 연구한 과학자들은 확실한 결론에 이르렀다.

첫째, 연구 결과에 따르면 사람들은 개인적 관심과 일치하는 일을 할 때 직업에 훨씬 만족감을 느낀다.[6] 이는 생각할 수 있는 거의 모든 직업이 망라된 100편에 가까운 연구 자료들을 취합하고 메타분석meta-analysis 해서 얻은 결론이다. 추상적 개념들에 대해 사고하기를 즐기는 사람이 논리적으로 복잡한 프로젝트의 세부사항을 관리하는 일을 할 때는 행복하지 않다. 차라리 수학 문제를 푸는 편이 즐거울 것이다. 사람들과의 교류가 매우 즐거운 사람은 온종일 컴퓨터 앞에서 홀로 일해야 하는 직업이 만족스럽지 않다. 그들에게는 판매직이나 교직이 나을 것이다. 게다가 직업이 개인적 관심사와 일치하는 사람이 대체로 삶 전반에 대한 만족감이 높다.[7]

둘째, 사람들은 일이 흥미로울 때 높은 성과를 올린다.[8] 이는 또 다른 연구에서 지난 60년간 수행된 60편의 연구를 메타분석법으로 검토해서 얻은 결론이다. 본래 개인적으로 관심 있던 일과 직업이 일치하는 직원이 실적이 좋고, 동료들에게도 큰 도움을 주며, 한 직장에 오래 다닌다.

또한 개인적 관심사와 전공이 일치하는 대학생이 학점도 좋고 중퇴할 가능성도 낮다.

아무 일이나 즐긴다고 직장을 구할 수 있는 것은 분명 아니다. 마인크래프트Minecraft 게임을 아무리 잘해도 그것으로 생계를 꾸리기는 힘들다. 또한 아주 다양한 직장을 놓고 선택할 호사를 누릴 수 없는 사람도 세상에는 많다. 좋든 싫든 우리가 선택할 수 있는 생계수단에는 엄연히 제한이 있다.[9]

그럼에도 불구하고 1세기 전에 윌리엄 제임스가 예견했듯이 과학적 연구들은 졸업식 축사에 담긴 지혜를 확인시켜준다. 우리가 어떤 일을 시도했을 때 얼마나 좋은 결과를 얻을지 그 '결정권'을 쥐고 있는 것은 "열망과 열정, (우리) 관심의 정도이다."[10]

열정은 발견하고 키우는 것

2014년 갤럽 조사에 따르면 성인의 3분의 2 이상이 직장에서 업무에 몰두하지 않으며 그중에 상당수는 '딴짓'을 한다.

다른 나라의 사정은 더욱 암울하다. 141개국을 대상으로 한 갤럽 조사에서 업무에 집중하지 않거나 딴짓을 하는 직장인의 비율이 캐나다를 제외한 모든 국가가 미국보다 높게 나왔다.[11] 전 세계적으로 겨우 13퍼센트의 성인만이 직장에서 업무에 '몰두'한다고 스스로를 평가했다. 자기 직업을 좋아하는 사람들은 극소수인 듯했다.

현재 만연한 업무에 대한 무관심은 졸업식 축사에서 당부하는 내용과 전혀 부합하지 않는 현상이다. 어째서 그렇게 많은 사람들이 자신이 즐기는 일과 직업을 일치시키지 못하는가? 그리고 내 아버지의 성공은 열정을 좇으라는 주장을 반증하는 사례인가? 내가 태어났을 무렵에는 아버지가 실제로 일에 열정을 느끼고 있었다는 사실을 어떻게 이해해야 하는가? 우리는 사람들에게 열정을 좇으라는 말을 그만하고 명령에 따르라고 해야 하는가?

나는 그렇게 생각하지 않는다.

윌 쇼츠와 제프 베이조스는 일이 얼마나 재미있을 수 있는지 영감을 주는 훌륭한 예다. 누구나 일하는 모든 순간이 기쁠 수 있다는 생각은 순진할 수도 있지만, 나는 직업 만족도에 개인의 관심이 중요하다는 상식적 직관을 입증해준 메타분석 속의 수천 개 측정값들을 믿는다. 모든 일에 관심이 있는 사람도 없지만 아무 일에도 관심이 없는 사람도 없다. 그러므로 당신의 흥미와 상상력을 사로잡는 일과 직업을 일치시키려는 것은 바람직한 생각이다. 물론 행복과 성공이 보장되지는 않지만 그럴 가능성이 분명히 높아진다.

그러나 대부분의 젊은이에게는 열정을 좇으라는 격려의 말도 필요 없다. 만약 열정을 느낀 일이 있다면 당장 그 열정을 좇을 테니 말이다. 내가 졸업식 축사 연사로 초대받는다면 나는 '열정을 키우라'는 말로 시작할 것이다. 그리고 축사를 하는 내내 어떻게 그게 가능한지 젊은이들을 설득할 것이다.

처음에 그릿의 전형들과 면담을 시작하면서 그들 모두에게서 어느 순간 갑자기 천부적인 열정을 발견했다는 사연을 듣게 될 줄 알았다. 그것은 인생의 전기를 맞는 기념비적 순간답게 돌연 사방이 환해지고 활기찬 오케스트라 음악이 깔리는 영화 같은 장면이었을 거라고 상상했다.

영화 《줄리 앤 줄리아》Julie and Julia 는 우리가 텔레비전에서 봐온 것보다 앳된 얼굴의 줄리아 차일드가 고급 프랑스 식당에서 남편 폴과 식사하는 장면으로 시작된다. 방금 웨이터가 완벽하게 가시를 발라서 접시 위에 올려주고 간 가자미 구이, 솔 뫼니에르sole meunière 한 점을 줄리아가 입에 넣는다. 노르망디 버터와 레몬, 파슬리로 만든 소스가 뿌려져 있다. 황홀한 맛이다. 이런 맛있는 요리는 처음이다. 식도락을 즐기는 그녀지만 요리가 이렇게 맛있을 수 있다는 사실을 처음 알았다.[12]

"그날의 경험 전부가 내 정신과 영혼을 깨웠죠." 그녀는 몇 년 뒤에 이렇게 말했다. "나는 요리에 매료됐고 그게 평생 이어졌어요."[13]

나는 그릿의 전형들에게서 그런 영화 같은 순간들을 듣기를 기대했다. 허벅지에 자국이 날 정도로 딱딱한 접의자에 앉아 학사모와 졸업 가운 때문에 땀 흘리고 있는 대학 졸업생들 역시 평생의 열정을 발견하는 순간을 그렇게 상상할 것이다. 조금 전까지도 무엇을 하며 살아야 할지 모르다가 어느 순간 분명해질 거라고 믿을 것이다.

하지만 내가 면담한 그릿의 전형 대부분이 여러 관심사를 탐색하며 수년을 보냈고, 처음에는 평생의 운명이 될 줄 몰랐던 일이 결국 깨어 있는 매 순간과 종종 잠들었을 때까지 차지하는 일이 됐다고 했다.

올림픽 금메달리스트인 수영선수, 로디 게인스는 이렇게 말했다. "나는 어렸을 때 운동을 좋아했습니다. 고등학교에 입학한 뒤로는 미식축구, 야구, 농구, 골프, 테니스를 거쳐 수영팀에 들어갔죠. 이 팀 저 팀을 계속 기웃거렸습니다. 푹 빠질 수 있는 종목을 찾을 때까지 여기저기 기웃거렸던 것 같아요."[14] 그가 수영에 빠지기는 했지만 엄밀히 말해 첫눈에 반하지는 않았다. "수영팀에서 테스트를 받은 날 탈락할 것 같은 기분이 들어서 육상에 관해 알아보려고 도서관에 갔습니다. 다음에는 육상팀 테스트를 받아야겠다고 생각했거든요."

제임스 비어드 상James Beard Award(요리사의 아카데미상으로 불리는 상—옮긴이)을 수상한 요리사, 마크 베트리Marc Vetri는 10대 시절에 요리만큼이나 음악에도 관심이 있었다. 대학을 졸업한 후에 그는 로스앤젤레스로 이사했다. "1년 동안 거기 음악학교에 다니면서 밤에는 식당에서 일해 학비를 벌었습니다. 나중에 밴드 활동을 할 때는 밤에 연주하고 오전에 식당에서 일했죠. 그러다 '식당에서는 돈도 벌고 요리도 정말 좋아지기 시작했는데 음악 하면서 얻은 것은 없네.'라는 생각이 들었어요. 그 후 이탈리아에 갈 기회가 생기는 바람에 요리를 진로로 결정했죠." 내가 가장 좋아하는 요리사가 파스타를 만드는 대신에 기타를 연주하는 모습은 상상하기 힘들었지만, 가지 않은 음악가의 길에 대한 미련이 없느냐는 질문에 그가 이렇게 대답했다. "글쎄요, 음악과 요리, 두 가지 모두 창의적인 일이죠. 요리사의 길로 들어서서 행복하지만 음악가가 됐을 수도 있다고 생각해요."[15]

줄리아 차일드의 경우 천상의 맛이었던 솔 뫼니에르 한 점이 사실상 계시와도 같았다. 하지만 정통 프랑스 요리법이 훌륭하다는 깨달음이었을 뿐 자신이 요리사와 요리책 저자가 되고 나아가 가정에서 만들 수 있는 코코뱅coq au vin(닭고기와 야채에 포도주를 부어 조려낸 프랑스 전통요리—편집자) 요리법을 미국인들에게 알려주는 사람이 되리라는 직감은 아니었다. 실제로 줄리아 차일드는 자서전에서 이 잊지 못할 식사 이후로도 요리에 대한 관심을 불러일으킨 경험을 많이 했다고 밝힌다. 그중 몇 가지만 열거하자면 파리의 수많은 작은 식당에서 했던 식사, 파리 노천시장의 친절한 생선 가게와 정육점 그리고 채소 가게 상인들과의 대화, 그들과 나눴던 우정, 프랑스어 과외 선생이 빌려준 요리책과 언제나 든든한 지원자인 남편 폴에게 선물 받은 백과사전만 한 프랑스 요리책, 열성적으로 가르치는 만큼 큰 노력을 요구했던 르 코르동 블루Le Cordon Bleu의 뷔냐르Bugnard 선생의 수업, 미국인을 위한 요리책을 쓰겠다는 생각을 갖고 있던 두 파리 여성과의 만남이 있었다.[16]

어릴 때는 소설가를 꿈꿨고 본인의 표현으로 "화덕에 눈곱만큼도 관심이 없었던"[17] 차일드가 만약 완벽하게 요리된 가자미를 맛본 운명 같은 순간을 흘려보내고 바로 캘리포니아로 돌아갔다면 어떻게 됐을까? 확실히 알 수 없는 일이지만 차일드가 처음 맛본 솔 뫼니에르는 프랑스 요리와 사랑에 빠지는 데 있어서 첫 키스와도 같은 경험이었을 것이다. "진짜로 하면 할수록 요리가 더 좋아져." 그녀는 후에 시누이에게 그렇게 말했다. "(고양이와 남편을 제외하고) 진정한 열정을 발견하는 데 40년이나 걸렸지 뭐예요."[18]

그러므로 지금 자기 직업을 사랑하는 사람들이 부럽겠지만 그들은 우리와 출발점부터 달랐다고 가정해서는 안 된다. 그들도 무엇을 하고 살지 정확히 알기까지 상당한 시간이 걸렸을 가능성이 높다. 졸업식 축사 연사들은 자기 일이 "다른 일을 한다는 것은 상상할 수도 없는" 천직이라고 말하겠지만 그들에게도 그 이전에 고민했던 시간이 있었다.

열정은 계시처럼
오지 않는다

나는 몇 개월 전에 레딧Reddit(전 세계 인
터넷 사용자들이 각종 주제에 대한 토론의 장으로 이용하는 소셜 뉴스 웹사이
트—옮긴이)에서 '매사가 시들하고 진로도 정하지 못하겠어요'라는 제목
의 글을 읽었다.[19]

> 저는 30대 초반인데 어떤 직업을 갖고 살아가야 할지 모르겠습니다.
> 저는 평생 똑똑하다, 잠재력이 있다는 말을 들으며 살아온 사람입니
> 다. 관심이 가는 일은 너무 많지만 무엇부터 시작해야 할지 모르겠
> 습니다. 그런데 모든 직장에서 시작도 해보기 전에 오랜 시간과 금
> 전을 투자해야 하는 전문 자격증이나 직함을 요구하는 것 같아 짜증
> 이 납니다.

이 글을 올린 30대의 고민에 깊이 공감한다. 대학교수라고 내게 진로
에 대한 조언을 받으러 오는 20대들의 고민에도 깊이 공감한다.

내 동료인 배리 슈워츠Barry Schwartz는 나보다 훨씬 오랫동안 불안한 청
년들을 상담해왔다. 스와스모어 칼리지에서 45년 동안 심리학을 가르치
고 있는 덕택이다.

슈워츠는 젊은이들이 비현실적인 기대 때문에 직업에 대한 진지한 관
심을 발전시켜 나가지 못한다고 생각한다. 그는 "사실 많은 젊은이들이
연애 상대를 찾을 때 겪는 문제와 똑같습니다."라고 말한다. "그들은 매
력이 넘치고 똑똑하고 친절하고 공감을 잘해주고 사려 깊고 재미있는 상

대를 바라죠. 모든 면에서 최고인 21살짜리를 찾는 일은 불가능하다고 말해주려 해도 듣지 않아요. 완벽한 상대가 나타나기만 기다리죠."[20]

"사모님인 미란다처럼 훌륭한 분도 있잖아요?" 내가 물었다.

"오, 아내는 훌륭한 사람이죠. 나보다 훨씬 훌륭해요. 하지만 아내가 완벽할까요? 나와 함께 행복한 인생을 살아갈 유일한 사람이 아내뿐일까요? 혹은 아내에게 훌륭한 결혼생활을 함께 꾸릴 수 있는 남자가 이 세상에 오직 나뿐일까요? 난 그렇게 생각하지 않습니다."

슈워츠는 직업을 좋아하는 마음이 갑자기 생길 거라는 신화도 비슷한 종류의 문제라고 말한다. "한동안 일해보고 상당히 깊이 관여해봐야 미묘한 사항들을 알게 되고 기쁨을 느낄 수 있는 일도 많습니다. 많은 일이 실제로 해보기 전에는 재미없고 하찮아 보입니다. 하지만 조금만 지나면 처음에는 몰랐던 많은 면을 알게 되고, 결코 이런 점들을 완벽히 해결하거나 이해할 수 없다는 사실을 깨닫게 됩니다. 그러려면 그 일을 꾸준히 해봐야만 합니다."

그가 잠시 말을 멈췄다가 다시 이어갔다. "배우자를 찾는 일이 완벽한 비유가 되겠네요. 단 한 사람뿐인 이상형이 아니라 배우자가 될 가능성이 엿보이는 사람과의 만남은 시작에 불과하잖아요."

관심과 흥미의 심리에 대해서 우리가 아직 모르는 사실들이 많다. 예를 들어 왜 (나를 포함한) 어떤 사람들에게는 요리가 대단히 흥미로운 주제인 반면에 어떤 사람들은 신경도 쓰지 않는가? 왜 마크 베트리는 창조적인 일에 끌리고 로디 게인스는 운동을 좋아하는가? 인간의 다른 특성처럼 관심도 일부는 유전되고 일부는 생애 경험의 영향을 받는다는 다소 모호한 설명 외에 내가 대답해줄 수 있는 말이 별로 없다. 하지만 관심이 발전해가는 과정을 과학적으로 연구하면서 이해하게 된 중요한 사실이 몇 가지 있다. 내가 느끼기에 그 기본적인 사실들은 유감스럽게도 널리 알려지지 않았다.

우리 대부분은 열정을 떠올릴 때 솔 뫼니에르를 한 입 베어 무는 순간 앞으로 요리에 종사하게 되리라고 확신한다거나, 처음 출전한 수영 시합에서 물에 뛰어드는 순간 언젠가 올림픽에 출전하리라고 예견한다거나, 《호밀밭의 파수꾼》The Catcher in the Rye 을 탈고하는 순간 작가가 될 운명을 깨닫는 식으로 갑자기 한순간에 느끼게 되리라고 생각한다. 하지만 나중에는 평생 열정을 쏟는 일이 될지라도 처음 그 일을 접하는 순간은 잔잔하게 내레이션이 이어지는 영화의 첫 장면과 비슷하다.

레딧에 '매사가 시들하고 진로도 정하지 못하겠어요'라는 글을 올린 30대에게 과학은 이런 조언을 해준다. 자기 일에 대한 열정을 발견하는 것은 시작일 뿐 그 열정을 지속적으로 발전시키고 평생 심화시켜야 한다.

부연 설명하자면 첫째, 아동기에는 너무 어리기 때문에 커서 무엇이 되고 싶은지 알지 못한다. 장기간 수천 명을 추적 조사한 종단연구들에 의하면 대부분의 사람들이 중학교에 갈 무렵부터 특정 직업으로 관심이 쏠리면서 다른 직업에 대한 흥미가 없어진다.[21] 이는 내 면담 연구에서 나타난 양상이기도 하며 헤스터 레이시가 성공 신화의 주인공들을 인터뷰하면서 발견한 사실이기도 하다. 하지만 앞으로 그릿의 전형이 될 인물이라고 해도 중학생 나이에 분명하고 확고한 열정을 갖고 있을 가능성은 낮다. 단지 대체로 좋아하는 일과 싫어하는 일을 파악하기 시작할 뿐이다.

둘째, 관심사는 자기 성찰을 통해 발견되지 않는다. 오히려 외부 세계와의 상호작용이 계기가 되어 흥미가 생긴다.[22] 관심사의 발견 과정은 혼

란과 우연성이 존재하는 비능률적인 과정일 수 있다. 당신의 관심을 사로잡을 일과 그러지 못할 일을 확실히 예측할 수가 없기 때문이다. 또한 의지로 자신이 무엇을 좋아하게 만들 수도 없다. 제프 베이조스가 관찰한 바처럼 "사람들이 저지르는 큰 실수 중의 하나는 스스로에게 흥미를 강요하는 행동이다."[23] 직접 시험해보지 않고는 당신이 계속 관심을 갖게 될 일과 관심이 사라질 일을 파악할 수 없다.

역설적으로 들리겠지만 처음에 관심사를 발견했을 때는 종종 본인도 모르고 넘어간다. 즉 이제 막 무언가에 관심이 생길 때는 무슨 일이 일어나고 있는지조차 깨닫지 못할 수도 있다. 지루한 감정은 느끼는 즉시 알지만 새로운 활동과 경험을 대할 때는 자신이 무엇을 하고 있는지 성찰하거나 알아차리지 못한다. 그러므로 새로운 일을 시작한 뒤 이제 열정의 대상을 찾았는지 며칠에 한 번씩 초조하게 자문하는 것은 너무 조급한 행동이다.

셋째, 관심사를 발견한 뒤 오랜 시간 주도적으로 관심을 발전시켜야 한다. 처음에 관심이 생긴 후에도 계속 그 일을 경험함으로써 거듭거듭 흥미를 유발하는 일이 대단히 중요하다.

NASA 우주비행사인 마이크 홉킨스Mike Hopkins는 고등학생 때 텔레비전에서 우주왕복선이 발사되는 장면을 본 뒤에 처음으로 우주여행에 관심을 가졌고 그것이 평생의 관심사가 됐다. 하지만 단 한 번의 발사 장면으로 완전히 마음을 뺏긴 것은 아니었다. 몇 년간 방송에서 우주왕복선 발사 광경을 지켜본 덕택이었다. 곧 그는 NASA에 관한 정보를 찾아보기 시작했고 "한 가지 정보가 다른 정보, 또 다른 정보로 이어졌다."[24]

도예 명장인 워런 매켄지의 경우 대학 때 회화 강좌들의 수강 신청이

마감되는 바람에 할 수 없이 들었던 도예 수업에서 처음 흥미를 갖게 됐다. 그 뒤로 위대한 도예가 버나드 리치Bernard Leach의 책 《도예》A Potter's Book를 알게 되었으며, 1년 동안 리치의 도제 생활까지 하면서 관심을 발전시켰다.

마지막으로 관심은 부모, 교사, 코치, 또래 등 여러 지지자들의 격려가 있을 때 점점 깊어진다. 타인이 왜 그렇게 중요한가? 우선 어떤 일이 점점 좋아지는 데 필수요소인 자극과 정보를 계속 제공해주기 때문이다. 긍정적인 피드백이 우리에게 주는 행복감과 자신감, 안정감은 더욱 명백한 이유가 될 것이다.

마크 베트리의 예를 들어보자. 그의 요리책과 음식에 관한 수필은 내게 그 어떤 책보다 독서의 즐거움을 안겨준다. 하지만 그는 학창시절 내내 C만 받던 학생이었다. "공부를 열심히 한 적이 없었어요." 그가 말했다. "학교에서는 늘 '좀 지루하다'는 생각을 했어요." 그에 반해 매주 일요일 오후에는 사우스 필라델피아에 있는 시칠리아 출신의 할머니 댁에서 즐거운 시간을 보냈다. "할머니는 미트볼과 라자냐 같은 음식을 만드셨는데 나는 늘 일찍 할머니 댁에 가서 도와드리기를 좋아했습니다. 열한 살 무렵부터는 집에서도 그런 음식을 만들고 싶어졌죠."[25]

10대가 된 베트리는 동네 식당에서 설거지 아르바이트를 했다. "나는 그 일을 좋아했고 열심히 했습니다." 왜였을까? 동기 중의 하나는 용돈벌이였지만 또 다른 하나는 주방에서 느꼈던 동지애 때문이었다. "그 무렵 나는 인생의 낙오자 같았습니다. 사람들 앞에서는 어색했고 말도 더듬었죠. 학교에서는 모두가 나를 괴상한 녀석으로 여겼어요. 그런데 식당에서는 설거지를 하면서 조리사들이 요리하는 과정도 볼 수 있고 끼니도 해결할 수 있었습니다. 게다가 모두 친절하고 나를 좋아해준다는 생각이 들었어요."

베트리의 요리책을 읽어보면 요리계에 그의 친구와 멘토가 얼마나 많은지 발견하고 깜짝 놀랄 것이다. 책장을 넘겨 봐도 베트리 혼자 찍은 사진을 몇 장 찾을 수 없다. 그리고 《베트리의 여행》Il Viaggio Di Vetri에서 감사의 글을 읽어보라. 그의 여행을 가능하게 해준 사람들의 이름만 두 쪽 넘게 나열되고 그중에는 부모님께 감사드리는 글도 있다. "어머니, 아버지, 두 분은 언제나 저만의 길을 찾게 허락해주고 그 길을 가도록 이끌어주셨습니다. 제가 얼마나 감사하게 생각하는지 두 분은 짐작도 못 하실 거예요. 언제나 제 곁에 있어주세요."[26]

적극적으로 개발할 필요 없이 열정이 계시처럼 단번에 찾아오지 않는다는 점이 '짜증'나는가? 그럴 수도 있을 것이다. 하지만 현실적으로 초반의 관심은 사그라지기 쉽고 모호하기 때문에 몇 년 동안 힘껏 기르며 다듬을 필요가 있다.

열정적 끈기를 만들어주는 부모의 역할

나는 불안한 부모들과 이야기하면서 그들이 내가 말하는 그릿의 의미를 오해한다는 인상이 들 때가 가끔 있다. 내가 그릿의 절반은 끈기라고 이야기하면 수긍한다는 듯 고개를 끄덕이지만, 일 자체에서 재미를 느끼지 못하는데도 끈질기게 노력하는 사람은 없다는 이야기를 덧붙이면 하나같이 고개를 갸우뚱한다.

"단지 어떤 일을 좋아한다고 그 일을 뛰어나게 잘하게 되지는 않습니다." 자칭 타이거 맘Tiger Mom인 에이미 추아Amy Chua는 말한다. "노력하지 않으면 잘할 수 없습니다. 대부분의 사람들이 좋아하는 일에 서툴기 때문입니다."[27] 전적으로 동감한다. 관심을 발전시키는 중에도 해야 할 일이 있다. 연습하고, 공부하고, 배워야 한다. 그러나 대부분의 사람들은 싫어하는 일에 더욱 서툴다는 것이 나의 주장이다.

따라서 부모나 예비 부모 그리고 부모가 아닌 모든 연령대의 사람들에게 공부보다 놀이가 먼저라고 말해주고 싶다. 아직 열정의 대상을 정하지 못한 아이들에게는 하루에 몇 시간씩 부지런히 기술을 연마할 준비가 되기 전에 흥미를 자극하면서 빈둥거릴 시간이 반드시 필요하다. 물론 관심을 발전시키는 데는 시간과 에너지뿐만 아니라 어느 정도의 절제와 희생이 필요하다. 하지만 초보자들은 초반부터 기술이 향상됐으면 좋겠다는 생각에 사로잡히지 않는다. 그들은 몇 년 후의 일까지 생각하지 않는다. 일생의 길잡이가 될 최상위 수준의 목표가 무엇인지도 모른다. 그런 생각 없이 그저 즐길 뿐이다.

다시 말해서 가장 성공한 전문가들도 처음에는 진지하지 않은 초보자였다.

이는 심리학자 벤저민 블룸Benjamin Bloom이 운동, 예술, 과학 분야에서 세계적 수준의 기술을 습득한 120명과 그들의 부모와 코치, 교사를 면담하고 내린 결론이기도 하다.[28] 블룸의 연구 결과 중에 중요한 한 가지는 기술이 세 단계를 거쳐 발전하며 각 단계가 몇 년씩 걸린다는 사실이다. 블룸의 3단계 중에서 '초기'the early years는 관심사를 발견하고 발전시키는 시기다.[29]

초기에는 초보자들이 관심사에 전념하고 싶은지 또는 관심을 끊고 싶은지 여전히 따져보는 중이므로 격려가 매우 중요하다.[30] 때문에 블룸과 그의 연구팀은 이 단계에서 마음이 따듯하고 학생들을 격려해주는 멘토가 특히 훌륭하다고 이야기한다. "이 교사들의 주요한 특징은 초기의 학습을 매우 즐겁고 보람 있게 만든다는 점입니다. 그 영역에 입문시키는 과정에서는 놀이 같은 활동이 많았고, 단계 초반에는 학습이 게임과 매우 비슷했습니다."[31]

초기에는 어느 정도의 자율성도 중요하다. 학습자를 추적 조사한 종단 연구들에서는 고압적인 부모와 교사가 내적 동기intrinsic motivation를 파괴한다는 사실을 입증해 보인다.[32] 좋아하는 일을 스스로 선택하게 해주는 부모를 둔 아이들이 관심사를 발견하고 열정으로 발전시켜 나갈 가능성이 높다. 1950년대에 상하이에 살았던 내 아버지는 할아버지가 정해준 진로를 재고하지 않았지만, 오늘날 대부분의 젊은이들은 자기 의견이 반영되지 않은 관심사를 완전히 '자신의 것으로 인정하기' 힘들 것이다.

스포츠심리학자인 장 코테Jean Côté는 놀이처럼 여유 있게 관심을 발견하고 발전시키는 이 단계를 건너뛰면 심각한 결과가 발생할 수 있다는 연구 결과를 내놓았다. 그의 연구에 의하면 장기적으로는 로디 게인스처럼 어릴 적에 다양한 운동을 시도해본 다음 한 종목에 전념한 프로 선수들이 대체로 성적이 훨씬 좋았다. 어릴 적의 폭넓은 경험은 어린 선수들이 어떤 운동이 자신에게 가장 잘 맞는지 파악하는 데 도움이 된다. 다른 종목의 경험은 후에 보다 집중적인 훈련을 할 때 필요한 근육과 기술을 '크로스 트레이닝'cross training할 기회도 제공한다. 코테의 연구 결과를 보면 이런 기회를 건너뛴 선수들이 전문적 훈련을 덜 받은 또래보다 초반 경쟁에

서 유리할 때도 종종 있지만 부상을 당하거나 에너지가 소진될 가능성이 높다.[33]

블룸의 3단계 중 '중기'the middle years는 연습을 다룰 다음 장에서, 마지막 '후기'the later years는 목적에 대해 논의할 제8장에서 살펴볼 것이다.

우선 초보자에게는 전문가와는 다른 동기 부여가 필요하다는 점을 지적하려 한다.[34] 초보 단계에서는 격려와 자유 속에서 자신이 무엇을 즐기는지 파악할 수 있어야 한다. 작은 승리와 박수갈채도 필요하다. 물론 약간의 비판과 교정을 위한 피드백도 수용할 수 있어야 한다. 연습도 필요하다. 하지만 그런 것들을 너무 일찍, 너무 많이 제공하면 곤란하다. 초보자를 재촉하면 이제 막 올라온 흥미의 싹이 잘릴 수 있다. 한 번 잘린 싹을 되살리기는 대단히 어렵다.

———

졸업식 축사 연사들의 이야기로 되돌아가보자. 그들은 열정에 관한 사례의 연구감이므로 초기 경험담에서 배울 점이 많다.

《뉴욕 타임스》십자말풀이 편집자 윌 쇼츠는 어머니가 '작가이자 언어를 사랑하는 분'이었고 외할머니는 십자말풀이 팬이었다. 쇼츠는 언어에 대한 흥미가 자신의 유전자에 들어 있을 거라고 추측했다.

하지만 그의 독특한 이력은 단순히 유전자에 의해 결정된 것이 아니었다. 쇼츠는 읽고 쓰기를 배운 지 얼마 지나지 않아 우연히 십자말풀이 책을 보게 됐다. "나는 그 책에 완전히 매료되었어요." 그는 이렇게 회상했다. "그래서 나만의 십자말풀이를 만들고 싶었죠."[35]

예상대로 그의 호기심을 처음으로 자극했던 십자말풀이 책에 이어 다수의 자극제가 있었다. "낱말, 수학 퍼즐 등 온갖 퍼즐을 보았죠." 곧 쇼츠는 주요 퍼즐 작가의 이름을 전부 외웠고, 그의 영웅인 샘 로이드Sam Loyd(체스 선수이자 퍼즐 작가—옮긴이)의 도버 북스Dover Books 전집은 물론 그에게는 익숙하지만 내게는 이름도 낯선 퍼즐 작가 여섯 명의 책들을 수집했다.

누가 그 책 전부를 사줬을까?

바로 그의 어머니였다.

그밖에 그녀는 또 무엇을 해주었을까?

"내가 아주 어렸을 때 어머니는 종종 친구들을 집으로 불러 카드놀이를 하셨어요. 어머니는 그동안 내가 조용히 놀도록 종이를 한 장 가져와서 격자로 줄을 긋고는 긴 단어들을 가로, 세로로 칸을 가로질러 써넣는 법을 알려주셨어요. 나는 나만의 퍼즐을 만드느라 즐겁게 그날 오후를 보냈죠. 어머니는 카드를 치던 친구들이 가고 난 후에 내게 와서 격자에 번호를 매기고 뜻풀이를 쓰는 법을 알려주셨어요. 그게 내가 처음으로 만든 십자말풀이였죠."[36]

그 후에 쇼츠의 어머니는 나는 물론 어떤 어머니도 흉내 내기 힘든 진취적인 행동을 했다. "내가 십자말풀이를 만들자마자 어머니가 그걸 팔아보라고 권하셨어요. 작가인 어머니도 잡지나 신문에 당신의 글을 출판해달라고 투고하고는 하셨거든요. 내게 이런 관심사가 있다는 것을 보자마자 작품을 투고하는 방법부터 알려주셨죠." 그가 말을 이었다. "나는 열네 살에 처음으로 십자말풀이를 팔았고 열여섯 살에는 퍼즐 잡지인 《델》Dell에 정기적으로 기고하게 됐어요."[37]

쇼츠의 이야기를 들어보면 그의 어머니는 아들의 관심사를 눈여겨보고 있었던 것이 분명하다. "어머니는 내게 여러 가지 큰 도움을 주셨습니다. 예를 들면 나는 어릴 때 라디오나 팝송, 록 음악을 즐겨 들었어요. 내가 음악에 관심이 있는 듯하자 어머니는 이웃집에서 기타를 빌려와 2층 침대 위에 놓아두었어요. 내가 원한다면 언제든 기타를 집어서 연주할 기회를 준 거죠."

하지만 연주하고 싶은 욕구는 십자말풀이를 만들고 싶은 욕구에 비하면 미미했다. "9개월이 지나도록 기타에 손도 안 대자 어머니는 기타를 돌려주었어요. 나는 음악을 듣는 것만 좋아했지 연주하는 데는 전혀 관심이 없었던 것 같아요."

쇼츠가 인디애나대학교에 등록했을 때 개별 맞춤 전공 제도를 찾아내 그가 자신만의 전공을 고안할 수 있도록 도와준 사람도 어머니였다. 현재까지 퍼즐학enigmatology 학사학위를 가진 사람은 전 세계에서 쇼츠 한 명뿐이다.

제프 베이조스는 어땠을까?

유난히 관심사가 많았던 베이조스의 아동기는 유난히 호기심이 많았던 그의 어머니, 재키Jackie와 상당히 깊은 관계가 있다.

재키는 17번째 생일을 맞이한 지 2주 뒤에 베이조스를 낳았다. "그래서 내가 무엇을 해야 하는지 사전에 아는 게 별로 없었어요." 그녀가 말했다.[38]

그녀는 베이조스와 그 밑의 남매에게 깊은 흥미를 느꼈다고 회상한다. "나는 이 작은 생명체들이 어떤 존재인지, 장차 무엇을 할지 너무나도 궁금했어요. 제각각이었던 세 아이의 관심사를 신경 썼고 아이들이 하는 대로 지켜보았어요. 아이들이 즐거운 일에 몰두하게 두는 일이 내 책임이라고 느꼈어요."

베이조스는 세 살 때 큰 침대에서 자게 해달라고 여러 번 졸랐다. 재키는 좀 더 크면 큰 침대에서 자게 되겠지만 아직은 안 된다고 설명했다. 다음 날 베이조스의 방에 들어간 재키는 드라이버를 들고 아기 침대를 분해하는 그를 발견했다. 재키는 그를 꾸짖지 않았다. 오히려 함께 바닥에 앉아 그를 도와줬다. 그날 밤부터 베이조스는 '큰 침대'에서 잤다.

베이조스는 중학생이 된 뒤로 각종 기계 장치를 발명했고 동생들이 문턱을 넘을 때마다 요란하게 울리는 경보기를 방문 위에 달기도 했다. "우리는 라디오섁RadioShack(미국 전자 기기 소매 체인점—옮긴이)에 굉장히 자주 갔어요." 재키가 웃으면서 말했다. "계속 다른 부속품이 필요하다고 해서 하루에 네 번이나 간 적도 있었어요."

"제프가 부엌 찬장의 손잡이를 전부 끈으로 연결해둔 바람에 문을 하나 열었는데 다른 문까지 죄다 활짝 열린 적도 있었어요."

나라면 이런 상황에서 어땠을지 한번 그려봤다. 절대 흥분하지 않는 모습을 떠올리려고 애썼다. 내가 재키처럼 장남이 세계적인 문제 해결사로 성장하리라고 예견하고 기쁜 마음으로 아이의 관심을 키워주는 상상을 애써 해보았다.

"집에서 내 별명이 '무질서 대장'인데, 무슨 일을 원하든 어떤 식으로도 허용해주기 때문이죠." 재키가 말했다.

한번은 재키가 친구와 길가에 앉아 이야기를 나누고 있는데 베이조스가 무한 큐브infinity cube를 만들겠다며 건전지로 거울을 움직이게 하면 반사되는 이미지가 계속 달라질 거라고 열심히 설명했다. "제프가 우리에게

다가와서 무한 큐브의 과학적 원리를 자세히 설명하는 동안 나는 고개를 끄덕이고 중간 중간 질문도 하면서 들었어요. 제프가 집으로 들어가자 친구가 나에게 내용을 전부 이해했냐고 물었어요. 그래서 '내가 전부 이해했는지는 중요하지 않아. 이야기를 들어주는 게 중요하지.'라고 대답해줬죠."

고등학교에 올라간 베이조스는 집에 있는 차고를 발명과 실험을 하기 위한 실험실로 개조했다. 하루는 학교에서 베이조스가 점심시간 후의 수업을 빼먹었다며 재키에게 전화를 했다. 그녀는 한참 후에 집으로 돌아온 베이조스에게 오후에 어디를 갔었는지 물었다. 비행기 날개로 마찰과 양력 실험을 하게 해줄 교수를 알아보러 갔다는 아들의 대답에 재키는 이렇게 말했다. "그랬구나. 알았어. 정식으로 학교의 인정을 받고 실험할 수 있는지 알아보자."

베이조스는 대학에서 컴퓨터공학과 전기공학을 전공했고 졸업 후에는 투자기금 관리 프로그램을 만들었다. 몇 년 후에 그는 세상에서 가장 긴 강의 이름을 딴 인터넷 서점 아마존닷컴을 구축했다.

"나는 늘 공부합니다." 윌 쇼츠가 내게 말했다. "새로운 낱말풀이와 주제를 찾기 위해 항상 새로운 방향으로 사고를 확장시킵니다. 글쓰기가 지겨워지면 인생이 지겨워진 것이라는 한 작가의 글을 읽은 적이 있어요. 퍼즐도 마찬가지라고 생각합니다. 퍼즐이 싫증나면 인생이 싫증난 거예요. 퍼즐은 너무나도 다양하니까요."[39]

내 아버지는 물론이고 내가 이야기를 나눴던 그릿의 전형들은 거의 모두 쇼츠와 같은 이야기를 한다. 나는 대규모 연구들을 차례로 검토하는 동안 투지가 강한 사람일수록 진로를 수정하는 일이 적다는 사실을 발견했다.

반면에 우리 모두에게는 새로운 일에 강한 흥미를 보이며 무턱대고 뛰어들었다가 3~5년 후에 완전히 다른 일로 옮겨 가기를 습관처럼 반복하는 지인들이 있다. 다양한 취미에 빠지는 행동은 해가 되지 않지만 끝없이 새로운 일을 시작하고 한 가지에 정착하지 못하는 것은 생각보다 심각한 문제다.

"전 그런 사람들을 단기 일꾼이라고 부릅니다."[40] 제인 골든Jane Golden은 이렇게 말했다. 골든은 널리 인정받는 벽화 프로그램의 감독으로 내 고향인 필라델피아에서 30년 이상 공공미술 활동을 펼쳐왔다. 그녀는 나와 면담할 당시에 3,600군데의 건물 외벽을 벽화로 단장시켰다. 이는 미국 내에서도 최대 규모에 해당하는 공공미술 프로그램이다. 그녀를 아는 사람들 대부분이 벽화 예술에 대한 그녀의 헌신을 '집요하다'고 표현하는데 골든 본인도 그 말에 동의한다.

"단기 일꾼들은 잠시 여기서 일하다가 다른 곳으로 옮기고 거기서 다시 다른 곳으로 옮겨 가기를 계속하죠. 내게는 항상 그들이 다른 별에서 온 사람처럼 보여요. '어떻게 저러지? 어떻게 아무 일에도 구속받지 않지?'라는 생각이 들거든요."

물론 설명이 필요한 것은 잠시 왔다가 가버리는 단기 일꾼들의 짧은 집중력이 아니라 골든의 '흔들림 없는 집중력'이다. 근본적으로 한동안 어떤 일을 하면 지루해지는 것이 매우 자연스러운 반응이기 때문이다. 모든 인간은 유아기 때부터 이미 봤던 물체에서는 시선을 거두고 새롭고 놀라운 대상을 바라보는 경향이 있다. 사실 관심 또는 흥미라는 영어 단어 'interest'의 어원은 '다르다'라는 의미의 라틴어 'interesse'이다. 말 그대로 흥미로우려면 달라야 한다. 우리는 천성적으로 새로운 사물을 좋아한다.

어떤 일이든 한참이 지나면 싫증을 느끼는 것이 인간의 본성이지만 불가피한 일은 아니다. 그릿 척도를 다시 보면 문항의 절반에서 관심이 얼마나 오랫동안 유지되는지 질문한다는 사실이 보일 것이다. 이는 그릿의 전형들은 자기가 즐거운 일을 발견하고 그 관심을 증진시킬 뿐 아니라 심화하는 법을 배운다는 사실을 상기시킨다.

골든은 젊어서 화가가 되려고 했다. 현재 그녀는 관공서의 형식주의와 싸우고, 벽화 제작 기금을 조성하고, 이웃 간의 이해관계를 조정한다. 나는 그녀가 의미는 더 있지만 흥미는 덜한 대의를 위해 자신의 삶을 희생하고 있는 건 아닌지 궁금해졌다. 그녀는 살면서 다른 새로운 경험들을 포기해야 했을까?

"그림을 그만뒀을 당시에는 너무 힘들었어요." 골든이 말했다. "하지만 벽화 프로그램을 키워보는 것도 창의적인 일이 될 수 있겠다는 생각이 들었어요. 나는 호기심이 왕성한 사람이라 그 점이 아주 마음에 들었거든요." 그녀가 이어서 말했다. "외부에서 보면 내 삶이 재미없어 보일 거예요. '제인, 고작 벽화 프로그램을 운영하는 일을 한없이 하고 있네.' 그렇게 생각하겠죠. 하지만 저는 이렇게 말해요. '그렇지 않아요. 나는 오늘 중범죄자 교도소에 다녀왔어요. 빈민가, 교회, 임원 회의실도 가봤고, 경찰청 차장과 시의원들도 만나봤어요. 예술가를 위한 레지던스 프로그램을 만들려고 애쓰기도 했죠. 아이들이 무사히 졸업하는 모습도 지켜봤고요.'"

골든은 자신을 화가에 비유한다. "다른 사람들의 눈에는 하늘이 단지 파란색과 회색으로만 보일지도 모릅니다. 그러나 예술가는 거기에서 눈부신 색채를 보죠. 저도 이러한 예술가와 같습니다. 하늘에서는 하루 동안에도 복잡다단하고 미묘한 변화가 일어납니다. 그래서 계속 달라지는 다채로운 색상을 지켜보게 됩니다."

나는 전문가들이 흥미를 계속 심화시키는 과정을 이해하기 위해 심리학자 폴 실비아 Paul Silvia를 찾았다.

실비아는 관심과 흥미 감정 분야의 권위자다. 그는 아기는 아무것도 모르는 상태로 태어난다는 말로 이야기를 시작했다. 다른 동물들은 타고난 본능에 따라 정해진 방식으로 행동하지만 인간의 아기는 거의 모든 것을 경험을 통해 배워야 한다. 아기에게 새로운 사물에 대한 강한 욕구가 없다면 그 모든 것을 배울 수 없으며 따라서 생존할 가능성이 줄어들 것이다. "그러므로 관심, 즉 새로운 것을 배우고 세상을 탐색하며 변화와 다양성을 희구하는 것이 인간의 기본 욕구입니다."[41]

그렇다면 그릿의 전형들이 한 가지에 관심을 유지하는 행동은 어떻게 설명되는가?[42]

실비아도 나처럼 전문가들에게서 "일에 대해 알아갈수록 이해하지 못하는 것들이 늘어간다."는 말을 자주 들었다. 뮤추얼펀드mutual funds에 분산 투자 방식을 처음 도입한 존 템플턴 경Sr. John Templeton은 그가 설립한 자선 재단의 모토를 '우리가 아는 것은 얼마나 적은가, 우리는 얼마나 배움에 목마른가'로 내걸기까지 했다.[43]

실비아는 초보자가 느끼는 새로움과 전문가가 느끼는 새로움이 다르다는 점을 강조한다. 초보자에게 새로움은 이전에 접촉한 적이 없는 대상이다. 반면에 전문가에게 새로움은 '이전과 미묘한 차이가 있는 대상'이다.

"현대 미술을 예로 들어봅시다." 실비아가 말했다. "많은 작품이 전문가에게는 매우 달라 보이지만 초보자에게는 서로 비슷해 보일 것입니다. 작품을 보는 데 필요한 배경 지식이 없기 때문입니다. 그들에게는 색채와 형태만 보입니다. 무엇을 표현한 작품인지 확신하지 못하죠."[44] 반면에 미술 전문가들은 작품에 대한 이해가 매우 뛰어나다. 전문가들은 일반 사람들이 보지 못하는 세세한 차이를 알아보는 안목을 길러왔기 때문이다.

또 다른 예를 들어보자. 올림픽 경기를 본 적이 있는가? 선수의 동작과 동시에 "오! 트리플 러츠triple lutz의 회전이 약간 부족했네요!", "저 푸시오프pushoff는 타이밍이 완벽했죠?"라고 말하는 해설가의 논평을 들은 적이 있을 것이다. 그때 해설가가 슬로모션 비디오 판독을 하지 않고도 어떻게 선수들의 동작에서 미세한 차이를 감지할 수 있는지 의아할 것이다. 내게는 슬로모션 영상이 필요하다. 나는 그런 미묘한 차이를 감지할 수 없다. 하지만 전문가는 축적된 지식과 기술로 초보자인 내가 보지 못하는 차이를 발견할 수 있다.

관심사를 파헤쳐라, 그리고 인내심을 가져라

당신도 열정을 좇고 싶지만 아직 마음에 품은 열정이 없다면 처음부터 시작해야 한다. 즉, '열정의 대상'을 찾아라.

먼저 자신에게 간단한 질문 몇 가지를 해보라. 나는 무슨 생각에 자주 빠지는가? 내 마음은 어디로 향하는가? 나는 무엇에 가장 관심이 가는가? 무엇이 내게 가장 중요한가? 나는 어떻게 시간을 보낼 때 즐거운가? 그리고 반대로 무엇이 가장 견디기 힘든가? 이 질문들에 대답하기 힘들다면 일반적으로 직업에 대한 관심이 싹트는 10대 시절을 회상해보라.

마음속에 대략적인 방향이라도 잡히면 그 즉시 흥미의 싹을 자극해야만 한다. 그러려면 세상에 나가 무엇이든 하면서 관심을 자극하라. 무엇을 해야 할지 한탄만 하는 졸업생들에게 나는 이렇게 말한다. 실험해보라! 시도해보라! 아무것도 하지 않는 것보다 분명 많이 배우게 될 것이다!

다음은 윌 쇼츠의 에세이, 《뉴욕 타임스 십자말풀이를 맞히는 방법》How to Solve the New York Times Crossword Puzzle의 문장들을 일부 빌려와 관심사를 탐구해가는 초기 단계에 적용할 만한 경험 법칙 몇 가지를 제시한 것이다.[45]

당신이 확신하는 답을 출발점으로 해서 풀어나가라. 당신의 관심사가 아무리 모호해도 직업으로 삼기에는 몹시 싫은 일과 다른 것보다 나아 보이는 일이 있을 것이다. 그게 시작이다.

두려워하지 말고 추측하라. 좋든 싫든 관심사를 발견하는 과정에서는 어느 정도의 시행착오를 겪게 마련이다. 십자말풀이의 정답과 달리 당신이 할 수 있고 열정으로 발전할 일은 단 하나가 아니라 여러 가지다. '옳은' 일 또는 '최선'인 일도 찾을 필요가 없다. 그냥 괜찮아 보이는 방향을 정하라. 얼마간 시도해보기 전에는 그 일이 당신과 잘 맞는지 알기 힘들 수도 있다.

맞지 않는 답은 과감히 지워라. 언젠가는 상위 수준의 목표를 지워지지 않는 잉크로 쓰겠지만 확신이 생길 때까지는 연필로 써라.

반면에 이미 무엇을 하며 시간을 보낼 때 즐거운지 분명히 지각했다면 이제 관심을 발전시킬 차례다. 관심사를 발견한 다음에는 발전시켜야 한다.

흥미를 다시, 또다시 자극해줘야 한다는 사실을 기억하라. 흥미를 자극할 방법을 찾아라. 그리고 인내심을 가져라. 관심이 발전하기까지는 시간이 걸린다. 끊임없이 질문하고 그 대답들이 다시 질문으로 이어지게 해서 관심사를 계속 파헤쳐라. 관심사가 같은 사람들을 찾아라. 격려해주는 멘토에게 다가가라. 시간이 가면서 당신은 더욱 능동적이고 정보가 많은 학습자가 될 것이다. 수년에 걸쳐 당신의 지식과 전문성은 확대될 것이며 이와 함께 자신감과 더 알고 싶은 호기심도 커질 것이다.

마지막으로 자신이 좋아하는 일을 몇 년째 하고 있지만 아직은 열정이라고 부를 수 없다면 관심을 어떻게 심화시킬 수 있을지 살펴보라. 당신의 뇌는 새로움을 갈구하기 때문에 다른 일로 옮겨 가고 싶은 유혹을 느낄 것이며 그것이 가장 타당한 행동일 수 있다. 하지만 어떤 일이든 몇 년이상 지속적으로 노력해보고 싶다면 오로지 마니아만이 알아볼 수 있는 미묘한 차이를 즐길 방법을 찾을 필요가 있다. 윌리엄 제임스는 이렇게 말한다. "우리의 주의를 끄는 것은 새로움 속의 익숙함, 약간의 새로운 변화가 있는 익숙함이다."[46]

자신의 열정을 좇으라는 명령이 나쁜 충고는 아니다. 하지만 우선 열정을 키울 방법부터 이해하라는 주문이 더욱 유용한 조언일 것이다.

제7장

질적으로 **다른**
연습을 하라

나는 초창기의 연구에서 내셔널 스
펠링 비의 진출자 중에 투지가 강한 아이들이 투지가 약한 아이들보다 연
습을 더 많이 한다는 사실을 발견했다.[1] 그리고 더 많은 연습 시간이 결선
에서 우수한 성적으로 이어졌다.

여러 면에서 이해가 되는 결과였다. 나는 수학 교사로 일하면서 학생
들이 기울이는 노력에 엄청난 편차가 있음을 목격했다. 어떤 아이들은
그야말로 1주일에 1분도 숙제하는 데 쓰지 않는 반면에 어떤 아이들은
하루에 몇 시간씩 공부했다. 그릿이 있는 사람은 대개 남들보다 오랫동
안 노력한다는 여러 연구 결과를 고려하면 그릿의 이점은 단순히 과제에
더 많은 시간을 할애하는 데서 오는 듯했다.

동시에 수십 년간 업무 경험을 쌓았는데도 중간 정도의 역량에서 맴돌고 있는 많은 사람들이 떠올랐다. 여러분도 분명히 그런 사람을 떠올릴 수 있을 것이다. 생각해보라. 여러분도 아주 오랫동안, 어쩌면 직장생활 내내 그 일을 하고 있지만 아무리 좋게 봐줘도 괜찮은 정도 또는 해고되지 않을 정도의 기술에 머무른 사람을 알고 있지 않은가? 내 동료 중에 한 명은 '20년간 경험을 쌓아가는 사람이 있는 반면에 1년마다 경험을 쌓고 그만두기를 20번 반복하는 사람도 있다'는 농담을 즐겨 한다.

개선改善의 일본식 발음인 카이젠Kaizen은 발전의 정체에 저항한다는 뜻이다. 문자 그대로 직역하면 '지속적 향상'이다. 예전에 카이젠이 대단히 효율적인 일본 제조업의 이면에 숨겨진 핵심 원리로 선전되면서 미국 경제계의 관심을 받았던 적이 있다. 수십 명에 이르는 그릿의 전형들을 면담했던 내가 단언하건대 그들 모두 카이젠의 태도를 물씬 풍겼다. 한 사람도 예외가 없었다.

마찬가지로 기고가인 헤스터 레이시 역시 '성공 신화'를 썼던 인물들을 인터뷰하는 동안 그들 모두 이미 놀라운 수준의 전문성에 도달했으면서도 이를 뛰어넘고 싶다는 강력한 욕구를 내비쳤다고 했다. "배우 하나가 이렇게 말했어요. '제가 맡은 배역을 완벽히 연기할 수는 없겠지만 최대한 잘 소화하고 싶습니다. 그리고 모든 배역에서 새로운 연기를 보여주고 싶어요. 사람은 발전이 있어야 하니까요.' 또 어떤 작가는 책이 나올 때마다 이전 책보다 낫기를 바란다고 말했어요.[2]

"끊임없이 더 잘하고 싶다는 욕구였죠." 레이시가 설명했다. "현실 안주와 정반대인 태도였어요. 하지만 부정적인 게 아니라 긍정적인 심리 상태였어요. 불만으로 뒤돌아보는 것이 아니라 앞을 바라보며 성장하기를 바라는 마음이었죠."

최고가 되고 싶다면
'의식적인 연습'을 하라

나는 면담 연구를 하는 동안 그릿에는 관심사에 쏟는 시간의 양뿐 아니라 질도 중요한지 궁금해졌다. 과제에 더 많은 시간은 물론 양질의 시간을 쏟아부어야 하는가?

나는 기술이 발달하는 과정을 다룬 자료를 전부 찾아서 읽기 시작했다. 그리고 얼마 후에 인지심리학자인 안데르스 에릭슨Anders Ericsson을 찾아갔다. 에릭슨은 전문가들이 세계적 수준의 기술을 습득하는 비결을 줄곧 연구해왔다. 그는 올림픽 출전 선수, 체스 그랜드마스터, 유명한 피아니스트, 프리마 발레리나, PGA 골프선수, 스크래블(철자가 적힌 조각들로 글자 만들기를 하는 보드 게임—옮긴이) 챔피언, 방사선 전문의 등 수많은 전문가를 조사했다.

에릭슨은 세계적인 전문가를 연구하는 세계적인 전문가라고 표현할 수 있다.[3]

다음 그래프는 에릭슨의 연구 결과를 요약한 것이다. 세계적으로 유명한 전문가들의 발전 과정을 추적해보면 예외 없이 오랜 세월 점진적으로 기술을 향상시켜왔다는 사실을 알게 된다. 기술이 향상될수록 발전 속도는 느려진다.[4] 이는 모든 사람에게 적용되는 사실로 밝혀졌다. 자기 분야에 대해 알아갈수록 하루하루 향상되는 폭은 경미해진다.

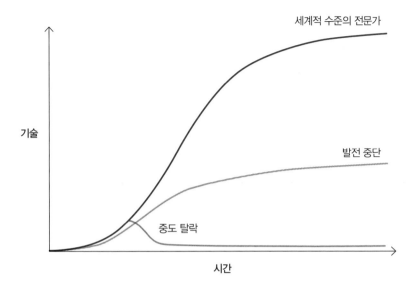

세계적 수준의 전문가

발전 중단

중도 탈락

기술

시간

 기술 발달 과정을 보여주는 학습 곡선에서 놀랄 만한 사실은 기술 발달에 매우 오랜 시간이 걸린다는 것이다. 에릭슨의 한 연구에서는 독일 음악원의 최우수 바이올리니스트들이 최고 수준의 전문 기량을 갖추기까지 10년간 약 1만 시간을 연습했다는 이야기가 나온다.[5] 반면에 그들보다 기량이 못한 학생들이 같은 기간에 연습한 총 시간은 그들의 절반 정도밖에 안 됐다.

 무용가 마사 그레이엄Martha Graham이 "원숙한 무용가가 되기까지 약 10년이 걸린다."[6]고 단언한 말이 단순한 우연은 아닌 듯하다. 1세기도 전에 전신원telegraph operator을 연구한 심리학자들은 모스 부호를 익히는 데 '수년간의 어려운 수습 기간'이 요구되기 때문에 매우 능숙한 수준에 도달하는 사람이 드물다고 했다. 그렇다면 몇 년이나 걸렸을까? 연구자들은 이렇게 결론 내렸다. "우리가 확보한 증거에 따르면 대단히 노련하게 전보를 보낼 수 있는 전신원이 되려면 10년이 걸린다."[7]

에릭슨의 논문 전체를 읽는다면 10년간 1만 시간의 연습은 대략적인 평균이라는 사실을 알게 될 것이다.[8] 그가 조사한 음악가 중에는 10년이 되기 전에 최고의 연주 실력에 도달한 이도 있었고, 10년 이상 걸린 이도 있었다. 하지만 '1만 시간의 법칙'과 '10년의 법칙'이 널리 입소문이 난 이유도 이해가 된다. 얼마나 오랜 시간이 필요한지 직감적으로 와 닿기 때문이다. 몇 시간, 몇십, 몇백 시간이 아니라 여러 해에 걸쳐 수천 시간 더하기 수천 시간의 연습이라는 실감이 나게 해주는 것이다.

하지만 에릭슨의 연구로 밝혀진 결정적 사실은 전문가들이 더 '오래' 연습한다는 것이 아니다. 그보다 더 중요한 것은 전문가들의 연습은 '다르다'는 점이다. 우리 대부분과 달리 전문가들은 에릭슨이 말하는 '의식적인 연습'deliberate practice을 수천, 수만 시간 동안 한다.

연습이 그렇게 중요하다면 경험이 항상 탁월한 기술로 이어지지 않는 이유를 에릭슨이 대답해줄 수 있지 않을까? 나는 내 경험을 예로 들어 질문했다.

"에릭슨 교수님, 저는 열여덟 살 때부터 매일 한 시간씩 조깅을 해왔습니다. 그런데 이전보다 1초도 빨라지지 않았어요. 수천 시간을 뛰었는데도 올림픽 출전과는 거리가 먼 것 같은데요."

"그거 흥미롭네요. 몇 가지 물어봐도 되겠습니까?" 그가 대답했다.

"물론입니다."

"교수님에게는 훈련을 하는 구체적인 목표가 있습니까?"

"건강을 위해서겠죠? 청바지를 예쁘게 입고 싶다는 생각도 있고요."

"그렇군요. 하지만 달리기를 할 때 어느 정도 속도를 유지하겠다는 목표가 있나요? 아니면 목표를 세운 거리는요? 그러니까 구체적으로 향상시키고 싶은 부분이 있나요?"

"음…… 아니요, 없는 것 같네요."

이번에는 그가 달리는 동안에 무슨 생각을 하는지 물었다.

"라디오를 들어요. 그날 끝내야 할 일을 생각할 때도 있고요. 저녁식사로 무엇을 준비할까, 그런 생각도 하죠."

그러자 에릭슨은 내가 조깅 기록을 체계적으로 기록해왔는지 물었다. 속도, 거리, 조깅 후 심박동수 또는 조깅과 전력 질주를 교대한 간격 등 아무것도 메모한 적이 없었다. 내가 그런 것들이 왜 필요했겠는가? 코스도 적지 않았다. 매번 지난번과 같은 코스를 달렸기 때문이다.

"코치도 없겠네요?"

나는 민망해져 그냥 웃었다.

"아!" 그가 만족스러운 듯이 말했다. "알겠어요. 의식적인 연습을 하지 않기 때문에 발전이 없는 거예요."[9]

그렇다면 '의식적인 연습' 즉 전문가들의 연습 방법은 무엇이 어떻게 다른 걸까? 전문가들의 연습 방법은 다음과 같다.

첫째, 그들은 도전적인 목표를 설정하고 전체 기술 중에 아주 일부분에 집중한다. 그들은 이미 잘하는 부분에 집중하기보다 뚜렷한 약점을 개선하려고 노력한다. 그들은 의도적으로 아직 도달하지 못한 난도의 과제에 도전한다.[10] 올림픽 수영 금메달리스트인 로디 게인스는 이렇게 설명했다. "연습 때마다 내 기록을 깨려고 노력했습니다. 코치님이 100미터를 1분 15초에 주파하는 연습을 10번 하라고 주문하면 다음 날 연습할 때는 1분 14초에 주파하려고 했습니다."[11] 100미터를 1분 15초에 주파하면 다음에는 1분 14초, 그다음에는 1분 13초로 계속 기록을 향상시키려고 노력했다는 뜻이다. 바이올린의 거장인 로베르토 디아스Roberto Diaz는 이렇게 말했다. "아킬레스건, 즉 문제 해결이 필요한 특정 연주 부분을 찾아내려고 노력했습니다."[12]

전문가들은 도전적 목표를 설정한 뒤에는 그 목표에 도달하기 위해 온전히 집중하고 비상한 노력을 기울인다. 흥미롭게도 많은 이들이 아무도 보지 않을 때 연습하기를 원한다. 위대한 농구 선수인 케빈 듀랜트Kevin Durant는 "혼자 동작을 연습하고 그 동작 하나하나를 세밀히 개선하는 데 연습 시간의 70퍼센트 정도를 쓰는 것 같아요."라고 말했다.[13] 마찬가지로 음악가가 혼자 연습하는 데 할애한 시간은 다른 음악가와 함께 연습한 시간보다 그들의 발전 속도를 훨씬 잘 예측해주는 변인이다.

전문가들은 가능한 한 빨리 자신의 수행에 대한 피드백을 받고 싶어한다. 물론 그 피드백에는 부정적인 내용이 많다. 그들은 자신이 잘한 부분보다 앞으로 고쳐나가야 할 틀린 부분에 더 관심이 많은 것이다. 피드백을 적극적으로 수용하는 자세는 즉각적인 피드백만큼이나 매우 중요하다.

울리크 크리스텐센Ulrik Christensen은 그 교훈을 이렇게 배웠다. 의사에서 기업가로 변신한 그는 의식적인 연습의 원리에 입각해 어댑티브 러닝 소프트웨어adaptive learning software를 개발했다. 그의 초반 프로젝트 중에는 뇌졸중이나 심근경색 같은 복잡한 심장 계통의 응급 상태에 적절히 대처하도록 의사들을 교육시키는 가상현실 게임이 있었다. 어느 날 교육 도중에 아무리 해도 게임을 못 마칠 것 같은 의사와 단둘이 남게 됐다.

"이해가 안 되더라고요." 크리스텐센이 말했다. "그 의사는 멍청한 사람도 아닌데 무엇을 잘못했는지 자세히 피드백을 줘도 몇 시간째 정답을 찾지 못했어요. 다른 사람들은 모두 돌아가고 우리 둘만 남았죠."[14] 몹시 짜증이 난 크리스텐센은 다시 피드백을 받는 단계로 넘어가기 직전에 그를 저지했다. "타임아웃!" 크리스텐센이 소리쳤다. "좀 전에 환자에게 실시했던 처치 중에서 미심쩍은 부분이 있었습니까? 새로운 지침에 따랐는지 확실치 않은 처치가 있었나요?"

의사는 잠시 생각하더니 자신이 확신하는 결정부터 열거한 뒤에 불확실하게 내렸던 결정 몇 가지를 꼽았다. 그는 자신이 아는 내용과 모르는 내용을 잠시 숙고했다.

크리스텐센은 고개를 끄덕이며 듣다가 말을 끝낸 의사에게 앞서 10여 차례 제시한 똑같은 피드백이 쓰인 모니터를 보여줬다. 다음번에 의사는 정확히 절차에 따랐다.

피드백을 받은 다음에는 어떻게 하는가?

전문가들은 처음부터 다시 반복, 또 반복한다. 처음에 설정했던 목표를 마침내 완벽히 달성할 때까지, 이전에는 고전했던 부분을 나무랄 데 없이 능숙하게 해낼 때까지, 신경 쓰였던 기술 부족이 무의식적인 자신감으로 바뀔 때까지 반복한다.

크리스텐센은 그 의사에게 자신이 무엇을 하고 있는지 잠시 생각할 시간을 준 뒤에 그가 아무런 실수 없이 절차대로 할 때까지 계속 연습시켰다. 그가 네 번 연속으로 완벽하게 절차를 따른 후에야 크리스텐센이 말했다. "잘했어요. 오늘은 여기까지 합시다."

그다음은…… 무엇인가? 도전적인 목표에 도달한 다음에는 무엇이 남는가?

전문가들은 새로운 도전적 목표를 놓고 전 과정을 다시 시작한다. 그렇게 하나씩 개선시킨 부분들이 모여서 전체적으로 숙달된 눈부신 기량이 나온다.

의식적인 연습은 모든 분야에 적용될 수 있을까?

의식적인 연습에 관한 연구는 먼저 체스 선수를 대상으로 시작했다가,[15] 이어서 음악가와 운동선수로 범위를 넓혀 실시됐다. 그렇다면 체스선수나 음악가, 운동선수가 아닌 사람은 의식적인 연습의 일반 원리가 자신에게도 적용되는지 궁금할 것이다.

나는 주저하지 않고 그렇다고 말할 수 있다. 아무리 복잡하고 창의적인 인간의 능력이라 해도 부분적인 기술들로 나눌 수 있고 각각의 기술을 연습, 또 연습할 수 있다.

벤저민 프랭클린Benjamin Franklin도 의식적인 연습을 통해 글이 좋아졌다고 말한다. 그의 자서전에 의하면 프랭클린은 제일 좋아했던 잡지인 《스펙테이터》Spectator에서 최고로 잘 쓴 글들을 모아 두었다고 한다. 그는 그 글들을 메모해가며 읽고 또 읽은 다음에 원문을 서랍에 넣고는 다시 써보았다. "그리고 내가 쓴 글과 원문을 비교해서 잘못 쓴 부분을 찾아내고 정정했다."[16] 에릭슨이 조사한 현대의 전문가들처럼 프랭클린도 구체적 약점들에 초점을 맞추고 끈질기게 반복 연습했다. 예를 들어 프랭클린은 논리적 주장을 펼치는 능력을 향상시키기 위해 글을 읽으면서 메모한 쪽지를 뒤섞고 뜻이 통하도록 순서대로 배열하는 연습을 했다. "이는 사고의 전개 방식을 배우기 위해서였다." 또한 언어 구사력을 높이기 위해 산문을 운문으로, 운문을 산문으로 옮기는 연습도 반복했다.

프랭클린의 재치 있는 명언들을 생각하면 그가 처음부터 '타고난' 작가가 아니었다는 사실이 믿기지 않는다. 프랭클린의 말로 이 문제를 마무리 짓는 것이 좋겠다. "노력 없이 얻어지는 결실은 없다."[17]

하지만 당신이 작가가 아니라면 어떻게 해야 되는가?

만약 당신이 사업을 하고 있다면 현대 경영학의 스승인 피터 드러커Peter Drucker의 말에 귀를 기울여보라. 평생 최고경영자들에게 조언을 해줬던 그는 이렇게 말했다. "효율적 경영이 요구하는 것들은 아주 간단하다. 약간의 연습을 거치면 된다."[18]

만약 당신이 외과의사라면 아툴 가완디Atul Gawande의 말을 숙고해보라. "사람들은 보통 외과의사가 되려면 당연히 수술 솜씨를 타고나야 할 거라고 짐작하지만 그렇지 않다." 가완디는 가장 중요한 것은 "어려운 수술 절차를 몇 년씩 밤낮으로 연습하는 노력"이라고 말했다.[19]

물속에서 17분간 숨을 참아 세계신기록을 수립한 마술사 데이비드 블레인David Blaine처럼 세계기록을 경신하고 싶다면 그의 TED 강연을 찾아보라. 어떤 생리 기능도 통제할 수 있는 그가 강연 마지막 부분에서 감정에 북받쳐 흐느낀다. "저는 마술사로서 사람들이 불가능하다고 생각하는 마술을 보여주려고 노력합니다. 숨을 참는 일이든 카드를 섞는 일이든 마술은 아주 간단합니다. 연습과 훈련과 (흐느낌) 실험을 통해 (다시 흐느낌) 고통을 참으며 할 수 있는 한 최선을 다하면 됩니다. 마술은 제게 그런 것입니다."[20]

에릭슨과 나는 서로를 어느 정도 알게 된 후에 정확히 어떻게 투지가 강한 아이들이 내셔널 스펠링 비에서 좋은 성적을 거두는지 함께 연구해 보기로 했다.

나는 투지가 강한 참가자들이 투지가 약한 경쟁자들보다 연습을 더 많이 하고 성적도 좋다는 사실을 이미 알고 있었다. 하지만 의식적인 연습이 이런 기술의 향상을 가져온다거나, 투지가 참가자들이 연습을 더 하게 만드는 원인인지는 확인하지 못했다.

우리는 스펠링 비 결선 진출자들이 대회를 앞두고 어떤 준비를 하는지 에릭슨의 지도 학생들을 동원해 면담하기 시작했다. 동시에 이 주제를 다룬 책들을 자세히 읽어나갔다. 거기에는 스펠링 비 전국 사무국장인 페이지 킴블의 책《스펠링 비 챔피언처럼 철자 맞히기》How to Spell Like a Champ도 포함되어 있었다.[21]

우리는 스펠링 비 참가 경험이 많은 학생들과 그들의 부모, 코치들이 기본적으로 세 가지 활동을 추천한다는 사실을 알게 됐다. 첫째는 독서와 스크래블 같은 낱말 게임, 둘째는 다른 사람이나 컴퓨터 프로그램의 도움을 받아서 푸는 단어 퀴즈, 셋째는 사전에 나오는 새 단어의 암기, 단어장에 적은 철자의 복습, 라틴어나 그리스어 어원의 암기 등 다른 사람의 도움 없이 혼자서 하는 연습이었다. 의식적인 연습의 기준에 부합하는 활동은 세 번째 범주뿐이었다.

우리는 결선이 열리기 몇 개월 전에 참가자들에게 설문지를 발송했다. 그리고 그릿 척도 외에 철자 연습을 위해 어떤 활동을 1주일에 몇 시간씩 하는지 기록해달라고 요청했다. 또한 그 활동들을 할 때 얼마나 즐거움을 느끼고 어느 정도 노력했는지 점수를 매겨달라고 부탁했다.

그해 5월 ESPN에서 결선이 방송되던 날, 에릭슨과 나는 그 방송을 끝까지 지켜봤다.

우승 트로피를 거머쥔 사람은 열세 살의 여학생인 케리 클로스Kerry Close였다. 클로스는 이번 대회까지 다섯 번 연속으로 참가했고, 우리 연구에서 확보한 기록에 따르면 이번 결선에 대비해 적어도 총 3,000시간 동안 철자 연습을 한 것으로 추산됐다. 우승을 확정지은 마지막 단어에서 그녀는 미소를 지으며 자신 있게 마이크에 대고 또박또박 철자를 불렀다. "Ursprache. U-R-S-P-R-A-C-H-E. Ursprache."

"이번이 마지막 대회이기 때문에 작년에는 최대한 열심히 공부했어요. 정말 열심히 했어요."[22] 클로스는 자신의 준비 과정을 취재해온 기자에게 이렇게 말했다. "자주 나오는 단어들은 물론 잘 알려지지 않은 단어들 중에서 출제될 가능성이 있는 것들도 공부하려고 노력해요." 그 전해부터 클로스를 관찰해오던 기자도 같은 말을 했다. "클로스는 혼자 단어 공부를 많이 해요. 철자 참고서도 여러 권 보고, 책을 읽다가 흥미로운 단어가 나오면 단어장에 써두고, 사전도 열심히 뒤지죠."

자료를 분석한 우리는 우선 그 전해의 내 연구 결과가 사실임을 확인했다. 투지가 강한 참가자들은 투지가 약한 참가자들보다 연습을 많이 했다. 하지만 가장 놀라운 사실은 연습 유형이 대단히 중요하다는 것이었다. 다른 어떤 종류의 연습보다 의식적인 연습이 결선에서 몇 라운드까지 진출할지를 분명히 예측해줬다.[23]

나는 이 결과를 부모와 학생들에게 알려주면서 퀴즈 풀기가 여러모로 학습에 도움이 된다는 말도 서둘러 덧붙였다.[24] 본인은 안다고 생각하지만 사실 아직 완전히 습득하지 못한 단어들을 알려준다는 것이 퀴즈의 이점 중에 하나다. 실제로 우승자인 케리 클로스도 퀴즈를 풀면서 자신의 약점, 즉 특정 단어나 늘 철자를 틀리는 단어들의 유형을 파악하고 그것을 집중적으로 외웠다고 말했다. 퀴즈는 더욱 집중적이고 효율적인, 의식적인 연습에 필요한 준비 작업이었다고 할 수 있다.

취미로 하는 독서는 어땠을까? 의외로 효과가 없었다. 스펠링 비에 출전한 거의 모든 아이들이 언어에 관심이 있고 독서를 즐겼지만, 독서와 철자 맞히기 실력 간에는 어떤 관계도 발견되지 않았다.

———

기술을 향상시키는 정도로 연습의 효과를 판단한다면 의식적인 연습이 단연 으뜸이었다. 스펠링 비 출전자들은 출전 경험이 쌓일수록 그 사실을 분명히 깨닫는 듯했다. 해를 거듭할수록 그들은 의식적으로 연습하는 시간을 늘렸다. 이런 경향은 결선이 열리는 전달에 더욱 확연히 나타나서, 출전자들은 평균적으로 의식적인 연습에 1주일에 10시간씩 쏟아부었다.[25]

하지만 연습하는 도중의 '느낌'으로 판단한다면 결론이 달라질 수 있다.[26] 스펠링 비 결선 진출자들은 대체로 의식적인 연습을 다른 어떤 준비법보다 훨씬 더 노력이 필요하고 훨씬 덜 즐거운 방법으로 평가했다. 그에 반해서 재미로 하는 독서와 스크래블 같은 낱말 게임은 '좋아하는 음식 먹기'처럼 노력할 필요도 없고 즐거운 방법이라고 느꼈다.

표현이 약간 극적이기는 하지만 무용가 마사 그레이엄은 의식적인 연습이 어떤 느낌인지 직접적인 체험을 들어 생생히 묘사한다. "무용은 화려하고 쉽고 즐거워 보이죠. 하지만 그런 행복한 경지에 오르는 길은 다른 일과 마찬가지로 쉽지 않습니다. 극심한 피로로 자는 동안에도 몸이 쑤십니다. 때때로 완전히 좌절감에 빠지기도 하지요. 매일 초주검이 돼 요."[27]

모든 사람이 익숙하고 편한 영역 밖에서의 노력을 그렇게 극단적으로 표현하지는 않겠지만, 사람들이 의식적인 연습을 대단한 노력이 필요한 일로 여긴다는 것이 에릭슨의 대체적인 연구 결과다.[28] 에릭슨은 현재 수준을 능가하는 기술을 온전히 집중해서 연습하는 것이 고단한 일이라는 증거로, 현재 전성기를 맞은 전문가들조차 의식적인 연습을 한 번에 최대 한 시간, 중간에 휴식을 취하면서 하루에 총 세 시간에서 다섯 시간밖에 못 한다는 사실을 지적한다.

또한 많은 운동선수와 음악가들이 집중적으로 연습을 한 뒤에는 낮잠을 잔다. 이유가 무엇일까? 운동선수에게는 휴식과 회복 시간이 당연히 필요할 것이다. 하지만 운동선수가 아닌 사람도 거의 똑같은 말을 한다는 사실은 의식적인 연습이 몹시 힘든 이유가 신체적 스트레스만큼 큰 정신적 스트레스 때문임을 암시한다. 저드 애퍼타우Judd Apatow 감독은 영화를 만드는 과정을 이렇게 묘사한다. "매일이 실험의 연속입니다. 촬영하고도 쓰지 못할 장면이 나올까 봐 집중하게 됩니다. 이것을 쓸 수 있을까? 편집에 대비해서 한 번 더 찍어 둘까? 다시 찍어야 한다면 무엇을 바꾸지? 3개월 뒤에 이게 마음에 안 든다면 어떤 이유일까? 많은 생각을 하게 되죠. 그래서 집중하게 되고 쉽게 지칩니다……. 상당히 강도 높은 노동이죠."[29]

그래서 세계 정상급 선수나 공연가가 마침내 은퇴한 뒤로는 의식적인 연습을 이전과 똑같이 이어가지 못한다. 만약 연습 자체가 재미있고 즐

겁다면 은퇴 후에도 연습을 계속할 것이다.[30]

지독한 연습의
기쁨과 슬픔

에릭슨과 내가 공동 연구를 시작한 다음
해 여름방학에 미하이 칙센트미하이Mihaly Csikszentmihalyi가 내가 재직하는
대학의 객원 연구원으로 왔다. 칙센트미하이는 에릭슨만큼 저명한 심리
학자로 그 역시 평생 동안 전문가를 연구해왔다. 하지만 세계 정상급 전
문가에 대한 그들의 설명은 천지차이다.

칙센트미하이가 보기에 전문가의 특징은 완전한 집중으로 '몸이 저절
로 움직이는 듯한 느낌'에 이르는 몰입flow 을 경험한다는 것이다.[31] 몰입
은 고난도의 과제를 수행하고 있지만 '생각할 필요도 없이 수월하게 그냥
실행되는 듯한' 느낌이다.

한 오케스트라 지휘자는 칙센트미하이에게 이렇게 말했다.

자신이 존재하지 않는 것처럼 느껴질 정도로 황홀경에 빠집니다…
…. 내 손이 나와 별개로 움직이면서 지휘하고, 나와 상관없이 연주
가 이뤄지는 것만 같죠. 내가 경이로움으로 감탄하면서 보고 있는
가운데 (음악이) 저절로 흘러나오는 것 같아요.[32]

실력 있는 한 피겨스케이터는 몰입 상태를 이렇게 묘사한다.

프로그램 중의 하나를 연기하는데 그냥 착착 맞아떨어지는 거예요. 모든 동작이 정확했고 전부 만족스러웠어요……. 아주 매끄럽게 흘러가서 멈추지 않고 언제까지라도 계속할 수 있을 것 같은데 금방 프로그램이 끝난 느낌이었어요. 거의 생각할 필요도 없이 모든 동작이 자동으로 나왔어요.[33]

칙센트미하이는 전문가 수백 명에게서 이와 유사한 내용의 자기보고 자료를 수집했다. 그가 조사한 모든 분야의 전문가들이 이와 비슷한 최적의 경험optimal experience을 묘사했다.

에릭슨은 의식적인 연습이 몰입처럼 즐겁게 느껴질 가능성에 대해 회의적이다. 그는 이렇게 말한다. "숙련된 사람들은 수행 중에 가끔씩 (1990년 칙센트미하이에 의해 '몰입'으로 기술된) 매우 즐거운 상태를 경험할 수 있다. 하지만 이런 상태는 의식적인 연습과 양립할 수 없다."[34] 이유가 무엇인가? 연습은 신중하게 계획되는 반면에 몰입은 자연스럽게 이뤄지기 때문이다. 의식적인 연습은 현재의 기술보다 어려운 수준의 과제를 습득하라고 요구하지만, 몰입은 과제와 기술이 엇비슷할 때 주로 경험한다. 그리고 가장 중요한 이유는 의식적인 연습은 엄청난 노력이 필요하지만 몰입은 정의 자체가 '노력이 필요 없는 상태'를 가리키기 때문이다.

칙센트미하이는 그의 책에서 상반된 의견을 밝혔다. "재능의 발달에 대해 연구하는 이들은 복잡한 기술을 배우려면 1만 시간의 연습이 필요하다는 결론을 내렸다……. 그리고 그 연습은 매우 지루하고 불쾌할 수 있다고 말한다. 실제로 그런 경우가 비일비재하기는 하지만 그것은 결코 자명한 결론이 아니다."[35] 이어서 칙센트미하이는 개인사를 예로 들어 자신의 관점을 설명한다. 그가 헝가리에서 성장할 때 동네의 초등학교에는 '지식의 뿌리는 쓰지만 그 열매는 달다'라는 표지판이 정문 높이 걸려 있었다.[36] 그는 늘 이 말이 틀리다고 생각했다. "배움이 힘들다 해도 그것이 배울 가치가 있고, 완벽히 익힐 수 있으며, 자신을 표현해주고 원하는 바를 성취하게 해준다고 생각할 때는 배움이 쓰지 않다."[37]

그렇다면 누구의 말이 옳은가?

마치 운명처럼 칙센트미하이가 객원 연구원으로 온 해의 여름에 에릭슨도 우리 학교를 방문했다. 나는 약 80명의 교육자 앞에서 두 사람이 '열정과 세계 최상급 기량'을 주제로 토론하는 자리를 마련했다.[38]

그들이 강당 앞에 놓인 탁자에 앉았을 때 나는 두 사람이 거의 판박이라는 사실을 깨달았다. 둘 다 키가 크고 체격이 건장했다. 둘 다 유럽 태생으로 유럽인의 억양이 약간 있는데 왠지 그마저도 더 저명한 학자 같은 분위기를 풍겼다. 수염도 단정히 다듬었는데, 칙센트미하이의 수염만 하였지만 산타클로스 역할을 해줄 사람을 찾는다면 둘 중 누구라도 무방할 터였다.

토론회 당일 나는 약간 불안했다. 설령 내가 직접 개입되지 않았다 해도 나는 충돌이 싫은 사람이었다.

하지만 나중에 보니 불필요한 걱정이었다. 의식적인 연습의 지지자와 몰입의 지지자는 완벽한 신사처럼 행동했다. 모욕적인 말이 오가지도 않았다. 서로 무시하는 기색조차 없었다.

어깨를 맞대고 나란히 앉은 에릭슨과 칙센트미하이는 자기 차례가 오면 마이크를 받아들고 수십 년간 수행해온 각자의 연구를 요약해 들려주면서 완전히 상반된 관점을 피력했다. 한 사람이 이야기할 때 다른 한 사람은 골똘히 듣는 듯했다. 그리고 마이크를 넘겨받았다. 그렇게 90분이 지나갔다.

'전문가들은 고통받는가 아니면 황홀경을 경험하는가?' 나는 알고 싶었다.

이 난제를 해결해주기를 바랐던 토론회는 의식적인 연습과 몰입에 대한 발표를 연달아 듣는 자리처럼 되어버렸다.

토론회가 끝났을 때 나는 실망감을 느끼지 않을 수 없었다. 극적인 충돌을 구경하지 못해서가 아니라 해결책을 얻지 못했기 때문이다. 나는 여전히 내 질문에 대한 답을 얻지 못했다. 전문가는 과제를 수행하는 순간에 별다른 즐거움을 느끼지 못하면서 기량을 발휘하는가, 또는 수월하고 즐겁게 기량을 발휘하는가? 나는 김빠지는 정상회담을 지켜본 뒤로 몇 년 동안 그 쟁점에 관한 책들을 읽고 생각을 거듭했다. 한쪽 주장을 거부하고 한쪽만 수용해도 되겠다는 확신이 서지 않았기 때문에 결국 다른 자료들을 수집해보기로 했다. 나는 온라인상에서 그릿 척도 검사를 받았던 성인 수천 명에게 몰입을 평가하는 두 번째 설문지에도 응답해달라는 요청을 했다. 이 조사에 참여한 이들은 배우, 제빵사, 은행원, 이발사, 치과의사, 의사, 경찰관, 비서, 교사, 웨이터, 용접공 등 다양한 직업의 종사자들이었다.

나이, 직업을 불문하고 투지가 강한 성인은 몰입을 경험한 적이 더 많다고 보고했다. 다시 말해서 몰입과 그릿은 밀접한 관련이 있었다.[39]

나는 이 설문조사 결과와 내셔널 스펠링 비 결선 진출자들을 대상으로 한 연구 결과, 그리고 10여 년 동안 관련 연구 문헌들을 검토해온 결과를 종합해 다음과 같은 결론에 도달했다. 투지가 강한 사람은 의식적인 연습을 더 많이 하고 몰입도 더 많이 경험한다. 두 가지 이유로 이 결론에는 아무런 모순이 없다고 본다. 첫째, 의식적인 연습은 행동이지만 몰입은 경험이다. 안데르스 에릭슨은 전문가들의 행동을 이야기하는 반면에 미하이 칙센트미하이는 그들의 느낌을 이야기한다. 둘째, 의식적인 연습을 하는 동안 몰입을 같이 경험할 필요는 없다. 사실 대부분의 전문가들이 두 가지를 함께 경험하는 경우는 드물다고 생각한다.

이 문제를 정리하려면 더 많은 연구가 필요하므로 향후 몇 년 안에 에릭슨, 칙센트미하이와 함께 공동연구를 할 수 있기를 희망한다.

지금의 내 관점으로는, 힘들지만 의식적인 연습을 하게 만드는 주요 동기는 자신의 기술을 향상시키겠다는 의지다. 의식적인 연습에서는 100퍼센트 집중하며 현재 기술 수준을 넘어서는 난도의 과제를 의도적으로 설정한다. 연습을 시작하면서 설정한 이상적인 목표에 다가가기 위해 '문제 해결'의 자세로 실행해야 할 모든 요소들을 분석한다. 그리고 피드백을 받는데, 잘못 수행한 부분을 지적한 다수의 피드백을 활용해 수정하고 다시 시도한다.

반면에 몰입하는 동안의 지배적 동기는 완전히 다르다. 몰입 상태는 본질적으로 즐겁다. 사소한 기술의 일부가 향상됐는지 여부는 신경 쓰지 않는다. 또한 100퍼센트 집중하고 있지만 전혀 '문제 해결'의 자세로 임하는 것도 아니다. 무엇을 하고 있는지 분석하지 않고 그냥 한다. 피드백을 받지만 과제의 난도가 현재의 기술 수준과 엇비슷하기 때문에 그 내용은 아주 잘했다는 칭찬이다. 실제로도 그렇고 완전한 통제감을 느낀다. 물 흐르듯 흘러가는 느낌이고 시간 가는 줄도 모른다. 아무리 빠른 속도로 달리고 아무리 치열하게 생각하고 있어도 몰입 상태에서는 힘을 들이

지 않는 것처럼 느껴진다.

다시 말해 의식적인 연습은 준비 과정에서, 몰입은 실제 수행 중에 필요하다.

수영선수인 로디 게인스의 예를 다시 살펴보자.

게인스는 1984년 올림픽에서 우승하기 위해 지구력, 기교, 자신감, 판단력을 기르는 연습을 얼마나 했는지 표로 만들어본 적이 있다. 1984년까지 8년 동안 그가 50미터 길이의 수영장을 오가며 연습한 거리를 합치면 최소 3만 2,000킬로미터에 이른다. 물론 그 전과 후에 연습한 것까지 고려하면 총 거리는 더욱 늘어난다.

"49초면 끝나는 시합을 위해서 지구 둘레에 해당하는 거리를 수영했더라고요."[40] 그가 가볍게 웃으면서 말했다.

"그 거리를 수영하면서 즐거웠나요? 연습은 재밌었어요?" 내가 물었다.

"거짓말하지 않겠습니다." 그가 대답했다. "즐거운 마음으로 연습장에 간 적도 없고 연습하는 동안에도 정말로 즐겁지 않았어요. 사실 새벽 4시에서 4시 30분에 수영장으로 걸어갈 때나 가끔씩 통증이 가시지 않을 때는 '맙소사, 이럴 가치가 있는 일인가?'라고 생각했던 순간들도 있었습니다."

"그런데 왜 그만두지 않았나요?"

"이유는 아주 간단합니다." 게인스가 대답했다. "내가 수영을 사랑하기 때문이죠. 나는 경쟁에 열중했고 훈련 성과, 컨디션 유지, 우승, 원정경기, 동료들과의 만남 등 그 모두가 굉장히 좋았습니다. 연습을 싫어했지만 수영 전반에 대한 열정이 있었습니다."

올림픽 조정 금메달리스트인 마스 라스무센Mads Rasmussen도 연습을 하게 만드는 동기에 대해 비슷한 설명을 했다. "열심히 하는 거죠. 재미가 없을 때도 해야 할 일은 해야죠. 왜냐하면 결과를 달성하면 엄청 즐거우니까요. 마지막에 '아하!' 하는 즐거움, 그것 때문에 먼 길을 참고 가는 것입니다."[41]

도전 과제를 능가하는 기술 수준에 도달하겠다는 목표로 수년간 연습한 결과가 실전에서 이를 달성하는 몰입의 순간으로 이어진다는 견해는 세계 정상급 선수들이 너무나도 수월하게 기량을 발휘하는 것처럼 보이는 이유를 설명해준다. 예를 하나 들어보자. 18세의 수영선수인 케이티 러데키Katie Ledecky는 최근 1,500미터 자유형에서 자신이 세운 세계기록을 경신했다. 러시아 카잔에서 개최된 대회 예선전에서 역사적인 기록을 수립하는 믿을 수 없는 일이 벌어졌다. "솔직히 아주 쉽게 기록이 나왔습니다. 긴장도 전혀 안 됐습니다." 그녀가 기록 수립 후에 말했다. 하지만 러데키는 이것이 몰입 덕분이었다고 하지는 않았다. "기록 경신은 제가 쏟은 노력과 현재의 기량을 보여주는 증거입니다."[42]

러데키는 여섯 살 때부터 수영을 해왔다. 그녀는 연습 때마다 지독하게 노력한다는 평판을 얻었으며 때로는 도전의 난도를 높이기 위해 남자 수영선수와 연습하기도 했다. 러데키는 3년 전 800미터 자유형 종목에서 금메달을 땄을 때 시합 중에 순간적으로 멍해진 적이 있었다. 그녀는 시합 후에 이렇게 말했다. "수영에 대해서 사람들이 잘 모르는 점이 한 가지 있는데, 그것은 연습에 쏟아부은 노력이 대회에서 그대로 드러난다는 사실입니다."[43]

나 역시 몇 시간씩 노력을 쏟아부은 의식적인 연습이 노력이 필요 없는 몰입의 순간으로 이어지는 경험을 했다. 몇 년 전 줄리엣 블레이크 Juliet Blake라는 프로듀서가 전화해서 6분짜리 TED 강연을 해볼 의향이 있는지 물었다. "그럼요. 재미있겠네요!" 나는 바로 제안을 수락했다.

"좋습니다! 교수님이 준비를 끝내는 대로 영상 회의를 하면서 강연에 대한 피드백을 드리도록 하죠. 리허설이라고 생각하시면 됩니다."

흠, '피드백'이라고? 박수갈채가 아니라? 나는 좀 전보다는 천천히 대답했다. "그래야죠……. 좋은 생각이에요."

나는 강연 준비를 끝내고 약속한 날짜에 블레이크와 그녀의 상사인 크리스 앤더슨Chris Anderson TED 대표에게 영상을 연결했다. 나는 웹캠을 바라보며 정해진 시간 동안 강연을 했다. 그리고 칭찬이 쏟아지기를 기다렸다.

결과가 어땠을까? 만약 칭찬이 있었다면 내가 놓친 것이리라.

앤더슨은 칭찬 대신 우선 학술 용어가 너무 많아서 내용을 놓치게 된다고 평가했다. 그리고 사용하는 단어가 너무 어렵고 슬라이드가 지나치게 많은 반면에 분명하고 이해하기 쉬운 예는 부족하다고 했다. 그뿐 아니라 내가 어떻게 이 연구에 매달리게 됐는지, 교사에서 심리학자가 된 과정을 설명한 부분이 분명하지 않고 불만족스럽다고 했다. 블레이크도 같은 의견이었다. 그녀는 내 이야기에 긴장감이 전혀 없다는 평을 덧붙였다. 내 딴에는 재미있는 농담으로 강연을 시작했다고 생각했는데 말이다.

어이쿠! 그렇게 엉망이었다는 말인가? 블레이크와 앤더슨은 바쁜 사람들이라 한 번 더 코치를 받을 기회를 달라고 할 수는 없었다. 그래서 억지로 귀를 기울였다. 솔직히 화상 회의 직후에는 그들과 나 중에서 누가 그릿에 대해 훌륭하게 강연할 방법을 잘 알겠냐는 생각이 들었다. 하지만 얼마 안 가서 그들은 경험 많은 이야기꾼이고 나는 강연을 잘할 수 있도록 피드백을 받아야 할 과학자라는 사실을 깨달았다.

나는 강연 원고를 다시 쓴 뒤 가족들 앞에서 연습했고 더 많은 부정적 피드백을 받았다. "왜 계속 '음, 음' 소리를 내요?" 큰딸인 어맨다가 물었다. "맞아, 왜 그래요, 엄마?" 작은딸 루시도 맞장구를 쳤다. "그리고 엄마는 긴장하면 입술을 깨무는데 그렇게 하지 마요. 집중이 안 되니까요."

더 연습하고 더 다듬었다.

그리고 운명의 날이 다가왔다. 나는 원래 준비했던 것과 많이 달라진 강연을 했다. 원래 강연보다 나았다. 훨씬 나았다. 강연 영상을 찾아보면 내가 몰입한 모습이 보일 것이다. 하지만 그 강연 전에 내가 여러 차례 리허설 했던 영상을 찾아보라. 아니 말이 나온 김에 유튜브에서 누군가 노력하고 있지만 실수 연발인 연습 과정을 찍은 영상이 있나 한번 찾아보라. 아마 하나도 찾지 못할 것이다. 오랜 시간이 걸린 중간 과정을 보여주고 싶은 사람은 아무도 없기 때문이다. 사람들은 완성된 멋진 모습만 보여주고 싶어 한다.

나는 녹화를 끝낸 후에 나를 응원해주려고 청중석에 앉아 있던 남편과 시어머니에게 달려갔다. 말소리가 들릴 정도로 다가간 순간 내가 먼저 소리쳤다. "칭찬만 듬뿍 해줘요, 제발!" 그들은 내 부탁을 들어줬다.

얼마 전부터 나는 다양한 분야의 투지 있는 사람들과 그들의 코치에게 의식적인 연습을 할 때 어떤 느낌이 드는지 묻고 있다. 많은 사람들이 아직은 할 수 없는 일을 시도할 때 좌절감과 불편함, 심지어 고통을 느낀다는 마사 그레이엄의 말에 동의한다.

하지만 일부는 의식적인 연습이 먼 훗날뿐 아니라 연습하는 순간에도 매우 긍정적인 경험이 될 수 있다고 주장한다. 그들은 의식적인 연습을 묘사할 때 재미있다까지는 아니지만 괴롭다는 단어도 쓰지 않았다. 또한 정상급 선수와 예술가들은 의식적인 연습 대신 아무런 발전도, 생각도 없는 '시늉뿐인 연습'도 그 나름의 고통이 따를 수 있다고 지적한다.

나는 이런 결과를 어떻게 해석해야 할지 몰라 한동안 고심하다가, 에릭슨과 내가 내셔널 스펠링 비 결선 진출자들에게서 수집한 일지 자료를 다시 살펴보기로 했다. 그들은 의식적인 연습을 '많은 노력이 필요하며 즐겁지 않은 일'이라고 평가했다. 그러나 이런 평균적 결과와 함께 상당한 편차도 있었다는 사실이 기억났다. 즉 모든 출전자의 경험이 똑같지는 않았다.

나는 투지가 강한 출전자들이 의식적인 연습을 어떻게 경험했는지 살펴보았다. 투지가 강한 출전자들은 열정과 끈기가 약한 경쟁자들에 비해 의식적인 연습을 한 시간이 더 길었을 뿐 아니라 그 연습이 더 즐겁고 더 많은 노력이 필요했다고 평가했다. 그렇다. 투지가 강한 아이들은 다른 아이들보다 의식적인 연습을 할 때 더 열심히 했다고 보고한 동시에, 연습이 즐거웠다고 말했다.[44]

이런 결과를 어떻게 이해해야 할지 정확히 설명하기는 어렵다. 먼저 투지가 강한 아이들은 의식적인 연습에 더 많은 시간을 할애하고, 그러는 동안 자신의 노고에 대한 보상을 경험하면서 힘든 노력을 즐기게 됐을 가능성이 있다. '고통까지 사랑하도록 학습된다'는 설명이다. 또 한 가지는 투지가 강한 아이들이 원래 힘든 노력을 즐기기 때문에 더욱 노력하게 됐을 가능성이다. '도전을 즐기는 사람은 따로 있다'는 것이다.

어떤 설명이 정확하다고 말할 수는 없지만 두 설명 모두 어느 정도 일리가 있다. 제11장에서 알게 되겠지만 노력이 어떻게든 보상을 받을 때는 노력에 대한 주관적인 경험, 즉 열심히 할 때 느끼는 기분이 실제로 변할 수 있다. 이를 뒷받침할 확실한 과학적 증거들도 있다. 나도 딸들이 이전보다 노력을 즐기는 법을 배우는 모습을 지켜봤고 나 역시 그래왔다.

반면에 케이티 러데키의 코치인 브루스 게멀_{Bruce Gemmel}은 그녀가 항상 어려운 도전을 즐겼다고 전한다.

"케이티의 부모님이 그녀가 처음으로 수영 대회에 출전한 모습을 찍은 비디오 영상이 있어요." 게멀이 이야기했다. "여섯 살 때라 그냥 수영장 끝까지만 가는 시합이었죠. 케이티는 몇 번 스트로크(수영에서 팔로 물을 끌어당기는 동작—편집자)를 하고는 레인을 잡고, 또 몇 번 스트로크를 하고 레인을 잡더군요. 그리고 겨우 끝까지 가서 물 밖으로 나왔죠. 비디오를 찍고 있던 아빠가 '첫 시합에 대해 말해볼까? 어땠어?'라고 물어요. 그녀는 '좋았어!'라고 대답하죠. 그리고 몇 초 후에 '힘들었어!'라고 덧붙여요. 그러면서 입이 귀에 걸리도록 환하게 웃죠. 그 미소가 모든 것을 말해주더군요. 케이티는 어떤 연습을 하든 그런 태도로 임하거든요."[45]

게멀은 케이티가 이제껏 지도했던 어떤 선수보다 의식적인 연습을 자발적으로 많이 한다고 얘기했다. "케이티가 아주 취약한 종목, 그러니까 하위권 3위 안에 드는 종목을 연습한다고 합시다. 이후 케이티가 그 종목의 기량 향상을 위해 몰래 연습하는 모습이 종종 눈에 띌 거고, 얼마 뒤에는 최상위권에 올라 있을 겁니다. 어떤 종목을 시도하다가 실패하면 다시 해보라고 내가 구슬리고 애원해야 하는 선수들도 있는데 말입니다.”

의식적인 연습이 ‘신나는 일’이 될 수 있다면 노력이 필요 없는 몰입처럼 느껴질 수도 있을까?

나는 스펠링 비 우승자인 케리 클로스에게 의식적인 연습 도중에 몰입 상태를 경험한 적이 있는지 물어보았다. 그러자 “아뇨, 몰입 상태였다고 할 수 있을 때는 노력이 필요 없을 때뿐이었어요.”라는 대답이 돌아왔다. 동시에 그녀는 의식적인 연습은 그 나름대로 만족감을 준다고 했다. “공부하면서 아주 만족스러웠던 적이 몇 번 있는데 저 스스로 분량이 많은 과제를 몇 개로 쪼개서 전부 끝냈을 때도 그랬어요.”[46]

지금으로서는 의식적인 연습에서 노력이 필요 없는 몰입을 경험할 수 있는지 단언할 만큼 연구가 축적되진 않았다. 추측하건대 의식적인 연습도 매우 만족스러울 수 있지만 그것은 몰입이 주는 만족감과는 다르다. 즉, 다른 종류의 긍정적인 경험이라고 본다. 하나는 발전하고 있다는 흥분이고, 다른 하나는 최상의 기량을 발휘해냈다는 황홀감이다.

의식적인 연습을 100퍼센트 활용하는 법

훌륭한 코치, 멘토, 교사를 구하는 것 외에 어떻게 하면 의식적인 연습에서 최대의 결과를 얻어내고, 힘들게 연습한 사람만이 누릴 자격이 있는 몰입 상태를 더 경험할 수 있는가?

첫째, 과학적 원리를 이해한다.

의식적인 연습의 기본 요건들은 특별할 게 없다.[47]

- 명료하게 진술된 도전적 목표
- 완벽한 집중과 노력
- 즉각적이고 유용한 피드백
- 반성과 개선을 동반한 반복

하지만 대부분의 사람들이 이 네 가지를 갖춘 연습을 몇 시간이나 할까? 아마 의식적인 연습을 전혀 하지 않고 평생을 보내는 사람도 많을 것이다.

승부욕이 너무 강해서 탈진할 때까지 연습하는 사람들조차 의식적인 연습을 하지 않을지도 모른다. 예를 들어 일본 조정팀의 초청을 받은 올림픽 조정 금메달리스트인 마스 라스무센은 일본 선수들의 연습 시간을 보고 충격을 받았다. 그는 일본 선수들에게 탈진할 정도의 주먹구구식 연습이 목표가 되어서는 안 된다고 지적했다.[48] 그의 조언은 에릭슨의 연구에서 보여준 것처럼 심사숙고해서 목표를 정하고 하루 최대 몇 시간씩만 '양질의 훈련'을 하라는 것이었다.

줄리아드음대 교수인 수행심리학자performance psychologist, 노아 카게야마Noa Kageyama는 두 살 때부터 바이올린을 연주했지만 스물두 살이 될 때까지 의식적인 연습을 한 적이 없었다고 말한다.[49] 이유가 무엇일까? 동기가 부족하지는 않았다. 청년 노아는 네 명의 교사에게 레슨을 받느라 무려 세 도시를 오가기도 했다. 사실 문제는 노아가 제대로 된 방법을 몰랐다는 데 있었다. 그는 자신의 기술을 보다 효율적으로 향상시킬 과학적 연습 방법이 있다는 사실을 알게 된 직후부터 연습의 질과 실력 향상에 따른 만족감이 모두 급등했다. 현재 그는 이런 지식을 다른 음악가와 공유하는 데 주력하고 있다.

몇 년 전 당시 대학원에서 내 지도를 받고 있던 로런 에스크라이스-윙클러Lauren Eskreis-Winkler와 나는 아이들에게 의식적인 연습을 가르쳐보기로 했다. 우리는 만화와 이야기를 곁들인 학습 자료를 나눠주면서 의식적인 연습과 효율성이 낮은 학습 방법의 주요한 차이를 학생들이 스스로 학습하게 했다. 그리고 모든 영역의 전문가들이 애초의 재능과 상관없이 의식적인 연습을 통해 실력을 길렀다고 설명했다. 힘들지 않고 기량을 뽐내는 것처럼 보이는 유튜브의 많은 동영상 뒤에는 녹화되지 않아서 다른 사람들은 모르지만 몇 시간이고 도전하고 실수를 거듭하며 노력한 과정이 있다는 사실을 지적했다.[50] 또한 학생들이 아직 능력이 미치지 않는 일을 시도하다가 실패하고 목표를 달성할 다른 방법을 찾아가는 과정이 바로 전문가들이 연습하는 방식이라고 알려줬다. 우리는 학생들에게 좌절감을 느낀다고 해서 그게 반드시 잘못된 길로 가고 있다는 신호는 아니라는 점을 이해시켰다. 그와 반대로 배워가는 도중에는 다들 더 잘하고 싶다는 바람을 갖는다고 말했다.

그런 다음에는 이 수업 활동을 플라세보 통제 조건의 활동들과 비교했다.

우리는 연습과 성취에 대한 학생들의 사고방식을 바꿀 수 있다는 결과를 얻었다. 예를 들어 의식적인 연습을 배운 학생들은 다른 학생에게 공부를 잘하는 방법으로 어떤 조언을 해주겠느냐는 질문에 '약점에 집중하라.', '100퍼센트 집중하라.'는 충고를 더 많이 했다. 의식적인 연습 방법으로 수학 공부하기와, 소셜 미디어나 게임 사이트를 보며 놀기 중에서 선택하라고 했을 때 그들은 연습을 더 많이 선택했다. 마지막으로 반에

제8장

높은 목적의식을 가져라

열정의 원천이 되는 한 가지는 흥미다. 그리고 또 다른 원천은 목적 즉, 타인의 행복에 기여하겠다는 의도다. 투지가 강한 사람들의 성숙한 열정은 이 두 가지에 의해 결정된다.

어떤 사람에게는 목적이 우선이다. 그것이 내가 알렉스 스콧Alex Scott 같은 그릿의 전형을 이해할 수 있는 유일한 길이다. 스콧은 늘 아팠던 기억뿐이었다. 그녀는 한 살이 되던 해에 신경모세포종neuroblastoma이라는 진단을 받았다. 네 살 생일을 맞은 직후에 알렉스는 엄마에게 "병원에서 나가면 레모네이드 판매대를 갖고 싶어요."라고 말했다.[1] 그리고 실제로 판매대를 갖게 됐다. 그녀는 다섯 살이 되기도 전에 첫 레모네이드 판매대를 운영해 자신을 치료해준 의사들이 "나를 도와줬듯이 다른 아이들을 도울 수 있도록" 2,000달러를 모았다. 4년 뒤에 알렉스가 세상을 떠났을 때 그녀의 이야기에 감동받은 수많은 사람이 레모네이드 판매에 동참해 그녀의 이름으로 100만 달러 이상을 모금했다. 알렉스의 가족은 그녀의 뜻을 이어가기 위해 알렉스 레모네이드 판매대 재단Alex's Lemonade Stand Foundation을 설립했고 지금까지 1억 달러가 넘는 암 연구 기금을 모금했다.

스콧은 특별한 경우였다. 대부분의 사람은 먼저 자신이 좋아하는 일에 끌리고 나중에야 개인적인 관심사가 어떻게 타인에게 유익할 수 있는지 인식한다. 다시 말해 상대적으로 자기중심적인 관심에서 출발해 절제하며 연습하는 법을 배우고 마지막으로 타인중심other-centered의 목적으로 통합되는 순서가 일반적이다.

심리학자 벤저민 블룸은 이 세 단계 진행 과정에 처음으로 주목한 학자들 중 한 사람이었다.[2]

블룸은 30년 전 세계 정상급 운동선수, 예술가, 수학자, 과학자들과의 면담을 시작하면서 사람들이 어떻게 자기 분야에서 정상의 자리에 오르는지 어느 정도 알게 되리라고 예상했다. 하지만 그가 조사한 모든 분야에 적용되는 일반 학습 모형을 발견하게 되리라고는 예견하지 못했다. 성장 과정이나 훈련 같은 표면적인 차이에도 불구하고, 블룸의 연구 대상이었던 비범한 인물 모두가 세 단계를 확실히 거치며 발전해왔다. 우리는 관심을 다룬 제6장에서 블룸의 '초기' 단계를, 연습을 다룬 제7장에서 '중기' 단계를 논의했다. 이제 블룸의 모형에서 마지막이자 가장 긴 단계인 '후기'를 논의할 차례로, 블룸은 이 단계를 자기 일의 '더 큰 목적과 의미'[3]가 마침내 분명해지는 시기로 정의한다.

더 큰 목적을 위해
움직이는 사람들

그릿의 전형들과 대화하는 동안 그들은 모두 자신이 추구하는 일에 목적이 있다고 말했다. 그것은 단순한 의도보다 훨씬 깊이 있는 무언가를 의미했다. 그릿의 전형들은 단순히 목표 지향적이라기보다 그 목표가 특별한 성격을 띠고 있다.

내가 "좀 더 얘기해주시겠어요? 그게 무슨 뜻이죠?"라고 캐물으면 그들은 자신의 느낌을 정확히 표현할 말을 찾느라 더듬거리면서 진심 어린 답변을 들려주고는 했다. 그런데 그 답변에는 언제나 타인이 언급됐다. '자녀들', '고객', '내 학생' 등 특정한 타인이 언급될 때도 있었고, '이 나라', '스포츠', '과학', '사회'처럼 상당히 추상적인 타인이 언급될 때도 있었다. 어떤 대답이든 요지는 같았다. 자신의 노력이 궁극적으로는 타인에게 유익을 가져오기 때문에 밤낮을 가리지 않는 수고, 좌절과 실망, 고군분투, 희생, 이 모든 것들을 감수할 가치가 있다는 것이다.

목적 개념의 핵심은 우리가 하는 일이 자신 외의 사람들에게도 중요하다는 생각이다.

알렉스 스콧 같은 조숙한 이타주의자는 타인중심의 목적을 추구한 사람의 본보기로 쉽게 이해가 된다.

제6장에 소개됐던 그릿의 전형인 미술 운동가 제인 골든도 마찬가지다. 미술에 관심이 있었던 골든은 대학 졸업 후에 로스앤젤레스에서 벽화가로 활동했다. 골든은 20대 후반에 만성자가면역질환인 루푸스에 걸려서 오래 살지 못할 거라는 진단을 받았다. "너무 충격적인 소식이라서 인생을 완전히 다른 눈으로 보게 되었어요."[4] 그녀가 말했다. 골든은 급

성 증상이 완화됐을 때 처음에 진단받은 기간보다는 오래 살겠지만 만성 통증을 안고 살게 되리라는 사실을 깨달았다.

고향인 필라델피아로 돌아온 그녀는 시장실 산하 기관에서 작은 반反 그라피티 프로그램을 맡게 되었고, 그 후 30년 동안 소규모 프로그램을 세상에서 가장 큰 규모의 공공미술 프로그램으로 키워냈다.

현재 50대 후반인 골든은 지금도 아침 일찍부터 저녁 늦게까지 1주일에 6, 7일을 일한다. 한 동료는 그녀와 일하는 것을 선거 전날 선거사무소에서 근무하는 듯한 나날의 연속이라고 비유한다.[5] 골든에게는 그 시간들이 더 많은 벽화가 그려지고 벽화 프로그램이 성장한다는 의미이며 이는 곧 지역 주민들이 작품을 만들고 경험할 기회가 늘어난다는 뜻이다.

지금 루푸스는 어떠냐는 내 질문에 골든은 이제 통증은 동반자와 같다고 무덤덤하게 말했다. 한번은 기자에게 이렇게 말한 적도 있었다. "울었던 적도 많아요. 바위를 언덕으로 밀고 올라가는 것 같은 이 일을 더는 못하겠다는 생각도 종종 합니다. 하지만 자기 연민에 빠져 있어봐야 소용없으니까 다시 힘을 낼 방법을 찾죠."[6] 이유가 무엇일까? 자신의 일이 흥미로워서일까? 그러나 골든에게 관심과 흥미는 동기의 출발점일 뿐이다. "전부 봉사 정신으로 하는 일이죠." 그녀가 말했다. "그게 원동력이에요. 내게는 그게 도덕적 의무감이죠."[7] 그녀가 더욱 간단명료하게 말했다. "예술은 생명을 구해주니까요."

다른 그릿의 전형들이 가진 상위 목표도 골든만큼 두드러지지는 않지만 목적이 있다.

유명한 와인 평론가인 안토니오 갈로니Antonio Galloni는 내게 이렇게 말했다. "와인 평가는 내가 다른 사람에게도 열심히 알려주고 싶은 일입니다. 나는 식당에 들어갔을 때 모든 테이블에 멋진 와인 병이 놓인 광경을 보고 싶어요."[8]

갈로니는 '사람들의 미각을 일깨워주는 일'이 자신의 사명이라고 말한다. 그는 그럴 때 전구 하나가 반짝 켜지는 느낌인데 앞으로 '100만 개의 전구가 켜지기를' 원한다고 한다.[9]

식료품과 와인 파는 가게를 운영하는 부모님 밑에서 자란 덕분에 '아주 어릴 때부터 와인에 매료되었던' 갈로니에게는 관심이 먼저였지만 다른 사람을 돕고 싶다는 생각으로 그 열정이 훨씬 커졌다. "나는 뇌 전문 외과의사도 아니고 암을 치료해주는 의사도 아닙니다. 하지만 작게나마 세상을 더 나은 곳으로 만들고 있다고 생각합니다. 나는 매일 아침 그런 목적의식을 갖고 일어납니다."[10]

따라서 내 '그릿 사전'에서 목적은 '타인의 행복에 기여하려는 의도'를 뜻한다.[11]

그릿의 기초가 되는 동기, 이타성

나는 자기 일이 타인과 얼마나 깊은 관련이 있다고 생각하는지 그릿의 전형들로부터 반복적으로 이야기를 들어왔다. 나는 그 관련성을 자세히 분석해보기로 했다. 물론 목적이 중요하겠지만 다른 우선 사항들과 비교해서 얼마나 중요할까? 오로지 상위 목표에만 집중하는 행동은 대개 이타적이라기보다 이기적일 수 있다.

아리스토텔레스는 행복을 추구하는 데 적어도 두 가지 길이 있다는 사실을 가장 먼저 인식한 학자다. 그는 선한eu 내면의 정신daemon과 조화를 꾀하는 '에우다이모니아'eudaimonic가 행복에 이르는 한 가지 길이며, 긍정적이고 순간적이며 본질적으로 자기중심적 경험인 '헤도닉'hedonic이 다른 하나의 길이라고 했다. 아리스토텔레스는 헤도닉을 추구하는 삶은 원시적이고 천박하며 에우다이모니아를 추구하는 삶이 고귀하고 순수하다고 주장함으로써 어떤 삶을 지지하는지 분명하게 밝혔다.[12]

하지만 행복에 이르는 두 가지 길 모두가 실은 진화와 뿌리 깊은 관계가 있다.

인간이 한편으로 쾌락을 추구하는 데는 쾌락을 안겨주는 것들이 대체로 우리의 생존 가능성을 높여주기 때문이다. 예를 들어 우리 조상들에게 음식과 성에 대한 욕망이 없었다면 오래 살지도, 많은 자손을 남기지도 못했을 것이다. 우리 모두가 어느 정도는 프로이트Freud의 주장처럼 '쾌락 원칙'pleasure principle에 따라 움직인다.[13]

그런 한편으로 인간은 의미와 목적을 추구하도록 진화했다.[14] 우리는 근본적으로 사회적인 존재다. 다른 사람과 관계를 맺고 그들을 도와주려는 욕구가 생존율 또한 높여준다. 협동하는 사람들이 외톨이보다 살아남을 가능성이 높기 때문이다. 사회는 개인들 간의 안정적 관계에 의존하며 여러 방식으로 우리를 먹여 살리고 자연과 적으로부터 지켜준다. 관계 욕구는 쾌락만큼이나 기본적인 인간의 욕구다.

우리 모두가 어느 정도는 헤도닉과 에우다이모니아 둘 다를 추구하도록 타고났다. 하지만 두 가지 행복 중 어느 것을 더 중시하는가는 사람마다 다를 수 있다. 쾌락보다 목적을 훨씬 중시하는 사람도 있고 그 반대인 사람도 있다.[15]

나는 그릿의 기초가 되는 동기들을 조사하기 위해서 미국 성인 1만 6,000명을 모집해 그릿 척도 검사를 요청했다. 문항이 꽤 많은 추가 설문지 작성도 부탁했는데, 그중 일부는 "내가 하는 일은 사회에 중요하다."와 같은 목적을 묻는 문항이었다. 연구 참여자들은 그 문항들을 읽고 각 문항에 해당되는 정도를 표시했다. "내게 좋은 삶이란 즐겁게 사는 것이다."처럼 쾌락의 중요성을 묻는 여섯 문항에도 같은 식으로 응답했다. 우리는 목적지향성과 쾌락지향성 문항에 대한 응답들을 1부터 5까지 점수를 매겼다.

아래 표는 이 대표본 조사의 자료를 토대로 한 것이다. 보다시피 그릿이 높은 사람들은 수도승도 쾌락주의자도 아니다. 그들이 쾌락을 추구하는 정도는 다른 사람들과 비슷하다.

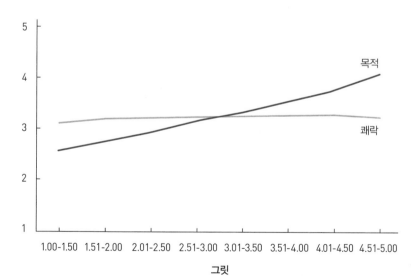

그릿이 얼마나 있든 그것과 상관없이 사람들은 쾌락을 적당히 중시한다. 반면에 그릿이 높은 사람들은 의미 있고 타인중심적 삶을 추구하는 동기가 다른 사람들보다 대단히 강한 것으로 나타나 뚜렷한 대조를 보인다. 목적지향성 점수가 높을수록 그릿 점수도 높은 정적 상관관계를 보인다.

이는 그릿의 전형들은 모두 성인이라는 말이 아니라, 그릿이 높은 사람은 대부분 자신의 궁극적 목적이 자신보다 큰 세계와 밀접히 관련되어 있다고 생각한다는 의미다.

여기서 내가 주장하려는 바는 대부분의 사람에게 목적은 대단히 강한 동기의 원천이라는 사실이다. 예외도 있겠지만 그것이 드물다는 사실은 이런 규칙이 성립한다는 증거다.

그렇다면 내가 놓친 점은 무엇인가?

내 표본에 테러리스트나 연쇄살인범이 포함되지는 않았을 것이다. 폭군이나 마피아 보스를 면담하지 않은 것도 사실이다. 그릿의 전형들 중에서 전적으로 이기적인 목표나 더 나쁘게는 타인을 해치려는 목표를 가진 이들을 간과했다는 지적이 나올 수도 있다.

그런 지적에 대해 나도 부분적으로 인정한다. 이론적으로는 염세적이고 잘못된 인식을 가진 그릿의 전형도 있을 수 있다. 예컨대 이오시프 스탈린Joseph Stalin과 아돌프 히틀러Adolf Hitler는 틀림없이 투지가 강했을 것이다. 그러나 그들은 목적 개념이 왜곡될 수 있다는 증거이기도 하다. 얼마나 많은 무고한 사람들이 타인의 행복에 기여한다는 목표를 내세운 선동 정치가의 손에 죽어갔던가?

다시 말해서 정말로 긍정적이고 이타적인 목적은 그릿의 절대적 필요조건이 아니다. 또한 투지가 넘치는 악당도 있다고 인정하지 않을 수 없다.

하지만 나는 내가 수집한 설문조사 자료와 그릿의 전형들이 직접 말해 준 내용들을 대체로 믿는다. 따라서 장기간 열정을 유지하기 위해서는 관심도 매우 중요하지만 타인과 관계를 맺고 그들을 돕고 싶은 욕구 또한 대단히 중요하다고 본다.

당신 인생에서 최고의 순간들, 즉 난관에 부딪치고 그에 맞서서 헤쳐 나갈 수 없을 것만 같았던 위기를 잘 이겨냈을 때를 잠시 돌이켜 보라. 추측하건대 그때 달성한 목표는 어떤 방식이나 형태, 유형으로든 타인의 유익과 관련돼 있었을 것이다.

생업과 직업, 그리고 천직

세상에 바로 영향을 미치는 상위 목표를 갖고 있어서 자신이 하는 모든 일을 (사소하고 지루한 것을 포함하여) 중요하게 여기는 사람들은 참으로 행운아다. 벽돌공에 관한 다음 우화를 생각해보자.

세 벽돌공에게 물었다. "무엇을 하고 있습니까?"

첫 번째 벽돌공이 대답했다. "벽돌을 쌓고 있습니다."

두 번째 벽돌공이 대답했다. "교회를 짓고 있습니다."

마지막으로 세 번째 벽돌공이 이렇게 대답했다. "하느님의 성전을 짓고 있습니다."

첫 번째 벽돌공은 생업을 갖고 있다. 두 번째 벽돌공은 직업을 그리고 세 번째 벽돌공은 천직을 갖고 있다.

많은 사람이 세 번째 벽돌공 같기를 원하지만 실제로는 첫 번째나 두 번째 벽돌공과 같다고 인정할 것이다.

예일대학교 경영대학원의 에이미 브제스니예프스키Amy Wrzesniewski 교수에 따르면, 사람들은 자신이 어떤 벽돌공과 같은지 분명하게 알고 있었다.[16] 자신이 생업, 직업, 천직을 갖고 있다고 밝힌 근로자의 수는 거의 같았다.

- 생업("내 직장은 숨을 쉬거나 잠을 자는 것처럼 인생에서 불가피한 일이라고 생각합니다.")
- 직업("지금 직장은 기본적으로 다른 직장으로 가기 위한 징검다리라고 봅니다.")
- 천직("내 일은 인생에서 매우 중요한 것 중 하나입니다.")

내가 브제스니예프스키의 방식을 사용해 조사했을 때도 자기 직업을 천직으로 여기는 근로자가 절반이 못 됐다.[17] 당연히 자기 일을 천직이라고 생각하는 사람들이 '생업'이나 '직업'으로 생각하는 사람들보다 투지가 강하다.

자신의 일을 천직이라고 생각하는 행운아들은 "내 일이 세상을 더 나은 곳으로 만들어준다."고 단언한다. 그리고 그들은 자기 직업과 전반적 삶에 대한 만족도가 가장 높은 듯 보인다. 한 연구에 따르면 자기 일을 천직으로 느끼는 성인은 생업이나 직업으로 보는 사람들보다 결근 일수가 최소 3일이 적었다.[18]

구성원의 80퍼센트가 대학 졸업자이지만 평균 연봉이 2만 5,000달러에 불과한 직종인 동물원 사육사 982명을 대상으로 실시했던 최근 설문 조사에서도 유사한 결과가 나왔다. 자기 일을 천직으로 여기는 사육사들 은("동물을 돌보는 일이 내 천직처럼 느껴진다.") 강한 목적의식도 함께 피력 했다("내가 하는 일이 세상을 더 나은 곳으로 만들어준다.").[19] 또한 이들은 수 당 없이 초과 근무를 해가며 아픈 동물을 돌봐줄 용의가 있다고 답한 비 율이 높았다. 도덕적 의무감("나는 맡은 동물들을 최선을 다해 돌볼 도덕적 의무가 있다.")을 표현한 것도 사육사를 천직으로 여기는 이들이었다.

당연한 이야기지만 생계를 꾸려가는 것 외에는 큰 직업적 욕심이 없다 고 해서 그게 '잘못'은 아니다. 하지만 우리 대부분은 그 이상을 동경한 다. 이는 1970년대에 언론인 스터즈 터클Studs Terkel이 온갖 직종에 종사 하는 성인 100명 이상을 인터뷰하고 내렸던 결론이기도 하다.

터클은 인터뷰 대상자 중에서 자기 일을 천직으로 여기는 사람이 소수 에 불과하다는 놀랄 것 없는 사실을 알게 됐다. 하지만 그들이 천직을 원 하지 않아서가 아니었다. 터클은 우리 모두가 '하루하루의 빵뿐 아니라 하루하루의 의미를…… 월요일부터 금요일까지 죽어가는 것이 아니라 살아 있는 삶을' 바란다고 말했다.[20]

깨어 있는 시간의 대부분을 목적 없는 일에 허비하는 절망감은 스물여 덟 살의 노라 왓슨Nora Watson의 이야기에서 생생히 드러난다. 그녀는 건 강관리 정보 책자를 발행하는 기관의 전속 작가다. "우리 대부분은 생업 이 아니라 천직을 기대합니다." 그녀가 터클에게 말했다. "집으로 일감을 싸가고 싶을 정도로 의미 있는 직장만큼 제가 갖고 싶은 것도 없을 거예 요." 그런데 그녀는 제대로 일하는 건 하루에 두 시간 정도이고 나머지 시간에는 일하는 척만 한다고 시인했다. "그 망할 건물에서 책상을 문이 아닌 창문 쪽으로 놓은 사람은 저밖에 없을 거예요. 제가 등을 돌릴 수 있는 것은 그것밖에 없으니까요."

"다만 제 자신을 잃지 않으려고 애쓰고 있을 뿐 지금 일이 천직은 아닙니다."[21] 인터뷰가 끝나갈 때 노라가 말했다. "하지만 온전히 나 자신으로 살라고 돈을 줄 곳은 없으니까 임시로 여기에 몸담고 있는 거죠……."

터클은 조사를 하는 동안 '매일의 일에서 재미를 느끼는 행복한 소수'를 만나기도 했다.[22] 외부인의 관점으로는 천직을 가진 사람들이 노라보다 더 큰 목적에 이바지하는 일에 종사하는 것도 아니었다. 한 사람은 석공이었고 또 한 사람은 제본 기술자였다. 58세의 청소부 로이 슈미트 Roy Schmidt는 터클에게 자기 일은 고단하고 더럽고 위험하다고 말했다. 사람들이 그의 이전 직장이었던 사무직을 포함해 대부분의 직업을 더 근사하게 생각하리라는 사실도 알고 있었다. 그럼에도 그는 "나는 내 직업을 전혀 하찮게 여기지 않습니다. 사회에 의미 있는 일이니까요."라고 말했다.[23]

로이는 노라와 대조되는 이야기로 인터뷰를 끝냈다. "예전에 한 의사에게 이런 이야기를 들었어요. 옛날 프랑스에서는 왕의 마음에 들지 않는 사람에게 파리의 거리를 청소하는 가장 미천한 일을 시켰답니다. 당시 파리의 거리는 아주 더러웠죠. 그런데 귀족 하나가 큰 실수를 하는 바람에 벌로 그 일을 맡게 되었는데, 그가 너무 잘해낸 겁니다. 프랑스 왕국에서 가장 고약한 일이었지만 그는 청소를 잘해낸 덕에 큰 칭찬을 받았습니다. 청소가 뭔가 의미 있는 일이라는 이야기를 그때 처음 들었죠."

천직은 어느 날 갑자기
찾아오지 않는다

벽돌공의 우화에서 세 남자는 같은 직업을 가졌지만 스스로 자기 일을 바라보는 주관적 경험은 천지차이였다.

앞서 설명한 에이미 브제스니예프스키의 연구 역시 천직이 공식적인 직무 설명서와는 거의 관련이 없다는 사실을 암시한다. 사실 그녀는 어떤 직업도 생업에서 직업, 천직이 될 수 있다고 믿는다. 그녀는 비서들을 조사하면서[24] 그 일을 천직으로 여기는 사람이 절반이 안 될 거라고 예상했다. 하지만 자료를 취합해보니 각각 생업, 직업, 천직을 갖고 있다고 생각하는 비서들의 비율이 다른 표본과 거의 같았다.

에이미는 생업인 일과 직업이나 천직인 일이 따로 있는 것은 아니라고 결론짓는다. 그보다는 일을 하는 당사자가 다음 벽돌을 놓으면서 어쩔 수 없이 해야 하는 일로 생각하는지 또는 개인적 성공을 가져오거나 자신보다 큰 목적과 연관된 일로 보는지와 같이 본인의 믿음이 중요하다고 말한다.

내 생각도 같다. 자기 일을 바라보는 시각이 직함보다 중요하다. 일자리를 바꾸지 않더라도 생업에서 직업, 나아가 천직이 될 수 있다는 의미다.

"조언을 구하는 사람들에게는 뭐라고 해주나요?" 최근에 내가 에이미에게 물었다.

그녀는 이렇게 대답했다. "많은 사람들이 천직만 찾으면 된다고 생각합니다. 천직이라는 마법 같은 실체가 존재하고 이를 찾으면 된다고 가정하기 때문에 불안한 경우가 많은 것 같아요."[25]

나는 사람들이 관심에 대해서도 그런 식의 오해를 한다고 지적했다.

대부분의 사람들이 적극적으로 관심을 발전, 심화시켜야 한다는 점을 깨닫지 못한다.

"천직은 찾아내기만 하면 되는 완성품이 아닙니다." 그녀는 조언을 구하는 사람들에게 이렇게 말해준다. "훨씬 동적이죠. 관리인이든 최고경영자든 끊임없이 자신이 하는 일이 타인이나 전체 사회와 어떤 연관이 있는지, 자신이 가장 중시하는 가치를 표현할 수 있는지 질문해야 합니다."

즉, 이전에는 "벽돌을 쌓고 있다."고 대답했던 벽돌공이 언젠가는 "신의 성전을 짓고 있다."고 인식하는 벽돌공이 될 수도 있는 것이다.

시간이 지나면서 같은 사람이 같은 직업을 생업, 직업, 천직으로 생각할 수 있다는 에이미의 이야기에 조 리더Joe Leader가 떠올랐다.

리더는 뉴욕 트랜싯NYC Transit의 수석 부사장이다. 다시 말하면 뉴욕 지하철 회사의 수석 엔지니어다. 그가 책임지고 있는 업무는 상상하기 힘들 정도로 많다. 연간 17억 회 이상을 운행하는 뉴욕 지하철은 미국에서 가장 운행이 빈번한 곳이다. 역이 469개나 되며 지하철 노선의 선로를 전부 이으면 뉴욕에서 시카고까지의 거리와 같다.[26]

청년 시절 리더는 천직까지는 바라지도 않았다. 학자금 대출금만 갚을 수 있으면 된다고 생각했다.

"대학 졸업을 앞두고 어떤 직장이든 취직만 됐으면 좋겠다고 생각했습니다. 그런데 지하철 회사에서 신입 엔지니어를 채용하려고 우리 학교에 찾아왔고 저도 합격했죠."[27]

리더는 인턴사원 시절에 선로 작업에 배정됐다. "저는 선로에 투입돼 침목을 당기고 제3레일(송전용 레일) 케이블 공사를 했습니다."

모두가 그 일에 흥미를 느끼는 건 아니었지만 리더는 그랬다. "재밌었어요. 내가 제일 먼저 취직했고 친구들도 전부 회사나 컴퓨터와 관련된 직장에 취직한 뒤로 우리는 종종 퇴근 후에 어울렸어요. 그런데 술집에서 나와 집으로 가는 길에 친구들이 플랫폼을 뛰어다니면서 '조, 이거는 뭐야? 저거는 뭐야?'라고 물으면 내가 그건 송전 레일 절연체고 저건 절연 이음매라고 알려주고는 했습니다. 그런 것도 다 재밌었어요."

그러니까 관심이 그의 열정의 씨앗이었다.

리더는 곧 기획 일을 하게 됐는데 그 일 또한 즐거웠다. 관심과 전문지식이 깊어짐에 따라 그는 업무에서 두각을 나타냈고 지하철 회사에서 경력을 쌓아갈 생각을 하기 시작했다. "쉬는 날이면 빨래방에 가서 빨래를 했어요. 거기에 빨래를 놓고 개는 탁자가 있잖아요? 내가 기술 도면들을 가져가 거기 올려놓고 공부하면 뒤에서 여자들이 웃고는 했습니다. 나는 그쪽 업무와 사랑에 푹 빠졌죠."

1년도 안 돼 그는 자신의 일을 달리 보게 되었다. 때로는 볼트와 리벳을 보면서 누군가가 수십 년 전에 설치한 그것이 여전히 그 자리에서 열차를 달리게 하고 사람들을 행선지로 데려다주고 있다는 감상에 빠졌다.

"나도 사회에 기여하고 있다는 생각이 들기 시작했습니다." 그가 말했다. "매일 사람들을 수송해주는 일을 내가 책임지고 있다는 사실을 깨달았죠. 그리고 프로젝트 팀장이 되어서 패널 100개 또는 연동 신호기 전체를 설치하는 대규모 작업을 맡았을 때는 우리가 하는 일이 앞으로 30년간 그 자리에 있겠구나 싶었습니다. 그럴 때 천직이랄까, 소명이랄까 그런 느낌이 들더군요."

조 리더의 이야기를 듣고 나서 만약 1년이 지나도록 자기 일을 천직으로 느끼지 못했다면 희망을 포기해야 하는지 의문이 들 수도 있다. 에이미 브제스니예프스키는 MBA 학생들을 가르치면서 고작 2년 정도 해보고 그 일이 평생 열정을 가질 만한 직업이 못 된다고 결론을 내리는 이들을 많이 봐왔다.

그렇게 성급히 결론을 내리지 않았던 마이클 베임Michael Baime의 이야기가 위안이 될지도 모르겠다.

베임은 펜실베이니아 의과대학의 내과 교수다. 그렇다면 치료와 교육이 그의 천직일 거라고 짐작하겠지만 부분적으로만 맞는 생각이다. 베임이 열정을 느끼는 일은 마음 챙김mindfulness(불교 수행 전통에서 기원한 심리학적 구성 개념으로 현재 순간을 있는 그대로 수용적인 태도로 자각하는 것—편집자)을 통한 행복 추구였다. 그가 마음 챙김에 관한 개인적 관심과 사람들이 보다 건강하고 행복한 삶을 살 수 있도록 돕는다는 타인중심의 목적을 통합하기까지는 수년이 걸렸다. 그리고 관심과 목적이 통합된 뒤에야 자신이 이 세상에 보내진 소명을 다하고 있다는 느낌이 들었다.

어떻게 마음 챙김에 관심을 갖게 됐느냐는 내 질문에 베임은 오래전 어린 시절 이야기를 들려줬다. "어느 날 하늘을 올려다보았습니다. 그런데 정말 이상한 일이 일어났죠. 마치 내가 하늘에 들어가 있는 것만 같았어요. 하늘이 열려 있는 것 같았고 내가 훨씬 커진 느낌이었어요. 내 평생 가장 근사한 경험이었습니다."[28]

이후 베임은 자신의 생각에 집중하기만 해도 같은 경험을 할 수 있다는 사실을 알게 됐다. "거기에 점점 심취하게 됐어요. 뭐라고 불러야 할지도 모르면서 계속 생각에 집중했죠."

몇 년 뒤 베임은 어머니와 함께 서점에서 책을 구경하다가 그의 경험을 정확히 묘사해주는 책을 우연히 발견하게 됐다. 책의 저자는 앨런 와

츠Alan Watts로 명상이 유행하기 전부터 서구인을 위해 명상 책을 썼던 영국의 철학자였다.

베임은 부모님의 격려에 힘입어 고등학교 시절부터 대학 때까지 명상 수업을 들었다. 그런데 대학 졸업이 가까워지면서 졸업 후에 할 일을 결정해야 했다. 명상 전문가는 사실 전업으로 삼을 만한 직업이 아니었기 때문이다. 그는 의사가 되기로 결심했다.

몇 년간 의과대학을 다니던 베임은 명상 스승 가운데 한 분에게 고민을 털어놓았다. "이것은 제가 하고 싶은 일이 아닙니다. 제게 맞지 않는 일이에요." 의학이 중요하기는 했지만 뿌리 깊은 그의 개인적 관심과 부합하지 않았다. "그냥 다녀라. 의사가 되면 더 많은 사람을 도울 수 있다." 그의 스승이 조언했다.

그래서 베임은 의과대학에 남았다.

이수 학점을 다 채우자 그는 인턴 과정에 지원했다. "무엇을 하고 싶은지 진짜 모르겠더라고요. 맛이나 보자는 심정으로 인턴에 지원했습니다." 그도 놀랄 정도로 실전은 재밌었다. "사람들에게 도움이 되는 좋은 일이었어요. 실제로 누군가를 도울 일은 별로 없이 시신을 해부하거나 크레브스 회로Krebs cycle(유기물의 대사회로—옮긴이)를 외우던 의과대학 시절과는 달랐습니다." 그는 빠른 속도로 인턴에서 임상 강사, 수련교육부 차장을 거쳐 마침내 일반 내과 과장이 됐다.

그런데도 베임은 여전히 의학이 천직 같지 않았다. "진료를 하면서 많은 환자에게 정말로 필요한 것은 또 다른 처방이나 엑스레이가 아니라 내가 어려서부터 나 자신을 위해 해오던 일이라는 사실을 깨달았습니다. 많은 환자에게 필요한 일은 잠시 멈춰 서서 호흡을 가다듬고 그들이 살아온 삶을 오롯이 들여다보는 것이었습니다."

그런 깨달음을 얻은 후에 베임은 중병을 앓는 환자들을 위한 명상 수업을 개설했다. 그때가 1992년이었다. 그 이후로 계속 명상 프로그램을 확대해온 결과 2016년부터 그 일만 전담하게 됐다. 지금까지 명상 수련을 받은 환자, 간호사, 의사의 수는 약 1만 5,000명에 이른다.

최근에 나는 베임에게 우리 지역 교사들을 대상으로 마음 챙김에 관한 강의를 해달라고 부탁했다. 강의가 있던 날 그가 연단에 올라서더니 청중들을 유심히 바라보았다. 그리고 아무 말 없이 한참 동안 일요일 오후의 휴식을 포기하고 그의 강의를 들으러 온 70명의 교육자 한 사람, 한 사람과 눈을 맞췄다.

이윽고 빛이 난다고밖에 표현할 수 없는 환한 미소를 지으며 강의를 시작했다. "제게는 천직이 있습니다."

승자가 되면서 동시에
타인을 돕는 법

내가 목적이 뚜렷한 상위 목표의 힘을 경험한 것은 스물한 살 때였다.

나는 대학 3학년 2학기 여름방학 때 할 일을 찾으러 진로상담센터를 찾아갔다. '여름방학 봉사활동'이라는 라벨이 붙은 엄청나게 두꺼운 바인더의 페이지를 넘기다가 서머브리지Summer bridge라는 프로그램을 보게 됐다. 그 프로그램에서는 여름방학 기간에 저소득층 가정의 중학생을 위한 보충 수업을 해줄 대학생을 찾고 있었다.

'여름방학 동안 아이들을 가르쳐봐도 좋겠다. 생물과 생태학 과목 정도는 가르칠 수 있겠네. 은박지와 판지로 태양열 오븐을 만드는 법을 보여줘야지. 핫도그를 구워 먹으면 재밌겠는걸.' 나는 그런 생각을 했다.

하지만 '이번 방학의 경험으로 모든 것이 달라질 기야.'라는 생각을 하지는 않았다.

'지금 의예과를 다니지만 그것도 얼마 안 남았어.' 이런 생각도 하지 않았다.

'기다려봐, 곧 목적의 힘을 발견하게 될 거야.' 이런 생각 역시 하지 않았다.

솔직히 그해 여름에 대해서는 해줄 이야기가 별로 없다. 자세한 일들이 기억나지 않기 때문이다. 수업 준비를 하기 위해 주말에도 매일 동트기 전에 일어났고 밤늦게까지 가르치기도 했다. 몇몇 아이들, 어떤 순간순간들은 기억난다. 하지만 돌아볼 새도 없이 시간이 정신없이 흘러갔고 집에 돌아와서야 겨우 숨을 돌릴 수 있었다. 그렇게 생활하는 가운데 학생과 교사의 관계가 두 사람 모두의 삶을 바꿔놓을 수 있다는 가능성을 엿보았다.

방학이 끝나고 가을에 대학 캠퍼스로 돌아온 뒤, 나는 서머브리지 프로그램에서 교사를 했던 다른 학생들을 찾아보았다. 그중 한 명인 필립 킹Philip King은 알고 보니 같은 기숙사에 살고 있었다. 그도 나처럼 서머브리지 같은 프로그램의 설립이 시급하다고 생각했다. 그 생각이 우리 머리를 떠나지 않았으므로 나서지 않을 수가 없었다.

우리는 돈도 연줄도 없었고 비영리기관을 설립하는 방법도 전혀 몰랐다. 게다가 내 부모님은 그 일이 하버드대학교에서 받은 교육을 허비하는 대단히 어리석은 짓이라고 확신했고, 의심과 우려가 담긴 시선을 보냈다.

킹과 내게는 아무것도 없었지만 꼭 필요한 한 가지가 있었다. 우리에게는 목적이 있었다.

빈손으로 단체를 설립해본 사람이라면 알겠지만 해결해야 할 크고 작은 과제는 무수히 많고, 처리할 방법을 알려주는 설명서 같은 것은 전혀 없었다. 킹과 내가 단순히 흥미로 하는 일이었다면 결코 해낼 수 없었을 것이다. 하지만 우리는 이 프로그램의 설립이 아이들에게 너무나도 중요한 일임을 머리와 가슴으로 알고 있었기 때문에 전에 없던 용기와 힘을 낼 수 있었다.

우리 자신을 위한 부탁이 아니었으므로 킹과 나는 씩씩하게 학교 주변의 거의 모든 가게와 식당을 무작정 찾아가서 기부를 부탁했다. 우리는 무수히 많은 관계자의 대기실에서 기다리는 인내심도 발휘했다. 관계자들이 우리를 만나줄 때까지 몇 시간씩 기다리고 또 기다렸다. 그리고 필요한 것을 확보할 때까지 고집스럽게 요청하고 또 요청했다.

그렇게 우리가 해결해야 할 모든 일에 저돌적으로 덤볐다. 우리 자신이 아니라 더 큰 목적을 위해 하는 일이었기 때문에 그럴 수 있었다.

킹과 나는 대학을 졸업한 지 2주 후에 학교의 문을 열었다. 그해 여름 일곱 명의 대학생과 고등학생은 교사 노릇이 어떤 것인지 알게 됐다. 그리고 30명의 5학년 남학생과 여학생은 배우고 공부하고 노력하는 동시에 여름방학을 즐겁게 보내는 느낌이 어떤 건지 알게 됐다. 실제로 해보기 전에는 불가능할 줄 알았던 일이었다.[29]

그게 벌써 20년도 전의 일이다. 현재 '브레이크스루 그레이터 보스턴'

Breakthrough Greater Boston으로 불리는 그 프로그램은 킹과 내가 상상하지 못했던 규모로 커져서 매년 수백 명의 학생들에게 1년 내내 무료로 보충 수업을 해주고 있다.[30] 지금까지 그 프로그램에서 교사로 활동한 젊은이가 1,000명이 넘으며 그들 중 다수는 교육 분야의 직장을 구했다.

서머브리지에서의 경험이 나를 교직으로 이끌었다. 그리고 교사 생활을 하면서 아이들이 꿈꾸지 못했던 인생을 살 수 있도록 도울 방법에 지속적으로 관심을 갖게 됐다.

그렇지만……

나는 교사 생활로 만족하지 못했다. 과학을 사랑했고 인간 본성에 매료되어 열여섯 살 여름방학에 심화 수업을 들을 기회가 주어졌을 때 그 많은 과목 중에서 심리학을 선택했던 내 안의 어린 소녀를 아직 만족시키지 못했기 때문이다. 이 책을 쓰는 동안 나는 내가 어떤 사람인지 깨닫게 됐다. 나는 청소년기에 관심사를 감지했고, 20대에 목적이 어느 정도 분명해졌으며, 30대에 와서 비로소 그간의 경험과 지식을 바탕으로 심리학을 활용해 아이들이 잘 자라도록 돕는 일이 지금부터 숨을 거둘 때까지 내 인생을 끌고 갈 상위 목표임을 깨달았다.

아버지가 서머브리지의 설립에 대해 몹시 속상해했던 이유 중의 하나는 나를 사랑했기 때문이었다. 아버지는 솔직히 당신 딸만큼 사랑하지도 않는 타인의 복리를 위해서 딸이 제 행복을 희생한다고 생각했다.

사실 그릿과 목적의 개념은 원칙적으로 상충하는 것처럼 보일 것이다. 어떻게 주변을 둘러보고 다른 사람들까지 걱정하면서 자신의 상위 목표에 집중할 수 있는가? 그릿이 모든 목표가 단 하나의 개인적 목표를 지향하는 피라미드 구조로 이루어져 있다면 타인이 그 그림의 어디에 들어갈 수 있겠는가?

"대부분의 사람은 자기지향적 동기와 타인지향적 동기가 같은 차원의 정반대 지점에 있다고 생각합니다." 내 동료이자 와튼스쿨 교수인 애덤 그랜트Adam Grant의 말이다. "하지만 나는 그 두 가지 동기가 완전히 별개라는 연구 결과를 계속 얻고 있습니다. 두 가지 동기가 다 없을 수도 있고 둘 다 있을 수도 있습니다."[31] 다시 말해서 승자가 되기를 원하는 동시에 타인을 돕겠다는 동기를 가질 수 있다는 뜻이다.

그랜트의 연구에 의하면 개인적 흥미와 친사회적 관심 둘 다를 지닌 지도자나 직장인들이 100퍼센트 자기중심적인 동기만 가진 이들보다 장기적으로 실적이 좋았다.[32]

그랜트는 지방 자치단체 소속 소방관들에게 "소방관 일을 하게 된 동기는 무엇입니까?"라는 질문을 했다. 그리고 타인을 돕고 싶다는 동기가 큰 소방관들의 투지가 가장 강할 거라 기대하며 2개월 동안 그들의 초과 근무 시간을 살펴봤다. 하지만 타인을 돕겠다는 동기가 강했던 소방관들 중에도 초과 근무를 적게 한 사람이 많았다. 이유가 무엇일까?

두 번째 동기인 일 자체에 대한 흥미가 부족했기 때문이다.[33] 일을 즐길 때에만 타인을 돕고 싶다는 바람이 더 큰 노력으로 이어진다. 실제로 친사회적 동기("내 일을 통해 다른 사람들을 돕고 싶기 때문입니다.")와 함께 자기 일에 대한 본연의 관심("일을 즐기기 때문입니다.")을 밝힌 소방관들이 다른 소방관들보다 주당 초과 근무 시간이 평균 50퍼센트가 많았다.

그랜트가 주립대학 발전 기금 모금 담당자 140명에게 "지금의 일을 하게 된 동기는 무엇입니까?"라는 질문을 했을 때도 거의 같은 결과를 얻었다. 강한 친사회적 동기를 밝힌 동시에 일 자체에 매력을 느낀다고 응답한 모금 담당자들이 사람들에게 더 많이 전화를 걸었고, 그 결과 더 많은 대학 발전 기금을 모금했다.[34]

발달심리학자인 데이비드 예거David Yeager와 맷 번딕Matt Bundick은 청소년들에게서도 같은 행태를 발견했다. 예거는 한 연구에서 약 100명의 청소년에게 어떤 어른이 되고 싶으며 그 이유는 무엇인지 그들의 언어로 대답해달라고 요청했다.[35]

일부 청소년들은 미래에 대해 이야기할 때 순전히 자기지향적인 용어를 썼다. "패션디자이너가 되고 싶어요. 재미있는 일 같거든요. 더 중요한 이유는…… (직업으로도) 즐겁게 일할 수 있을 것 같기 때문이에요."

또 다른 청소년들은 타인지향적인 동기를 언급했다. "의사가 되고 싶어요. 다른 사람을 돕고 싶거든요."

그리고 마지막 부류의 청소년들은 자기지향적 동기와 타인지향적 동기를 함께 언급했다. "내가 해양생물학자라면 모든 바다가 깨끗해지도록 힘쓸 거예요. 우선 한 군데를 골라서 그곳의 물고기와 모든 생물을 도울 거예요……. 저는 물고기를 좋아해서 늘 길러왔어요. 물고기가 헤엄치는 모습이 자유로워 보였거든요. 꼭 물속에서 날아다니는 것 같아요."

2년 후에 조사했을 때 자기지향적 동기와 타인지향적 동기를 함께 언급했던 청소년들은 한 가지 동기만 언급했던 동급생들보다 학업을 개인적으로 의미 있는 일로 평가했다.

내가 면담한 그릿의 전형들 다수가 예상하지 못했던 곳에서 목적과 열정을 발견했다.

기업가인 오로라 폰트Aurora Fonte와 프랑코 폰트Franco Fonte는 직원이 2,500명이며 연간 수입이 1억 3,000달러인 건물 관리 회사를 운영하고 있다.

27년 전 신혼부부였던 오로라와 프랑코는 무일푼이었다. 그들은 식당을 차릴 궁리를 했지만 자금이 없었다. 그래서 쇼핑몰과 작은 사무실 건물을 청소해주는 일을 시작했다. 천직이라고 생각해서가 아니라 생활비를 벌기 위해서였다.

곧 그들은 다른 방향의 성공을 꿈꾸게 됐다. 식당보다는 건물 관리가 전망이 밝아 보였기 때문이다. 부부가 때로는 아기를 포대기로 감싸 안고서 1주일에 80시간씩 고객의 건물이 내 집이라는 생각으로 화장실 타일까지 박박 닦으며 열심히 일했다.

회사는 여러 차례 부침을 겪었다. 그러나 프랑코는 결코 포기하지 않았다. "우리는 언제나 견뎌냈습니다. 장애에 굴복하지 않았죠. 절대로 실패를 용납할 수 없었습니다."[36]

나는 오로라와 프랑코에게 자산이 수백만 달러인 청소 회사라 해도 건물 청소를 천직으로 여길 수 있는지 솔직히 상상하기 힘들다고 말했다.

"중요한 것은 청소가 아닙니다." 오로라가 상기된 기색으로 힘주어 설명했다. "무언가를 만들어나간다는 것이 중요하죠. 우리에게 중요한 일은 고객을 중시하고 그들의 문제를 해결해주는 것입니다. 무엇보다도 착한 우리 직원들이 소중하고요. 누구보다 넉넉한 마음을 가진 그들에게 우리는 큰 책임감을 느낍니다."

좋아하는 일을 할 때
목적의식이 생긴다

스탠퍼드대학교의 발달심리학자, 빌 데이먼Bill Damon은 자기 외의 타인을 지향하는 목적을 의도적으로 키울 수 있으며 키워야만 한다고 말한다. 40년 넘게 눈부신 경력을 쌓아온 데이먼은 청소년들이 개인적으로 만족스러운 동시에 공동체에도 유익한 삶을 살아가는 법을 어떻게 배우는지 연구하고 있다. 그는 목적에 대한 연구가 자신의 소명이라고 이야기한다.

데이먼의 말로 하자면 목적은 "왜 이 일을 하는가?"라는 질문에 대한 최종 답변이다.

이런 목적의 근원에 대해 그가 알아낸 사실은 무엇인가?

"수집한 자료마다 일정한 양상이 보였어요. 모든 사람에게 기폭제가 있었습니다. 목적의 시발점이 되는 기폭제요. 그 기폭제는 바로 자신이 관심 있는 일이었습니다."[37]

다음으로 목적의식을 가진 사람을 관찰할 필요가 있다. 그 롤모델role model은 가족 구성원일 수도 있고 역사적 인물이나 정치인일 수도 있다. 롤모델이 누구인지, 그 목적이 장차 자신이 하게 될 일과 관계가 있는지는 중요하지 않다. 데이먼은 이렇게 설명한다. "타인을 위해 무언가를 달성할 수 있다는 사실을 누군가가 보여준다는 점이 중요합니다."

실제로 데이먼은 이런 롤모델을 관찰한 적 없이 목적의식이 발달한 사례를 단 한 번도 보지 못했다. "목적을 추구하는 삶이 얼마나 힘든지, 어떤 좌절과 장애물에 부딪치는지, 하지만 결국에는 얼마나 만족스러운지 이해하게 된다면 이상적이죠."

데이먼은 그다음으로 계시revelation가 온다고 말한다. 이는 해결해야만 하는 세상의 문제를 발견하는 것이다. 문제는 여러 경로로 발견될 수 있다. 때로는 개인적인 상실이나 역경을 통해,[38] 때로는 타인의 상실이나 역경을 통해 발견된다.

하지만 데이먼은 우리 도움이 필요한 사람을 보는 것만으로는 충분하지 않다고 급히 덧붙인다. 목적이 생기려면 '내가 직접 영향을 미칠 수 있다'는 두 번째 계시가 필요하다. 롤모델이 자신의 인생 목적을 달성해가는 모습을 관찰한 경험은 이런 확신과 행동 의지를 얻는 데 매우 중요한 역할을 한다. "자신의 노력이 헛되지 않으리라는 믿음이 있어야 하기 때문이죠."

일명 '캣 콜'로 불리는 카트리나 콜Katrina Cole은 목적지향적인 그릿을 보여주는 롤모델이다.

내가 콜을 만났을 때 그녀는 35세라는 젊은 나이에 베이커리 프랜차이즈 시나본Cinnabon의 회장을 맡고 있었다. 그녀의 이야기를 새겨듣지 않으면 그저 '무일푼에서 거부가 된' 이야기로 치부되겠지만 유심히 귀를 기울이면 '가난 속에서도 목적을 이룬' 이야기로 주제가 달라질 것이다.

콜은 플로리다 주 잭슨빌에서 성장했다. 그녀의 어머니 조는 콜이 아홉 살 되던 해에 용기를 내어 알코올 의존자였던 남편을 떠났다. 조는 콜을 포함한 세 딸을 부양하기 위해 세 군데나 직장을 다니면서도 시간을 쪼개 다른 사람을 도왔다. "어머니는 누군가를 위해 빵을 굽고 심부름을 해주는 등 도움이 필요한 사람을 바로 알아보고 작은 일이라도 도왔어요. 직장 동료든 동네 주민이든 어머니가 아는 모든 사람이 어머니 가족이 되었죠."[39]

콜은 어머니의 근면함과 유익한 사람이 되겠다는 뿌리 깊은 욕구, 두 가지 모두를 본받았다.

콜의 동기를 알아보기 전에 그녀의 이례적인 승진 과정부터 살펴보자. 콜의 이력서는 15세에 동네 쇼핑몰에서 옷을 팔았던 일부터 시작된다. 웨이트리스로 일할 수 있는 18세가 되자 '후터스 걸'Hooters girl(외식 체인업체 '후터스'에서 노출이 심한 옷을 입고 음식을 판매하는 여성 종업원—옮긴이)이 되었고 1년 뒤에는 호주 최초의 후터스 매장을 개설하는 일을 맡게 됐다. 이어서 멕시코시티, 바하마, 아르헨티나에 매장을 개설할 때도 참여했다. 22세에는 10개 부서를 관리하게 됐고 26세에는 부회장 자리에 올랐다. 임원진에 합류한 콜은 후터스가 28개국에 400개 이상의 매장을 가진 프랜차이즈로 성장하도록 도왔다. 후터스가 사모투자펀드에 인수됐을 때 32세였던 콜은 그간의 탁월한 실적 덕분에 시나본 회장으로 발탁됐다. 콜의 지휘 아래 시나본의 매출은 과거 10여 년간의 성장세보다 빠르게 증가해 4년 만에 10억 달러를 넘어섰다.[40]

그녀가 이토록 열심히 뛰는 이유는 무엇인가?

콜이 후터스에서 웨이트리스로 일하던 초반이었다. 요리사들이 갑자기 근무 시간 중간에 나가버린 사태가 발생했다. "그래서 점장과 제가 주방으로 들어가 요리를 해서 주문받은 음식을 내놓았습니다." 그녀가 무덤덤하게 말했다.

"우선 저는 팁으로 먹고 살고 있었거든요. 그걸로 생활비를 충당했어요. 음식이 안 나오면 손님들이 음식값을 안 낼 테고 당연히 팁도 남기지 않았을 거예요. 둘째, 내가 할 수 있을지 정말 궁금했어요. 그리고 셋째, 도움이 되고 싶었기 때문이에요."

팁과 호기심은 상당히 자기지향적인 동기지만 도움이 되고 싶다는 마음은 말 그대로 타인지향적인 동기다. 기다리는 손님을 위해 주저하지 않고 주방에 들어가 음식을 만든 그녀의 행동은 어떻게 한 가지 행동이 본인은 물론 주변 사람에게 유익한 일이 될 수 있는지 보여주는 예시다.

얼마 후 콜은 주방 직원을 훈련시키고 관리부서의 일을 돕게 됐다. "어느 날은 바텐더가 조퇴했는데 그때도 같은 일이 벌어졌죠. 또 어느 날에는 점장이 그만두는 바람에 직원을 교대 근무시키는 방식을 배웠고요. 6개월 동안에 그런 식으로 매장의 모든 업무를 경험했습니다. 단지 업무를 경험해본 데서 그치지 않고 다른 직원에게 그 일들을 가르치는 교육 담당자가 되었죠."

결원이 생겼을 때 선뜻 나서서 큰 도움을 주는 행동은 승진을 염두에 둔 계산된 행동이 아니었다. 하지만 직무 이상의 열성을 발휘한 덕택에 해외 매장 개설 업무 담당자로 발탁됐고, 거기서 다시 회사 임원 자리에 오르게 됐다.

그녀의 행동들이 어머니인 조가 했을 법한 일이라는 사실은 단순한 우연이 아니다. "제가 사람들을 돕는 일에는 열심이죠."[41] 조가 내게 말했다. "직장에서든 직장 밖에서든 누군가 찾아와주거나 뭔가 만들어줄 사람이 필요하다면 내가 해주고 싶어요. 내가 이룬 성공이 있다면 그것은 함께 나누기를 좋아한 덕택입니다. 그게 누구든 내가 가진 것이 얼마나 되든 나는 아낌없이 줄 거예요."

콜은 자신이 이런 철학을 갖게 된 공을 '열심히 일하고 사람들에게 되돌려주도록' 자신을 키워준 어머니에게 돌린다. 그녀는 지금도 여전히 그런 윤리관에 따라 살고 있다.

"제가 새로운 환경에 대단히 적응을 잘하고, 사람들이 자각하지 못한 능력을 일깨워주는 데도 소질이 있다는 사실을 점차 알게 됐습니다. 그 것이 제 장점임을 깨달았죠. 그리고 사람들, 각 개인들을 돕는다면 팀도 도울 수 있다는 생각이 들기 시작했습니다. 팀을 도울 수 있으면 회사도 도울 수 있고, 회사를 도울 수 있으면 브랜드도 도울 수 있겠죠. 그리고 브랜드를 도울 수 있다면 지역사회와 국가에도 도움이 될 수 있고요."

얼마 전에 콜은 그녀의 블로그에 "가능성을 찾으세요. 그리고 다른 사람도 그럴 수 있도록 도와주세요."라는 글을 올렸다. "사람들 곁에 있을 때 내 심장과 영혼은 위대한 존재와 함께하고 있다는 생각에 기쁨으로 넘칩니다. 아직 발견되고 계발되지 않았을지 몰라도 위대한 존재가 될 가능성이 있거나 지금 위대한 사람들이니까요. 장차 누가 훌륭한 또는 위대한 일을 하거나 세상에 큰 영향을 미칠 사람이 될지 모르기 때문에 모든 사람을 그렇게 대우해야 합니다."[42]

목적의식을 기르는
세 가지 방법

당신의 나이가 얼마가 됐든 목적의식을 기르기에 너무 빠르거나 늦은 나이란 없다. 지금부터 추천할 세 가지 방법은 각각 이 장에서 언급했던, 목적을 연구해온 학자들에게서 빌려온 것이다.

데이비드 예거는 당신이 지금 하는 일이 사회에 어떤 긍정적 기여를 할 수 있는지 깊이 생각해보라고 권한다.

데이비드 예거와 그의 동료인 데이비드 파우네스쿠David Paunesku는 여러 장기적 실험 연구에서 고등학생들에게 "어떻게 하면 세상이 더 살기 좋은 곳이 될 수 있는가?"[43]라는 질문을 던지고, 학교에서 배운 내용과 연관시켜 대답해달라고 요청했다. 한 9학년생은 이렇게 대답했다. "저는 유전학 연구원이 되고 싶습니다. 그 직업이라면 유전자 조작으로 식량을 증산해서 세상을 발전시킬 수 있을 테니까요." 이렇게 대답한 학생도 있었다. "교육을 받아야 주변 세상을 이해할 수 있다고 생각합니다. 먼저 대학부터 가지 않으면 아무도 도울 수 없을 거예요."

한 시간도 채 걸리지 않는 이 간단한 질의응답에 학생들은 매우 활발히 참여했다. 플라세보 통제집단의 활동과 비교했을 때 목적에 대한 성찰은 학생들이 시험을 앞두고 공부하는 시간을 배로 증가시켰다. 재미있는 비디오를 볼 수 있는 선택권이 주어졌을 때도 학생들은 지루한 수학 문제를 열심히 풀었으며, 그 결과 과학과 수학 과목의 성적이 향상됐다.

한편 에이미 브제스니예프스키는 현재의 일에 작지만 의미 있는 변화를 주어 자신의 핵심 가치와의 연관성을 증대시킬 방법을 생각해보라고 권한다.

브제스니예프스키는 '잡 크래프팅'job crafting[44]이라고 이름 붙인 이 중재 기법을 동료 심리학자인 제인 더턴Jane Dutton, 저스틴 버그Justin Berg, 애덤 그랜트와 연구하고 있다. 모든 직장이 천국이 될 수 있다는 지나친 낙관론에서 나온 주장이 아니다. 당신의 직업이 무엇이든 그 일과 당신의 관심, 그리고 가치가 조화를 이루도록 업무 범위 내에서 일을 더하거나 넘기거나 맞출 수 있다는 이야기다.

최근에 브제스니예프스키와 그녀의 공동 연구자들은 구글 직원을 대상으로 이를 시험했다. 판매, 홍보, 재무, 영업, 회계 등 목적이란 단어가 바로 연상되지 않는 부서의 직원들이 무작위로 잡 크래프팅 워크숍에 배정됐다. 직원들은 회사에서의 일과에 변화를 줄 방안들을 내놓았으며 의미 있고 즐거운 업무라는 목표를 향해 가는 각자의 '지도'를 만들었다. 6주 후에 팀장들과 동료 직원들은 이 워크숍에 참석했던 직원들이 훨씬 행복하고 효율적으로 일한다고 평가했다.

마지막으로 빌 데이먼은 목적이 확실한 롤모델을 찾으라고 권한다. 그는 자신이 면담 연구에서 사용했던 다음 질문들에 대한 답을 글로 써보라고 제안한다. "지금으로부터 15년 후의 당신을 상상해보세요. 그때 당신에게 가장 중요한 일은 무엇입니까?" "당신에게 더 나은 사람이 되어야겠다는 자극을 줬던 사람이 있습니까? 그런 삶을 보여준 사람은 누구입니까? 그가 자극이 된 이유는 무엇입니까?"[45]

나는 데이먼이 권한 방법을 따라 해보면서 타인중심의 목적이 아름다울 수 있다는 사실을 내게 보여준 사람은 다른 누구도 아닌 내 어머니임을 깨달았다. 과장이 아니라 어머니는 내가 이제껏 만난 사람들 중에서 가장 친절한 분이다.

자라면서 인정 많은 어머니가 늘 달갑지만은 않았다. 해마다 추수감사절이면 낯선 사람들과 한 식탁에 앉아야 하는 일이 불쾌했다. 어머니는 중국에서 이민 온 지 얼마 안 된 먼 친척들뿐 아니라 그들의 동거인, 그 동거인의 친구들까지 불렀다. 11월에 어머니와 우연히 마주친 사람들 중에서 추수감사절에 갈 곳이 없는 모두가 우리 집에 초대받았고 후한 대접을 받았다.

어떤 해에는 어머니가 포장을 뜯은 지 한 달밖에 안 된 내 생일 선물을 기부했고, 또 어떤 해에는 여동생의 동물 인형을 몽땅 기부했다. 우리는 성질을 부리고 울면서 어머니가 우리를 사랑하지 않으니까 그런 짓을 했다고 비난했다. "하지만 그 물건들이 더 필요한 아이들이 있단다." 어머니는 우리의 반응에 진심으로 놀라며 말했다. "너희는 가진 것이 많지만 그 아이들은 가진 것이 너무 없어."

내가 아버지께 MCAT(의대 입학 자격 고사)을 보지 않고 서머브리지 프로그램을 설립하는 데 전념하겠다고 말씀드렸을 때 아버지는 졸도할 뻔했다. "왜 가난한 애들에게 신경을 쓰니? 가족도 아니고 알지도 못하는 애들인데!" 이제 나는 그 이유를 안다. 어머니를 통해 한 사람이 많은 사람을 어떻게 도울 수 있는지 평생 봐왔기 때문이다. 목적의 힘을 목격했던 것이다.

제9장

다시 일어서는 자세, 희망을 품어라

칠전팔기라는 유명한 고사성어가 있다. 내가 혹시 문신을 하게 된다면 이 네 글자를 지워지지 않게 잉크로 새길 것이다.

희망이란 무엇인가?

내일은 오늘보다 나을 것이라는 기대가 그 한 가지다. 날씨가 화창하기를 또는 앞길이 평탄하기를 바라는 희망이다. 이런 희망에는 책임이라는 부담이 따르지 않는다. 상황을 개선시킬 책임은 우주에 있다.

그릿을 좌우하는 희망은 이와 다른 종류다. 이 희망은 우리의 노력이 미래를 개선할 수 있다는 기대를 바탕으로 한다. 내일은 나아질 것 같은 '느낌'이 아니라 나은 내일을 만들겠다는 '결심'이다. 투지가 강한 사람이

품는 희망은 행운과는 전혀 상관이 없으며 다시 일어서려는 자세와 밀접한 관련이 있다.[1]

'통제할 수 없다'는 생각에
가로막힐 때

나는 대학 1학년 2학기에 신경생물학을 수강했다. 매번 강의실에 일찍 가서 제일 앞줄에 앉아 모든 공식과 표를 공책에 받아 적었다. 빠짐없이 출석했을 뿐 아니라 주어진 자료를 전부 읽었으며 연습 문제도 모두 풀었다. 어려운 과목이고 고등학교 때의 생물 수업이 미흡했기 때문에 첫 쪽지 시험을 보러 가면서 몇 군데가 약간 불안하기는 했지만 꽤 자신이 있었다.

쪽지 시험의 앞부분은 쉬웠지만 뒤로 갈수록 어려워졌다. 나는 당황해서 '다 풀지도 못하겠다! 뭘 풀고 있는지도 모르겠네. 이러다 낙제하겠어!'라는 생각만 머릿속에 맴돌았다. 그런 생각은 당연히 자기 충족적 예언으로 작용했다. 심장이 두근거리고 머릿속이 복잡해질수록 시험에 집중할 수 없었다. 마지막 문제를 다 읽기도 전에 시험 시간이 종료됐다.

며칠 뒤에 교수님이 쪽지 시험지를 돌려줬다. 나는 암담한 기분으로 형편없는 점수를 내려다보았고 얼마 후에 담당 조교의 사무실로 내키지 않는 발걸음을 했다. "수강 취소를 심각하게 고려해야겠는걸." 조교가 충고했다. "이제 1학년이잖아. 아직 3년이 남았으니까 나중에 언제든 다시 들으면 돼."

"저는 고등학교 때 AP 생물도 들었는데요." 내가 반박했다.

"성적은 좋았어?"

"A를 받기는 했는데 생물 선생님에게 배운 내용이 별로 없는 것 같아서 AP 시험을 보지는 않았어요." 이 말에 내가 수강 취소를 해야 한다는 조교의 직감은 확신으로 바뀌었다.

중간시험을 앞두고 미친 듯이 공부했음에도 시험 시간에 거의 전과 같은 상황이 벌어졌다. 나는 결과가 나온 후에 다시 조교의 사무실로 찾아갔다. 이번에는 조교의 목소리가 더 다급했다. "F가 있는 성적증명서를 원하지는 않겠지? 아직 수강 취소가 가능한 기간이야. 수강을 취소하면 평점에 계산되지 않아."

나는 조교에게 시간을 내줘서 고맙다는 인사를 하고 문을 닫으며 나왔다. 복도로 나와서도 울음을 터뜨리지 않은 나 자신이 놀라웠다. 나는 상황을 있는 그대로 따져 보았다. 두 번의 시험을 망쳤고 학기가 끝나기 전에 남은 시험은 오직 하나, 기말시험뿐이었다. 쉬운 강좌부터 들었어야 했으며 열심히 공부하는 것만으로는 역부족이었다는 사실을 학기 절반이 지나고서야 깨달았다. 그 강의를 계속 듣는다면 기말시험도 망치고 성적증명서에 F가 남을 가능성이 있었다. 수강을 취소한다면 그런 손실을 막을 수 있을 터였다.

나는 주먹을 꽉 쥐고 입을 앙다문 채 곧바로 학적과로 갔다. 그 순간 나는 신경생물학을 계속 수강하겠다고 다짐했고, 실제로 그 학과를 전공했다.[2]

돌이켜보면 전환점이 됐던 그날 나는 허물어졌다. 좀 더 정확히 말하면 내 두 발에 걸려 고꾸라졌다. 그 순간 그냥 쓰러진 채 있을 수도 있었다. 내 자신에게 '바보같이! 뭐 하나 제대로 하는 일이 없어!'라고 말할 수도 있었다. 그리고 그 강좌의 수강을 취소할 수도 있었다.

하지만 그 대신에 나는 '포기하지 않을 거야! 방법을 찾아낼 수 있어!' 라는 희망을 품고 스스로에게 도전적으로 말했다.

그 학기의 남은 기간에 더욱 열심히 공부했을 뿐 아니라 그전에 하지 않았던 노력까지 했다. 나는 조교가 학생을 만나주는 시간마다 찾아갔다. 추가 과제도 부탁했다. 기말시험에서 만점을 받아야 했으므로 시험 시간과 동일한 조건을 가정하고 가장 어려운 문제들을 시간에 쫓기면서 풀어보는 연습까지 했다. 긴장하면 시험 시간에 초조해할 것을 알았기 때문에 어떤 문제에도 당황하지 않을 정도로 내용에 통달하겠다고 다짐했다. 기말시험이 다가왔을 때는 내가 문제를 낼 수도 있을 것만 같았다.

나는 기말시험에서 A를 받았다. 그 강좌의 최종 학점은 B로 내가 4년 간 받은 학점들 중 최하였다. 하지만 나는 그 학점을 두고두고 가장 자랑스럽게 여겼다.

미처 알지 못했지만 나는 신경생물학 과목에서 비틀거리는 동안 유명한 심리학 실험의 조건을 재현하고 있었다.

시계를 1964년으로 되돌려보자. 심리학과 박사과정 1년 차였던 마틴 셀리그먼과 스티브 마이어Steve Maier 는 창문도 없는 실험실에서 우리에 갇힌 개의 뒷다리에 전기 충격을 가하는 실험을 하고 있다. 전기 충격은 무작위로 예고 없이 가해진다. 개가 아무 행동도 하지 않으면 전기 충격이 5초간 지속되지만 우리 앞의 패널을 코로 누르면 바로 멈춘다. 옆 우리의 개에게도 똑같은 간격으로 전기 충격이 가해지지만 거기에는 전기를 차단할 패널이 없다. 즉 두 마리의 개에게 정확히 같은 시간에 같은 강도로 전기 충격이 가해지지만 첫 번째 개만 전기 충격이 지속되는 시간을 통제할 수 있다. 전기를 64번 흘려보낸 다음에 두 마리의 개를 원래의 우리로 돌려보내고 다른 개 두 마리를 데려와 동일한 절차로 실험을 반복한다.

다음 날은 셔틀 박스라고 이름 붙인 다른 우리에 개를 한 마리씩 넣는다. 셔틀 박스의 한가운데에는 개가 뛰어넘을 만한 높이의 칸막이가 있다. 고음의 신호가 울리면 곧이어 셔틀 박스에서 개가 서 있는 한쪽 칸의 바닥에만 전기가 흐른다. 전날 패널을 눌러 전기를 차단할 수 있었던 개는 거의 대부분 장벽을 뛰어넘으면 된다는 사실을 학습한다. 그들은 신호가 울리면 칸막이를 넘어서 안전한 칸으로 피한다. 그에 반해 전날 전기 충격을 통제할 수 없었던 개는 3분의 2가 형벌이 끝나기를 수동적으로 기다리면서 웅크리고 낑낑대기만 했다.[3]

이 중대한 실험은 무력감을 낳는 요인은 고통 그 자체가 아니라는 사실을 최초로 입증해줬다. 문제는 자신이 '통제할 수 없다'고 생각하는 고통이었다.

내가 실패를 경험했던 학과를 전공하기로 결정한 지 몇 년이 지났을 때였다. 나는 셀리그먼 교수님의 연구실에서 몇 사무실 건너에 있는 대학원생실에 앉아 학습된 무력감learned helplessness을 입증한 이 실험 보고서를 읽고 있었다. 나는 셀리그먼의 실험과 대학 1학년 때 내 경험의 유사성을 바로 알아보았다. 첫 번째 신경생물학 쪽지 시험은 내게 예상치 못했던 고통을 안겼다. 나는 상황을 개선하려고 애썼지만 중간시험 결과를 받고 다시 충격을 받았다. 남은 학기는 셔틀 박스에 해당됐다.

그렇다면 나는 두 번의 시험을 경험한 후에 상황을 바꿀 힘이 없다고 결론을 내렸을까? 중간시험의 결과는 두 번의 시험에 이어 세 번째도 형편없는 점수를 받으리라고 암시하고 있었다.

또는 그 뒤 나의 행동은 최근의 피할 수 없었던 고통스러운 기억에도 불구하고 희망을 부여잡은 소수의 개와 같았을까? 앞서의 고통이 특정 실수의 결과일 뿐이고 그 실수를 앞으로는 피할 수 있다고 보았을까? 최근의 실패에 초점을 맞추는 대신 이를 털어버리고 결국에는 승리했던 다수의 경험을 기억해냈을까?

결국 나는 셀리그먼과 마이어의 실험에 동원된 개들 중에서 끈기를 보였던 나머지 3분의 1처럼 행동했다. 나는 다시 일어나 싸움을 계속했다.

1964년 이후로 10년 동안 진행한 추가 실험들도 피할 수 없는 고통은 식욕과 신체 활동의 변화, 불면증, 집중력 저하 같은 우울증 증상을 초래한다는 결과를 확실히 보여줬다.

처음에 셀리그먼과 마이어가 동물과 인간은 무력감을 학습할 수 있다고 주장했을 때 동료 연구자들은 이를 터무니없는 주장으로 받아들였다. 당시에는 어느 누구도 개가 생각을 하고 그 생각이 행동에 영향을 미칠 수 있다는 가능성을 진지하게 고려하지 않았다. 실은 인간의 사고가 행동에 영향을 미칠 수 있다는 사실을 고려한 심리학자도 거의 없었다. 모든 살아 있는 동물은 벌과 보상에 따라 기계적으로 반응한다는 것이 당시 학계의 통념이었다.

다른 이유로는 설명되지 않는 자료가 산더미같이 축적된 후에야 마침내 학계도 그들의 이론을 받아들였다.

셀리그먼은 피할 수 없는 스트레스가 미치는 끔찍한 영향을 실험실에서 낱낱이 검토하는 동안 학습된 무력감에 대처하는 방안에 점차 관심을 갖게 됐다. 그는 임상심리학자로 다시 교육받기로 결정했다. 그리고 현명하게도 정신과 의사이며 우울증의 근본 원인에 대한 이해를 넓히고 현실

적 해결책을 제시하는 데 선구적 역할을 한 아론 벡Aaron Beck의 지도를 받았다.⁴

그 뒤 학습된 무력감의 이면에 대한 탐색이 활발하게 이어졌다. 셀리그먼은 이를 학습된 낙관주의learned optimism라고 이름 붙였다. 셀리그먼의 새로운 연구에 씨앗 역할을 한 결정적 통찰은 원래 실험에서부터 존재하고 있었다. 피할 수 없는 전기 충격을 경험한 개들 중 3분의 2는 피하려는 노력조차 하지 않은 반면에 3분의 1은 이에 굴하지 않았다. 앞서의 충격적인 경험에도 불구하고 그들은 고통을 줄일 방도를 계속 모색했다.

셀리그먼이 역경 앞에서도 포기하지 않는 태도를 보이는 사람들을 연구하게 만든 것은 그 끈질긴 개들이었다. 셀리그먼은 곧 나쁜 일을 맞닥뜨리는 데는 낙관론자나 비관론자나 마찬가지라는 사실을 깨달았다. 그들의 차이는 그 일을 설명하는 방식에 있었다. 낙관론자는 으레 자신의 고통에 대해 일시적이고 구체적인 이유를 찾는 반면에 비관론자는 영구적이고 전반적인 원인을 탓했다.

셀리그먼과 그의 학생들은 낙관론자와 비관론자를 구별하기 위해 검사지를 개발했다.⁵ 그 검사지 문항의 예를 하나만 들자면 다음과 같다. 다른 사람들의 기대와 달리 당신이 일을 전부 끝내지 못했다고 해보자. 이제 그렇게 된 주원인을 상상해보라. 무슨 생각이 떠오르는가? 이런 일련의 가상 상황을 읽고 작성한 답들이 일시적 원인 대 영구적 원인, 특수한 원인 대 전반적 원인의 기준으로 평가된다.

당신이 비관론자라면 "나는 모든 것을 망쳐놔."라거나 "나는 실패자야."라고 말할 것이다. 이는 영구적 원인으로 해석하는 것이다. 이럴 경우 당신이 바꿀 수 있는 상황은 별로 없다. 또한 전반적 원인이기 때문에 업무 능력뿐 아니라 많은 일상적 상황에 영향을 미친다고 여길 것이다. 역경을 영구적이고 전반적인 상황으로 해석하면 사소한 문제가 대형 참사로 보인다. 그렇게 되면 당연히 포기해야 할 일처럼 보인다. 반면에 당신이 낙관론자라면 "내가 시간 관리에 실패했어."라고 말할 것이다. 또는 "주의가 산만해져서 효율적으로 일하지 못했어."라고 설명할 것이다. 이런 원인들은 전부 일시적이고 특수한 원인으로 '해결 가능성'fixability이 있기 때문에 문제를 극복할 동기를 부여해준다.

셀리그먼은 이 검사지를 사용하여 비관론자가 낙관론자에 비해 우울증과 불안에 시달릴 가능성이 높다는 사실을 확인했다.[6] 더욱이 낙관론자는 정신 건강과 직접적인 관계가 없는 영역에서도 적응력이 높다. 예를 들어 낙관론자인 대학생들은 학점이 더 높은 경향이 있고 중퇴할 확률도 낮다.[7] 낙관론자인 청년들은 중년까지 건강을 잘 유지하고 따라서 비관론자들보다 오래 산다.[8] 결혼에 대한 만족도 역시 낙관론자가 더 높다.[9] 1년간 메트라이프MetLife 보험설계사를 대상으로 진행된 현장 연구에서는 낙관론자들이 직장에 남을 확률이 두 배나 높으며 비관론자인 동료들보다 보험을 25퍼센트 더 판매한다는 사실이 확인됐다.[10] 마찬가지로 통신회사, 부동산 회사, 사무기기 회사, 자동차 회사, 은행 등의 영업 사원을 대상으로 한 연구에서도 낙관론자들이 비관론자들보다 판매 실적이 20~40퍼센트 높다는 결과가 나왔다.

한 연구에서는 미국 올림픽 대표팀 선발전을 준비 중인 선수들을 포함한 최정상급 수영선수들에게 셀리그먼의 낙관성 검사를 받게 했다. 그런 다음 코치가 각 선수에게 제일 잘하는 종목을 연습시키고 일부러 실제보다 낮은 기록이 나왔다고 알려줬다.[11] 그 종목을 다시 연습할 기회를 주었을 때 낙관론자들은 최소한 처음만큼의 기록이 나왔지만 비관론자들은 훨씬 낮은 기록이 나왔다.

그릿의 전형들은 장애를 어떻게 받아들이는가? 나는 낙관적으로 설명하는 이들이 압도적으로 많다는 사실을 발견했다. 언론인 헤스터 레이시 역시 독보적인 창의력을 가진 사람들과의 인터뷰에서 똑같은 행태를 발견했다. "가장 실망스러웠던 일은 무엇이었습니까?" 그녀가 그들 모두에게 물었다. 예술가든 기업가든 사회운동가든 그들의 대답은 거의 똑같았다. "글쎄요, 실망이라고는 생각하지 않습니다. 나는 어떤 일이 생기든 거기서 배울 점이 있다고 보는 편이에요. '그래, 썩 잘되지는 않았지만 계속 밀고 나가야.'라고 생각하죠."[12]

마틴 셀리그먼이 2년간 실험실 연구를 중단했을 즈음, 그의 새로운 멘토인 아론 벡은 자신이 받았던 프로이트 학파의 정신분석 수련에 의문을 느끼고 있었다. 당시의 대다수 정신과 의사처럼 벡은 모든 정신 질환의 원인이 무의식 속에 있는 아동기의 갈등 때문이라고 배웠다.

그러나 벡의 생각은 달랐다. 그는 정신과 의사가 환자를 괴롭히는 문제에 대해 그들과 직접 대화할 수 있으며, 환자의 생각, 그들의 자기대화 self-talk가 치료법의 대상이 될 수 있다는 대담한 주장을 펼쳤다.[13] 실직, 직장 동료와의 언쟁, 깜박 잊고 친구에게 전화하지 않은 일 등 동일한 객관적인 사건이 매우 다른 주관적 해석으로 이어질 수 있다는 통찰이 벡의 새로운 접근법의 토대가 됐다. 그것은 우리의 감정과 행동을 유발하는 요인은 객관적인 사건 자체가 아니라 주관적인 해석이라는 사실이다.

인지행동치료는 환자들이 보다 객관적이고 건강한 방식으로 사고하게 도와줌으로써 우울증을 비롯한 심리 질환을 치료하는 방법이다. 이는 우리가 아동기에 어떤 고통을 겪었든 부정적인 자기대화에 유의하는 법을 배운다면 부적응적 행동을 바꿀 수 있다는 사실을 증명해 보였다. 다른 기술들처럼 우리는 자기에게 일어난 일을 낙관론자처럼 해석하고 반응하도록 연습할 수 있다. 인지행동치료는 현재 우울증의 심리 치료법으로 널리 쓰이고 있으며 그 효과가 항우울제보다 오래 지속되는 것으로 입증됐다.[14]

역경을 낙관적으로 받아들이는 자세

내가 그릿 연구의 발판을 마련한 지 몇 년 뒤에 티치 포 아메리카Teach For America(이하 TFA, 교육 불평등을 해소하기 위한 교사양성 및 지원을 하는 비영리단체. 가난한 지역으로 대학 졸업생들을 보내 아이들을 가르치는 프로그램을 운영한다.─편집자)의 최고경영자인 웬디 코프Wendy Kopp가 마틴 셀리그먼을 만나러 왔다.

당시 그의 지도를 받는 대학원생이었던 나는 두 가지 이유 때문에 그 자리에 끼고 싶은 마음이 간절했다. 첫째, TFA는 대학을 갓 졸업한 청년 수백 명을 교육 여건이 어려운 전국의 교육구에 보내고 있었다. 나는 개인적인 경험을 통해 교직은 그릿이 필요한 직업이며 TFA에서 교사를 배정하는 도시와 농촌 교실만큼 그릿이 필요한 곳은 없다는 사실을 알고 있었다. 둘째, 코프 본인이 그릿의 전형이었다. 널리 알려진 것처럼 그녀는 프린스턴대학교 4학년 재학 중에 TFA를 구상했고, 결국에는 꿈을 포기하고 마는 많은 이상주의자들과 달리 그 꿈을 고수하며 미국에서 매우 큰 규모와 영향력을 가진 비영리 교육단체 중의 하나를 맨손으로 이뤄냈다. '끈질긴 목표 추구'는 TFA의 핵심 가치인 동시에 친구와 직장 동료들이 코프의 리더십을 묘사할 때 흔히 사용하는 말이기도 하다.[15]

우리 세 사람은 그날 회의에서 '역경을 낙관적으로 해석하는 교사는 비관적인 교사에 비해 투지가 강하며, 그 투지는 훌륭한 수업을 예측해주는 변인이다'라는 가설을 수립했다. 예를 들어 낙관적인 교사는 수업에 비협조적인 학생을 도울 방법을 계속 찾겠지만, 비관적인 교사는 더 이상 어쩔 방법이 없다고 여길 것이다. 그 가설이 참인지 확인하기 위해 우리는 TFA 교사들이 학교에 부임하기 전에 낙관성과 그릿을 측정하고, 1년 뒤 그들이 학생들의 학업을 얼마나 효과적으로 향상시켰는지 알아보기로 결정했다.

그해 8월 TFA 교사 400명은 그릿 척도와 셀리그먼의 낙관성 검사를 마쳤다. 나쁜 일에서는 일시적 원인과 특수한 원인 탓으로 돌리고, 좋은 일에서는 영구적 원인과 전반적 원인 탓으로 돌리는 정도가 강할수록 낙관적인 대답으로 처리됐다. 그 반대의 경향이 심할수록 비관적인 대답으로 간주됐다.

이 조사연구에서 우리가 한 가지 더 측정한 변인은 행복이었다. 우선 행복이 훌륭한 업무 실적의 결과일 뿐 아니라 중요한 원인일 수도 있다는 과학적 증거가 조금씩 늘고 있었기 때문이다. 또한 우리는 투지가 강한 교사들이 얼마나 행복한지 궁금했다. 한결같은 열정과 투지는 대가를 치러야 얻을 수 있는가? 아니면 투지가 강한 동시에 행복할 수 있는가?

1년 후 TFA에서는 학생의 학업 성취도 향상을 토대로 각 교사의 효율성을 평가하고 표로 만들어 자료 분석에 들어갔다. 우리가 예상한 대로 낙관적인 교사들이 더 투지가 강하고 행복을 느낀다는 결과가 나왔다. 또한 그들의 투지와 행복감이 1년간 학생들의 학업 성취를 더 높일 수 있었던 이유로 밝혀졌다.[16]

나는 한동안 그 결과를 응시하다가 내가 교실에서 가르쳤던 경험을 회상해 보았다. 오후에 화가 나고 지친 상태로 퇴근했던 많은 날들이 기억났다. 내 자신의 무능(맙소사, 난 정말 바보야!)과 아이들의 무능(얘는 이걸 또 틀렸어! 이건 절대 못 배우겠군!)을 탓하는 비극적인 자기대화와 싸웠던 기억도 났다. 그리고 아침에 일어나서 이제 써볼 수 있는 방법은 한 가지뿐이라며 이런 생각도 했다. '초콜릿 바를 가져가서 여러 조각으로 나눠 보여주면 아이들이 분수 개념을 이해할지도 몰라.', '월요일마다 전체 학생들에게 사물함을 싹 비우라고 하면 깨끗이 사용하는 습관을 들일 거야.'

웬디 코프의 직관과 TFA의 젊은 교사들에게서 수집한 자료, 그릿의 전형들과의 면담, 50년 동안 축적된 심리학 연구 결과들이 전부 동일한 상식적 결론을 가리켰다. 상황을 개선시킬 방법을 계속 찾는다면 마침내 그것을 발견할 가능성이 높다. 그에 반해 방법이 없을 거라 지레짐작하고 포기한다면 단언컨대 절대 찾지 못할 것이다.

자주 인용되는 헨리 포드의 말을 빌리면 이와 같다. "할 수 있다고 생각하면 할 수 있고 할 수 없다고 생각하면 할 수 없을 것이다."

낙관적 사고방식은
어떻게 만들어지는가

마틴 셀리그먼과 스티브 마이어가 무력

감과 지각된 통제감 부족의 연관성을 살피고 있을 즈음에 캐럴 드웩Carol Dweck은 심리학을 전공하는 대학생이었다. 드웩은 남들이 포기하는 상황에서도 굴하지 않는 사람들이 있다는 사실에 늘 강한 흥미를 느꼈다. 그녀는 대학을 졸업한 뒤 바로 심리학 석박사과정에 들어가 이 문제에 매달렸다.

셀리그먼과 마이어 교수의 연구는 젊은 시절의 드웩에게 깊은 영향을 미쳤다. 그녀는 두 사람의 연구 결과를 믿었지만 거기에 만족하지 못했다. 고통의 원인을 자신이 통제할 수 없는 요인으로 귀속시키면 심신이 무력해지는 것은 사실이지만, 애초에 그런 귀인歸因 방식은 어디에서 오는가? 그녀는 왜 어떤 사람은 낙관론자로 성장하고 어떤 사람은 비관론자로 성장하는지 의문을 품었다.

드웩은 초기에 여러 중학교의 재학생들을 상대로 다음 연구를 진행했다. 그녀는 교사와 교장, 학교심리학자 모두에게서 어떤 일에 실패했을 때 유독 무력감을 느낀다고 평가받는 남녀 학생들을 파악했다.[17] 그녀는 이 학생들이 노력이 아니라 지적 능력의 부족 때문에 실수한다고 믿고 있으리라 예견했다. 다시 말해서 그녀는 학생들을 비관적으로 만든 요인이 단지 잇단 실패 경험이 아니라 성공과 학습에 대한 핵심 신념core belief일 거라고 의심했다.

드웩은 이를 확인하기 위해 학생들을 두 집단으로 나눴다. 절반의 학생들은 성공 경험 프로그램success only program에 배정됐다. 이 집단은 몇 주 동안 수학 문제를 풀면서 매 시간 몇 문제를 풀었든 상관없이 잘했다는 칭찬을 받았다. 나머지 절반의 학생들은 귀인 재훈련 프로그램attribution retraining program에 배정됐다. 이 집단도 수학 문제를 풀었지만 문제를 많이 풀지 못했다는 지적을 가끔씩 받았으며 결정적으로 '더 열심히 해야 한다'는 말을 들었다.

그 후에 모든 학생에게 쉬운 문제와 매우 어려운 문제가 섞인 문제지를 풀게 했다. 드웩은 이전의 실패가 무력감의 근본 원인이었다면 성공경험 프로그램이 동기를 강화시켜주었을 거라고 추론했다. 반면에 학생들이 자신의 실패를 해석하는 방식이 문제였다면 귀인 재훈련 프로그램이 더 효과적이었을 것이다.

드웩이 얻은 실험 결과에 의하면 성공 경험 프로그램에 배정됐던 학생들은 매우 어려운 문제가 나오면 훈련 이전과 마찬가지로 쉽게 포기했다. 이와는 매우 대조적으로 귀인 재훈련 프로그램에 배정됐던 학생들은 어려움에 부딪친 후에 더 노력했다. 그들은 실패를 자신에겐 성공할 능력이 없다는 증거가 아니라 더 노력해야 한다는 신호로 해석하도록 학습한 듯했다.

그 후 40여 년 동안 드웩은 이 문제를 깊이 탐구했다. 곧 그녀는 모든 사람들의 마음속에는 각각 세상이 돌아가는 방식에 대한 개인적 이론이 있다는 사실을 알게 됐다. 드웩이 사람들에게 질문했을 때 즉각 대답이 돌아왔다는 점으로 미루어, 세상에 대한 관점은 의식에 존재한다. 하지만 인지행동치료 중에 꺼내놓는 많은 생각들처럼 질문을 받을 때까지는 의식하지 못할 수도 있다.

다음은 드웩이 지능에 관한 개인적 이론을 측정하기 위해 사용하는 네 가지 문항이다.[18] 지금 네 문항을 읽고 당신은 각 문항에 얼마나 동의하는지 생각해보라.

- 지능은 아주 근본적인 개인 특성으로 당신의 힘으로 변화시키기 힘들다.
- 당신은 새로운 것들을 배울 수 있지만 당신의 지적 능력을 바꿀 수는 없다.
- 당신의 지능이 얼마가 됐든 언제든지 상당히 변화시킬 수 있다.
- 당신은 언제라도 지적 능력을 크게 변화시킬 수 있다.

앞의 두 문항에는 그렇다고 고개를 끄덕였지만 뒤의 두 문항에는 그렇지 않다고 고개를 저었다면 드웩은 당신이 고정형 사고방식fixed mindset을 갖고 있다고 진단할 것이다. 또한 만약 그 반대라면 당신은 성장형 사고방식growth mindset에 가깝다고 말해줄 것이다. 나는 성장형 사고방식이란 사람이 정말로 변할 수 있다는 깊은 믿음이라고 생각한다. 이런 성장 지향적인 사람들은 만약 적절한 기회가 주어지고 제대로 지원을 받는다면 그리고 열심히 노력하면서 자신이 할 수 있다고 믿는다면 더 똑똑해질 가능성이 있다. 반대로 어떤 사람들은 자전거를 타는 법이나 영업 전략 등을 배울 수는 있지만 이런 기술을 배우는 능력, 즉 재능은 훈련의 대상이 아니라고 생각한다. 자기 재능을 믿는 사람 중에도 고정형 사고방식을 가진 이가 많은데, 이런 생각은 문제가 될 수 있다. 현실적으로 걸림돌이 없는 길은 없으며 언젠가는 이런 장애물들을 만나게 되기 때문이다. 그럴 때 고정형 사고방식은 큰 골칫거리가 된다. C⁻ 학점, 불합격 통보, 직장에서의 실망스러운 업적 평가 등의 장애가 당신을 길 밖으로 밀어낼 수 있다. 고정형 사고방식을 가졌다면 이런 장애를 자신에게는 '필요한 자질'이 없거나 부족하다는 증거로 해석하기 쉽다. 반대로 성장형 사고방식을 가진 사람은 더 잘하는 법을 배울 수 있다고 믿는다.

사고방식은 낙관성처럼 모든 생활 영역에 영향을 미친다. 예컨대 성장형 사고방식을 지녔다면 학교생활도 더 잘하고, 정서적, 신체적으로도 건강하며 타인과 군건하고 긍정적인 사회적 관계를 형성할 가능성이 높다.[19]

몇 년 전 드웩과 나는 2,000명이 넘는 고등학교 졸업반 학생들을 대상으로 성장형 사고방식을 측정하는 설문조사를 했다. 그 결과 성장형 사고방식을 지닌 학생들이 고정형 사고방식의 학생들보다 그릿이 훨씬 높다는 사실을 발견했다. 나아가 그릿이 높은 학생들은 성적이 더 좋으며 졸업 후에 대학에 진학하고 학위를 딸 가능성도 더 높았다.[20] 그 후 아동과 성인에게도 성장형 사고방식과 그릿을 측정해본 결과 모든 표본에서 둘의 긍정적 상관관계를 확인할 수 있었다.

사람들의 사고방식은 어디에서 오는가? 드웩은 그 대답으로 당신의 성공 및 실패의 역사에 있어 그 결과에 대해 주변 사람들이 보였던 반응, 특히 권위 있는 인물들의 반응을 지목할 것이다.

당신이 어린 시절 무언가를 아주 잘했을 때 사람들에게 무슨 말을 들었는지 떠올려보라. 당신의 재능에 대해 칭찬받았는가 아니면 노력에 대해 칭찬받았는가? 어느 경우였든 아마 지금의 당신은 그때 들은 것과 동일한 언어로 승리와 패배를 평가하고 있을 것이다.

KIPP 교사 양성 과정에서는 '타고난 재능'보다 노력과 학습을 칭찬하라는 목표를 명시하고 있다.[21] Knowledge Is Power Program(지식이 힘이다 프로그램)의 약자인 KIPP은 티치 포 아메리카의 투지 넘치는 젊은 교사였던 마이크 파인버그Mike Feinberg와 데이브 레빈Dave Levin에 의해

1994년 시작됐다. 현재 미국 전역의 7만 명의 초·중·고등학생이 KIPP 스쿨에 다니고 있다. 스스로를 자랑스럽게 킵스터KIPPster라고 부르는 학생들의 대다수는 저소득 가정 출신이다. 거의 모든 킵스터가 불리한 조건을 극복하고 고등학교를 졸업하며 80퍼센트 이상이 대학에 진학한다.

KIPP 스쿨 교사들은 교육 기간 동안에 작은 수첩 하나를 받는다. 수첩의 한쪽에는 교사들이 좋은 의도로 흔히 사용하는 격려의 말이 쓰여 있다. 그 옆에는 인생이란 스스로에 대한 도전이며 이전에는 하지 못했던 일을 할 수 있도록 배우는 것이라는 메시지를 은연중에 전달할 표현들이 쓰여 있다. 그중에서 모든 연령대에 쓸 수 있는 표현들이 아래 표에 열거되어 있다. 당신이 부모나 감독, 코치, 멘토라면 앞으로 며칠 동안 자신이 쓰는 표현에 주의하면서 그 말들이 자신과 타인에게 어떤 신념을 강화하는지 관찰해보기를 제안한다.

성장형 사고방식과 그릿을 약화하는 표현	성장형 사고방식과 그릿을 강화하는 표현[22]
"너는 타고났어! 마음에 든다."	"열심히 배우는구나! 마음에 든다."
"적어도 노력은 했잖니!"	"결과가 안 좋았네. 어떤 식으로 했는지, 어떻게 하면 나을지 이야기해보자."
"참 잘했어! 굉장한 재능이구나!"	"참 잘했어! 더 개선할 부분은 뭐가 있을까?"
"어려운 거야. 설령 못 하더라도 상심할 것 없어."	"어려운 거야. 아직 못 한다고 해서 상심할 것 없어."
"이건 네 강점이 아닌가 보다. 네가 기여할 다른 일이 있을 테니까 걱정하지 마." (스포츠에서는 '장점을 극대화하고 약점을 훈련하라'는 말이 있다. 나도 이 격언에 담긴 지혜에 동의하지만 기술은 연습을 통해 향상된다는 사실을 인식하는 것도 중요하다고 생각한다.)	"나는 목표 기준을 좀 높게 잡아. 같이 그 기준에 도달할 수 있도록 내가 이끌어줄게."

말과 행동의 불일치를
경계하라

말로 희망을 키워줄 수도 있다. 하지만 성장형 사고방식의 모범을 보이는 행동, 즉 사람은 학습을 학습할 수 있다고 진심으로 믿는 모습을 행동으로 보여주는 것이 더욱 중요하다.

작가이자 사회운동가인 제임스 볼드윈James Baldwin이 이런 말을 한 적이 있다. "아이들은 어른들의 말을 새겨듣는 법이 없지만 어른들의 행동을 모방하는 데는 선수다."[23] 이는 데이브 레빈이 가장 즐겨 인용하는 구절 중 하나다. 나는 그가 이 구절로 KIPP 워크숍을 시작하는 모습을 여러 차례 목격했다.

이는 내 실험실의 심리학자, 박다은도 최근에 확인한 사실이다. 그녀는 1년 동안 1학년과 2학년 교실을 관찰하면서 학업 성취도가 높은 학생들에게 특권을 부여하고 그들과 다른 학생들의 차이를 강조하는 교사들은 무심결에 어린 학생들에게 고정형 사고방식을 심어준다는 사실을 확인했다.[24] 두 학기가 지나는 동안 그런 교사에게 배운 학생들은 쉬워서 '많이 맞힐 수 있는' 게임과 문제를 선호하게 됐다. 한 학년을 마쳤을 때 그 학생들은 "사람마다 정해진 재능이 있고 이는 거의 그대로 유지된다."는 말에 동의하는 비율이 더 높았다.

마찬가지로 드웩과 공동 연구자들은 부모들이 아이의 실수가 나쁜 문제라도 되는 것처럼 반응할 때 아이가 고정형에 가까운 사고방식을 갖게 된다는 사실을 발견했다.[25] 이들 부모가 스스로 자신이 성장형 사고방식을 가지고 있다고 말했을 때도 결과는 마찬가지였다. 아이들은 우리를 지켜보고 우리의 행동을 모방한다.

이런 상관관계는 회사 환경에서도 성립된다.[26] 버클리대학교 교수인 제니퍼 채트먼Jennifer Chatman과 그녀의 공동 연구자들은《포천》선정 1,000위권 내의 기업에 근무하는 직원들을 대상으로 사고방식과 동기, 복지에 관해 설문조사를 했다. 조사 결과에 의하면 기업에 따라 사원들이 공통적으로 갖고 있는 사고방식이 달랐다. 고정형 사고방식을 가진 회사의 직원들은 '이 회사는 어느 정도 재능이 있어야 성공할 수 있으며 재능은 정해져 있다고 믿는다'와 같은 설문 문항들에 동의했다. 그들은 회사가 소수의 최우수 직원들만 우대하고 다른 직원의 발전에는 별로 투자하지 않는다고 느꼈다. 그리고 이렇게 응답한 직원들은 비밀이 있다, 절차를 무시한다, 남을 앞지르기 위해 속임수를 쓴다는 문항에도 동의했다. 그와 반대로 성장형 사고방식 문화를 가진 회사의 직원들은 동료를 신뢰할 수 있다, 회사가 혁신을 장려한다, 회사가 모험을 지지한다는 문항에 그렇다고 응답한 비율이 각각 47퍼센트, 49퍼센트, 65퍼센트가 더 높았다.

당신은 성공한 사람을 어떻게 대하는가? 그리고 당신을 실망시킨 사람에게는 어떻게 반응하는가?

추측하건대 당신이 성장형 사고방식 개념을 아무리 지지해도 고정형 사고방식으로 돌아갈 때가 종종 있을 것이다. 적어도 드웩과 셀리그먼, 나는 그렇다. 우리 세 사람 모두는 각자의 지도 학생이 기대에 못 미치는 결과물을 가져왔을 때 어떻게 반응해야 좋을지 알고 있다. 우리는 따뜻한 격려가 자동 반사처럼 나오기를 바란다. 실수에 대해 '좋아, 여기서 배울 점은 뭐지?'라는 태도를 갖기를 열망한다.

하지만 우리도 사람인지라 자주 좌절한다. 조급함을 내비치기도 한다.

학생의 능력을 판단할 때 불현듯 의구심을 느끼면서, 앞으로 더 발전할 방안을 생각해주는 중요한 과업을 잠시 잊기도 한다.

대개 사람들의 내면에는 성장형 사고방식을 지닌 낙관론자 바로 옆에 고정형 사고방식을 지닌 비관론자가 나란히 존재한다. 몸짓 언어와 표정, 행동이 아니라 말만 바꾸는 실수를 하기 쉽기 때문에 이런 현실을 인식하는 것이 중요하다.

그렇다면 어떻게 해야 하는가? 우선 말과 행동의 불일치를 조심해야 한다. 당연히 계속 실수하겠지만 그럴 때는 고정형 사고방식과 비관적 관점을 버리기가 어렵다고 순순히 인정하면 된다. 드웩의 동료인 수전 매키Susan Mackie는 기업의 최고경영자들과 함께 일하면서 그들의 내면에 있는 고정형 사고방식에 그 특징을 딴 이름을 붙이고 이렇게 말해보라고 권한다. "이런, 내가 오늘 회의에 강압적인 클레어를 데려왔나 보군. 다시 이야기해보지.", "또 올리비아가 상충되는 요구에 어떻게 대처할지 몰라 당황하는데 찬찬히 생각하게 날 좀 도와주겠나?"

투지 넘치는 시각을 갖게 되면 근본적으로 사람은 실력이 차차 늘고 성장한다는 점을 인정하게 된다. 우리는 인생에 한 방 맞고 쓰러졌을 때 다시 일어날 수 있는 힘을 얻고 싶은 것처럼, 주변 사람들이 노력했지만 성공하지 못했을 때도 그들에게 도움이 되는 해석을 해주려고 한다. 우리에게는 언제나 내일이 있다.

나는 최근에 빌 맥냅Bill McNabb에게 전화해서 그의 관점을 물었다. 맥냅은 2008년부터 세계 최대 뮤추얼펀드 회사인 뱅가드Vanguard의 최고경영자를 맡고 있는 인물이다.

"사실 우리는 뱅가드의 고위 간부들을 추적해서 왜 어떤 이들은 남들보다 장기적으로 성공을 거두는지 그 이유를 따져봤습니다. 나는 성공하지 못한 간부들은 '안주'해서 그렇다고 말해왔는데 곰곰이 생각할수록 그게 아닌 것 같더군요. 진짜 원인은 '나는 더 배울 것이 없다. 이게 나다. 이것이 내 방식이다'라는 믿음 때문이었습니다."[27]

그렇다면 계속 성장하는 간부들은 어떤가?

"여기서 쭉 성공을 거둔 사람들은 계속 성장 궤도를 달립니다. 성장을 거듭하면서 계속 사람들을 놀라게 하죠. 우리 중역들 중에는 이력서만 보고 '와, 이런 사람이 어떻게 이렇게 성공할 수 있지?'라는 말을 들은 분도 있습니다. 반면에 굉장한 경력의 소유자인데 '왜 더 나아가지 못하지?'라는 의구심을 자아내는 중역도 있죠."

맥냅은 성장형 사고방식과 그릿에 관한 연구 결과 역시 회사 대표로서만이 아니라 아버지, 전직 고등학교 라틴어 교사, 조정 코치, 운동선수로서의 그의 직관을 입증해준다는 사실을 알게 됐다. "나는 진심으로 사람들이 자신과 세상에 대한 이론을 발전시켜 나가며 그 이론이 그 사람의 행동을 결정짓는다고 생각합니다."

우리의 대화가 '정확히 어디서부터 그런 이론이 형성되는가'라는 문제에 이르렀을 때 맥냅은 이렇게 말했다. "믿거나 말거나 사실 나는 처음에는 고정형 사고방식에 가까웠습니다." 그렇게 된 데에는 아직 초등학생인 그를 인근 대학의 연구 대상으로 등록시킨 부모님의 영향이 어느 정도 있었다. 그는 각종 지능검사를 받고 난 다음에 "정말 잘했어. 학교에 가면 정말 잘할 거다."라는 말을 들었다.

맥냅은 권위 있는 기관에서 재능을 확인받았다는 생각과 더불어 초반에 학업 성취도도 높았기 때문에 한동안 자신감이 드높았다. "나는 다른 아이들보다 시험을 일찍 끝내는 데 큰 자부심을 느꼈습니다. 항상 100점을 받지는 못했지만 대체로 만점에 가까웠고, 열심히 하지 않고도 그 점수를 받는다는 사실이 매우 흐뭇했습니다."

맥냅이 성장형 사고방식으로 바뀐 데는 대학 입학 후 가입한 조정팀의 공이 컸다. "그전에는 노를 저어본 적도 없었는데 보트 타는 것이 좋더라고요. 야외로 나가는 것도 좋고 운동하는 것도 좋았습니다. 조정과 사랑에 빠졌다고나 할까요."

조정은 그에게 잘하고 싶지만 마음대로 되지 않는 첫 번째 일이었다. "나는 재능을 타고난 선수는 아니었어요. 초반에는 실패도 많이 맛보았습니다. 하지만 실패를 견디며 계속하자 실력이 점차 나아졌습니다. 어느 날 문득 '한눈팔지 말고 계속 열심히 하라. 정말 중요한 것은 노력이다'라는 말이 이해되기 시작했죠." 1학년 말쯤에 그는 2군 보트를 탔다. 나는 나쁜 성적이 아니라고 생각했지만 맥냅은 2군에 배정되면 통계적으로 대표팀에 들어갈 확률이 낮다고 설명했다. 그는 1학년을 마친 뒤 여름방학 내내 캠퍼스에 남아 조정 연습을 했다.

그리고 노력한 보람이 있었다. 2학년에 올라온 맥냅은 2군 보트의 스트로크로 승격됐다. 다른 일곱 명의 선수에게 속도를 정해주는 역할을 맡은 것이다. 또한 시즌 중간에 대표팀의 선수 하나가 부상을 입어 자신의 기량을 보여줄 기회를 얻게 되었다. 그가 생각하기에도 썩 괜찮았고 대표팀 주장도 잘했다고 말했다. 하지만 부상당한 선수가 나아서 복귀했을 때 코치는 그를 다시 2군으로 강등시켰다.

"그 코치는 고정형 사고방식을 가지고 있었던 거죠. 그는 제 기량이 부쩍 향상됐다는 사실을 믿지 못했습니다."

몇 차례 기복은 있었지만 그는 성장형 사고방식을 계속 고수해나갔다.

"포기하기 직전까지 갔지만 꿋꿋이 버텨냈고 결국에는 다 잘됐어요. 거기에서 결코 잊지 못할 교훈을 얻었습니다. 좌절과 실패를 맛보더라도 너무 예민하게 받아들이지 말라는 교훈이었죠. 그럴 때는 한 걸음 물러나서 원인을 분석하고 교훈을 얻어야 합니다. 그리고 낙관적인 태도를 유지해야 합니다."

그 교훈이 훗날 맥냅의 인생에 어떤 도움이 됐을까? "나도 직장생활을 하면서 낙담할 때가 있었습니다. 다른 사람이 나보다 빨리 승진하는 모습을 지켜보기도 했고요. 내가 원하는 방식과 정반대 상황이 벌어지기도 했죠. 그럴 때는 '계속 열심히 일하고 배워가면 다 잘될 거야.'라고 마음속으로 생각했습니다."

시련에 강한 아이로
키우고 싶다면

니체는 말했다. "죽을 만큼의 시련은 나를 더 강하게 만든다."[28] 칸예 웨스트Kanye West와 켈리 클락슨Kelly Clarkson의 노래에도 인용되는 이 말을 우리가 되풀이하는 데는 이유가 있다. 우리 중 많은 이들이 빌 맥냅의 경우처럼 난관에 봉착했지만 그것을 헤쳐 나왔고, 그 결과 처음보다 큰 자신감을 얻었던 때를 기억할 수 있을 것이다.[29]

예를 들어 경험이 풍부한 리더와 함께 청소년 또는 성인을 몇 주 동안 야생의 땅으로 보내 생활하게 하는 《아웃워드 바운드》Outward Bound 프로그램을 생각해보라. 《아웃워드 바운드》는 배가 항구에서 먼 바다로 나가는 순간을 가리키는 단어에서 그 이름을 따왔다. 이 프로그램은 약 50년 전에 자연 속에서의 도전 경험이 '불굴의 추진력'과 '패배를 모르는 정신'을 길러준다는 전제로 시작됐다.[30] 실제로 수십 편의 연구에서 《아웃워드 바운드》는 독립심, 자신감, 자기주장 그리고 인생에서 일어나는 일 대부분은 스스로 통제할 수 있다는 믿음을 강화해준다는 사실이 입증됐다. 게다가 이런 유익한 효과는 프로그램에 참여한 지 6개월이 지난 뒤에도 감소하는 것이 아니라 증가하는 경향이 있었다.[31]

그럼에도 불구하고 죽을 만큼의 시련 때문에 우리가 약해질 수도 있다는 사실 또한 부인할 수 없다. 피할 수 없는 전기 충격을 반복적으로 받은 개를 생각해보라. 개들 중에서 3분의 1은 이런 역경에도 굴하지 않았지만, 피할 수 없는 스트레스 상황에 놓였던 경험이 어떤 식으로든 유익하게 작용했던 개가 있었는지는 알 수 없다. 반면에 대부분의 개는 그 실험의 직접적인 여파로 고통에 쉽사리 무릎 꿇었다.[32]

그러므로 때로는 죽을 만큼의 시련이 사람을 강하게 만들지만 때로는 약하게 만들기도 하는 듯하다. 그렇다면 각각 어떤 경우에 그러한가? 힘든 싸움이 희망으로 이어질 때는 언제이며, 무력감으로 이어질 때는 언제인가?

몇 년 전 스티브 마이어는 학생들과 함께 한 가지 실험을 구상했다.[33] 40년 전에 그와 마틴 셀리그먼이 했던 것과 거의 똑같은 실험이었다. 한 집단의 쥐들은 전기 충격을 받았지만 앞발로 작은 핸들을 돌리면 다음 전기 충격이 가해질 때까지 전류를 차단할 수 있었다. 두 번째 집단의 쥐들은 첫 번째 쥐들과 동일한 강도의 전기 충격을 받았지만 전기가 얼마 동안 흐를지 통제할 수 없었다.

원래 실험과의 결정적 차이는 새로운 실험에서는 쥐의 청소년기에 해당하는 생후 5주인 쥐들을 대상으로 했다는 점이다. 또한 두 번째 차이는 쥐들이 완전히 성체기에 접어든 5주 뒤에 이 실험이 미친 영향을 측정했다는 점이다. 5주 뒤에 두 집단의 쥐들에게 다시 전기 충격을 가했지만 쥐들이 전류를 차단할 방법은 없었다. 그리고 다음 날에는 쥐들을 새로운 환경에 풀어놓고 탐색 행동을 관찰했다.

마이어의 실험 결과는 다음과 같다. 청소년기에 스스로 통제할 수 없는 전기 충격을 경험하고 성체기에 한 번 더 같은 충격을 받은 쥐들은 겁먹은 듯한 행동을 보였다. 이상할 것 없는 결과였다. 그 상황에 놓인 다른 쥐들처럼 무력감을 학습한 것이었다. 그에 반해서 청소년기에 전기 충격을 통제할 수 있었던 쥐들은 모험심이 더 강한 쥐로 성장했다. 더욱 놀라운 점은 성체기에 와서 마치 학습된 무력감에 대비한 예방주사라도 맞은 듯한 모습을 보였다는 것이다. 그렇다, '회복력이 강한' 이 쥐들은 성체기에 통제할 수 없는 전기 충격을 받아도 무력하게 있지 않았다.

다시 말해서 어린 쥐에게 닥친 죽지 않을 만큼의 시련은 스스로의 노력으로 상황을 통제할 수 있었을 때만 강인한 어른 쥐로 성장시켰다.

나는 스티브 마이어의 실험을 알게 됐을 때 직접 그와 대화를 나눠봐야겠다는 생각으로 콜로라도행 비행기를 탔다.

마이어는 나를 데리고 실험실 안을 돌면서 핸들이 달린 특수 우리를 보여줬다. 쥐가 돌리면 전류를 차단해 전기 충격을 더 이상 받지 않게 해주는 핸들이었다. 실험실을 돌아본 후에는 그 실험에 참가했던 한 대학원생이 쥐의 반응에 개입하는 뇌 회로와 신경전달물질에 대해 설명해줬다. 그리고 드디어 마이어와 마주하고 앉았다. 나는 이 실험뿐만 아니라 그의 눈부신 연구 경력에 등재된 다른 실험에서 발견한 희망의 신경생물학적 기제를 설명해달라고 부탁했다.

마이어가 잠시 생각하더니 대답했다. "몇 문장으로 답하자면 이렇게 말할 수 있습니다. 뇌에는 회피 경험에 대응하는 영역이 많이 있습니다. 편도체amygdala 같은 곳이지요. 사실 대뇌 변연계limbic area의 여러 영역이 스트레스에 반응합니다."[34]

나는 고개를 끄덕였다.

"그리고 대뇌 변연계는 전전두엽피질prefrontal cortex과 같은 고등 정신 영역의 규제를 받습니다. 그러니까 '잠깐만, 대책을 세울 수 있겠는데!' 또는 '아주 나쁜 것은 아니야!'라고 평가하고 사고하고 확신한다면 전전두엽피질의 억제 기능이 작동됩니다. 거기서 '진정해! 너무 스트레스 받지 마. 뭔가 대책이 있을 거야.'라는 전갈을 보내죠."

그 설명은 이해가 됐다. 하지만 마이어가 수고스럽게 쥐의 청소년기에서부터 실험한 이유를 완전히 이해하지는 못했다.

"장기적 영향에 관해서는 좀 더 설명이 필요합니다." 그가 말을 이었다. "우리는 그 신경 회로가 가소성plasticity이 있다고 생각합니다. 청소년기에 매우 어려운 역경을 스스로 극복한 경험이 있으면 역경에 대처하는 방식이 좀 다른 식으로 발달하게 됩니다. 그런데 매우 어려운 역경이어야 한다는 점이 중요합니다. 왜냐하면 이 뇌 영역들 간에 신경 회로가 형성돼야 하는데 사소한 불편 정도로는 형성되지 않기 때문입니다."

그렇다면 단지 말만으로는 사람들에게 난관을 극복할 수 있다는 믿음을 심어줄 수 없다는 말인가?

"맞습니다. 단순히 역경을 극복할 수 있다고 말해주는 것만으로는 충분하지 않습니다. 신경 회로가 새로 형성되려면 하위 수준의 억제 기능 담당 영역과 함께 통제 회로가 작동되어야 합니다. 이는 역경을 겪고 그것을 극복하는 경험을 할 때 가능합니다."

그렇다면 통제할 수 없는 시련으로 이어진 생활사 life history 는 어떤가?

"그래서 나는 빈곤한 가정의 아이들이 참으로 걱정스럽습니다." 스티브가 말했다. "그들은 무력감을 자주 경험합니다. 하지만 이를 극복하는 경험을 많이 해보지 못해서 '나는 할 수 있어. 나는 성공할 거야.'라는 자세를 배우지 못하죠. 그런 어린 시절의 경험이 매우 지속적인 영향을 미칠 것으로 추측됩니다. '내가 이런 행동을 하면 저런 일이 일어난다'는 식으로 자기 행동에 따라 앞으로 닥칠 상황이 달라진다는 수반성 contingency 이 학습되어야 하는데 말이죠."

과학적 연구 결과들은 통제할 수 없는 정신적 충격이 심신을 약화시킬 수 있다는 사실을 분명하게 보여준다. 하지만 나는 아주 오랫동안 거칠 것 없이 인생을 순항해오다가 처음으로 큰 실패에 부딪친 사람들도 걱정이 된다. 그들은 어린 시절 넘어졌다가 다시 일어나는 경험을 거의 하지 못했다. 그들에게는 고정형 사고방식을 고수할 이유가 너무 많다. 나는 내면이 허약한 우등생이 청년기에 장애물을 만나 비틀거리며 다시 일어서려고 애쓰는 모습을 많이 본다. 나는 그들을 '나약한 우등생' fragile perfect 이라고 부른다. 중간시험이나 기말시험 후에 나약한 우등생들을 종종 만나게 되는데, 총명하고 멋진 이 친구들은 성공하는 법만 알고 실패할 줄은 몰라 쩔쩔매는 모습을 보여준다.

지난해에 나는 펜실베이니아대학교 신입생인 케이번 아세마니 Kayvon

Asemani와 계속 연락을 주고받았다. 학생회장과 학교 대표팀 주전선수에 고등학교 수석 졸업까지, 아세마니의 이력서만 보면 그가 나약한 우등생이 아닐까 염려될지도 모른다. 하지만 내가 장담하는데, 그는 성장형 사고방식을 가진 낙관론자의 전형이다. 우리가 처음 만났을 때 그는 밀턴 허시 스쿨Milton Hershey School의 12학년생이었다.[35] 이 학교는 초콜릿 제조 회사의 사장인 밀턴 허시가 고아 소년들을 위해 설립한 무료 기숙학교로, 지금도 불우한 가정 출신의 아이들에게는 낙원 같은 곳이다. 아세마니는 5학년에 올라간 직후에 형제자매와 함께 허시로 오게 됐다. 그의 아버지가 어머니를 죽이려고 목을 조르는 바람에 어머니가 영원히 혼수상태에 빠진 지 1년이 지났을 때였다.

아세마니는 허시에 온 뒤로 쑥쑥 성장했다. 그는 음악에 대한 열정을 발견하고 두 개의 교내 밴드에서 트롬본 연주자로 활동했다. 리더십도 있어 그 주州의 정치인들 앞에서 연설을 했고, 학생들이 운영하는 학교 웹사이트를 만들었다. 또한 수만 달러의 자선기금을 모금한 위원회의 의장을 맡았고, 졸업반에 올라와서는 학생회장직까지 맡았다.

1월에 아세마니는 대학에 와서 첫 학기를 어떻게 보냈는지 이메일로 소식을 전해왔다. "평점 3.5로 첫 학기를 마쳤습니다. 세 과목은 A, 한 과목은 C를 받았어요. 썩 마음에 드는 학점은 아니죠. 하지만 무엇을 잘해서 A를 받고 무엇을 못해서 C를 받았는지는 알고 있습니다."

그는 가장 나쁜 점수에 대해 이렇게 말했다. "이 학교에 제가 어울리는지 갈등하고 고민에 빠져 있느라 경제학에서 C를 받고 말았습니다. 3.5 이상은 확실히 받을 수 있었고 4.0도 불가능한 일은 아니었어요. 그런데 첫 학기에는 다른 애들에게 배울 것이 많다는 생각에 사로잡혀 있었어요.

254

이제는 내가 오히려 그들에게 가르칠 것이 많다고 여기고 행동할 겁니다."

2학기도 순조롭지만은 않았다. 아세마니는 여러 과목에서 A를 받았지만 계량경제학 두 과목에서는 기대한 만큼의 학점을 받지 못했다. 우리는 경쟁이 치열한 와튼스쿨에서 다른 단과대학으로 전과하는 방법에 대해 잠깐 의논했다. 나는 전공을 바꾼다고 부끄러워할 필요는 없다고 말했다. 그러나 그는 그럴 마음이 없었다.

다음은 6월에 그가 보내온 이메일을 발췌한 것이다. "저는 수와 정량분석 개념들이 늘 어려웠어요. 하지만 저는 도전을 받아들일 겁니다. 제가 가진 투지를 다 끌어모아 실력을 향상시키고 성적도 잘 받고 말 겁니다. 설령 수를 다루지 않는 전공으로 바꿨을 때보다 평점이 낮아진다고 해도요."

나는 그가 몇 번이고 다시 일어나서 배우고 성장할 것이라 믿어 의심치 않는다.[36]

스스로에게 희망을
가르치는 법

내가 제시한 증거들은 대체로 다음과 같이 정리된다. 능력에 대한 고정형 사고방식은 역경의 순간 비관적 해석을 낳고, 이는 아예 도전 상황을 회피하거나 포기하는 행동으로 이어진다. 그와 반대로 성장형 사고방식은 역경에 대한 낙관적 해석을 낳고, 이는 다시 끈기 있게 새로운 도전을 추구하는 행동으로 이어져 결국 더 강

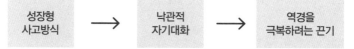

성장형 사고방식 → 낙관적 자기대화 → 역경을 극복하려는 끈기

한 사람으로 만들어준다.

스스로에게 희망을 가르치려면 위의 단계마다 '이를 신장시킬 방법은 무엇인가?'라고 자문하기를 권한다.

그러기 위해서는 우선 지능과 재능에 대한 자신의 신념을 새롭게 하길 제안한다.

드웩과 그녀의 공동 연구자들은 노력하면 지능 또는 다른 재능이 향상될 수 있다는 사실을 사람들에게 납득시키려 할 때 우선 뇌에 대해 설명한다. 그들은 최고 과학 학술지 《네이처》Nature에 실린 청소년의 뇌 발달 과정을 추적 조사한 연구 결과를 알려준다. 이 연구는 청소년들이 14세에 시작해서 18세가 되던 해에 종료됐는데, 그사이에 지능이 증가한 이들이 많았다.[37] 이 연구 결과를 들은 대다수는 지능지수가 일생 전혀 변하지 않는 것은 아니라는 사실에 놀라움을 표한다. 게다가 드웩은 청소년들이 뇌 구조에서 상당한 변화를 보였다고 덧붙인다. "수학을 잘하는 청소년들은 수학과 관련된 뇌 영역이 강화됐고, 영어를 잘하는 아이들은 뇌의 언어 영역이 강화됐습니다."

드웩은 뇌의 적응력이 대단히 강하다고 설명한다. 근육을 사용할수록 강해지는 것처럼 사람들이 새로운 도전 과제를 완전히 익히려고 애쓰는 동안 뇌 자체에도 변화가 일어난다. 사실 일생 어느 시기에도 뇌가 완전히 '고정' 상태인 때는 없다. 새로운 뉴런끼리 연결되고 기존의 뉴런 간

연결이 강화될 가능성은 평생 존재한다. 게다가 뉴런을 보호하고 뉴런 간 신호 전달 속도를 높여주는 일종의 절연체인 미엘린myelin을 생성하는 능력도 성인기 내내 유지된다.[38]

두 번째 제안은 낙관적인 자기대화를 연습하라는 것이다.

인지행동치료를 학습된 무력감 이론에 접목시킨 '회복탄력성 훈련' resilience training도 한 가지 방법일 수 있다.[39] 대화식으로 진행되는 회복탄력성 훈련은 한마디로 예방 차원의 인지행동치료이다.[40] 한 연구에 의하면 이 훈련을 받은 아동은 비관적인 성향이 감소했으며 향후 2년 동안 우울증 증상도 덜 나타났다. 대학생을 대상으로 한 유사한 연구에서도 비관적이었던 학생들이 훈련을 받은 후 2년 동안 불안감이 감소했으며 우울증 감소 효과가 3년간 지속됐다는 결과를 내놓았다.

이 장을 읽는 동안 자신이 극단적인 비관론자로 판단된다면 인지행동치료사를 찾아보라고 조언하고 싶다. 이런 조언이 얼마나 불만스럽게 보일지 알고 있다. 오래전 10대 시절에 나도 '디어 애비'Dear Abby(미국 신문의 유명한 인생 상담란—옮긴이)에 고민을 써서 보낸 적이 있다. 애비는 '상담치료사를 찾아가세요'라는 답장을 보냈다. 좀 더 깔끔하고 빠르고 직접적인 해결책을 제시해주지 않은 답장에 화가 나서 찢어버렸던 기억이 난다. 그렇지만 20쪽 정도의 희망에 관한 과학적 설명을 읽는 것만으로 뿌리 깊은 비관적인 편향이 없어질 거라고 주장한다면 그건 너무 순진한 생각이다. 인지행동치료와 회복탄력성 훈련에 관해서는 너무 설명할 내용이 많아 여기서 전부 요약해 보여줄 수는 없다.

하지만 핵심은 실제로 자기대화를 수정할 수 있으며, 부정적 자기대화가 목표를 향해 나아가는 데 방해가 되지 않도록 학습할 수 있다는 것이다. 힘든 상황에 처했을 때 당신이 생각하고 느끼는 방식, 그리고 더 중요한 행동방식은 훈련과 지도를 통해서 바꿀 수 있다.

스스로에게 희망을 가르칠 수 있는 마지막 방법으로 도움을 청하라는 제안을 하고 이 책의 마지막 부분인 제3부 '아이에게 그릿을 키워주는 법'으로 넘어가겠다.

몇 년 전 나는 은퇴한 수학자인 론다 휴스Rhonda Hughes를 만났다. 휴스의 가족 중에는 대학을 다닌 사람이 없었지만 어린 휴스는 속기보다 수학이 훨씬 좋았다. 결국 휴스는 수학 박사학위까지 취득했다. 그러나 80군데 대학의 교수직에 지원했지만 79군데에서 떨어진 후에 그녀를 채용하겠다는 유일한 대학에 취직했다.

휴스가 연락을 해온 이유 중 하나는 그릿 척도의 한 문항에 문제가 있다고 지적하기 위해서였다. "'나는 실패해도 낙담하지 않는다'는 문항이 마음에 들지 않습니다. 그건 말이 안 돼요. 실패했는데 낙담하지 않을 사람이 어디 있어요? 나는 낙담이 되던데요. '나는 실패해도 오랫동안 낙담하지 않고 다시 일어선다'로 고쳐야 한다고 생각합니다."[41]

물론 휴스의 말이 옳았고 나는 그 문항을 그녀의 말대로 고쳤다.

하지만 휴스의 사연에서 가장 중요한 대목은 그녀가 혼자서는 다시 일어서지 못할 뻔했다는 것이다. 그녀는 희망을 지키기 위해 도움을 청했다.

그녀가 들려준 이야기 중에 하나만 살펴보자. "내게는 멘토가 한 분 있는데 그분은 내가 수학자가 될 재목임을 나보다도 먼저 알아봐주셨어요. 내가 그 교수님 과목의 시험을 망치고 연구실로 찾아가 울면서부터 그분과의 인연이 시작됐죠. 교수님은 울고 있는 나를 두고 갑자기 의자에서 벌떡 일어나더니 한 마디 말도 없이 연구실에서 나갔어요. 한참 후에 그분이 연구실에 돌아와서 그러더군요. '학생, 자네는 수학과 대학원 과목을 들어야만 해. 그런데 엉뚱한 과목들만 듣고 있군.' 그러고는 내가 들어야 할 강좌들을 정해주고 다른 교수님들에게도 부탁해 나를 도와주겠다는 약속을 손수 받아주셨어요."

약 20년 전에 휴스는 실비아 보즈먼Sylvia Bozeman과 함께 EDGE 프로그램을 만들었다. EDGE는 Enhancing Diversity in Graduate Education의 약자로 수학과 박사과정에 재학 중인 소수 인종 출신 여학생들을 지원하는 활동을 임무로 삼는다. "사람들은 수학을 하려면 특별한 재능이 있어야 한다고 생각합니다." 실비아가 말했다. "수학에 타고난 재능이 있는 사람과 없는 사람이 따로 있다고 생각하죠. 하지만 휴스와 나는 '수학을 공부하는 능력은 사실 개발될 수 있다. 포기하지 마라!'라고 계속 이야기합니다."[42]

"나도 그동안 전부 그만두고 싶을 때도 많았고 수학 연구 대신 좀 더 쉬운 일을 하고 싶을 때도 있었습니다." 휴스가 말했다. "하지만 내게 계속하라고 이런저런 이야기와 조언을 해준 사람이 옆에 늘 있었습니다. 누구에게나 그런 사람이 필요하다고 생각합니다. 그렇지 않나요?"

제3부

'내면이 강한 아이'는 어떻게 길러지는가

아이들의 그릿을 키워주는 법

THE POWER OF PASSION
AND PERSEVERANCE

제10장

그릿을 길러주는 양육방식

"그릿을 길러주고 싶은 사람이 있는데 내가 해줄 수 있는 일이 뭐가 있을까요?"

나는 이 질문을 적어도 하루에 한 번은 받는다.

코치에게 질문받을 때도 있고 사업가나 CEO가 물어볼 때도 있다. 지난주에는 4학년 교사, 그 전주에는 전문대학의 수학과 교수에게서 질문을 받았다. 육군 장군이나 해군 제독이 물어볼 때도 있지만 가장 자주 이 질문을 해오는 사람은 부모들이다. 그들은 자녀가 제 잠재력을 도무지 깨닫지 못한다고 걱정한다.

물론 내게 이 질문을 하는 사람 모두가 부모는 아니지만 부모 같은 마음으로 질문한다. parenting(양육)이라는 단어는 '산출하다'라는 의미의 라틴어가 그 어원이다. 당신이 어떻게 하면 소중한 사람의 관심, 연습, 목적, 희망을 이끌어낼 수 있는지 그 지침을 부탁한다면 당신은 부모처럼 행동하고 있는 것이다.

내가 '그릿을 길러줄' 방법이 뭐라고 생각하는지 질문자에게 되물으면 여러 가지 답변이 돌아온다.

어떤 사람은 그릿이 호된 시련 속에서 생겨난다고 믿는다. 어떤 사람은 니체의 말을 살짝 바꾸어 "죽을 만큼의 시련이 사람을 강하게 만든다."고 대답하는 순발력을 보이기도 한다(그런 대답이 나오는 즉시 나는 고통에서 벗어날 방법을 찾을 수 있을 때에만 그릿이 강화된다는 사실을 입증한 스티브 마이어의 연구를 간략히 들려준다). 이런 답변을 들으면 자녀가 시합하는 내내 경기장의 사이드라인에 서서 지면 큰일이라도 날 것처럼 인상을 쓰고 계속 참견하는 부모, 피아노 의자 또는 바이올린 악보대에 자녀를 묶어두는 부모, A⁻를 받은 벌로 외출 금지를 명한 부모의 찡그린 얼굴이 떠오른다.

이런 관점을 가진 사람들은 애정 어린 지지를 제공하는 양육과 높은 기대 수준을 요구하는 양육이 양극단에 존재하며, 투지 넘치는 독재적인 부모는 그중 후자의 양육방식에 가깝다고 본다.

내가 100년 전 사람들에게 의견을 물어봤다면 당시 존스홉킨스대학교 심리학과 학과장이었던 존 왓슨John Watson도 같은 관점을 주장했을 것이다.

1928년 왓슨은 베스트셀러가 된 그의 양육지침서 《심리학 원리와 영유아 보육》Psychological Care of Infant and Child에서 아이를 "일과 놀이에 몰두하고 자신이 속한 환경에서 작은 어려움을 극복하는 법을 신속히 배워……

마침내 어떤 역경에도 압도당하지 않는 안정적인 노동 습관과 정서라는 방어벽을 갖고 성인기로 들어가도록" 키우는 방법을 길게 제시한다.[1]

왓슨의 조언은 다음과 같다. "절대 아이들을 안아주거나 입을 맞추지 않는다. 절대 무릎에도 앉히지 않는다. 꼭 해야겠다면 아이들이 잘 자라는 인사를 할 때 이마에 한 번만 입을 맞춰준다. 아침에는 아이들과 악수를 나눈다. 어려운 일을 훌륭히 해냈다면 머리를 쓰다듬어준다."[2] 나아가 왓슨은 '거의 출생 순간부터' 아이들 스스로 문제에 대처하도록 내버려두고, 특정 성인에게 건강하지 못한 애착이 생기지 않도록 아이를 돌보는 사람을 자주 바꾸어야 하며, 그러지 못할 경우에는 아이의 '세상 정복'을 방해하지 않도록 응석을 받아주지 말라고 조언한다.

물론 반대 입장을 표명하는 사람도 종종 있다.

그들은 아이들이 무조건적인 사랑과 지지를 듬뿍 받을 때 끈기가 생기고 특히 열정이 꽃핀다고 확신한다. 다정하고 부드러운 양육의 대변자들은 아이를 자주 안아주고 아이에게 자유를 주라고 주장한다. 그리고 아이들은 천성적으로 도전을 즐기는 존재이며 유능하고 싶은 선천적 욕구는 부모의 무조건적인 사랑과 애정을 받을 때 드러난다고 말한다. 고압적인 부모의 요구에 구속받지만 않으면 아이들은 제 고유한 관심을 좇을 것이며 자연히 스스로를 다스리고 장애물 앞에서도 끈기를 발휘한다고 본다.

'자녀 중심'의 허용적 양육방식은 지지하는 양육과 요구하는 양육 중 전자 쪽에 가깝다.

그렇다면 그릿은 끊임없이 높은 기준을 요구받는 시련 속에서 단련되는가, 아니면 따뜻하게 감싸인 애정 어린 지지 속에서 길러지는가?

부모의 이기심을 엄격함으로
착각하지 마라

학자의 입장에서 나는 이 주제를 다룬 연구가 더 필요하다고 대답하고 싶다. 양육에 대한 연구도 많고 그릿 연구도 어느 정도 있지만 양육과 그릿을 함께 다룬 연구는 전혀 없기 때문이다.

하지만 10대 자녀 둘을 기르는 어머니의 입장에서는 자료가 축적되기를 기다리고 있을 시간이 없다. 내게 이 질문을 하는 부모들처럼 나도 오늘 결정해야 할 사항들이 많다. 딸들이 성장하고 있고 매일 그들의 삶 속에서 남편과 나는 좋든 싫든 부모 노릇을 하고 있다. 또한 교수이자 실험실 관리자로서 수십 명의 청년들과 교류하는 나는 그들의 투지도 북돋워주고 싶다.

따라서 조금이나마 이 논쟁을 해소하기 위해 각 양육방식을 지지하는 증거를 조사해봤다. 전통적인 엄격한 양육방식의 지지자 가운데 한 명이 나에게 그릿의 전형인 스티브 영Steve Young과 이야기해보라고 제안했다. 영은 쿼터백으로 NFL(미국 프로 미식축구 연맹) MVP 기록을 보유하고 있다. 그는 모르몬교도 가정에서 성장하면서 매일 신문을 배달했고, 등교 전에 성경 공부를 했으며, 욕설이나 음주도 절대 하지 않았다.

한편 보다 자유로운 양육을 지지하는 사람은 프란체스카 마르티네스Francesca Martinez를 만나보라고 권했다. 마르티네스는 솔직한 입담을 자랑하는 영국의 스탠드업 코미디언이다. 그녀는 작가인 아버지와 환경운동가인 어머니의 허락으로 16세에 학교를 중퇴했다. 마르티네스의 부모는 그녀가 회고록에 《대체 뭐가 정상인데?!》What the **** Is Normal?!라는 제목을 붙였을 때도 눈 하나 깜짝하지 않았다.

스티브 영의 이야기부터 시작해보자.

미식축구팀 샌프란시스코 포티나이너스San Francisco 49ers의 전설적인 쿼터백인 스티브는 NFL 최우수선수상을 두 번이나 수상했다. 또한 29회 슈퍼볼에서 여섯 개의 터치다운 패스로 기록을 경신하며 최우수선수로 선정됐다. 그리고 NFL 역사상 최고의 쿼터백으로 평가받으며 은퇴했다.

"부모님은 저의 주춧돌이었습니다. 누구에게나 그런 훌륭한 부모님이 있으면 좋을 텐데요."[3] 그는 그렇게 이야기를 시작했다.

그의 주장을 입증해주는 예를 하나 들어보자.

영은 고등학생 시절에 스타 선수였기 때문에 전국 대학에서 선발해가려고 했지만 브리검영대학교Brigham Young University의 여덟 번째 쿼터백으로 입학했다. 경기에 출전할 쿼터백이 그 앞으로 일곱 명이나 있었기 때문에 코치는 그를 '햄버거 스쿼드'hamburger squad로 배정했다. 팀에서 가장 가치가 떨어지는 선수들로 구성된 햄버거 스쿼드는 수비팀의 연습 상대를 해주는 일이 주 역할이었다.

"아, 집에 가고 싶더라고요." 영이 회상했다. "첫 학기 내내 짐을 싸놓고 학교에 다녔습니다. 그러다 아버지께 전화해서 말씀드렸죠. '코치들은 제 이름도 몰라요. 저는 수비팀의 태클 연습용 마네킹일 뿐이에요. 아버지, 너무 불쾌해요. 이건 제가 기대했던 상황이 아니에요……. 집에 가고 싶어요.'"[4]

영이 '엄하기로 둘째가라면 서러운 분'이라고 묘사한 그의 아버지가 대답했다. "그만두고 싶으면 그만둬. 하지만 나는 포기하는 인간과는 살 수 없으니까 집으로 오지 마라. 그건 너도 어려서부터 알고 있잖니. 그러니

집으로는 돌아오지 마라."[5] 그래서 영은 학교에 남았다.

시즌 내내 영은 가장 일찍 나와서 가장 늦게까지 남아 연습했다. 시즌 마지막 경기가 끝난 후에는 개인 연습에 더욱 박차를 가했다. "체육관 한 쪽 끝에 엄청나게 큰 네트가 걸려 있었습니다. 나는 상상 속의 센터 뒤에 앉아 있다가 공을 받아 후방으로 세 걸음 달린 다음 네트를 향해 공을 던지기를 반복했습니다. 1월 초부터 2월 말까지 스파이럴을 1만 번 이상 연습했습니다.[6] 팔이 아팠지만 쿼터백으로 뛰고 싶었기 때문에 참았습니다."

2학년이 되면서 영은 8번 쿼터백에서 2번 쿼터백으로 격상됐다. 3학년에 올라가서는 브리검영대학교의 주전 쿼터백 자리를 꿰찼다. 그리고 4학년 때는 전국 대학 미식축구팀의 최우수 쿼터백에게 주어지는 데이비 오브라이언 상Davey O'Brien award을 받았다.

대학 신입생 시절 외에도 선수 생활 동안 그의 자신감이 흔들렸던 적이 여러 차례 있었다. 그때마다 그만두고 싶은 생각이 간절했다. 그는 매번 그만두고 싶다고 간청했지만 아버지가 허락하지 않았다.

난관은 야구를 했던 중학생 시절에 일찌감치 찾아왔다. 영은 그 일을 이렇게 기억했다. "열세 살 때였어요. 한 해 동안 안타를 하나도 치지 못해서 점점 창피했습니다. 시합마다 무안타였죠."[7] 시즌이 끝났을 때 영은 더 이상 못 하겠다고 말했다. "그때 아버지가 제 눈을 똑바로 보면서 '그만둘 수 없다. 네게는 능력이 있으니까 다시 가서 연습해라.'라고 말씀하셨습니다."[8] 그래서 영과 아버지는 운동장으로 다시 나갔다. "몹시 춥고 비와 눈이 섞인 진눈깨비가 내리는 고약한 날씨였습니다. 아버지가 계속 공을 던져주면 저는 쉬지 않고 받아쳤어요."[9] 학교 야구팀의 주장으로 활약했던 고등학교 졸업반 때 영의 타율은 0.384였다.

그는 샌프란시스코 포티나이너스의 벤치를 지킨 4년 동안 끈기는 결국 보상받는다는 교훈을 믿고 버텼다. 영은 트레이드를 요청하는 대신에 주전 쿼터백인 조 몬태나Joe Montana의 연습생을 자처했다. 그는 포티나이너스의 주장으로 네 번이나 팀을 슈퍼볼 우승으로 이끈 뛰어난 선수였다. "내가 얼마나 우수한 선수가 될 수 있는지 확인하려면 죽을 만큼 힘들어도 포티나이너스에 남아야만 했습니다. 그만둘 생각도 여러 번 했어요. 잠 못 이루는 밤이면 야유 소리가 들려오는 것 같았지만 아버지께 전화하기가 두려웠습니다. 뭐라고 하실지 알고 있었거든요. '끝까지 견뎌라, 스티브.' 그러셨겠죠."[10]

여기까지 스티브 영이 대선수로 힘겹게 성장한 과정을 듣고서 투지가 강한 사람의 부모는 독재적이라고 결론 내릴지도 모르겠다. 또는 자기 기준만 중시하고 자녀의 요구에는 둔감한 부모라고 속단할 수도 있을 것이다.

하지만 최종 판결을 내리기 전에 스티브 영의 부모인 셰리 영Sherry Young과 르그랜디 영LeGrande Young의 이야기를 들어보자. 먼저 르그랜디는 그의 투지 넘치는 인생관을 잘 표현해주는 어릴 적 별명인 '그릿'으로 불리기를 좋아한다는 사실부터 기억해두라. "아버지는 열심히 노력하고 강인하며 절대 우는 소리를 하지 않는 분입니다." 언젠가 영의 형인 마이크 영이 그들의 아버지를 이렇게 묘사했다. "그러니까 아버지에게 꼭 맞는 별명이죠."[11]

회사 변호사인 르그랜디 영은 결근한 적이 거의 없었다. 25년 전쯤 르그랜디가 동네 YMCA 체육관에 운동하러 다닐 때 같이 운동하던 사람이 앞으로 만날 때마다 윗몸일으키기 내기를 하자고 제안했다. 1년 뒤 두 사람 모두 약 1,000개씩 윗몸일으키기를 할 수 있게 되자 내기를 제안했던 사람은 거기서 그만뒀다. 그때부터 르그랜디는 스스로와 경쟁했다. 그는 몇 년간 계속 연습해 마침내 윗몸일으키기를 연속으로 1만 개나 할 수 있게 됐다.[12]

나는 스티브 영의 부모에게 전화를 걸어 그들의 유명한 아들을 어떻게 키웠는지 이야기를 듣고 싶다는 말을 꺼냈다. 내심 엄격하고 격식을 차린 대답이 돌아오리라고 예상했다. 그런데 셰리의 첫마디는 "말씀드리고말고요! 우리 스티브는 정말로 훌륭한 아이랍니다!"였다.[13] 르그랜디는 어떻게 그릿을 연구하는 내가 이제야 자신을 찾아올 수가 있냐며 농담을 했다.

그들의 말에 나는 긴장을 풀고 편히 앉아서 두 사람의 이야기를 들었다. 그들은 어려서부터 열심히 일하는 게 몸에 뱄다고 말했다. "우리 부모님들은 농사를 지으셨어요." 셰리가 설명했다. "그래서 아이들도 당연히 일해야 했고요." 셰리는 열 살 때부터 체리를 땄다. 르그랜디도 농사일을 도왔다. 야구 글러브와 야구복을 사고 싶어서 잔디를 깎고, 집에서 몇 킬로미터 떨어진 곳까지 자전거를 타고 신문 배달을 했으며, 자신이 할 수 있는 농장 일을 스스로 찾아서 한 적도 있었다.

셰리와 르그랜디는 자녀들을 키울 때 둘 다 일부러 아이들에게 똑같은 어려움을 경험시켰다. "제 목표는 아이들에게 규율을 가르치고 내가 배운 대로 뭐든 열심히 하는 사람으로 키우는 데 있었습니다. 그런 자세는 배워야지 저절로 생기는 게 아니니까요. 아이들이 시작한 일을 끝마치도록 가르치는 것이 중요하다고 생각했죠." 르그랜디의 말이었다. 그는 자녀들에게 자기가 배우겠다고 한 일은 끝까지 마쳐야 한다는 점을 확실하게 가르쳤다. "우리는 아이들에게 연습에 빠지지 않아야 한다고 미리 다짐을 받았습니다. '싫증났어요'라고 할 수는 없다, 약속한 일은 무슨 일이 있어도 스스로 해야 한다, 가고 싶지 않을 때도 있겠지만 반드시 가야 한다고 말했습니다."

엄격한 것처럼 들리는가? 그렇다. 하지만 자세히 들어보면 스티브 영의 부모는 자녀를 전폭적으로 지원했음을 알 수 있다.

영은 아홉 살 때 팝 워너(유소년 풋볼 리그를 운영하는 비영리 단체―옮긴이)에서 경기를 하다 태클을 당했을 때의 이야기를 들려줬다. 바닥에 넘어져서 어머니 쪽을 바라보자 그녀는 핸드백을 멘 채로 성큼성큼 걸어오더니 넘어진 그를 지나쳐 갔다. 그리고 태클을 건 상대팀 선수 앞에 서서 그의 어깨 패드를 잡고 다시는 규정을 어기고 영의 목에 태클을 걸지 말라며 야단쳤다. 영과 형제자매들이 성장하는 동안 그들의 집은 친구들의 아지트가 됐다. "우리 집 지하실은 항상 아이들로 그득했어요." 셰리가 말했다.

회사 변호사인 르그랜디는 자주 출장을 다녔다. "내가 아는 사람들 대부분은 출장을 갔을 때 금요일까지 업무를 못 끝내면 그곳에서 주말을 보내고 업무를 다 끝낸 뒤에야 집으로 돌아갔습니다. 하지만 나는 그러지 않았습니다. 나는 어떡하든 주말을 집에서 보내려고 늘 최선을 다했습니다." 그가 출장 중에도 집에서 주말을 보내려다가 종종 고생했던 이야기를 들으면서 왜 그릿이라는 별명을 얻게 됐는지 알 수 있었다. "한번은 알루미늄 공장과 협상할 문제가 있어서 몬태나로 출장을 갔습니다. 금요일 밤에 택시를 잡아타고 공항으로 가는데 안개가 자욱하더라고요. 결국 모든 비행편이 취소되었죠."

같은 상황에 처했다면 어땠을지 생각해보던 나는 그의 이야기를 마저 들으며 얼굴을 살짝 붉히지 않을 수 없었다. 르그랜디는 렌터카를 빌려 워싱턴 주 스포캔까지 가서 시애틀행 비행기를 탔고, 거기서 샌프란시스코행 비행기로 갈아탄 뒤에 다시 뉴욕행 야간 비행기를 타고 다음 날 새벽에 JFK 공항에 도착했다. 그리고 뉴욕에서 렌터카를 빌려 코네티컷 주 그리니치까지 운전해서 집에 도착했다. "자화자찬하려고 이 이야기를 꺼낸 게 아닙니다." 그가 말했다. "나는 아이들과 함께 시간을 보내고, 시합이 있으면 응원해주는 일을 중시했습니다." 셰리와 르그랜디는 자녀들의 정서적인 욕구 또한 잘 헤아렸다. 영은 특히 불안감이 심한 아이였다. "우리는 스티브가 안 하겠다고 고집부리는 일들이 있다는 사실을 알아챘습니다." 르그랜디가 말했다. "스티브는 2학년 때 학교에 안 가겠다고 했어요. 열두 살 때는 보이스카우트 캠프에 가지 않겠다고 고집을 부렸죠. 한 번도 친구 집에서 자본 적이 없었어요. 그냥 안 하려고 하더라고요."

나는 대담무쌍한 올스타 쿼터백 스티브 영과 그의 부모님이 묘사하는 소심한 소년이 도무지 겹쳐지지가 않았다. 셰리와 르그랜디 역시 장남의 두려움을 어떻게 이해해야 할지 알 수가 없었다. 하루는 르그랜디가 영을 이모네 집에 맡기려고 학교로 데리러 갔는데 영이 울음을 터뜨리더니 멈추지 않았다. 집이 아닌 곳에서 하루를 지내야 한다는 생각에 몹시 겁을 먹었기 때문이다. 그는 당황스러웠다. 나는 그와 셰리가 어떻게 대응했는지 궁금해서 다음 이야기를 기다렸다. 그들은 아들에게 사내답게 굴라고 했을까? 체벌을 가해 뭔가를 못 하게 했을까?

둘 다 아니었다. 영이 등교를 거부했을 때 르그랜디가 아들과 무슨 대화를 나눴는지 들어보니 그는 설교와 비난보다는 듣고 질문하기를 더 많이 한 아버지였다.

"누가 너를 놀리니?"

"아뇨."

"선생님은 좋아?"

"선생님은 정말 좋아요."

"그럼 왜 학교에 가지 않겠다는 거니?"

"몰라요. 그냥 학교에 가고 싶지 않아요."

결국 셰리가 몇 주 동안 아들과 함께 등교해 2학년 교실에 앉아 있었고, 한참 후에야 그는 혼자 편안한 모습으로 등교했다.

"분리 불안separation anxiety 때문이었어요. 당시에는 뭐라고 불러야 할지 이름도 몰랐지만요. 하지만 우리는 스티브가 속으로 잔뜩 긴장한 모습을 보고 스스로 풀어야 한다고 생각했습니다."

나중에 나는 영에게 브리검영대학교에서 첫 학기를 힘들게 보냈던 이야기를 좀 더 자세히 해달라고 부탁했다. 그러면서 다른 이야기는 전혀 모르고 그 일화만 들은 사람은 르그랜디를 아마 독재자로 판단했을 거라고 얘기했다. 어떤 부모가 집으로 돌아오겠다는 아들의 간청을 거절할 수 있단 말인가?

"그랬겠네요. 그러니까 모든 일에는 맥락이 중요해요." 영의 대답이었다.[14]

나는 그의 말에 귀를 기울였다.

"아버지가 저를 잘 알고 있었다는 맥락이 중요하죠. 아버지는 집에 달려오고 싶은 마음뿐인 제 상태를 짐작하셨고 집에 오게 허락해준다면 제가 두려움에 굴복하게 두는 거라고 생각하셨어요." 그리고 이렇게 말을 마쳤다. "사랑하니까 그러신 거예요. 엄격하지만 애정 어린 말씀이었죠."

하지만 엄한 사랑과 괴롭힘은 종이 한 장 차이가 아닐까? 그 차이는 무엇인가?

영은 이렇게 말했다. "저는 결정이 제 몫임을 알고 있었어요. 그리고 아버지가 저더러 당신과 같기를 바라는 게 아니라는 사실도 알고 있었습니다. 부모는 먼저 아이에게 '네가 내 말대로 행동하게 하려는 것도, 너를 통제하거나 나처럼 만들려는 것도, 내가 했던 대로 하라는 것도, 내가 못한 일을 대신 해달라는 것도 아니다.'라는 것을 확실히 증명해 보여야 합니다. 아버지는 당신이나 당신의 필요가 중요한 게 아니라고 진즉에 보여주셨어요. 진심으로 '내가 가진 전부를 네게 주겠다'는 자세였어요."

"엄격한 사랑은 부모의 이기심이 없다는 전제가 있어야 합니다." 스티브는 이야기를 이어갔다. "그게 결정적이라고 봅니다. 자식을 통제하기 위한 엄한 사랑이라면 자식이 알아챕니다. '우리는 네가 성공하는 모습만 보면 된다. 우리보다 네가 우선이다.' 부모님은 그걸 행동으로 보여주셨습니다."

당신의 아이가 그릿을 갖길 원한다면

스티브 영 가족의 이야기는 '엄격한 사랑'이라는 두 단어가 반드시 모순은 아니라는 점을 알려준다. 이 생각을 잠시 머리에 담아두고 이제 프란체스카 마르티네스와 그녀의 부모, 티나 Tina와 알렉스 Alex를 만나보기로 하자.

274

《옵서버》Observer(영국 일간지 《가디언》의 일요판—옮긴이)에서 선정한 영국의 재미있는 코미디언 중에 한 사람인[15] 마르티네스는 전 세계를 돌면서 공연하고 있다. 그녀의 공연은 전석 매진된다. 스티브 영 가족의 욕설 금지 규칙과 달리 그녀의 공연에는 대체로 욕설이 등장하고 공연 후에는 늘 술이 함께한다. 그녀는 부모처럼 평생 채식주의자로 살아왔으며 무신론자이고 정치적으로는 진보 좌파 쪽에 가깝다.

마르티네스는 두 살 때 뇌성마비(그녀는 '건들거림'이라는 표현을 선호한다.) 진단을 받았다. 티나와 알렉스는 딸이 뇌손상 때문에 '정상적인 삶을 절대 살 수 없을 거라는' 말을 듣자마자 어떤 의사도 딸의 장래를 예단하게 두지 않겠다고 결심했다. 인기 코미디언이 되려면 누구라도 투지가 필요하겠지만 자음을 똑똑히 발음하거나 무대까지 걸어가는 일조차 어려운 사람에게는 더욱 그럴 것이다. 마르티네스는 여느 코미디언 지망생처럼 보수도 없는 10분간의 공연을 하려고 편도 네 시간씩 차를 타는 일을 견뎌냈고, 무표정하고 바쁜 텔레비전 프로듀서를 수없이 찾아갔다. 하지만 대부분의 동료 코미디언과 달리 그녀는 매번 공연 전에 호흡 운동과 발성 연습까지 해야 했다.

"제 노력과 열정은 저의 공이라고 할 수 없습니다." 그녀가 말했다. "사랑이 넘치고 안정적인 내 가족이 준 것이죠. 한계를 모르는 내 의욕은 가족의 넘치는 지지와 긍정적인 마인드 덕분이에요."[16]

마르티네스가 다니던 학교의 상담교사들은 정상적인 리듬으로 걷고 말하기도 힘든 여학생이 연예계 진출을 진로로 설정한 데에 당연히 불안해했다. 연예인이 되기 위해 고등학교를 중퇴하겠다고 하자 더욱 조심스러워했다. "오, 프란체스카! 좀 더 상식적인 일을 생각해보렴. 컴퓨터 같은 거 말이다." 그들은 한숨을 쉬며 말하고는 했다. 사무직은 그녀가 상상할 수 있는 가장 끔찍한 운명이었다. 그녀는 부모님에게 어떻게 해야 할지 물었다.

"네 꿈을 좇으렴. 혹시 실패하면 그때 다시 검토하면 되잖니." 알렉스는 딸에게 그렇게 말했다.[17]

"엄마도 똑같이 격려해줬어요." 그녀가 미소를 지으며 말했다. "실은 두 분은 무엇보다도 내가 열여섯 살에 학교를 그만 다니고 텔레비전에 나올 거라는 생각에 기뻐하셨죠. 부모님은 주말에 친구들과 클럽에서 노는 것도 허락해주셨어요. 흘끔거리는 남자들로 득실거리고 선정적인 이름의 칵테일이 나오는 곳인데도 말이죠."[18]

나는 알렉스에게 '네 꿈을 좇으라'고 조언해준 일에 대해 물었다. 알렉스는 그 얘기에 앞서 마르티네스의 동생인 라울Raoul도 고등학교를 중퇴하고 유명한 초상화가의 도제로 들어가는 걸 허락해줬다고 말했다. "우리는 두 아이 모두에게 의사나 변호사 같은 직업을 가지라고 압박한 적이 단 한 번도 없습니다. 나는 자기가 원하는 일을 할 때 천직이 된다고 진심으로 믿습니다. 마르티네스도 라울도 매우 열심히 일하지만 자기 일에 열정을 갖고 있기 때문에 일이 너무 많다고 불평하지 않습니다."

티나도 전적으로 동감했다. "나는 인생과 자연, 진화가 아이들에게 각자의 능력과 운명을 심어줬다고 직감하고 있었어요. 아이들도 식물처럼 적절한 양분과 물을 주면 아름답고 강하게 성장하죠. 중요한 것은 적절한 환경, 잘 자랄 수 있는 토양을 조성해주는 거예요. 즉 아이들의 욕구에 귀 기울이고 그에 부응해주기만 하면 됩니다. 아이들은 자기 미래를 꽃피울 씨앗을 내면에 지니고 있어요. 우리가 믿어주면 자기만의 관심을 드러내죠."

마르티네스는 '어이없을 만큼 개방적인' 부모님이 아낌없이 베풀어준 무조건적인 사랑에 힘입어 희망이 없어 보일 때도 포기하지 않을 수 있었다고 말한다. "내가 버틸 수 있는 힘은 할 수 있다는 믿음에서 나옵니다. 그 믿음은 자부심에서 나오죠. 그리고 그 자부심은 우리의 삶 속에서 다른 사람들이 어떤 느낌을 심어주었는지에 달려 있습니다."

지금까지의 이야기를 들어보면 티나와 알렉스는 허용적인 부모의 전형으로 보인다. 나는 본인들도 그렇게 생각하는지 물어보았다.

"사실 나는 버릇없는 아이들은 질색입니다. 아이들은 사랑받고 인정받아야만 하지만 '안 돼, 그 막대기로 누나 머리를 쳐서는 안 돼', '그래, 같이 나눠야 한다', '아니, 원하는 모든 것을 가질 수는 없어' 이런 것들도 명확하게 가르쳐야 합니다. 그게 상식적인 부모 노릇이죠."

일례로 알렉스는 딸에게 의사가 처방해준 물리치료를 열심히 받으라고 다그쳤다. 마르티네스가 물리치료를 몹시 싫어했기 때문에 수년간 딸과 실랑이를 벌여야 했다. 마르티네스는 왜 할 수 있는 데까지만 물리치료를 받으면 안 되는지 모르겠다고 대들었고, 알렉스는 그 문제만큼은 단호하게 나갈 책임이 있다고 느꼈다. 마르티네스가 책에서 말했듯이 "대체로 행복했지만 그 후 몇 년 동안은 심한 언쟁 끝에 문을 탕 닫고 들어가거나 눈물을 보이고, 물건을 집어던지는 일이 종종 벌어졌다."[19]

그런 충돌에 더 요령껏 대처하게 됐을지는 단언할 수 없지만 알렉스는 자신이 물리치료를 고집하는 이유를 어린 딸에게 좀 더 잘 설명했어야 한다고 믿는다. 그럴 수도 있겠지만, 나는 그 일화를 들으면서 네 꿈을 좇으라고 말해주는 다정한 부모도 강압적 훈육을 할 필요를 느꼈다는 사실에 놀랐다. 알렉스와 티나를 단순히 인습을 거부하는 부모로만 보는 견해가 돌연 불완전해 보였다.

작가인 알렉스가 자녀들에게 모범이 되도록 성실하게 살려고 노력한다는 말을 들으면서 그런 느낌이 더 강해졌다. "어떤 일을 끝내려면 많은 노력을 해야 합니다. 지금보다 더 젊었을 때 나는 글을 쓰고 있다는 사람들을 많이 만났어요. 그들은 '나도 작가이긴 한데 작품을 끝내지는 못했어요.'라고 말하고는 했어요. 글쎄요, 그렇다면 작가가 아니죠. 그냥 종이에 뭔가 끄적거리는 사람일 뿐이에요. 할 이야기가 있는 사람이라면 그 이야기를 끄집어내서 완성시켜야 합니다."

티나 역시 아이들에게 자유가 필요한 만큼 한계도 정해줘야 한다는 데 동의한다. 그녀는 환경운동가이자 강사로 활동하며 '구걸하고 애원하면서 자녀와 협상하는' 부모를 많이 보았다. 그녀가 말했다. "우리는 자녀들이 분명한 원칙과 도덕 지침에 따라 살도록 가르쳤습니다. 우리가 그래야 하는 이유를 확실히 설명했기 때문에 아이들은 한계가 어디까지인지 늘 알고 있었습니다."

"우리 집에는 텔레비전이 없어요." 그녀가 덧붙였다. "저는 텔레비전이 최면 효과를 가진 매체라고 생각했기 때문에 그게 다른 사람들과의 소통을 대체하게 되는 걸 원하지 않았어요. 그래서 집에 텔레비전을 두지 않았어요. 아이들은 특별히 보고 싶은 방송이 있으면 할아버지 댁에 가서 봤죠."

우리는 스티브 영과 프란체스카 마르티네스의 이야기에서 무엇을 배울 수 있는가? 또한 다른 그릿의 전형들이 자기 부모님을 묘사한 이야기에서 어떤 정보를 얻을 수 있는가?

사실 내 눈에는 특정 유형의 부모가 보였다. 그릿을 길러주고 싶은 사람에게는 그 유형이 자녀를 키우면서 고심해야 하는 많은 문제에 유용한 청사진이자 지침이 될 것이다.

그 이야기를 시작하기 전에 과학자로서의 나는 더 많은 자료를 수집한 뒤에 확실한 결론을 내리기를 원한다는 말을 다시 한 번 해두고 싶다. 10년 뒤에는 내가 지금보다 그릿을 길러주는 방법에 대해 훨씬 많이 알게 될 것이다. 하지만 우리의 소중한 아이들을 돌보는 일을 잠시 멈춰둘 수는 없으므로 내 직감에 따라 이야기하려고 한다. 과감히 그러기로 한 데에는 내가 관찰한 부모의 유형이 (그릿이 포함되지는 않았지만) 양육에 관한 엄밀한 연구 수십 편에서 제시된 결과와 일치한다는 이유가 크게 작용했다. 존 왓슨이 아이의 응석을 받아주지 말라는 조언을 내놓은 이후로 인간 동기human motivation에 관해 밝혀진 사실들을 고려하더라도 그 유형들은 일리가 있다. 마지막으로 내가 관찰한 부모의 유형은 심리학자 벤저민 블룸과 그의 팀이 30년 전에 세계 정상급 운동선수, 예술가, 학자들을 대상으로 한 면담 결과와도 일치한다. 양육방식은 그 연구의 초점이 아니었으며 부모들은 자세한 신상 자료를 '입증해줄 관찰자'로 포함되었을 뿐이지만 양육의 중요성이 주요 결론의 하나로 언급됐다.

내가 관찰한 내용은 다음과 같다.

무엇보다도 지지해주는 부모와 요구하는 부모는 양자택일의 문제가 아니라는 점이다. 사람들은 흔히 엄격한 사랑을 한편으로는 애정과 존중, 다른 한편으로는 기대의 강요 사이에서 신중히 균형을 잡는 양육방식으로 오해한다. 하지만 사실 둘 다 동시에 하지 못할 이유가 없다. 그것이 바로 스티브 영과 프란체스카 마르티네스의 부모들이 보여준 양육방식이었다. 영의 부모는 엄했지만 다정하기도 했다. 마르티네스의 부모는 다정하면서도 엄했다. 두 가족은 확실히 자녀의 관심을 가장 중시했다는 점에서 '자녀 중심'이었지만 어느 가족도 자녀 본인이 무엇을 할지, 얼마나 열심히 노력해야 할지, 언제 포기해야 할지 항상 더 옳은 판단을 할 수 있다고 생각하지는 않았다.

아래 그림은 현재 많은 심리학자들이 분류하고 있는 양육방식이다. 보다시피 기준이 하나가 아니라 둘이다. 상단 우측 사분면은 많은 요구를 하는 동시에 지지해주는 부모다. '권위적 양육방식'authoritative parenting[20]이라고 불리며 유감스럽게도 '독재적 양육방식'authoritarian parenting과 자주 혼동되고는 한다. 그런 혼란을 피하기 위해 나는 권위적인 양육방식을 '현명한 양육방식'wise parenting이라고 부르고자 한다. 이 유형의 부모들은 자녀의 심리적 욕구를 정확히 판단하기 때문이다. 그들은 자녀가 잠재력을 최대한 실현하려면 사랑, 한계, 자유를 필요로 한다는 점을 인식하고 있다. 그들의 권위는 권력이 아니라 지식과 지혜를 바탕으로 한다.

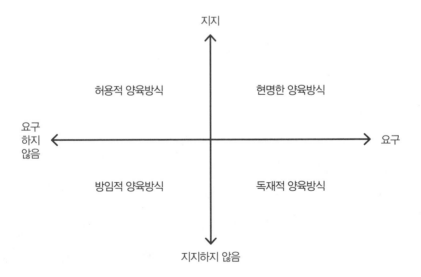

나머지 세 개의 사분면도 각각 다른 양육방식을 나타내는데 그중 하나는 지지도, 요구도 하지 않는 '방임적 양육방식'Neglectful parenting으로 자녀를 방치하는 부모가 전형적인 예이다. 방임적 양육방식은 특히 유해한 정서적 환경을 조성하지만, 투지가 강한 사람의 부모들에게는 해당되지 않는 양육방식이므로 여기서는 더 이상 다루지 않으려고 한다.

독재적인 부모는 요구가 많지만 자녀를 지지해주지 않는 유형으로, 바로 존 왓슨이 아동의 인성을 강화해준다고 주장했던 그 접근법이다. 그에 반해서 '허용적 양육방식'Permissive parenting의 부모는 자녀를 지지해주지만 요구를 많이 하지는 않는다.

심리학자 래리 스타인버그Larry Steinberg는 2001년 청소년연구학회Society for Research on Adolescence의 회장 연설에서 양육방식에 관한 연구는 이제 중단해도 된다고 선언했다. 현명한 양육방식의 이점을 입증해주는 증거가 너무나 많으므로 이제는 학자들이 보다 까다로운 주제를 다루어도 된다고 보았기 때문이다.[21] 사실 지난 40년간 면밀히 설계된 연구마다 자녀의 심리를 이해하는 현명한 부모를 둔 아이들은 다른 양육방식으로 키워진 아이들보다 여러 면에서 앞선다는 결과를 내놓았다.

스타인버그는 미국 청소년 1만 명에게 부모의 행동에 대해 질문한 설문조사 연구를 진행한 적이 있다. 성이나 민족, 사회 계층, 부모의 결혼 상태에 상관없이 다정하고 자녀를 존중하며 요구를 많이 하는 부모를 둔 청소년들이 학교 성적이 좋고 독립적이며 불안과 우울 증상이 적고 비행에 가담할 가능성도 낮았다.[22] 이런 종류의 연구가 이뤄진 거의 모든 국가와 모든 발달 단계의 아동에게서 동일한 양상이 확인됐다. 한 종단연구에서는 현명한 양육방식의 효과가 10년 이상 지속되는 것으로 확인됐다.[23]

양육에 관한 연구에서 발견된 중요한 결과 중의 하나는 부모가 전달하려는 메시지보다 자녀가 수용하는 메시지가 중요하다는 점이다.[24]

전형적인 독재적 양육방식처럼 보이는 텔레비전 시청 금지나 욕설 금지 등의 규칙은 강압적일 수도 있고 아닐 수도 있다. 또는 허용적 양육방식처럼 보이는 자녀의 학교 중퇴 허용이 단순히 부모의 가치관 차이일 뿐일 수도 있다. 그러므로 슈퍼마켓 시리얼 코너에서 자녀에게 잔소리하는 부모를 함부로 판단해서는 안 된다. 대부분의 경우 당신은 그 아이가 부모와의 설전을 어떻게 해석할지 이해할 만큼 상황을 잘 모르며, 결국 가장 중요한 것은 아이의 경험이기 때문이다.

당신은 심리적으로 현명한 부모인가? 심리학자이며 육아 전문가인 낸시 달링Nancy Darling이 개발한 다음의 양육방식 평가[25]를 활용해 알아보도록 하자. 당신의 자녀가 망설이지 않고 동의해줄 문항이 이 중에서 몇 개나 되는가? 일부 문항은 굵게 표시되어 있다. 그것은 '역채점 문항'reverse-coded으로 자녀가 이 문항들에 동의한다면 자신이 생각하는 것보다 심리적으로 현명한 부모가 아닐 수 있다.

지지: 온정

내게 문제가 생긴다면 부모님의 도움을 기대할 수 있다.
부모님은 시간을 내서 나와 대화한다.
부모님과 나는 즐거운 활동을 함께한다.
부모님은 내가 고민을 의논하는 것을 별로 좋아하지 않는다.
부모님은 내게 잘했다는 칭찬을 한 적이 거의 없다.

지지: 존중

부모님은 나도 나만의 관점을 가질 권리가 있다고 믿는다.
부모님은 당신들의 생각이 옳으므로 이의를 제기해서는 안 된다고 본다.
부모님은 내 사생활을 존중해준다.
부모님은 내게 많은 자유를 준다.
내가 무엇을 할 수 있는지 부모님이 주로 결정한다.

요구

부모님은 내가 가족의 규칙을 반드시 따르기를 기대한다.
부모님은 내가 하고 싶은 대로 하도록 내버려둔다.
부모님은 내가 더 잘할 수 있는 방법들을 알려준다.
부모님은 내가 잘못한 일이 있을 때 벌을 주지 않는다.
부모님은 힘든 일이라 해도 내가 최선을 다하기를 기대한다.

———

지지와 존중, 높은 기대 속에서 성장할 때 유익한 점이 여러 가지 있지만 그중 하나가 특히 그릿과 밀접한 관련이 있다. 바로 현명한 양육방식은 자녀가 부모를 본받도록 고무한다는 점이다.

물론 어린 자녀들은 어느 정도 자기 부모를 흉내 낸다. 다른 길잡이가 없을 때 주변에 있는 사람의 억양, 습관, 태도를 흉내 내는 방법 외에 무엇을 선택할 수 있겠는가? 우리는 그들이 말하듯이 말하고 그들이 먹는 것을 먹는다. 우리는 그들의 호불호를 그대로 받아들인다.

성인을 따라 하려는 어린아이의 본능은 매우 강하다. 50년도 전에 스탠퍼드대학교에서 실시한 고전적인 실험이 하나 있다. 연구자들은 유치원 아동들에게 성인이 다양한 장난감을 가지고 노는 모습을 보게 한 후 직접 그것을 가지고 놀 기회를 주었다. 남녀 유치원생의 절반은 성인이 교실 안에 있는 아동 크기의 '보보 인형'은 거들떠보지도 않고 팅커토이(조립식 장난감)만 조용히 갖고 노는 모습을 보았다. 그리고 나머지 절반의 아이들은 성인이 1분간 팅커토이를 조립해보더니 곧 보보 인형을 맹렬히 공격하는 모습을 보았다. 그는 인형을 주먹으로 때리다 잠시 후에는 망치로 치고 공중으로 집어던졌으며, 마지막에는 소리를 지르면서 교실 이쪽저쪽으로 인형을 힘껏 차고 다녔다.

같은 장난감을 가지고 놀 기회가 주어졌을 때 성인이 조용히 노는 모습을 보았던 아동들은 똑같이 조용히 놀았다. 반면에 성인이 보보 인형을 때리는 광경을 보았던 아동들은 똑같이 공격적이었으며, 많은 아동이 앞서 보았던 성인의 폭력적인 행동을 너무 비슷하게 따라해 연구자들이 사실상 '복사본'이라고 기술할 정도였다.[26]

하지만 흉내 내기와 본받기는 큰 차이가 있다.

우리는 나이가 들면서 자신의 행동을 반성할 능력이 생기고 타인의 존경스러운 점과 경멸스러운 점을 판단한다. 부모가 사랑해주고 존중해주고 기대와 요구를 하면 우리는 그들의 본보기를 따를 뿐 아니라 그들을 존경한다. 부모의 요청을 준수할 뿐 아니라 부모가 그런 요청을 하는 이유도 이해한다. 특히 부모와 같은 관심사를 추구하기를 갈망한다. 예컨대 스티브 영의 아버지가 브리검영대학교의 뛰어난 미식축구 선수였고, 프란체스카 마르티네스가 아버지처럼 일찌감치 글쓰기를 좋아하게 된 것은 우연이 아니다.

세계 정상급 인물들을 조사한 벤저민 블룸과 그의 연구팀도 같은 양상에 주목했다. 블룸의 연구에서 지지해주고 요구하는 부모들은 거의 예외 없이 근면함의 모범을 보이는 존재로 열심히 일한다는 평을 받았고, 자신이 하려는 일에 최선을 다했다. 또한 일을 다 끝내고 놀아야 하며, 장기적 목표를 향해 노력해야 한다고 믿고 있었다.[27] 게다가 대부분의 부모는 자신이 좋아하는 활동에 자녀가 참여하도록 권하는 행동을 당연하게 생각했다. 블룸이 연구를 요약하며 내린 결론에는 이런 내용이 포함되어 있었다. "부모 자신의 관심사가 어떻게든 자녀에게 전달됐다······. 우리는 피아니스트의 부모가 테니스 강습에는 자녀만 보냈지만 피아노 레슨에는 함께 갔다는 이야기를 누누이 들었다. 그리고 테니스 선수의 가정에서는 그 반대였다."[28]

사실 가장 존경하고 영향을 많이 받은 롤모델이 부모님이라고 말하는 그릿의 전형이 어찌나 많은지 놀라울 지경이었다. 그들은 부모님에게 자부심과 존경심을 느꼈다. 너무나 많은 그릿의 전형이 어떤 식으로든 부모와 매우 유사한 관심사를 갖게 되었다는 사실 또한 놀라웠다. 이들 그릿의 전형들은 부모를 흉내 냈을 뿐 아니라 본받으면서 성장한 게 분명했다.

이 논리에 따르면 심리적으로 현명한 부모 모두가 그릿의 모범을 보이는 건 아니기 때문에 그들의 자녀 모두가 그릿을 가진 사람으로 성장하지는 않을 것이라는 결론을 유추할 수 있다. 상단 우측 사분면에 해당하는 부모는 자녀를 지지해주는 동시에 요구도 많을지 모르지만, 장기적 목표를 향한 열정과 끈기를 보여줄 수도 있고 그렇지 않을 수도 있다.

자녀에게 그릿이 생기기를 바란다면 먼저 당신 자신이 인생의 목표에 얼마만큼 열정과 끈기를 가지고 있는지 질문해보라. 그런 다음 현재의 양육방법에서 자녀가 당신을 본받게 만들 가능성이 얼마나 있는지 자문해보라. 첫 번째 질문에 대한 답이 '매우 강하다'이고, 두 번째 답이 '가능성이 매우 높다'라면 당신은 이미 그릿을 길러주고 있다.

멘토, 현명한 교사, 지지자의 필요성

그릿의 기반을 만들어주는 사람은 부모만이 아니다.

핵가족 밖에는 더 큰 성인사회가 있다. 성인 세대에게는 다음 세대를 '길러낼' 책임이 있다는 의미에서 우리 모두는 자기 자녀 외의 젊은이에게도 '부모'이다.[29] 우리는 다른 사람의 자녀에게 지지를 보내면서도 요구하는 멘토 역할을 해줌으로써 그들에게 커다란 영향을 미칠 수 있다.

IT 사업가인 토비 뤼트케Tobi Lütke는 그런 인생의 멘토가 있었던 그릿의 전형이다. 뤼트케는 열여섯 살에 기억에 남는 긍정적 학습 경험이 전무한 상태로 독일에서 다니던 고등학교를 중퇴했다. 고향에 있는 엔지니어링 회사에 실습생으로 들어간 그는 지하실의 작은 사무실에서 일하던 프로그래머, 위르겐Jürgen을 만났다. 뤼트케는 위르겐을 "폭주족처럼 반백의 머리를 기르고 다니고 록 음악을 좋아하는 50대 아저씨"[30]라고 애정어린 말투로 묘사한다. 그는 위르겐의 지도를 받으면서 학교에서 낙제한 뒤에 진단받은 학습장애가 컴퓨터 프로그래머로 발전해가는 데 아무 문제도 되지 않는다는 사실을 알게 됐다.

"위르겐은 훌륭한 선생님이었어요. 그는 해마다 10년 치의 경력을 쌓는 데 용이한 환경을 조성해줬습니다."

매일 아침 뤼트케가 출근하면 전날 작성한 프로그램의 출력본이 빨간 펜으로 논평, 제안, 수정 사항이 표시된 채 책상에 놓여 있었다. 위르겐은 뤼트케의 프로그램이 개선될 수 있는 구체적인 방안을 가차 없이 지적했다. "그런 지적을 통해서 자존심과 내가 작성한 프로그램을 뒤섞어 생각하지 말라는 가르침을 얻었습니다. 프로그램을 개선할 방법은 언제든 있기 마련인데 그의 피드백은 선물이나 마찬가지였습니다."

하루는 위르겐이 뤼트케에게 제너럴모터스에서 의뢰한 소프트웨어를 책임지고 개발하라고 지시했다. 회사에서는 프레젠테이션을 하고 프로그램을 설치하러 갈 때 입을 그의 첫 정장을 살 돈까지 별도로 지급했다. 토비는 위르겐이 발표를 도맡아 하리라고 예상했다. 프로그램을 설치하러 가기 전날, 위르겐은 내일 자신은 달리 갈 곳이 있다고 아무렇지 않게 말했다. 뤼트케는 제너럴모터스에 혼자 가야 했다. 그는 가는 동안 두려움에 떨었지만 성공적으로 프로그램을 설치했다.

"그런 식의 상황이 반복됐습니다." 뤼트케가 말했다. "어찌된 영문인지 위르겐은 내가 편안하고 안전하게 느끼는 범위를 알았고 거기서 살짝 벗어나는 상황을 만들어냈습니다. 나는 행동으로 부딪치고 시행착오를 거치며 그 상황들을 극복해냈고…… 결국엔 성공했죠."

이후 뤼트케는 소프트웨어 회사인 쇼피파이Shopify를 설립했다. 수만 개의 온라인 상점에 필요한 툴을 제공하는 이 회사는 최근에 그 수익이 1억 달러를 넘어섰다.

양육 연구와 신기할 정도로 유사한 결과를 보여주는 교사에 관한 연구 논문들도 등장하고 있다.[31] 심리에 정통한 교사는 학생들의 삶에 커다란 영향을 미칠 수 있다.

하버드대학교의 경제학자인 로널드 퍼거슨Ronald Ferguson은 내가 아는 사람들 중에서 효율적 교사와 비효율적 교사를 비교하는 자료를 가장 많이 수집해온 학자다. 퍼거슨은 빌 앤드 멀린다 게이츠 재단Bill & Melinda Gates Foundation의 지원으로 진행한 최근 연구에서 1,892개 교실의 학생과 교사들을 조사했다.[32] 그 결과 학생들에게 '우리 선생님은 조금이라도 최선을 다하지 않으면 용납하지 않는다', '이 반 학생들은 선생님이 원하는 대로 행동한다'고 평가받는 엄격한 교사들은 매년 학생들의 학력을 크게 신장시킨다는 사실을 발견했다. 반면에 학생을 지지해주고 존중하는 교사들은 학생들의 행복과 수업에서의 자발적인 노력을 증진시키고 대학 진학을 꿈꾸게 만들었다. 이런 교사들은 학생에게 '내게 고민이 생기면 우리 선생님은 아는 것 같다', '선생님은 우리와 생각을 공유하기를 바란다'는 평을 들었다.

퍼거슨은 허용적, 독재적, 방임적 교사가 될 수 있는 것처럼 학생들의 심리를 잘 아는 현명한 교사도 될 수 있다고 말한다. 학생들의 행복, 참여, 미래에 대한 큰 기대와 더불어 능력까지 키워주는 이가 바로 현명한 교사다.

최근 심리학자인 데이비드 예거와 제프리 코언Geoffrey Cohen은 끊임없는 지지와 더불어 큰 기대를 걸고 있다는 메시지가 학생들에게 어떤 효과가 있는지 알아보는 실험을 했다.[33] 그들은 7학년 교사들에게 학생들이 제출한 보고서에 글의 개선 방안과 평소에 사용하는 격려의 말 등 피드백을 써달라고 부탁했다. 교사들은 평소처럼 학생의 보고서 여백에 평을 썼다.

연구자들은 피드백이 쓰인 보고서 전부를 교사들에게서 전달받아 무작위로 둘로 나눴다. 그리고 절반의 보고서에는 "이 비평들은 보고서에 대한 피드백이야."라고 쓴 포스트잇을 붙였다. 이는 플라세보 통제 조건이었다.

나머지 절반의 보고서에는 "네게 거는 기대가 크고 네가 그 기대에 부응할 수 있다고 생각하기 때문에 제시하는 비평이야."라고 쓴 포스트잇을 붙였다.[34] 이는 현명한 피드백 조건이었다.

연구자들은 각각의 보고서를 폴더에 넣어 교사들에게 돌려주면서 수업 시간에 그 상태 그대로 돌려주라고 주문했다. 이로써 교사도 어떤 학생이 어떤 메모를 받았는지 알 수 없고 학생들도 급우들 중에서 일부는 자신과 다른 메모를 받았다는 사실을 알 수 없도록 했다.

그리고 학생들에게 그다음 주까지 보고서를 수정해서 제출해도 좋다고 말했다. 예거가 보고서를 받아 확인해보니 플라세보 통제 조건의 포스트잇 메모를 받은 학생들은 보고서를 수정해서 제출한 비율이 약 40퍼센트인 반면에, 현명한 피드백 포스트잇을 받은 학생들은 그 두 배인 80퍼센트 정도였다. 표본을 바꾸어서 실험했을 때도 현명한 피드백 포스트잇을 받은 학생들은 플라세보 통제 조건의 학생들보다 두 배나 많은 수가 보고서를 수정했다.

포스트잇 메모가 매일 몸짓과 말과 행동으로 보여주는 애정이나 존중, 높은 기대를 결코 대신할 수는 없다. 하지만 이 실험들은 간단한 메시지만으로도 강한 동기 부여가 될 수 있다는 사실을 분명하게 보여준다.

모든 그릿의 전형이 현명한 부모 밑에서 자라는 혜택을 누리지는 못했다. 하지만 내가 면담했던 모두의 인생에는 적절한 순간에 적절한 방식으로 목표를 높게 잡으라고 격려해주고, 그들에게 절실히 필요했던 자신감을 북돋아주며 지지해준 사람이 있었다.

코디 콜먼Cody Coleman의 이야기를 들어보자.[35]

2년 전 콜먼은 내게 이메일을 보내왔다. 그는 그릿에 관한 내 TED 강연을 보고 언제 나와 대화를 나눌 수 있는지 문의했다. 자신의 이야기가 도움이 될 거라고 생각했기 때문이다. 그는 MIT에서 전기공학과 컴퓨터 공학을 전공하는 학생으로 평점이 만점에 가까웠고 졸업을 앞두고 있었다. 그가 보기에 재능과 기회는 성취와 별로 관계가 없었다. 성공은 수년간의 지속적인 열정과 끈기의 결실이었다.

"그럼요, 이야기를 나눠봅시다." 나는 답장을 보냈다. 내가 들은 이야기는 다음과 같다.

콜먼은 뉴저지 주 트렌턴에서 50킬로미터 가까이 떨어진 몬머스 카운티 교도소에서 태어났다. 그의 어머니는 FBI에 의해 심신상실자 판결을 받은 사람으로, 상원의원의 아이를 살해하겠다고 협박한 혐의로 수감된 상태에서 콜먼을 낳았다. 콜먼은 아버지를 만나본 적도 없다. 콜먼의 외할머니가 콜먼과 형들의 법적 양육권을 넘겨받았는데, 아마도 그 덕분에 그가 생명을 건졌을 것이다. 하지만 그의 할머니도 전형적인 현명한 부모는 아니었다. 그녀가 엄격한 사랑을 베풀 수도 있었겠지만 이미 그녀는 심신이 쇠약한 상태였다. 콜먼의 말로는 할머니와 살게 된 지 얼마 후부터 할머니의 보살핌을 받은 것이 아니라 그가 할머니를 보살폈고, 요리와 청소까지 도맡았다고 했다.

"우리는 가난했어요." 콜먼이 설명했다. "학교에서 음식 기부 행사를 하면 그 음식이 우리 집으로 왔어요. 우리가 동네에서 가장 가난한 집이었거든요. 동네 자체가 잘사는 동네도 아니었죠. 우리 학군은 모든 범주에서 평균 이하였어요."

콜먼의 말이 이어졌다. "설상가상으로 나는 운동을 아주 잘하지도, 똑똑하지도 못했어요. 처음에 영어는 특별 보충 수업을 받아야 할 정도였습니다. 수학 점수는 잘해야 평균 정도였고요."

그 뒤로 무슨 일이 있었던 것일까?

"하루는 저보다 열여덟 살이나 많은 큰형이 집에 왔습니다. 고등학교에 간 뒤 처음 맞는 여름방학 때였죠. 형이 제게 2주 동안 자기 집에서 지내자며 저를 데리러 버지니아에서부터 차를 몰고 온 거였어요. 형은 함께 차를 타고 돌아가는 길에 저를 바라보면서 '대학은 어디로 가고 싶니?'라고 물었어요."

콜먼은 형에게 "모르겠어……. 좋은 학교에 가고 싶어. 프린스턴 같은데."라고 대답했다. 하지만 곧바로 그 말을 취소했다. "프린스턴 같은 학교에서 나를 받아줄 리가 없지."

"왜 프린스턴에서 너를 안 받아줘?" 형이 물었다. "성적은 괜찮잖아. 좀 더 열심히 하면, 좀 더 너를 채찍질하면 그 수준에 이를 수 있어. 노력해서 손해 볼 건 없지."

"그 순간 제 생각이 확 바뀌었죠." 콜먼이 말했다. "그때부터 '뭐하러?'에서 '왜 안 돼?'로 생각이 바뀌었습니다. 정말 좋은 대학에 못 갈 수도 있지만 노력하면 가능성도 있다고 판단했죠. 노력조차 하지 않으면 가능성이 전혀 없는 거잖아요."

그 이듬해부터 콜먼은 학업에 매진했다. 11학년에 올라와서는 전 과목에서 A를 받았다. 졸업반이 된 콜먼은 컴퓨터공학 및 공학 분야에서 전국에서 가장 순위가 높은 대학들을 찾아봤다. 그 결과 희망 대학이 프린스턴에서 MIT로 바뀌었다. 그렇게 변해가는 과정에서 그는 샨텔 스미스

Chantel Smith 선생을 만났다. 대단히 현명한 수학 교사였던 그녀는 콜먼을 입양만 안 했을 뿐 옆에서 물심양면으로 도왔다.[36]

콜먼의 운전 강습비를 내줬던 사람은 스미스 선생이었다. 그가 대학에 들어갔을 때 필요한 물건들을 마련해주려고 '대학 기숙사 기금'을 모금했던 사람도 그녀였다. 보스턴의 추운 겨울 날씨가 걱정되어 그에게 스웨터, 모자, 장갑, 따뜻한 양말을 보내주고, 매일 그를 걱정해주고, 명절 휴일 때마다 집으로 부르고, 할머니 장례식에서 콜먼 옆에 있어준 사람도 그녀였다. 콜먼이 크리스마스 아침에 일어나자마자 자기 이름이 쓰인 선물을 처음 열어본 곳도, 부활절 달걀을 처음 장식해본 곳도, 스물네 살 때 처음으로 가족과 함께 생일파티를 해본 곳도 모두 스미스 선생의 집이었다.

MIT에서의 생활이 순탄하지만은 않았지만 새로운 도전과 함께 콜먼이 '지원 군단'이라고 부르는 사람들도 생겼다. 성장기의 경험에 비하면 여러 학장과 교수들, 기숙사의 선배들, 룸메이트들, 친구들의 관심을 한몸에 받는 MIT는 천국이었다.

최우등으로 학부를 졸업한 콜먼은 바로 대학원에 진학했고, 평점 만점으로 전기공학과 컴퓨터공학 석사과정을 마치면서 박사과정 입학 허가를 받는 동시에 실리콘밸리 취업 제안을 받았다.

당장 높은 월급을 받을 수 있는 직장과 대학원 가운데 어디를 선택할지 고민하던 콜먼은 지금 이 자리까지 어떻게 왔는지 골똘히 생각해봤다. 내년 가을 그는 스탠퍼드대학교의 컴퓨터공학 박사과정을 시작할 것이다. 그의 박사과정 지원서 에세이는 이렇게 시작된다. "저는 컴퓨터공학과 머신 러닝machine learning(인공지능의 한 분야로 인간의 학습 능력과 같은 기능을 컴퓨터에 실현하고자 하는 기술 및 기법—옮긴이)에 대한 제 열정을 사회 전체에 보탬이 되도록 활용하면서 우리 사회의 미래를 이끌고 갈 성공의 본보기가 되는 것을 사명으로 여기고 있습니다."

코디 콜먼에게는 심리에 정통한 현명한 어머니나 아버지, 조부모가 없었다. 대신 그에게는 적절한 순간에 적절한 조언을 해준 형, 대단히 지혜롭고 훌륭한 고등학교 수학 선생님, 다 함께 가능한 목표를 보여주고 거기까지 이를 수 있도록 도와준 교사들과 멘토들 그리고 동료 학생들이 있었다.

샨텔 스미스는 콜먼의 성공은 자기 공이 아니라고 극구 부정한다. "사실 내가 콜먼의 인생에 끼친 영향보다 그 애가 내 인생에 끼친 영향이 큽니다. 그 애는 불가능한 일은 없으며 이루지 못할 목표도 없다는 사실을 제게 가르쳐줬죠. 내가 만나본 누구보다 마음이 고운 콜먼이 저를 '엄마'라고 불러줄 때면 정말 으쓱하답니다."

최근에는 지역 라디오 방송국에서 콜먼을 인터뷰했다. 인터뷰 말미에 콜먼은 비슷한 환경에서 벗어나려고 애쓰고 있는 청취자에게 무슨 말을 해주고 싶으냐는 질문을 받고 이렇게 대답했다. "긍정적인 마음을 유지하세요. 가능과 불가능한 일에 대한 부정적인 신념들을 버리고 시도해보세요."[37]

마지막으로 콜먼은 이렇게 말했다. "누군가의 인생을 변화시키는 사람이 꼭 부모여야 할 필요는 없습니다. 그들에게 관심을 기울이고 어떻게 지내는지 살펴준다면 큰 영향을 줄 수 있습니다. 그들의 삶에 무슨 일이 일어나는지 살피고 그것을 겪어낼 수 있도록 도와주십시오. 제가 직접 경험해봐서 아는데 그것이 커다란 차이를 가져올 수 있습니다."

제11장

그릿을 기르는 운동장

몇 년 전 당시 네 살쯤 됐던 둘째 딸 루시가 주방 식탁에 앉아서 작은 건포도 상자를 열려고 끙끙대고 있었다. 배가 고팠던 루시는 그 건포도가 먹고 싶었다. 하지만 아이의 노력에도 상자 뚜껑은 좀체 열리지 않았다. 1분여가 지나자 아이는 한숨을 쉬며 열리지 않는 상자를 놓고 자리를 떴다. 다른 방에서 그 모습을 지켜보던 나는 거의 숨이 멎을 뻔했다. 맙소사, 내 딸이 건포도 상자에 패하다니! 저래서야 그릿이 있는 사람으로 자랄 가능성이 얼마나 되겠어?

나는 달려가서 루시에게 다시 해보라고 권했다. 최선을 다해 지지해주고 요구했다. 그런데도 아이는 안 하겠다고 거절했다.

얼마 뒤에 나는 집 근처에 있는 발레 학원을 찾아서 아이를 등록시켰다. 많은 부모처럼 나도 발레나 피아노, 미식축구 등 체계적인 특별활동이 그릿을 강화시킨다는 직감이 강하게 들었기 때문이다. 특별활동에는 다른 어떤 환경도 따라가기 힘든 중요한 특징 두 가지가 있다. 첫째, 부모가 아닌 성인이 맡아서 지도한다(지지해주면서도 요구가 많은 사람이라면 이상적일 것이다). 둘째, 특별활동은 관심, 연습, 목적, 희망을 기르도록 설계되어 있다. 발레 연습실, 연주회장, 도장, 농구장, 미식축구 경기장 등은 그릿을 기르는 운동장이다.

특별활동의 효과에 대한 증거는 불완전하다. 아이들을 운동부나 악기 연주반, 토론반, 방과 후 아르바이트, 학교 신문반에 무작위로 배정한 연구 같은 것을 하나도 제시할 수 없다. 조금만 생각해도 그 이유를 알 것이다. 동전 던지기로 특별활동을 받을지 말지 결정하는 연구에 자녀를 지원시킬 부모도 없고, 윤리적으로 문제가 될 수 있으므로 아이들을 특별활동에 강제로 머물게 하거나 뺄 수 있는 학자도 없기 때문이다.

그럼에도 불구하고 나는 부모로서도 사회과학자로서도 자녀가 어느 정도 자라면 바로 그들이 재미를 느끼는 수업 외의 활동을 찾아서 등록시키기를 권장한다. 만약 내게 요술 방망이가 있다면 이 세상 모든 아이들에게 스스로 선택한 특별활동을 적어도 한 가지씩 시키고, 고등학생에게는 최소 한 가지 활동을 1년 이상 지속하라고 요구할 것이다.

내가 아이의 모든 일과를 정해줘야 한다고 생각해서 이러는 것일까? 전혀 그렇지 않다. 하지만 나는 아이들이 1주일에 최소한 몇 시간은 흥미가 있으면서도 어려운 일을 할 때 더욱 성장한다고 믿는다.

그릿을 완성하는 데 필요한 특별활동

앞에서 말했듯이 이런 과감한 제안을 뒷받침해주는 증거는 불충분하다. 하지만 지금까지 이뤄진 연구들은 그 타당성을 강하게 암시하고 있다. 연구 결과를 종합해보면 아이들은 지혜로운 발레 강사나 미식축구 코치, 바이올린 선생 등 특별활동 지도 교사 옆에서 그릿을 배우는 듯하다.

우선 아이들에게 호출기를 채우고 하루에도 몇 번씩 신호를 보내 그 순간에 무엇을 하고 있으며 기분이 어떤지 보고하게 했던 연구부터 살펴보자. 아이들은 수업을 들을 때는 도전하는 기분이 들지만 특별히 의욕이 느껴지지는 않는다고 보고했다. 반면에 친구와 어울릴 때는 도전적인 느낌은 없지만 매우 재미있다고 했다. 그렇다면 특별활동은 어떨까? 운동이나 연주, 학교 연극 리허설을 할 때는 도전적인 느낌과 동시에 즐거움을 느낀다고 보고했다.[1] 청소년들의 삶에서 특별활동 외에 도전 의식과 내재적 동기를 확실히 제공해주는 경험은 별로 없었다.

이 연구는 학교가 힘들기만 하고 많은 아이들이 본질적인 흥미를 느끼지 못하는 곳이라는 결론을 내린다. 친구에게 문자 보내기는 흥미롭지만 어렵지 않다. 하지만 발레는 어떤가? 발레는 흥미로우면서도 어렵다.

그렇다면 순간적으로는 그렇게 경험한다 해도 그것이 장기적으로도 유익할까? 특별활동이 정말 뚜렷한 효과가 있을까?[2]

특별활동을 많이 하는 아이들이 생각할 수 있는 거의 모든 면에서 우수하다는 결과를 내놓은 연구는 수없이 많다. 그들은 성적이 좋고 자존감이 높으며 문제를 일으킬 가능성도 낮다. 그중 소수의 종단연구에서는 연구자들이 특별활동에 참여했던 아이가 어떻게 자랐는지 오랫동안 기다리며 살펴봤다. 장기 연구들이 내린 결론도 동일하다. 특별활동에 많이 참여할수록 그 효과가 크다.[3]

이 연구들에 따르면 특별활동에 과도하게 참여하는 일은 매우 드물었다. 요즘의 미국 10대 청소년은 하루 세 시간 이상 텔레비전을 시청하거나 비디오게임을 한다고 밝혀졌다.[4] 게다가 소셜 미디어에 새로 올라온 글을 확인하고, 친구와 웃기는 동영상 링크를 주고받으며, 연예인들에 대한 가십을 찾아보느라 허비하는 시간들까지 생각해보라. 그렇게 따지면 체스 클럽이나 학교 연극 등 성인의 지도 아래 기술을 체계적, 집중적으로 배우는 특별활동에 할애할 시간이 없다고 주장하기는 힘들다.

하지만 그릿에도 도움이 되는가? 몇 개월이 아니라 몇 년간 노력해야 되는 그릿의 달성에도 특별활동이 유익한가? 그릿이 장기적 목표를 고수하는 것이라면 특별활동이 그릿을 훈련하는 방법이 되기 위해서는 당연히 1년 이상 지속할 때 특히 유익하다고 추론할 수 있다.

사실 한 시즌에서 다음 시즌까지 기량을 향상시키려고 노력하는 동안 교훈을 얻었다는 이야기는 그릿의 전형들과 면담을 하면서 반복적으로 나왔다.

예를 하나 들어보자. 장차 미국 NFL 명예의 전당에 이름을 올리게 되는 스티브 영은 11학년 때 신통치 못한 성적으로 시즌을 끝낸 뒤 학교 목공실을 찾아갔다. 그곳에서 그는 미식축구 공 모양으로 나무를 깎고 실제 공에서 끈이 붙어 있어야 할 부분에는 테이프를 붙였다. 그리고 나무 공의 한쪽 끝에 고리를 달아 학교 체육관에 있는 웨이트 기구에 매달았다. 그는 웨이트 기구에 매달린 공을 잡고 앞뒤로 패스하는 동작을 연습하면서 팔뚝과 어깨의 근력을 키웠다. 다음 해 그의 패스 거리는 두 배로 늘었다.

심리학자 마고 가드너Margo Gardner의 연구는 장기간 특별활동에 참여했을 때의 유익함을 더욱 확실히 보여준다. 가드너와 컬럼비아대학교의 공동 연구자들은 미국 10대 청소년 1만 1,000명을 26세가 될 때까지 추적 조사했다. 그들은 고등학교 때 특별활동에 1년간 참여한 경험과 2년간 참여한 경험이 성인기의 성공에 어떤 영향을 미치는지 비교해보았다.[5]

가드너가 알아낸 사실은 다음과 같다. 1년 이상 특별활동을 한 학생은 대학을 졸업할 가능성과, 청년기에 지역사회에서 봉사활동을 할 가능성이 더 높았다. 또한 1주일 동안 특별활동에 할애한 시간은 청년 실업자로 전락하지 않고 취업을 하고, 수입도 더 많을 가능성을 예측해주는 변인이었다. 하지만 이는 특별활동에 2년 동안 참여한 학생들에게만 해당됐다.

특별활동을 할 때 잠시 해보다 그만두지 않고 끝까지 완수하는 자세의 중요성을 최초로 연구한 학자는 워런 윌링햄Warren Willingham이었다.

1978년 윌링햄은 개인 특성 프로젝트Personal Qualities Project 책임자였다.[6] 이 연구는 지금까지도 청년의 성공을 결정짓는 요인을 밝히려 했던 가장 야심찬 시도로 남아 있다.

그 프로젝트를 지원한 기관은 미국교육평가원Educational Testing Service이었다. 흔히 ETS로 알려진 미국교육평가원은 뉴저지 주 프린스턴에 본사를 두고 통계학자, 심리학자를 비롯한 여러 분야의 학자를 1,000명 이상 고용해 학교와 직장에서의 성취를 예측해주는 검사지를 개발하고 있다. 당신이 SAT를 치렀다면 ETS에서 개발한 시험을 치른 것이다. GRE(미국 대학원 입학 자격시험), TOEFL, Praxis(교원 자격시험), AP 시험 36과목도 마찬가지다. 기본적으로 휴지는 곧 크리넥스이듯 표준화 시험은 곧 ETS 이다. 물론 표준화 시험을 개발하는 기관이 더 있지만 우리 대부분은 다른 기관의 이름을 쉽게 떠올리지 못한다.

그렇다면 ETS에서 표준화 시험 이외의 문제에 관심을 돌린 동기는 무엇인가?[7]

윌링햄과 ETS의 다른 학자들은 고등학교 성적과 표준화 시험 점수가 미래의 성공을 그리 정확하게 예측하지 못한다는 사실을 누구보다 잘 알고 있었다. 학창시절에 시험 점수와 성적이 동일했던 두 학생이 졸업 후에 매우 다른 인생을 사는 경우가 아주 많았다. 윌링햄은 '성공을 좌우하는 다른 개인적 특성은 무엇인가?'라는 단순한 질문의 답을 찾으려고 했다.

이를 위해 윌링햄의 연구팀은 수천 명의 학생들을 고등학교 졸업반 때부터 5년 동안 추적 조사했다.

연구를 시작하면서 각 학생의 대학 지원 서류, 설문지, 작문 샘플, 면담 기록, 성적표가 수집됐다. 이 정보들을 바탕으로 100가지 이상의 개인적 특성이 점수화됐다. 그 개인적 특성에는 부모의 직업과 사회경제적 지위 같은 가정환경은 물론 학생 스스로 관심이 있다고 밝힌 직업, 대학 학위를 취득하려는 동기, 교육 목표 등이 포함됐다.

그 뒤로 학생들이 대학을 다니는 동안 대학 생활에서의 성공도를 객관적으로 보여주는 세 가지 범주의 측정값들이 수집됐다. 첫째, 학업 면에서 두각을 나타냈는가? 둘째, 청년기에 접어든 그들이 지도력을 입증해 보였는가? 셋째, 그들이 과학기술이나 예술, 스포츠, 연설과 글쓰기, 사업, 지역사회 봉사활동 등에서 성공할 가능성이 얼마나 엿보이는가?

어떻게 보면 개인 특성 프로젝트는 경마와도 같았다. 연구가 시작될 때 계산된 100여 개의 측정값 중 어느 것이 미래의 성공을 가장 잘 예측해주는 변인이 될지 몰랐다. 최종 자료가 수집되기 몇 년 전에 작성된 첫 번째 보고서를 읽어보니, 윌링햄이 이 문제에 대해 어느 쪽으로도 치우치지 않고 아주 공정하게 접근한 것이 분명해 보였다. 그는 각각의 변인과 그 변인이 포함된 이유, 측정 방법 등을 꼼꼼하게 기술해놓았다.

하지만 윌링햄도 최종 자료까지 입수하고 정리한 뒤로는 분명하고 단호하게 조사 결과를 밝혔다. 큰 차이로 우승한 말이 있었다. 그것은 과업 완수 follow-through 였다.

윌링햄과 그의 팀은 과업 완수를 다음과 같이 기술한다. "과업 완수는 (고등학교 재학 중에) 특정 활동에 목적의식을 갖고 지속적으로 노력했는가, 또는 여러 활동을 산발적으로 했는가를 기준으로 평가된다."[8]

고등학교에 다니는 동안 두 가지 특별활동에 각각 수년간 참여한 동시에 두 활동 모두에서 상당한 성과를 보인 학생들이 과업 완수 항목에서 최고점을 받았다. 윌링햄은 '3년 동안 학교 신문부에서 활동하면서 편집장이 됐을 뿐 아니라 같은 기간에 육상부 선수로도 활동해 중요한 시합에서 우승한' 학생을 예로 들었다.[9]

그에 반해 여러 해 동안 참여해온 특별활동이 하나도 없는 학생들은 과업 완수 항목에서 최저점을 받았다. 이들 중 일부는 고등학교 시절 내내 아무런 특별활동에도 참여하지 않았다. 하지만 훨씬 많은 경우가 한 해는 이 부서, 저 부서에 들었다가 다음 해에는 완전히 다른 활동부서로 옮겨 다녔다.

과업 완수 변인의 예측력은 놀라웠다. 고등학교 성적과 SAT 점수 변인을 통제한 후에도 고등학교 재학 중 꾸준한 특별활동의 참여는 다른 어떤 변인보다 대학 우등 졸업을 정확히 예측해주었다. 마찬가지로 과업 완수는 청년기에 임명직 또는 선출직 대표를 맡을 가능성을 단일 변인으로는 가장 정확히 예측했다. 또한 월링햄이 측정한 100여 가지의 개인 특성 중 그 무엇보다 모든 사회 활동 분야에서 청년기의 업적을 정확히 예측해주었다.

주목할 점은 고등학생 때 몰두했던 특별활동의 종류가 중요하지 않았다는 사실이다. 테니스를 했든 학생회나 토론팀에 참여했든 상관없었다. 뭐가 됐든 한 해 그리고 그 이듬해에 같은 특별활동 부서에 다시 등록하고 그동안 발전이 있었다는 점이 가장 중요했다.

당신의 자녀가 완성을 경험하게 하라

나는 그릿을 연구한 지 몇 년 만에 개인 특성 프로젝트를 알게 됐다. 그 프로젝트 보고서 원문을 입수한 나는 첫 장부터 마지막 장까지 단숨에 읽은 다음에 잠시 내려놓았다가 다시 첫 장부터 읽기 시작했다.

그날 밤 나는 잠을 이룰 수 없었다. 말똥말똥한 정신으로 누워서 생각했다. '세상에! 월링햄이 '과업 완수'라고 부르는 변인은 그릿과 매우 흡사하잖아!'

나도 그의 연구와 똑같은 결과를 얻을 수 있을지 즉시 확인해보고 싶은 마음뿐이었다.

현실적인 문제도 동기로 작용했다.

그릿 척도는 다른 자기보고식 설문지처럼 사람들이 터무니없는 응답을 할 수도 있다는 문제가 있다. 학술 연구에서는 참여자가 거짓말을 할 현실적인 동기가 없다. 하지만 허위 응답의 문제가 해결되지 않는다면 참여자가 '나는 시작한 일을 어떻하든 끝낸다'고 거짓으로 응답함으로써 점수에서 이득을 얻을 수도 있다. 이런 상황에서 그릿 척도가 제대로 사용되는 일은 상상하기 힘들다. 윌링햄이 사용한 것처럼 그릿을 수량화한다면 쉽게 속일 수 없는 측정 방법이 될 것이다. 적어도 대놓고 거짓말을 하지 않는다면 말이다. 윌링햄 본인의 말대로 "생산적인 과업 완수의 분명한 증거를 찾는 것이 학생들의 실적을 캐내는 유용한 방법이다."[10]

하지만 더 중요한 목표는 과업 완수가 그릿의 상징인 '중도에 그만두지 않고 꾸준히 참석하기'를 예측해줄지 확인하는 데 있었다.

나는 새로운 종단연구를 시작하기 위해 교육 연구의 최대 지원 기관인 빌 앤드 멀린다 게이츠 재단에 도움을 청했다.

게이츠 재단에서는 대학 중퇴자 수가 그토록 많은 이유에 특별한 관심이 있었다. 현재 미국의 2년제 대학과 4년제 대학의 중퇴율은 세계에서 매우 높은 편에 든다. 등록금 인상과 미로처럼 복잡한 미국의 학자금 융자 제도는 거기에 기여하는 두 가지 주요인이다. 슬프게도 또 다른 요인은 학업 준비의 부족이다. 그러나 재정 상태가 비슷하고 SAT 점수도 동일한 학생들 사이에서도 중퇴율은 크게 다르다.[11] 대학 과정을 끝까지 마치고 학위를 취득할 사람과 그러지 못할 사람을 예측하는 문제는 모든 사회과학 분야에서 매우 까다로운 문제 중의 하나로 누구도 만족스러운 답을 내놓지 못하고 있다.

나는 빌 게이츠와 멀린다 게이츠를 만나서 내 관점을 직접 설명할 기회를 얻었다. 나는 고등학생 시절에 힘든 일을 완수한 경험이 미래에도 무슨 일이든 끝까지 해내도록 준비시키는 최선의 방법 같다고 설명했다.

그날 대화 중에 빌 게이츠 역시 오래전부터 재능보다 역량competency을 중시해왔다는 사실을 알게 됐다. 그가 마이크로소프트의 프로그래머를 채용하는 과정에 훨씬 직접적으로 개입했던 시절에는 지원자들에게 몇 시간에 걸친 지루한 트러블 슈팅(시스템에서 발생하는 복잡한 문제들을 종합적으로 진단해 처리하는 작업이나 과정—편집자)이 필요한 프로그래밍 과제를 주었다고 한다. 그것은 IQ검사나 프로그래밍 기술 시험이 아니었다. 어떡하든 결승선까지 가는 능력을 시험한 것이었다. 게이츠는 시작한 일을 완성한 프로그래머만 채용했다.

게이츠 재단의 후한 지원으로 나는 고등학교 졸업반 학생 1,200명을 모집했다. 그리고 윌링햄이 했던 대로 특별활동을 하고 있다면 열거하고, 언제부터 그 활동에 참여했으며, 남다른 성과를 올렸다면 그게 무엇인지 알려달라고 요청했다. 이 연구를 하는 동안 우리 주위에서는 다음 쪽의 그릿평가표를 표 생김새대로 '그릿 격자'라는 이름으로 불렀다.[12]

우리 연구팀은 윌링햄의 방식처럼 특별활동에 참여한 햇수와 최대 두 가지 활동에서의 발전 정도를 수량화해서 그릿평가표 점수를 계산했다.

구체적으로 설명하자면 2년 이상 참여한 활동마다 1점으로 계산됐다. 1년만 참여한 활동에는 점수가 주어지지 않았고 더 이상 계산에 포함되지 않았다. 1년간 학생회에서 활동하고 그다음 해에 재무회계부장을 맡은 경우처럼 학생이 여러 해 동안 참여한 특별활동이 있고 거기서 올린 성과가 있다면 각각에 대해 1점이 추가됐다. 마지막으로 학생회 회장이나 농구팀의 최우수 선수, 이달의 우수 사원처럼 '중급'이 아닌 '상급'으

수업 외에 본인이 상당한 시간을 할애하는 활동들을 열거해주세요. 운동, 특별활동, 자원봉사 활동, 연구/학술 활동, 아르바이트, 취미 등 어떤 활동도 괜찮습니다. 한 가지 활동만 하고 있다면 두 번째, 세 번째 줄은 비워두면 됩니다.

활동	참여 학년: 9-10-11-12학년	업적, 수상 경력, 임원 활동
	□─□─□─□	
	□─□─□─□	
	□─□─□─□	

로 보는 것이 타당한 성과에는 1점이 더 추가됐다.

따라서 학생들은 그릿평가표에서 0점(1년 넘게 참여한 활동이 없을 경우) 부터 6점(2년 이상 참여한 활동이 두 가지이고 두 활동 모두에서 큰 성과를 올렸을 경우)까지 받을 수 있었다.

예상했던 대로 그릿평가표 점수가 높은 학생일수록 스스로 투지가 강하다고 평가했고, 교사들의 의견도 일치했다.

그런 다음 우리는 기다렸다.

우리 표본을 구성하는 학생들은 미국 전역의 수십 개 대학으로 진학했다. 2년 뒤 1,200명의 학생 중에서 34퍼센트만이 2년제 또는 4년제 대학에 다니고 있었다. 우리가 예상했던 대로 학교를 계속 다닐 확률은 그릿평가표 점수에 따라 큰 차이가 있었다. 점수가 6점 만점에 6점이었던 학생들은 69퍼센트가 계속 대학에 다니고 있었다. 반면에 6점 만점에 0점을 받았던 학생들은 겨우 16퍼센트만이 학교에 남아 있었다.

우리는 동일한 그릿평가표 채점 방식을 적용해 초보 교사들의 대학 시절 특별활동 경험을 조사해보았다.[13] 결과는 놀랄 만큼 비슷했다. 대학 시절, 소수의 특별활동에 끝까지 참여했던 교사는 계속 교직에 머물 가능성이 높았을 뿐 아니라 학생들의 학업 성취도를 크게 향상시켰다. 그에 반해 교직에서의 끈기와 효율성은 교사의 SAT 점수나 대학 시절 평점, 면접자가 평가한 잠재적 리더십과는 뚜렷한 관계가 없었다.

내가 지금까지 제시한 증거들을 전부 고려하면 두 가지 해석이 가능하다. 특별활동은 젊은이들이 장기적 목표를 향한 열정과 끈기를 연습하고 발전시킬 수단이 될 수 있다. 하지만 그릿이 높은 사람들만 특별활동에 끝까지 참여하는 것일 수도 있다. 이 두 가지 해석이 상호배타적이지는 않다. 특별활동이 그릿을 길러주는 요인인 동시에 그릿이 특별활동을 선택하게 하는 요인일 가능성도 충분히 있다.

나는 우리가 성장하는 동안 어떤 일에 끝까지 참여한 경험은 그릿을 요구하는 동시에 길러준다고 추측한다.

이렇게 생각하는 이유 중의 하나는 특정 상황에 끌리게 만든 우리의 성향이 대개 그 상황에서 더 강화되는 경향이 있기 때문이다. 브렌트 로버츠Brent Roberts는 이러한 성격발달이론에 '상응성의 원리'corresponsive principle라는 이름을 붙였다. 로버츠는 특정 상황들에서 사람들이 생각하고 느끼고 행동하는 방식에 영구적인 변화를 가져오는 요인을 연구하는 대표적인 학자다.[14]

로버츠가 버클리대학교의 심리학과 대학원생이던 시절에는 아동기 이후의 성격은 거의 '굳은 석고' 같다는 관점이 지배적이었다.[15] 로버츠와 다른 성격 연구자들은 이후 말 그대로 수천 명의 사람들을 수년, 수십 년 동안 추적하여 수집한 자료를 토대로 아동기 이후에도 성격은 변한다는 사실을 입증했다.[16]

또한 성격 발달에는 환경과 성격 특성이 서로 영향을 주고받는다는 사실을 알아냈다. 상응성의 원리란 우리를 특정 상황으로 이끄는 성격 특성이 바로 그 상황에서 더 권장, 강화, 확장되는 특성이라는 주장이다. 그 속에서 선순환이 일어날 수도, 악순환이 일어날 수도 있다.

로버츠와 그의 공동 연구자들은 1,000명의 뉴질랜드 청소년이 성인기에 접어들고 취직을 할 때까지 추적 조사를 실시했다. 수년이 지나는 동안 적대적 성격의 청소년들은 사회적 위신이 낮은 직업을 가지고 생활비를 충당하는 데도 곤란을 겪는 것으로 보고됐다. 이런 상황은 적대감을 더 악화시켰고 이로 인해 고용 전망 또한 더욱 어두워졌다. 반면에 원만한 성격을 가진 청소년들은 심리 발달의 선순환을 경험했다. '성격 좋은' 이 청소년들은 경제적 안정을 제공하는 일자리를 확보했고 그 결과 그들의 사교적인 성향은 더 강화됐다.[17]

지금까지 그릿에 상응성의 원리가 적용되는지 살펴본 연구는 없었다. 그렇지만 한번 추론해보자. 건포도 상자를 여는 데 실패하고 속으로 '너무 힘들어! 그만할 거야!'라고 생각한 딸아이를 그대로 내버려뒀다면 포기를 강화하는 악순환이 시작됐을지도 모른다. 아이는 자꾸 포기하는 법을 배우고, 그때마다 힘겨운 노력 끝에 발전하며 더 어려운 일을 시도할 자신감을 얻는 선순환의 기회를 놓치게 될 것이다.

그런데 수업은 좀 어렵겠지만 발레 학원에 데려간다면 어떻게 될까? 아이는 학원에 들어선 순간 조금 피곤해서 발레 슈즈를 신고 싶지 않을지도 모른다. 혹은 지난 번 연습 때 팔을 똑바로 들지 않았다고 교사에게 꾸중을 들어 속상했을 수도 있다. 그러나 한 번만 더 해보라는 부추김에 연습을 거듭한 끝에 어느 날 드디어 제대로 동작을 해내는 만족감을 경험했다면 어떻게 되겠는가? 그 승리감이 다른 어려운 일까지 연습하도록 아이를 고무하지 않았을까? 아이가 다음 도전을 기꺼이 받아들이게 되지 않았을까?

가난한 아이들에게
더 필요한 그릿 교육

워런 윌링햄이 개인 특성 프로젝트 보고서를 출간한 다음 해에 빌 피츠시먼스Bill Fitzsimmons는 하버드대학교의 입학처장이 됐다.

2년 뒤 내가 하버드대학교에 지원했을 때 그 지원서를 검토한 사람이 바로 피츠시먼스였다. 학부생 시절에 우연찮게 그와 함께 봉사활동을 나갔다가 그 사실을 알게 됐다. 인사를 나누는 자리에서 그가 "오, 애교심 아가씨!"라고 내게 외쳤다. 그리고 내가 고등학교 시절에 했던 다양한 활동들을 놀랍도록 정확히 열거했다.

최근에 나는 피츠시먼스에게 전화해서 특별활동에서의 과업 완수 능력에 대해 어떻게 생각하는지 물었다. 물론 그는 윌링햄의 연구를 아주 자세히 알고 있었다.

"여기 어디 있을 텐데? 항상 이 근처에 두는데." 그는 책장을 살피는 듯했다.[18]

그도 윌링햄의 결론에 동의했을까? 하버드대학교 입학처에서는 SAT 점수와 고등학교 성적 외의 경력에 정말로 관심을 두고 있을까?

윌링햄은 보고서를 출간할 당시 과업 완수 능력이 연구에서 밝혀진 중요성만큼 대학의 입학 사정 기준으로 중시되지 않는다는 의견을 피력했다. 나는 피츠시먼스에게 그 사실을 확인하고 싶었다.

그는 매년 수백 명이 탁월한 학업 성취의 준거만으로 하버드대학교 입학 허가를 받는다고 했다. 바로 일찌감치 거둔 학문적 성과가 장차 세계적 석학이 되리라고 암시해주는 학생들 말이다.

하지만 하버드에서는 그의 표현으로 "자신이 사랑하고 신념과 가치가 있는 일을 추구하며, 남다른 열의로 절제하고 노력해온" 학생들도 최소한 그 수만큼 선발한다고 한다.[19]

입학처의 어느 누구도 이 학생들이 하버드에 와서 똑같은 활동을 계속하길 바라거나 요구하지 않는다. "운동선수를 예로 들어봅시다." 피츠시먼스가 설명했다. "그 학생이 부상을 당해서 운동을 그만두고 팀에서 빠지기로 결정했다고 합시다. 운동을 통해 계발된 그 학생의 열의, 동기, 노력 그리고 투지는 거의 항상 다른 영역으로 그대로 옮겨 가더군요."[20]

피츠시먼스는 하버드가 과업 완수 능력에 대해서도 최대한 신경 쓰고 있다고 얘기했다. 그는 최근 우리가 했던 연구도 윌링햄의 연구 결과를 입증해주었다며 하버드에서도 아주 유사한 평가 척도를 사용하고 있다고 했다. "우리는 입학처 직원들에게 교수님의 그릿평가표와 똑같은 작업을 시킵니다."

그제야 그가 내 지원서를 읽은 지 1년도 더 지났음에도 내가 고등학교 때 수업 외에 무슨 활동을 했는지 또렷이 기억하고 있었던 이유가 설명이 됐다. 그는 내 생활기록부의 다른 기재사항과 함께 특별활동 경력에서 내가 대학에서의 고된 생활과 기회를 맞을 준비가 됐다는 증거를 찾았던 것이다.

"입학처에서 40년 이상 근무하면서 느끼는 사실인데 대부분의 사람이 엄청난 잠재력을 갖고 태어납니다. 문제는 열심히 노력하고 투지를 발휘하도록 충분한 자극을 받았는가 하는 것이죠. 결국에는 그런 사람이 가장 성공하는 것 같습니다." 피츠시먼스는 그렇게 결론 내렸다.

나는 꾸준한 특별활동 참여가 단지 그릿을 발전시키는 수단이라기보다는 그릿이 있다는 증거일지도 모른다는 점을 지적했다. 피츠시먼스도 동의했지만 특별활동이 단지 증거만은 아니라는 자신의 판단을 재차 밝혔다. 그의 직관에 따르면 젊은이들은 힘든 일을 끝까지 해내면서 확실하게 교훈을 얻으며, 그 교훈은 다른 영역으로 옮겨 간다. "젊은이들은 다른 사람들에게 배우기도 하고, 경험을 통해 자신의 우선순위가 무엇인지 점점 알아가면서 인성을 발달시켜 나갑니다."

그의 이야기가 이어졌다. "어떤 학생은 부모나 상담 교사 등 다른 사람의 제안으로 특별활동을 시작합니다. 하지만 이런 경험들은 사람을 변화시키는 힘이 있어서 학생 스스로가 매우 중요한 교훈을 얻게 됩니다. 그 뒤로는 부모나 상담 교사도 상상하지 못할 정도로 열심히 하고 그 활동에 기여하는 일이 자주 있습니다."

이런 이유에서 그는 특별활동을 통해 그릿을 연습할 기회가 주어지지 않는 아이들을 몹시 걱정하고 있었다.

"음악, 미술 등의 활동을 줄이거나 없애는 고등학교가 점점 늘고 있습니다." 그는 특별활동을 줄이는 학교는 당연히 가난한 아이들이 주로 다니는 곳이라고 설명했다. "그게 최소한의 공평한 경쟁의 장인데 말입니다."

하버드대학교의 정치학자인 로버트 퍼트넘Robert Putnam과 그의 공동 연구자들은 부유한 미국 고등학생의 경우 지난 수십 년 동안 높은 특별활동 참여율을 꾸준히 유지하고 있다고 밝혔다. 그에 반해 가난한 고등학생의 특별활동 참여율은 급감했다.[21]

퍼트넘의 설명에 따르면 부유한 학생과 가난한 학생 간의 특별활동 참여율 격차가 벌어지게 만드는 요인이 몇 가지 있다. 축구 원정 경기처럼 비용을 부담해야 참가할 수 있는 운동부는 균등한 참여를 방해하는 요인 중의 하나다. 설령 참여는 '무료'라고 해도 모든 부모가 유니폼을 사줄 여유가 있는 것은 아니다. 또한 모든 부모가 연습장과 시합장까지 아이를 태워줄 능력이나 용의가 있는 것도 아니다. 음악에서는 개인 레슨비나 악기 구입비가 특별활동 참여를 막을 수 있다.

퍼트넘이 예상한 대로 가족의 수입과 그릿평가표 점수 사이에 상관관계가 존재한다는 걱정스러운 결과가 나왔다. 우리 표본에서 연방 정부로부터 급식비를 지원받는 고등학교 졸업반 학생들의 그릿평가표 점수는 그렇지 않은 학생들보다 평균 1점이나 낮았다.

로버트 퍼트넘처럼 제프리 캐나다Geoffrey Canada도 하버드대학교 출신의 사회과학자다.

캐나다는 더없이 투지가 강한 사람이다. 그는 빈곤한 가정에서 성장하는 아이들이 자신의 잠재력을 실현하도록 돕는 일에 열정을 갖고 있다. 캐나다는 최근에 유명인사가 다 됐지만, 사실 그는 수십 년간 뒤에서 할렘 칠드런스 존Harlem Children's Zone이라는 뉴욕시의 대안 교육 프로그램 대표로 묵묵히 애써왔다.[22] 현재 최초 졸업생들은 대학에 진학했으며, 이 프로그램의 대단히 포괄적인 접근법과 성공 결과가 전국에서 크게 주목받고 있다.

몇 년 전 캐나다가 졸업식 축사를 하러 펜실베이니아대학교에 왔다. 나는 그의 바쁜 일정에도 개인적으로 만날 시간을 끼워 넣을 수 있었다. 시간이 얼마 없었으므로 단도직입적으로 물었다.

"대표님은 사회과학 쪽을 전공하신 것으로 알고 있습니다." 내가 말을 시작했다. "우리 교육계에는 증거가 무수히 많은데도 실행하지 않는 일도 있고, 아무런 증거가 없는데도 실행하는 일도 있습니다. 하지만 대표님이 목격하고 실천해온 일들로 비추어 볼 때 아이들을 빈곤에서 벗어나게 해줄 방법은 진짜로 뭐라고 생각하는지 알고 싶습니다."

캐나다는 앉은 자리에서 몸을 앞으로 기울이며 기도라도 하려는 것처럼 손을 맞잡았다. "솔직하게 말씀드리죠. 저는 자식이 넷입니다. 그리고 제 자식이 아닌 아이들이 성장하는 모습도 수없이 봐왔습니다. 무작위 배정 이중맹검법double-blind test(환자와 의사 양쪽에 치료용 약과 가짜 약의 구별을 알리지 않고, 제3자인 판정자만이 그 구별을 알고 있는 약효의 검정법—옮긴이)으로 증명하지는 못하더라도 가난한 아이들이 뭐가 필요한지는 말씀드릴 수 있습니다. 교수님이나 제가 우리 자식들에게 주는 모든 것이 그 아이들에게도 필요합니다. 가난한 아이들에게 필요한 것은 아주 많습니다. 하지만 제대로 된 아동기가 필요하다는 말로 요약할 수 있겠네요."[23]

1년쯤 뒤 캐나다가 TED 강연을 하던 날 나는 운 좋게도 방청석에 앉아 있었다. 캐나다는 유치원 교육과 여름방학 기간의 학력 신장 활동 등 할렘 칠드런스 존에서 운영해온 프로그램들은 확실한 과학적 증거를 기반으로 하고 있다고 설명했다. 하지만 지출을 정당화해줄 과학적 증거가 충분하지 않은데도 운영하는 프로그램이 한 가지 있는데 그것이 바로 특별활동이라고 했다.

"왜인 줄 아십니까?" 그가 물었다. "제가 아이들을 정말 좋아하기 때문입니다."[24]

청중들이 웃었지만 그는 이 말을 되풀이했다. "저는 정말 아이들을 좋아합니다."

"아이가 무용 강습을 받으면 대수학을 잘하게 된다는 MIT 연구 결과를 뉴스 기사에서 읽은 적은 없을 것입니다." 그가 말했다. "하지만 우리가 아이에게 무용 강습을 받게 해줬을 때 그 애가 수업에 가고 싶어 하는 모습을 보면 큰 기쁨과 보람을 느끼게 될 것입니다."

어린 시절에 만들어야 할
마음의 근력

제프리 캐나다의 말이 옳다. 이 장에서 내가 소개했던 모든 연구는 비실험연구다. 과학자들이 실행 절차나 윤리적 문제를 해결할 방법을 찾아내, 일부 아이들만 무작위로 발레 학원에 1년간 보낸 뒤 대수학을 익히는 데 도움이 되는가를 알아보지는 않으리라고 생각한다.

하지만 과학자들은 어려운 일을 해본 경험이 또 다른 어려운 일을 해낼 수 있게 만드는지 단기 실험으로 확인해본 적이 있다.

휴스턴대학교의 심리학자인 로버트 아이젠버거Robert Eisenberger 는 이 방면의 권위자다.[25] 그는 수십 편의 실험 연구에서 지레를 20번 누르면 먹이가 하나 나오는 어려운 조건과 두 번만 누르면 나오는 쉬운 조건에 쥐를 무작위로 배정했다. 그 뒤에 모든 쥐에게 똑같이 어려운 과제를 주었다. 그는 실험할 때마다 같은 결과를 얻었다. '쉬운 조건'에 놓였던 쥐에 비해 힘들게 노력해야만 보상을 받았던 쥐가 두 번째 과제에서 더욱 활동적이었고 지구력도 좋았다.

내가 가장 마음에 들었던 아이젠버거의 실험은 그중에서도 아주 기발했다. 아이젠버거는 실험실에서 대체로 둘 중 한 가지 방법으로 쥐에게 먹이를 준다는 사실에 주목했다. 어떤 연구자들은 깔때기 모양의 철망에 먹이를 담아 두고 쥐가 철망의 구멍으로 갉아먹게 한다. 어떤 연구자들은 우리 바닥에 먹이를 흩어 놓는다. 아이젠버거는 일을 해야 밥을 먹을 수 있는 경험을 한 쥐가 힘든 훈련 과제를 더 열심히 하도록 학습됐을 거라고 생각했다. 실제로 실험 결과도 그랬다. 그는 좁은 나무판자를 건너가면 보상을 받도록 어린 쥐를 훈련시켰다. 그런 다음 쥐를 두 집단으로 나눴다. 한 집단은 먹이를 깔때기 모양 철망에 담은 우리에, 다른 집단은 바닥에 흩뿌려 놓은 우리에 살게 했다. 한 달 동안 철망에서 먹이를 꺼내 먹어야 했던 쥐는, 배가 고프면 돌아다니며 주워 먹었던 쥐보다 좁은 나무판자를 건너가는 과제를 더 잘 수행했다.

아이젠버거는 아내가 교사였던 덕분에 유사한 실험을 기간만 줄여서 아동에게 해볼 기회를 얻었다. 예를 들어 한 실험에서는 2, 3학년 아이들에게 사물의 숫자 세기, 그림 외우기, 모양 맞추기를 하면 1센트를 나눠 줬다. 일부 아동들에게는 정답률이 올라가면 과제의 난도를 올렸고, 다른 아동들에게는 난도가 같은 유사한 문제를 계속 줬다.

그리고 모든 아동들에게 칭찬과 함께 1센트를 나눠줬다.

나중에는 두 조건의 아동 모두에게 앞서의 과제와는 전혀 다른 지루한 일을 시켰다. 바로 단어를 옮겨 적는 일이었다. 아이젠버거는 쥐를 대상으로 했던 실험에서와 똑같은 결과를 얻었다. 쉬운 과제 대신 어려운 과제로 훈련받은 아이들이 단어를 옮겨 적는 과제를 더 열심히 했다.

아이젠버거는 어떤 결론을 내렸을까? 그는 연습을 통해 근면성이 학습될 수 있다고 주장한다.

그는 이 현상에 학습된 근면성learned industriousness이라는 이름을 붙였다. 동물이 고통을 피할 수 없을 때 어려운 두 번째 과제를 포기하는 현상을 관찰하고 학습된 무력감 개념을 정립했던 셀리그먼과 마이어의 초기 연구에 대한 존경의 표시였다. 그의 주요 결론은 간단히 말하면 노력과 보상의 연관성이 학습될 수 있다는 것이다. 아이젠버거는 거기서 더 나아가 노력과 보상의 연관성을 직접 경험하지 못하면 쥐든 인간이든 동물은 게으름을 부리게 된다고 주장한다. 우리는 가능하면 열량을 소모하는 노력을 피하도록 진화해왔기 때문이다.

내가 학습된 근면성에 관한 아이젠버거의 연구 논문을 처음 읽었을 당시 작은딸인 루시는 아기였고, 큰딸인 어맨다는 아장아장 걸어 다녔다. 나는 아이젠버거가 실험에서 했던 역할을 두 딸에게 적절히 해줄 수 없다는 사실을 곧 깨달았다. 학습에 필수적으로 수반되어야 하는 조건, 즉 네가 노력하면 보상을 받지만 그렇지 않으면 받지 못한다는 규칙을 학습할 환경을 조성하기가 힘들었다.

나는 어떤 종류의 피드백이 딸들에게 필요한지 알고 있었고 이를 제공하기 위해 정말로 노력했다. 하지만 어느새 딸들이 무엇을 하든 열광하며 칭찬하고 있었다. 특별활동이 그릿을 기르기에 더없이 좋은 이유 중

하나도 코치와 교사가 본인 자녀가 아닌 아이들의 투지를 이끌어낼 책임을 맡아준다는 점이다.[26]

내가 매주 두 딸을 데려다주는 발레 학원에는 훌륭한 교사가 아이들을 맞이하려고 늘 기다리고 있었다. 발레에 대한 이 교사의 열정은 아이들에게도 전해졌다. 그녀는 나와 똑같이 아이들을 지지해주면서도 솔직히 나보다 훨씬 요구가 많았다. 지각하고도 느긋하게 들어오는 학생은 다른 사람의 시간을 존중하는 일이 얼마나 중요한지 알아야 한다는 엄중한 훈계를 들었다. 깜박 잊고 발레 타이즈를 안 입고 오거나 집에 발레 슈즈를 두고 온 학생은 수업 시간 내내 앉아서 다른 아이들을 지켜볼 뿐 수업에 참여할 수 없었다. 동작을 정확히 따라 하지 못하면 이 교사의 높은 기준을 충족시킬 때까지 끝없이 반복하고 고쳐나가야 했다. 가끔씩 실기 수업과 함께 발레의 역사와 그 전통을 이어온 각 무용수들에 대한 짧은 강의가 덧붙여지기도 했다.

혹독한가? 나는 그렇게 생각하지 않는다. 기준이 높은가? 기준은 분명히 높다.

그 뒤로 루시와 어맨다가 발레에 대한 관심을 계발하고, 아직 어색한 동작을 부지런히 연습하고, 그들의 노력이 자신을 뛰어넘는 큰 목적을 위한 것임을 인식하고, 마침내 궂은날이 지나 좋은 날이 왔을 때 다시 시도할 희망을 얻는 연습을 한 곳은 가정보다 발레 학원이었다.

우리 가족에게는 '어려운 일에 도전하기' 규칙이 있다. 이 규칙은 세 가지 조항으로 구성돼 있다. 첫째는 엄마와 아빠를 포함한 '온 가족이 어려운 일에 도전해야 한다'는 약속이다. 그것은 매일 의식적인 연습이 필요한 일이다. 나는 내게 어려운 일은 심리 연구지만 요가도 연습하고 있다고 아이들에게 말했다. 남편은 부동산 개발업자로서 점점 실력을 쌓는 한편 달리기도 잘하려고 노력한다고 했다. 큰딸인 어맨다는 피아노 연주를 어려운 일로 골랐다. 어맨다는 몇 년간 발레를 배웠지만 나중에 그만뒀다. 루시도 마찬가지였다.

어려운 일에 도전하기 규칙의 두 번째 조항인 '어려운 일도 그만둘 수 있다'에 따른 결정이었다. 하지만 시즌이 끝날 때까지, 수업료를 낸 기간까지, 또는 '자연스럽게' 끝낼 시점이 될 때까지는 그만둘 수 없다. 적어도 스스로 약속한 기간까지는 시작한 일을 끝내야 한다. 다시 말해서 선생님에게 호통을 들었거나, 시합에서 졌거나, 다음 날 아침 연주회 때문에 친구 집에서 잘 수 없게 된 날 그만둘 수는 없다. 힘들다고 바로 그만둘 수 없다.

어려운 일에 도전하기 규칙의 마지막 조항은 '스스로 어려운 일을 선택한다'는 것이다. 자신이 아무런 관심도 없는 어려운 일을 한다는 것은 말이 안 되므로 누구도 대신 골라주지 않는다. 심지어 발레도 두 딸이 선택할 수 있는 다양한 수업들을 의논한 후에 내린 결정이었다.

사실 루시는 대여섯 차례 어려운 일을 바꿨다. 그 애는 발레, 체조, 육상, 수공예, 피아노까지 번번이 열의에 넘쳐서 시작했다가 시간이 지나면서 계속하고 싶지 않다는 사실을 깨달았다. 루시의 마지막 선택은 비올라였다. 이제 3년째 비올라를 배우고 있지만 그동안 흥미가 줄기는커녕 더 커졌다. 작년에 루시는 학교 오케스트라와 시립 청소년 오케스트라 단원이 됐고, 최근에 다른 어려운 일에 도전해보겠냐는 질문에 나를 정신 나간 사람 보듯 쳐다봤다.

어맨다는 내년에, 루시는 내후년에 고등학생이 된다. 그때가 되면 어려운 일에 도전하기 규칙이 바뀔 것이다. 나는 아이들 각자가 새로운 활동이든 이미 시작한 피아노나 비올라든 한 가지 이상의 특별활동을 최소 2년간 지속해야 한다는 네 번째 조항을 추가하려고 한다.

폭군 같은가? 나는 그렇게 생각하지 않는다. 최근 이 주제를 놓고서 루시와 어맨다가 했던 이야기가 아첨이 아니라면 딸들도 그렇게 생각하지 않는 듯하다. 딸들은 성장하면서 투지가 강해지기를 바라며 다른 기술처럼 투지도 연습이 필요하다고 생각한다. 그리고 그 연습 기회를 얻어서 행운이라고 생각한다.

자녀가 스스로 진로를 선택할 기회를 말살하지 않으면서 그릿을 기르도록 장려하고 싶다면 나는 바로 이 어려운 일에 도전하기 규칙을 권한다.

제12장

강력한
그릿 **문화**의 **힘**

               내가 처음부터 끝까지 본 미식축구 시합은 48회 슈퍼볼이 처음이었다. 2014년 2월 2일 치러진 이 경기에서 시애틀 시호크스는 덴버 브롱코스Denver Broncos와 맞붙어서 43대 8로 이겼다.

    승리를 거둔 다음 날 시호크스의 감독인 피트 캐럴은 샌프란시스코 포티나이너스의 선수 출신 기자와 인터뷰를 했다.

    기자가 질문했다. "제가 포티나이너스 선수였을 때 감독님도 팀에 계셨는데요. 당시 저희에게는 그냥 미식축구 선수가 아닌 포티나이너스 선수라는 사실이 의미가 컸습니다. 감독님과 존 슈나이더John Schneider 단장은 어떤 철학을 갖고 선수를 영입하는지 말씀해주십시오. 시호크스의 선수가 된다는 것은 어떤 의미인가요?"

캐럴은 싱긋 웃었다. "전부 알려줄 수는 없죠."

"그러지 마시고 말씀해주세요, 감독님."

"승부욕이 강한 선수를 찾는다고만 말씀드리죠. 그게 출발점이니까요. 그런 친구들이 투지가 강하거든요. 항상 성공하겠다는 마음가짐, 내가 보여주고 말겠다는 자세를 갖고 있죠. 그들은 회복력도 좋아서 좌절감으로 주춤거리지 않습니다. 난관이나 장애물 때문에 주저앉지도 않고요. 그런 자세를 우리는 투지라고 하죠."[1]

나는 캐럴의 인터뷰나 전날 우승을 차지한 경기 내용에 그리 놀라지 않았다. 9개월 전에 받았던 캐럴의 전화 때문이었다. 그는 그릿에 관한 내 TED 강연을 막 본 듯했다. 그는 두 가지 감정을 갖고 급히 전화를 했다.

첫째, 그는 궁금했다. 그는 TED에서 할애된 6분 동안 내가 전달할 수 있었던 내용 이상으로 그릿에 관해 알고 싶었다.

둘째, 그는 불쾌했다. 내가 강연한 내용 전체가 아니라 마지막에 한 말 때문에 짜증이 났다. 그 강연에서 내가 실망스럽게도 지금의 과학으로는 그릿을 기를 방법에 대해 알려줄 것이 별로 없다고 했기 때문이다. 캐럴은 의자에서 벌떡 일어나 투지력 향상이 곧 시호크스의 문화인데 무슨 소리냐며 화면 속의 나를 향해 소리쳤다고 나중에 고백했다.

나는 필라델피아에서 내 책상 앞에 앉아, 캐럴과 코치들은 시애틀에서 스피커폰 주위에 옹기종기 붙어 서서 한 시간가량이나 통화를 했다. 내가 연구를 통해 알게 된 내용들을 설명하면 캐럴은 그에 대한 화답으로 자신이 시호크스에서 달성하려고 노력 중인 목표들을 알려줬다.

"여기 와서 우리를 지켜봐요. 우리는 선수들이 승부사가 되도록 돕고 있으니까요. 우리는 끈기 있게 노력하는 법을 가르칩니다. 그리고 선수들이 가진 열정을 이끌어내죠. 우리 훈련은 그게 전부예요."[2]

훌륭한 팀이
훌륭한 선수를 만든다

우리가 깨닫고 있든 아니든 간에 우리가 사는 환경이자 동일시 대상인 '문화'는 우리 존재의 거의 전부를 형성하는 강력한 힘이다.

내가 말하는 문화 개념은 '우리'와 '그들'을 구분하는 눈에 보이지 않는 심리적 경계를 의미하는 것도 아니며, 사람들을 서로 구분 짓는 지리적 또는 정치적 경계를 의미하지도 않는다. 문화의 핵심은 한 집단의 사람들이 공유하는 규범과 가치이다. 즉 한 무리의 사람들 사이에 일을 처리하는 방식과 그 이유에 대한 합의가 생긴다면 그들만의 문화가 존재하게 된다. 그 문화가 세상 사람들이 살아가는 방식과 뚜렷한 대조를 이룰수록 심리학자들이 '내집단'in-group이라고 부르는 이들 사이의 유대감은 강해진다.

그래서 어떤 국가의 문화처럼 시애틀 시호크스나 KIPP 스쿨만의 문화가 생기게 된다. 당신이 시호크스 선수라면 그냥 미식축구 선수가 아니다. 당신이 킵스터라면 그냥 학생이 아니다. 시애틀 시호크스 선수와 킵스터에게는 그들만의 방식과 이를 고수하는 이유가 있다. 마찬가지로 웨스트포인트 생도들 또한 2세기 넘게 이어져 왔고, 계속 진화하는 그들만의 문화를 갖고 있다.

많은 사람에게 자기가 몸담은 회사는 삶에 중요한 영향을 미치는 문화이다. 아버지도 날이 갈수록 자신을 듀폰인이라 부르기를 좋아했다. 우리 집에 있던 연필은 전부 아버지 회사에서 지급한 비품으로 안전제일 같은 구호가 새겨져 있었다. 아버지는 텔레비전에서 듀폰 광고가 나올 때마다 반색을 했고, 때로는 "질 좋은 상품으로 수준 높은 삶을"Better things for better living이라는 광고 구호를 따라 하기까지 했다. 듀폰의 최고경영자를 만나본 적도 별로 없을 텐데 그의 훌륭한 판단에 얽힌 일화를 마치 전쟁 영웅인 친척의 이야기라도 되는 양 들려주고는 했다.

당신이 자신의 일부가 된 문화의 진정한 일원이 되었다는 사실을 어떻게 알 수 있는가? 당신이 어떤 문화를 받아들이면 그 내집단에 무조건적인 충성심을 갖게 된다. 당신은 '대충' 시호크스의 일원이나 '대충' 웨스트포인트의 생도가 아니다. 그 집단의 안에 있거나 밖에 있거나 둘 중의 하나다. 이는 어떤 내집단에 얼마나 소속감을 느끼는지에 따라 크게 좌우된다.

문화와 투지의 관계에서 핵심은 이것이다. 강한 투지를 원한다면 투지가 넘치는 문화를 찾아서 합류하라. 당신이 지도자이며 조직의 구성원들이 강한 투지를 갖기를 원한다면 투지 넘치는 문화를 조성하라.

최근에 나는 6년간 수영선수들을 연구한 사회학자로 제3장에서 소개했던 댄 챔블리스에게 전화를 걸었다. 그가 획기적이었던 전문성 연구를 발표한 지도 30년이 지나 있었다. 나는 챔블리스에게 그 연구의 도발적인 결론들 중에서 견해가 바뀐 것이 있는지 물어보았다.

예컨대 세계 정상급의 탁월한 기량의 근원을 재능에서 찾는 것은 여전히 잘못됐다고 믿는가? 당시 그가 관찰했던 대로 지역 대회에서 주와 전국 대회로, 그리고 마침내 올림픽에 출전하는 세계 정상급 선수로 발돋움하는 데 필수적인 요소는 단지 수영장에서 보낸 '많은 시간'이 아니라 기술의 질적 향상이라는 주장을 여전히 고수하는가? 그리고 신비롭게 포장된 탁월성이 실은 무수히 많은 연습을 거쳐 완벽한 경지에 도달한 것처럼 일상적으로 해낼 수 있는 동작들의 융합이 맞는가?

세 질문 모두에 '그렇다'는 답이 돌아왔다.

"그런데 제일 중요한 점을 하나 빠뜨렸어요." 그가 말했다. "훌륭한 수영선수가 되는 가장 현실적인 방법은 훌륭한 팀에 들어가는 거예요."[3]

이상한 논리로 들릴 것이다. 사람들은 우선 훌륭한 선수가 된 뒤에 훌륭한 팀에 합류할 수 있다고 생각할 것이다. 물론 훌륭한 팀에서는 아무나 받아주지 않는다. 테스트를 받아야 한다. 팀에 자리도 몇 개 없고, 그들의 기준을 넘어야 한다. 그리고 최정예 팀일수록 팀의 수준을 유지하려는 기존 선수들의 열망이 강하다.

챔블리스는 팀의 특유한 문화와 거기에 합류하는 사람 간의 상호작용 효과를 주장하려고 했던 것이다. 그는 수영장 안팎에서 오랜 세월을 보내면서 훌륭한 팀과 훌륭한 선수 간의 인과관계가 양방향으로 작용한다는 사실을 알게 됐다. 성격발달이론에서 주장하는 상응성의 원리를 수영장에서 실제로 목격했다. 그는 특정 상황을 선택하게 만든 선수의 특성이 그 상황에 의해 강화되는 모습을 보았다.

"나는 올림픽 선수들을 연구하기 시작하면서 '대체 어떤 괴짜들이 매일 새벽 4시에 일어나서 수영 연습을 하러 가지?'라고 생각했어요. '그런 훈련을 견디다니 기이한 사람들임이 틀림없어.'라고 생각했죠. 하지만 모든 사람이 새벽 4시에 일어나서 연습을 하러 가는 곳에 들어오면 자신도 그렇게 하게 됩니다. 그게 별일 아닌 것 같고 습관이 되죠."

그는 팀에 새로 합류한 선수들이 전보다 한두 단계 발전하는 모습을 여러 차례 목격했다. 신입 선수들은 금방 팀의 기준을 따라잡았다.

"나도 그렇게 자기 절제가 되는 사람이 아니거든요. 하지만 논문을 쓰고 강연을 하고 열심히 일하는 사람들에게 둘러싸이니 따라가게 되더군요. 특정 방식으로 행동하는 사람들 속에 둘러싸여 있으면 나도 그들을 따라 하게 돼요." 그가 덧붙였다.

집단에 맞추려는 동조 욕구는 매우 강력하다. 역사상 중요한 심리학 실험들 중 일부는 개인이 자신과 다른 행동이나 사고를 하는 집단에 금방 동조하게 되며 이는 대체로 무의식적으로 이뤄진다는 사실을 증명해 보였다.[4]

"내가 보기에 투지를 기르는 어려운 방법과 쉬운 방법이 있는 것 같아요. 어려운 방법은 혼자 투지를 기르는 거죠. 쉬운 방법은 인간의 기본 욕구인 동조 욕구를 활용하는 거고요. 투지가 강한 사람들 곁에 있으면 본인도 더 투지 넘치게 행동하게 되거든요." 그는 그렇게 대화를 마무리했다.

그릿을 설명해주는 문화와 정체성

문화가 그릿에 미치는 힘에 내가 흥미를 느낀 이유는 단기적 동조 효과 때문이 아니다. 내 관심 대상은 약간 다르다.

내가 가장 흥미를 느낀 것은 문화가 장기적으로 우리의 정체성을 형성하는 데 영향을 미친다는 견해였다. 적절한 상황하에서 시간이 갈수록 우리가 속한 집단의 규범과 가치는 우리 자신의 것이 된다. 집단의 규범과 가치는 내면화되고 우리와 늘 함께한다. 그 집단의 일 처리 방식과 이유는 점차 내가 일하는 방식과 이유가 된다.

정체성은 우리의 모든 특성에 영향을 미치지만 그릿과는 특별한 연관이 있다. 그릿, 즉 투지를 발휘할지 말지 판단해야 하는 결정적 순간, 예컨대 한 번 더 일어설 것인가, 이 무덥고 지치는 여름날에 끝까지 계속할 것인가, 혼자라면 5킬로미터만 뛰었을 거리를 팀원들과 함께 8킬로미터까지 뛸 것인가의 결정은 다른 어떤 요인보다 우리의 정체성에 의해 좌우될 때가 많다. 대체로 우리의 열정과 끈기는 여러 방안의 득실에 대한 냉정하고 계산적인 분석에서 나오지 않는다. 오히려 우리가 스스로를 규정한 모습이 우리 힘의 원천이 된다.

의사결정 분야의 전문가인 스탠퍼드대학교의 제임스 마치James March는 그 차이를 이렇게 설명한다. 때때로 우리는 손익분석을 거쳐 결정을 내린다.[5] 물론 점심으로 무엇을 주문할지나 언제 자러 갈지 정할 때 종이와 계산기를 꺼내 따져본다는 의미는 아니다. 때때로 우리가 결정을 내릴 때 어떤 이득이 있고 어떤 비용을 치러야 할지, 그 이득과 비용이 발생할 가능성은 얼마나 될지 고려한다는 의미다. 우리는 이 모든 분석을 머릿속으로 할 수 있다. 실제로 나는 점심으로 무엇을 주문할지 또는 언제 자러 갈지 결정할 때 먼저 장단점을 따져볼 때가 많다. 그게 당연한 행동이다.

하지만 마치는 우리가 행동의 결과를 전혀 따져보지 않을 때도 있다고 이야기한다. '어떤 이익이 있는가? 비용은 얼마인가? 어떤 위험이 따르는가?' 하고 묻는 대신에, '나는 어떤 사람인가? 이것은 무슨 상황인가? 나는 이런 상황에서 어떻게 하는가?'라고 질문한다.

예를 하나 들어보자.

톰 다이어라인Tom Deierlein은 자신을 이렇게 소개한다. "나는 웨스트포인트를 졸업했고 공수특전단 대원이었으며 최고경영자를 두 차례 역임했습니다. 또 비영리단체를 설립해서 운영하고 있고요. 그렇다고 내가 뭐 특별하거나 대단한 점은 없지만 투지만은 뛰어납니다."[6]

2006년 여름, 바그다드에서 작전을 수행하던 도중에 다이어라인은 저격수의 총에 맞았다. 총알에 그의 골반과 엉치뼈가 산산조각이 났다. 뼈가 제대로 붙을지, 붙는다 해도 신체 기능이 얼마나 돌아올지 알 수 없는 상황이었다. 의사들은 그에게 다시는 걸을 수 없을지도 모른다고 말했다.

"저를 잘 모르시네요." 그는 간단히 대답했다. 그런 다음 총상을 입기 전에 연습 중이었던 육군 16킬로미터 달리기 대회에 출전하겠다고 자신과 약속했다.

7개월 뒤 침상에서 일어나 물리치료를 시작할 수 있게 되자 다이어라인은 처방된 운동 외에 더 강도 높은 운동까지 해가며 필사적으로 재활에 힘썼다. 고통으로 끙끙대기도 했고 스스로 응원하는 기합을 넣기도 했다. "처음에는 다른 환자들이 좀 놀랐지만 곧 익숙해져서 나중에는 재미로 저를 따라 가짜 신음 소리를 내기도 했습니다."[7]

특히 힘든 재활운동을 한 뒤에는 '찌릿' 다리를 관통하는 날카로운 통증이 찾아왔다. "1, 2초면 지나갔지만 아파서 펄쩍 뛸 정도의 통증이 온종일 수시로 찾아왔어요." 그는 하루도 거르지 않고 목표를 정해 운동했다. 몇 달이 지나자 고통을 참아가며 흘린 땀이 결실로 나타나기 시작했다. 마침내 그는 보행 보조기구에 몸을 의지해 걸음을 뗄 수 있었고 얼마 후에는 지팡이만 짚고, 나중에는 지팡이 없이 걷게 됐다. 그러자 이번에는 걷는 속도를 올렸다. 손잡이를 잡고 러닝머신에서 몇 초씩 뛸 수 있게된 뒤로는 그 시간을 1분으로, 다시 그 이상으로 점차 늘려나갔다. 그런데 4개월 후부터는 더 나아지지 않았다.

"물리치료사가 '이제 끝났습니다. 수고하셨어요.'라고 말하더군요. 나는 '그래도 계속 올 거예요.'라고 응수했죠. 그랬더니 그녀가 '필요한 물리치료는 끝났어요. 이제 됐어요.'라고 말하더라고요. 그래도 나는 '아뇨, 난 계속 올 거예요.'라고 우겼습니다."

더 이상 눈에 띄는 진전이 없는데도 다이어라인은 꼬박 8개월을 더 물리치료를 받으러 갔다. 규정상 물리치료사가 더는 그를 치료해줄 수 없었기 때문에 그는 기구를 사용해 스스로 재활운동을 했다.

몇 개월 더 계속한 재활운동이 유익했을까? 그럴 수도 있고 아닐 수도있다. 그 역시 한도 밖으로 했던 재활운동이 도움이 됐는지는 단언하지 못한다. 단지 이듬해 여름, 육군 16킬로미터 달리기 대회에 대비한 훈련을시작할 수 있게 됐다는 사실만 알 뿐이다. 총격을 당하기 전 그는 7분에1.6킬로미터씩, 총 70분 내에 16킬로미터를 완주하겠다는 목표를 세웠다. 총격을 당한 후에는 목표를 수정해 12분에 1.6킬로미터씩, 총 두 시간내에 완주할 수 있기를 희망했다. 그의 기록은 얼마였을까? 1시간 56분이었다.

육군 16킬로미터 달리기 대회와 그 후 두 차례의 철인 3종 경기에 참여하기로 한 다이어라인의 결정이 손익분석에 근거했다고는 볼 수 없다. "실패는 애초에 생각하지도 않았고, 실패하려고 시도한 것도 아니기 때문에 그런 일은 있을 수 없었습니다. 저라는 사람은 실패와는 거리가 멀죠."

사실 열정과 끈기는 손익 계산이 맞지 않는다. 최소한 단기적으로는 그렇다. 포기하고 다른 길을 찾는 것이 '타당할' 때가 많다. 몇 년 뒤에야 투지의 결실을 거둘 수도 있다.

그리고 바로 그 점이 투지가 강한 사람들이 살아가는 방식을 이해하는 데 문화와 정체성이 매우 중요한 이유이다. 예상 비용과 이익의 논리로는 그들의 선택이 잘 설명되지 않는다. 그들의 행동은 정체성으로 설명된다.

그릿을 키우는
문화를 만드는 법

핀란드의 인구는 500만이 조금 넘는다. 세상의 모든 핀란드인을 합쳐도 뉴욕 시민보다 수가 적다. 북극에 가까워 한겨울에는 일조 시간이 겨우 여섯 시간밖에 안 되는 이 작고 추운 북유럽 국가는 이웃 강대국들의 침입을 수없이 받았다. 이런 기상 악조건과 역사적 고난이 그들의 민족성에 일조했는가는 즉시 답하기 어려운 질문이다. 그렇지만 핀란드인이 세계에서 가장 투지가 강한 민족이라고 자처하는 것은 명백한 사실이다.

뜻이 완벽히 일치하지는 않지만 그릿과 가장 유사한 핀란드어는 시수 sisu이다. 그릿은 특정 상위 목표를 달성하겠다는 열정 그리고 이를 완수하는 끈기로 규정된다. 반면에 시수는 끈기만 강조한다. 시수는 핀란드인이 정신적 유산으로 갖고 태어난다고 믿는 내적인 힘, 일종의 심리적 자원을 지칭한다. 말 그대로 시수는 한 개인의 속마음, 배짱을 가리킨다.

1939년 겨울전쟁Winter War 당시 핀란드군은 세 배의 병력, 30배의 전투기, 수백 배의 탱크를 보유한 소련군에 비해 병력 면에서 열세였다. 하지만 핀란드군은 몇 달간 한 치도 물러서지 않고 버텼다. 소련인을 포함해 그 누가 예상했던 것보다 훨씬 긴 저항이었다. 이에 1940년 《타임》은 시수에 관한 특집 기사를 싣기에 이르렀다.

> 핀란드인에게는 그들이 시수sisu라고 부르는 정신이 있다. 이는 무모함과 용기, 잔인함과 끈질김, 대부분이 포기한 뒤에도 이기겠다는 의지로 계속 싸우는 능력의 혼합체. 핀란드인들은 시수를 '핀란드의 정신'이라고 번역해주지만 이는 훨씬 많은 의미를 담고 있는 단어다.[8]

같은 해에 《뉴욕 타임스》에서도 '시수: 핀란드를 설명하는 단어'Sisu: A Word That Explains Finland라는 특집 기사를 실었다. 한 핀란드인은 기자에게 자기 민족을 이렇게 설명했다. "전형적인 핀란드인은 불운이 닥쳐도 이보다 더한 일도 견딜 수 있는데 이까짓 것은 극복할 수 있다고 믿는 굳센 사람입니다."[9]

나는 학부생들에게 그릿을 주제로 강의할 때 잠시 본론에서 벗어나 시수 이야기를 꺼내곤 한다. 그리고 학생들에게 "우리도 시수와 그릿 같은 특성을 칭찬하고 지지하는 문화를 만들 수 있을까요?"라고 반문한다(시호크스의 피트 캐럴 감독은 그럴 수 있다고 확신한다).

몇 년 전 참으로 우연히도 내가 시수를 언급했을 때 핀란드 여학생, 에밀리아 라티Emilia Lahti가 청중 속에 있었다. 그녀는 강의가 끝난 후에 앞으로 달려 나와 인사하며 내가 외부인이지만 시수를 제대로 이해했다고 인정했다. 우리는 핀란드인이 시수에 대해 어떻게 생각하며 또한 어떻게 전파되는지 체계적인 조사가 시급하다는 데 의견을 같이했다.

라티는 이듬해 대학원에 진학해 내 지도 학생이 됐고 바로 그 주제로 석사 논문을 썼다. 그녀는 핀란드인 1,000명에게 시수를 어떻게 생각하는지 물었다. 그 결과 대부분이 시수의 발달에 대해 성장형 사고방식을 지니고 있었다.[10] "당신은 시수가 의식적인 노력을 통해 학습되거나 발달할 수 있다고 생각합니까?"라는 질문에 83퍼센트가 그렇다고 대답했다. 한 응답자는 이런 설명을 덧붙였다. "핀란드 스카우트 연맹이 운영하는 숲속 캠프에서는 열세 살 아이들끼리 열 살 아이들을 돌보게 하죠. 이런 것들이 시수와 어느 정도 상관관계가 있을 것 같은데요."

과학자로서의 나는 핀란드인을 포함한 어느 민족 구성원이든 본능 속에 간직된 에너지가 있고 결정적 순간에 그 에너지를 분출한다는 견해를 진지하게 받아들이지 않는다. 그렇지만 시수로부터 우리가 얻을 수 있는 중대한 교훈이 두 가지 있다.

첫째, 자신은 힘겨운 역경도 극복할 수 있는 사람이라는 생각은 그런 자아개념self-conception을 확증해주는 행동으로 이어지는 경우가 많다. 당신이 '시수 정신'을 가진 핀란드인이라면 어떤 일이 닥쳐도 다시 일어날 것이다. 마찬가지로 당신이 시애틀 시호크스 선수라면 승부욕이 강하며 성공에 필요한 자질을 갖추고 있을 것이다. 그리고 실패하더라도 머뭇거리지 않을 것이다. 당신은 그릿 그 자체이기 때문이다.

둘째, 내적 에너지원이 있다는 생각이 터무니없다 해도 비유가 이보다 적절할 수는 없다. 때로는 더 이상 아무런 힘도 낼 수 없는 어둡고 절망적인 순간에도 한 발짝씩 떼다 보면 도저히 불가능할 것 같던 일도 달성할 방법이 생기고는 한다.

시수 개념은 수 세기 동안 핀란드 문화의 핵심이었다. 하지만 문화는 훨씬 짧은 기간에도 만들어질 수 있다. 나는 무엇이 투지를 일으키는지 이해해가는 과정에서, 매우 투지에 넘치는 지도자가 키를 잡고 그릿 문화를 만들어낸 몇몇 조직을 알게 됐다.

JP모건체이스: 실패란 있기 마련이고 그 대처 방식이 중요할 뿐이다

JP모건체이스의 최고경영자인 제이미 다이먼Jamie Dimon의 경우를 생각해보자. 25만여 명의 직원 가운데 '나는 뼛속까지 JP모건체이스 사람이다'라고 말하는 사람은 그만이 아니다.[11] 직급이 훨씬 낮은 직원들도 이렇게 말한다. "나는 매일 고객들을 위해 정말 중요한 일을 하고 있습니다. 여기서 중요하지 않은 직원은 없습니다. 작은 일 하나하나가, 모든 직원 한 명 한 명이 중요합니다……. 내가 이 훌륭한 회사의 일원이라는 사실이 자랑스럽습니다."[12]

제이미 다이먼은 미국에서 가장 큰 은행인 JP모건체이스의 최고경영자로 10년 이상 재직하고 있다. 2008년 금융위기 속에서도 그가 안전하게 이끈 덕분에 다른 은행들의 가치는 폭락했지만 JP모건체이스는 50억 달러의 순이익을 낼 수 있었다.

우연히도 다이먼이 다녔던 사립 고등학교 브라우닝스쿨Browning School의 교훈이 그릿grit의 고어인 'grytte'[13]로, 1897년 졸업 앨범에서는 이를 '기개, 용기, 결단력으로…… 어떤 일에서나 진정한 성공을 거둘 수 있다'라고 정의해놓았다. 다이먼이 브라우닝 졸업반일 때 미적분학 교사가 심장마비를 일으켜 학기 중에 교사가 바뀌는 일이 발생한 적이 있었다. 심지어 새로 온 교사는 미적분학을 알지 못했다.[14] 학생의 절반은 그 과목 수강을 취소했지만 다이먼을 포함한 나머지 절반은 계속 수강하겠다는 결정을 내리고 남은 학기 동안 별도의 교실에서 자기들끼리 독학했다.

"울퉁불퉁한 도로 구간, 방해물, 실수를 극복하는 법을 배워야 합니다." 다이먼이 JP모건체이스에 조성한 문화를 알아보려고 전화했을 때 그는 이렇게 말했다. "실패란 있기 마련이지만 그럴 때 대처 방식이 성공 여부에 가장 중요한 변수일 것입니다. 단호한 결의가 필요합니다. 책임 지고 나서야 합니다. 교수님은 그것을 그릿이라고 하시지만 저는 불굴의 용기라고 부릅니다."[15]

다이먼에게 불굴의 용기는 핀란드인에게 시수와 같은 의미다. 다이먼은 서른세 살에 시티은행에서 해고된 뒤 1년 동안 그 일에서 어떤 교훈을 얻어야 할지 고민했던 경험이 자신을 더 나은 지도자로 만들어줬다고 회고했다. 그때 불굴의 용기에 대한 강한 믿음이 생겼고 그 믿음을 JP모건체이스 전체의 핵심 가치로 내세우게 됐다. "시간이 지나면서 성장해야 한다는 점이 가장 중요합니다."[16]

나는 지도자 한 사람이 그렇게 거대한 기업의 문화에 영향을 미치는 일이 정말 가능한지 물었다. 사실 JP모건체이스의 문화는 우호적 의미에서 '다이먼 교단'으로 묘사되어 왔다. 하지만 그가 한 번도 직접 만난 적 없는 JP모건체이스 직원이 그야말로 수천, 수만 명이나 된다.

"물론이죠." 다이먼이 대답했다. "끊임없이, 줄기차게 직원들과 소통하면 됩니다. 무슨 말을 어떻게 하느냐가 중요하죠."

덧붙여 얼마나 자주 이야기하는가도 중요하다. 다이먼은 자신이 타운 홀 미팅townhall meeting이라고 이름 붙인 직원들과의 자리에 참석하기 위해 전국을 누빈다. 그는 어느 모로 보나 지칠 줄 모르는 전도사와 같다. 한번은 직원들과의 자리에서 이런 질문을 받은 적이 있었다. "회장님이 리더들에게 기대하는 점은 무엇입니까?" 그가 뭐라고 대답했을까? "능력, 인성, 사람을 대하는 자세입니다."[17]

그는 고위 관리직 사원을 볼 때 두 가지를 자문한다고 말했다. "첫째는 '나 없이 그들에게만 경영을 맡길 수 있는가?', 둘째는 '내 자식들이 그들 밑에서 일한다면 허락하겠는가?' 하는 것입니다."[18]

다음은 다이먼이 즐겨 인용하는 시어도어 루스벨트Theodore Roosevelt의 연설이다.

> 중요한 것은 비평가가 아닙니다. 뭐가 문제였고, 어떻게 해야 했는지 지적하는 사람들이 아닙니다. 공로는 실제로 경기장에 나가 얼굴이 먼지와 땀과 피로 범벅이 되도록 용감하게 싸운 사람, 거듭 실수하고 기대에 못 미쳐도 실제로 뛰는 사람, 무한한 열정과 헌신의 가치를 아는 사람, 값진 대의에 자신을 바치는 사람의 몫입니다. 그는 끝까지 노력해 마지막에 크나큰 승리를 쟁취할 것입니다. 설령 실패하는 최악의 경우라도 최소한 과감히 도전하다 실패했으므로 승리도 패배도 모르는 냉정하고 소심한 영혼들은 결코 그를 대신할 수 없을 것입니다.[19]

다이먼은 루스벨트의 시를 변형해 우리의 경영 방식이라는 제목으로 JP모건체이스 지침서에 실었다. "우리가 하는 모든 일에 결의를 다진다.", "결단력, 탄력성, 끈기를 증명해 보인다.", "일시적 실패를 계속 변명거리로 삼지 않는다." "실수와 문제를 포기할 이유가 아니라 발전의 기회로 삼는다."[20]

앤슨 도런스: 핵심가치를 내 안으로 받아들이는 방법

앤슨 도런스Anson Dorrance가 투지를 심어주려는 대상은 그 수가 다이먼보다는 상당히 적다. 정확히 말하면 채플 힐Chapel Hill에 있는 노스캐롤라이나대학교의 여자 축구부원 31명이다. 도런스는 여자 축구 역사상 최다 우승을 거둔 코치다. 그는 31년의 역사를 가진 여자 축구 전국대회에서 22번 우승한 기록을 세웠다. 1991년 그가 지도한 미국 여자 축구 국가대표팀이 최초로 세계 대회에서 우승하기도 했다.

도런스는 선수 시절에 노스캐롤라이나대학교 남자 축구부 주장이었다. 그는 재능이 특출한 선수는 아니었지만 연습과 실전 경기를 가리지 않고 매 순간 전력을 다해 공격적으로 뛰었다. 그리고 동료들의 감탄과 함께 '핵 앤 허슬'Hack and Hustle이란 별명까지 얻었다. 한번은 그의 아버지가 이렇게 말했다. "앤슨, 너처럼 재능도 없으면서 자신감 넘치는 사람은 처음 본다." 이에 그는 "아버지, 칭찬으로 생각할게요."라고 냉큼 대답했다.[21] 몇 년 뒤 코치가 된 도런스는 '재능 있는 선수는 흔하지만 그 재능을 개발하기 위해 기울인 노력이 위대한 선수를 결정짓는 최종 척도'임을 목격했다.[22]

도런스의 숭배자들은 그의 전례 없는 성공을 훌륭한 선수를 선발하는 안목 덕분으로 돌린다. "절대 그렇지 않습니다." 그는 이런 평가를 거부한다. "우리는 정기적으로 대여섯 학교를 찾아가 선수를 발탁합니다. 우리의 놀라운 성공은 선수를 데려온 뒤에 실시한 훈련 덕분이죠. 우리 팀의 문화 덕택입니다."[23]

도런스는 팀 문화가 지속적 시험을 통해 조성된다고 말한다. "기본적으로 우리는 어떤 방법이든 시험을 거쳐서 그게 효과가 있으면 계속 활용합니다."

그는 내가 해온 그릿 연구들을 알게 됐을 때 선수 전원에게 그릿 척도 검사를 받게 한 뒤 그 점수를 본인에게 분명히 알려줬다. "솔직히 결과가 굉장히 충격적이었어요. 한두 명을 제외하고는 교수님 검사지에서 얻은 점수와 제가 그간 평가해온 선수들의 그릿 점수가 같았거든요." 현재 앤슨은 매년 봄에 코치진과 선수 전원에게 본인의 그릿 점수를 채점시켜 "성공한 사람들의 결정적 특성을 마음 깊이 인식"하게 한다. 도런스의 말을 그대로 옮기자면 "그릿 점수가 평소 선수의 모습을 그대로 보여주는 경우도 있고 몰랐던 면을 드러내주는 경우도 있기 때문에" 선수 개개인이 자기 점수를 봐야만 한다. 기존 선수들도 예전과 지금의 그릿을 비교할 수 있도록 해마다 다시 검사를 받는다.

시험을 거쳐 계속 쓰고 있는 또 다른 훈련 방법으로는 시즌과 함께 시작되는 왕복달리기 테스트가 있다.[24] 왕복달리기 테스트에서는 모든 선수가 횡렬로 서서 전자 호루라기 소리가 울리면 20미터 앞까지 달려갔다가 다시 울리면 출발선을 향해 뛰어온다. 호루라기가 울리는 간격은 점점 짧아지고 선수들도 그에 맞춰 속도를 계속 올려야 한다. 몇 분 안에 전력 질주를 하게 되지만 호루라기 간격은 계속 짧아진다. 선수들이 한 명씩 탈락하면서 하나같이 기진맥진해 대열에서 빠져나온다. 훈련과 시합 중의 다른 성적들처럼 왕복달리기 횟수도 꼼꼼히 기록되고, 훈련이 끝나는 즉시 모든 선수가 볼 수 있도록 탈의실에 게시된다.

왕복달리기 테스트는 원래 캐나다의 운동생리학자들이 최대산소섭취량을 검사하기 위해 고안한 방법이다. 하지만 도런스가 단지 이 테스트를 체력 측정 방법으로만 좋아한 것은 아니다. 1940년 하버드대학교 피로연구소의 연구자들은 신체적 고통을 감내하는 정도로 인내력을 측정하기 위해서 러닝머신 테스트를 고안했다. 이처럼 도런스는 왕복달리기 테스트가 두 가지 특성을 시험한다고 생각한다. "나는 테스트를 하기 전에 무엇을 증명하기 위한 것인지 짧게 연설합니다." 도런스가 말했다. "테스트를 잘해낸다면 여름방학 동안 훈련을 게을리하지 않았을 만큼 자기 절제력이 있거나 대부분의 사람은 참지 못하는 고통을 견뎌낼 정신적 강인함이 있다는 뜻이다. 물론 둘 다라면 이상적이겠지." 첫 번째 호루라기가 울리기 직전에 그가 선언한다. "선수들, 이것은 너희의 정신력을 알아보는 테스트다. 출발!"[25]

도런스가 그릿 문화를 조성하기 위해 사용하는 방법에는 또 어떤 것이 있을까? 제이미 다이먼처럼 그는 소통에 대한 믿음이 크다. 오직 소통만 중시하지는 않지만 철학과 영문학 전공인 그는 말이 가진 특별한 힘을 이해하고 있다. "나는 언어를 매우 중시합니다."[26]

도런스는 수년에 걸쳐 평범한 팀의 축구선수가 아닌 노스캐롤라이나대학교 선수라면 갖춰야 할 열두 가지 핵심 가치를 단어 하나하나에 신경 써가며 작성했다. "훌륭한 팀 문화를 만들려면 모두가 따르는 핵심 가치들이 있어야 합니다." 그가 말했다. 팀의 핵심 가치에서 절반은 협동심, 절반은 그릿에 관한 내용이다. 그것들이 합쳐져 도런스와 선수들이 '경쟁의 도가니'라고 부르는 문화가 만들어진다.

하지만 나는 많은 조직이 핵심 가치를 내세우지만 일상에서는 완전히 무시된다고 지적했다. "물론 지금의 문화 속에서 열심히 하라고 외치는 구호는 동기 부여가 안 됩니다. 그건 너무 진부하죠."

도런스가 핵심 가치가 진부하게 느껴지지 않도록 취한 해결책은 좀 의외였다. 하지만 그처럼 인문학적 배경을 가진 사람에게서 나올 법한 발상이었다.

조지프 브로드스키Joseph Brodsky는 러시아에서 추방되어 미국에 정착한 작가로 노벨 문학상을 수상했다. 도런스는 그의 기사를 읽는 동안 영감이 떠올랐다. 기사에 따르면 브로드스키가 컬럼비아대학교의 대학원생들에게 학기마다 러시아 시 몇 편을 외우도록 요구했다는 것이다. 당연히 대부분의 학생들은 이 요구가 불합리하고 구식이라며 그의 연구실로 쳐들어갔다. 브로드스키는 학생들에게 필수로 정해진 시들을 외우지 않으면 박사학위를 주지 않을 테니 마음대로 하라고 했다. "그래서 학생들은 완전히 꼬리를 내리고 연구실에서 나와 그 시들을 외워야 했다더군요." 앤슨이 말했다. 그 뒤 도런스의 표현대로 "대단한 변화"가 일어났다. 브로드스키의 학생들은 시들을 암기하는 동안 갑자기 "러시아를 느끼고 그 속에서 살아 숨 쉬게 됐다." 죽어 있던 활자들이 살아난 것이다.

도런스는 이 일화를 읽고 금방 잊어버리는 대신 자신이 달성하려는 상위 목표와의 연관성을 곧바로 알아봤다. 그는 자신이 읽고 보고 행하는 모든 것처럼 '이것이 내가 원하는 문화를 발전시키는 데 어떤 도움을 줄 수 있을까?' 하고 자문했다.

앤슨 도런스 감독 밑에서 축구를 하려면 해마다 문학 작품 속 인용문 세 개를 외워야만 한다. 그가 핵심 가치를 전달하기 위해 하나하나 엄선한 글들이다. 그는 팀에게 이렇게 공고한다. "시즌 전에 부원들 앞에서 암기해야 하며 선수 회합 때마다 다시 검사받아야 한다. 암기해야 할 뿐 아니라 이해해야 한다. 따라서 뜻을 새기면서 암기한다."

도런스의 선수들은 4학년이 되면 열두 가지 가치를 전부 외우게 된다. 첫 번째 핵심 가치, "우리는 우는 소리를 하지 않는다."와 이에 상응하는 인용문은 극작가 조지 버나드 쇼George Bernard Shaw의 행복에 관한 명언이다. "인생의 진정한 기쁨은 자신이 인정하는 위대한 목표를 위해 살아가는 데 있다. 우리는 이기적인 마음으로 세상이 자신을 행복하게 해주지 않는다고 잔뜩 열을 내며 한탄하는, 질병과 원망이 가득한 사람이 아니라 자연의 힘이 되어야 한다."[27]

이를 시작으로 선수들은 열두 가지 가치를 줄줄 외운다.

웨스트포인트: 앞에서 이끌어주는 성장문화의 힘

'한 자도 틀리지 않고 암기하기'는 웨스트포인트에서 수백 년간 이어온 자랑스러운 전통이다. 웨스트포인트에서 '플리브'plebe로 불리는 1학년 생도들은 규정집 〈벌지 노트〉Bulge Notes에 담긴 어마어마한 수의 노래, 시, 암호, 강령 및 온갖 것들을 암기해야 한다.[28]

하지만 현재 웨스트포인트의 교장인 로버트 캐슬런Robert Caslen 중장은 그렇게 암기한 내용이라고 해도 말과 행동이 다르다면 그 문화가 유지되지 않는다고 처음으로 지적했다.

존 스코필드John Schofield가 정의한 규율을 예로 들어보자. 1879년 당시 교장이었던 스코필드가 생도들에게 훈시하면서 처음 언급한 규율의 정의는 웨스트포인트 생도라면 누구나 암기하고 있는 내용이다. 그 구절은 이렇게 시작된다. "전투에서 신뢰할 수 있는 자유국가의 군인을 만드는 규율은 가혹하거나 폭압적인 처우로 얻을 수 없다. 가혹한 처우는 군대를 만들기보다 오히려 파괴할 것이다."[29]

이어서 스코필드는 같은 명령이 충성심을 불러일으킬 수도 있고 적의를 품게 할 수도 있다고 이야기한다(이 또한 생도들이 암기해야만 하는 내용이다). 그 차이를 가져오는 근본적인 요인의 하나는 존중이다. 하급자가 상급자를 존중하는 것을 말하는가? 스코필드는 그게 아니라고 이야기한다. 위대한 리더십은 상급자가 하급자를 존중하는 데서 시작된다.

1971년 18세의 플리브였던 캐슬런은 스코필드가 정의한 규율을 암기하던 중 상급생들의 고함과 기합 속에서 하급자를 존중하라는 스코필드의 말을 암기해야 하는 역설에 주목했다. 그 시절에는 신고식이 용인되었을 뿐 아니라 권장됐다. "성공하는 생도는 생존주의자들이었습니다." 캐슬런은 이렇게 회상했다. "고함과 기합을 견뎌내는 데는 신체적인 인내심도 중요했지만 무엇보다 강인한 정신력이 필요했습니다."[30]

실제로 40년 전에는 비스트 배럭스에 입소한 생도 중에서 170명이 훈련이 끝나기도 전에 기권했다. 탈락률이 12퍼센트로, 10년 전 내가 그릿을 연구하러 웨스트포인트에 갔을 때보다 두 배나 높았다. 하지만 작년에는 탈락률이 2퍼센트 이하로 떨어졌다.[31]

탈락률 감소 추세를 설명해주는 한 가지 요인은 신고식의 폐지였다. 오랫동안 1학년 생도들에게 신체적, 정신적 스트레스를 가하는 신고식 관행은 미래의 장교 재목을 강인하게 단련하는 데 필요한 과정으로 간주됐다. 그런 논리에 따라 신고식은 나약한 생도를 도태시켜준다는 주장으로 이어졌다. 이를 견디지 못하는 생도를 밀어내 부대의 약점을 미리 효율적으로 제거해준다는 것이다. 그렇게 용인된 신고식이 수십 년에 걸쳐 차근차근 줄어서 1990년부터는 공식적으로 금지됐다.

따라서 20세기 후반의 비스트 탈락률 감소는 신고식의 폐지 덕분으로 설명할 수 있다. 하지만 지난 10년 동안의 탈락률 급감은 어떻게 된 일인가? 웨스트포인트의 입학처에서 그릿을 가진 생도를 잘 선정하고 있는 것일까? 내가 매해 검토해온 생도들의 그릿 점수 자료로 볼 때 그것은 결코 아니었다. 신입 생도의 평균 그릿 점수는 웨스트포인트에서 이를 수집한 이래 변화가 없었다.

캐슬런 중장은 그 이유가 육군사관학교에서 의도적인 문화 변화가 일어나고 있기 때문이라고 보았다. "오직 생존주의자만 성공한다면 그건 중도 탈락을 전제로 한 감손 모형attrition model이죠." 그가 설명했다. "다른 종류의 리더십도 가능합니다. 나는 그것을 성장 모형development model이라고 부릅니다. 기준은 똑같이 높지만 하나는 공포심을 이용해 하급자가 그 기준을 달성하도록 만드는 모형입니다. 반면에 다른 하나는 앞에서 이끌어주는 모형입니다."

전장에서 앞에서 이끌어주는 리더십은 말 그대로 병사들과 함께 앞에 나가 전투를 하고 똑같이 죽음을 무릅쓴다는 의미다. 즉 웨스트포인트에서는 생도들을 무조건 존중하고, 그들이 사관학교의 엄청나게 높은 기준을 달성하지 못할 때 지원해줄 방법을 생각하고 개발한다는 뜻이다.

캐슬런은 이렇게 설명했다. "예를 들어 체력 테스트에서 3킬로미터를 완주하지 못한 생도들이 있고 내가 그들의 지휘관이라고 해봅시다. 내가 할 일은 생도들과 함께 앉아서 훈련 계획을 세우는 겁니다. 나는 그들이 반드시 합리적인 계획을 수립하도록 감독할 것입니다. 요일을 정해두고 오후에 달리거나 체력 단련 또는 인터벌 트레이닝을 하러 가자고 제안할 것입니다. 생도들이 기준에 도달하도록 앞에서 이끌 것입니다. 그럴 때 스스로 기준을 달성하지 못하던 생도가 갑자기 자극을 받아 실력이 향상 되고 그 뒤로 의욕이 강해지면서 목표를 달성해 더욱 자신감이 생기는 경우가 많습니다. 그리고 어느 순간부터 스스로 방법을 터득하게 되죠."

캐슬런의 설명을 들으면서 비스트보다 힘들다는 공수특전단 훈련이 떠올랐다. 앞서 등장했던 웨스트포인트 출신으로 공수특전단 대원이 됐던 톰 다이어라인은 한 일화를 들려줬다. 그는 훈련 중에 암벽에서 떨어졌는데 이미 한 번 실패했던 터라 몸의 모든 근육이 말을 듣지 않고 떨렸다. "못 하겠습니다!" 다이어라인이 위쪽 언덕에 서 있는 교관에게 외쳤다. "나는 교관이 '그래, 포기해라! 너는 낙오자다!'라고 소리칠 거라고 예상했습니다. 그런데 무슨 이유에서인지 교관이 '아니, 할 수 있다! 올라와!'라고 소리쳤습니다. 그래서 올라갔죠. 암벽 위로 올라간 뒤에는 다시는 못 하겠다는 소리를 하지 않겠다고 혼자 맹세했습니다."

캐슬런은 웨스트포인트의 새로운 성장 문화에 비판적인 사람들에게 졸업에 필요한 학업, 체력, 군사적 요건은 오히려 더 엄격해졌다고 말한다. 그는 웨스트포인트가 과거 어느 때보다 우수하고 강인하며 유능한 군 지도자들을 배출하고 있다고 확신한다. "교정에 울려 퍼지는 기합과 고함의 세기로 웨스트포인트를 판단하려는 사람들은 불평하려면 하라고 하십시오. 요즘 젊은이들은 기합을 주고 고함만 친다고 해서 따르지 않습니다."

지난 10년 동안 객관적인 수행 기준 외에 웨스트포인트에서 변하지 않은 것은 또 무엇이 있는가?

정중함과 예의를 지켜야 한다는 규범은 여전히 굳건히 유지되고 있다.

나는 그곳을 방문하면서 약속 시간보다 몇 분 일찍 도착하기 위해 계속 시계를 확인했고, 사람들을 지나칠 때마다 자동으로 계급을 붙여 부르고 있었다. 또한 생도들은 지금도 공식 행사 때 2세기 전부터 선배들이 이어온 전통대로 회색 제복을 입는다. 그리고 여전히 웨스트포인트의 은어를 유창하게 사용한다. 그중에는 4학년 생도를 '퍼스티스'firsties, 깔끔하고 단정한 용모를 '스푸니'spoony(여자에게 치근덕대는 사람, 얼간이라는 뜻—편집자), 알았다, 열성적이다, 동의한다, 잘했다 등 여러 경우에 두루 쓰이는 '후아'huah처럼 희한한 은어도 많다.

캐슬런은 그가 4년간 조성한 웨스트포인트의 발전 문화가 2~3점이었던 생도들의 그릿 점수를 5점으로 확 바꿔놓으리라고 생각할 만큼 순진하지 않다. 하지만 고등학생 때 학교 대표선수, 반장, 졸업생 대표였으며 2년에 걸친 웨스트포인트의 지원 과정을 통과한 생도들의 투지가 아주 낮은 것도 아니다. 중요한 건 캐슬런이 생도들의 변화를 지켜봐왔다는 사실이다. 그는 생도들이 발전하는 모습을 목격했다. 그는 성장형 사고방식을 갖고 있다. "누가 노먼 슈워츠코프Herbert Norman Schwarzkopf Jr.(웨스트포인트 출신의 미국 육군 대장으로, 20세기 최고의 정치적 전쟁이었던 걸프전쟁을 승리로 이끈 명장—편집자)나 더글라스 맥아더Douglas MacArthur 장군이 될지 모를 일이죠."

시호크스 팀 문화의 마력

피트 캐럴이 전화로 그릿에 관해 의견을 피력한 지 2년 만에 나는 시애틀로 가는 비행기에 몸을 실었다. 시호크스가 NFL에 투지 넘치는 문화를 만들고 있다는 캐럴의 말이 무슨 뜻인지 직접 보고 싶었기 때문이다.

그 전에 나는 그의 자서전 《영원히 승리하라》Win Forever를 읽었다. 자서전 속에는 그가 자신의 삶에서 열정과 끈기의 힘을 확인했다는 내용이 나온다.

나는 실제로도 비전을 설정하고 이를 고수한다면 인생에 놀라운 일이 일어날 수 있음을 알게 됐다. 내 경험상 일단 분명한 비전을 세우면 절제력과 노력이 발휘되면서 목적을 실현시켜줄 비전을 유지하게 된다. 이 두 가지는 밀접한 연관성이 있다. 당신은 비전을 세우는 순간 첫 발걸음을 뗀 것이다. 하지만 이를 지속적으로 밀고 나가는 성실성이 있어야 비전을 달성할 수 있다.[32] 선수들에게 끊임없이 이 점을 이해시켜야 한다.

또한 나는 캐럴이 여러 차례의 인터뷰에서 그릿과 문화에 대해 이야기한 모습을 찾아봤다. 한번은 캐럴이 서던캘리포니아대학교 강당에 선 적이 있었다. 그가 9년 동안 코치로 재임하면서 결승전에 일곱 번 진출시키고 우승을 여섯 번 안겨준 학교에 귀빈으로 초청된 것이다. "새롭게 알게 되신 점은 무엇입니까?" 인터뷰 진행자가 그에게 물었다. 캐럴은 그릿에 관한 내 연구를 알게 됐으며 수십 년간 다듬어 가고 있는 자신의 코치 방법과 공통점이 많더라고 대답했다. 그리고 그의 코치진과 함께 그릿 문화를 강화하기 위해 노력한다고 했다. "우리 훈련 프로그램에서는 수많은 경쟁의 기회와 순간 그리고 실전을 통해 선수들을 단련시킵니다…….

실제로 우리의 훈련은 선수들의 투지를 강화하는 데 치중합니다. 우리는 그들에게 끈기 있게 버티는 법을 가르칩니다. 어떻게 더 큰 열정을 보여줄 수 있는지 설명하려고 노력합니다."[33]

이어서 그는 예를 하나 들었다. 시호크스 선수들은 이기기 위한 경기를 연습한다. 때문에 공격수와 수비수가 목이 터져라 소리치며 적을 쳐부수겠다는 자세로 실전처럼 겨룬다. 수요일 시합으로 이름 붙인 주 1회의 실전 연습은 캐럴이 자신만의 코치법을 만들어가는 동안 탐독했던 앤슨 도런스의 책에서 비롯됐다. "이 연습을 누가 이기고 누가 지느냐의 문제로만 생각한다면 핵심을 놓치는 것입니다. 지금의 우리를 만들어준 것은 사실상 상대편 선수들이니까요." 그는 적수의 도전이 우리를 최상의 경지에 이르게 해준다고 설명했다.

외부인은 시호크스 문화의 핵심을 놓치기 쉽다. "선수들이 제 뜻을 바로 이해하지는 못합니다." 캐럴도 인정했다. "하지만 그런 선수들도 우리가 차차 이해시켜 나갑니다." 그래서 그는 자신의 머릿속에 떠오르는 모든 생각과 목표, 훈련 방식의 근거를 아주 투명하게 공유한다. "제가 이야기해주지 않으면 선수들은 모르죠. 그러면 이기고 지는 것만 생각할 것입니다. 하지만 충분히 대화를 나눈다면 선수들도 왜 시합을 하는지 인식하게 됩니다."

캐럴은 배워야 할 점보다 다른 사람에게 가르쳐줄 점이 더 많은 선수도 있다고 인정한다. 시호크스의 프리 세이프티(전방위 수비수)인 얼 토머스Earl Thomas도 그렇다. "상상할 수 없을 정도로 승부욕과 투지가 강한 선수였습니다. 놀라우리만치 열심히 노력하고 연습했죠. 그는 집중하고, 공부하고, 우리가 시키는 대로 다 했습니다." 하지만 팀 문화의 마력은 한 선수의 투지가 다른 선수에게 모델이 될 수 있다는 것이다. "얼은 매일 그의 진면목을 아주 여러 방식으로 입증해 보였습니다." 시간이 지나면서 각 선수의 투지가 다른 선수의 투지를 강화시킨다면 사회과학자 제임스 플린이 주장한 '사회적 승수' 효과를 기대할 수 있다. 마치 제프 베이조스가 어린 시절에 만들었던 무한 큐브의 반사경처럼 한 사람의 투지가 다른 사람의 투지를 강화시키고 이는 다시 그 사람의 투지를 강화시키는 과정이 끝없이 전개되면서 동기가 강화된다.

얼 토머스는 시호크스에서의 선수 생활을 어떻게 묘사할까? "첫날부터 동료 선수들이 저를 독려했습니다. 그들은 제 실력이 향상되도록 도와줬고 저 또한 그들을 도왔습니다. 기꺼이 노력하고, 팀의 시스템에 따르며, 결코 만족하지 않고 계속 발전하려는 동료들이라면 진심으로 인정해줘야죠. 그런 겸손한 자세에서 우리가 거둔 성적을 생각하면 믿기지가 않습니다."[34]

시호크스의 훈련장을 방문했을 때 내 호기심은 배가 됐다. 연속으로 슈퍼볼에 진출하기는 매우 어려운 일로 정평이 나 있는데, 시호크스는 그 낮은 확률을 뚫고 2015년에도 다시 슈퍼볼에 진출했다. 시호크스가 우승한 전년도에는 시애틀 역사상 최대 인파가 운집해 파란색과 초록색 색종이를 뿌리며 축하 행진을 벌였다. 그러나 2015년 슈퍼볼에서 패배하자 스포츠 해설가들은 캐럴의 전략 판단을 두고 'NFL 역사상 최악의 작전 선택'이라고 논평했다.[35] 이에 팬들은 절규하고 한탄하고 이를 갈았다.

개요를 설명하자면 경기 종료 시간 26초를 남기고 시호크스가 공격권을 갖고 있었으며 터치다운까지 1야드밖에 남지 않아 우승이 코앞인 상황이었다. 모든 사람이 캐럴이 러닝 플레이(러닝백이 쿼터백에게서 볼을 전달받아 상대 진영으로 뛰는 플레이—편집자)를 지시할 거라고 예상했다. 엔드 존end zone이 코앞이었기 때문만은 아니었다. 시호크스에는 '비스트 모드'Beast Mode라는 별명을 가진 NFL 역사상 단연 최고의 러닝백 마숀 린치Marshawn Lynch가 있었기 때문이다.

하지만 시호크스의 쿼터백인 러셀 윌슨Russell Wilson이 패스를 했고, 그 공이 인터셉트를 당하며 뉴잉글랜드 패트리어츠가 우승을 차지했다.

내 평생 처음부터 끝까지 시청한 미식축구 경기는 단 세 번이다. 그중 49회 슈퍼볼이 세 번째고, 그 1주일 전에 시호크스가 NFC(내셔널 풋볼 컨퍼런스) 결승전에서 우승한 경기가 두 번째였다. 때문에 러닝 플레이 대신 패스를 선택한 것이 명백한 코치의 판단 착오인지는 전문적으로 알지 못한다. 시애틀에 도착한 내가 더 흥미로웠던 점은 캐럴과 팀 전체의 반응이었다.

캐럴의 우상인 농구 코치, 존 우든John Wooden이 즐겨 했던 말이 있다. "성공이 결코 끝이 아니며 실패는 절대 치명적인 것이 아니다. 중요한 것은 용기이다."[36] 나는 그릿의 문화가 성공뿐만 아니라 실패의 여운 속에서 어떻게 지속되는지 알고 싶었다. 나는 캐럴과 시호크스 팀원들이 어떻게 앞으로 나아갈 용기를 냈는지 궁금했다.

그때의 방문을 돌이켜 보면 지금도 생생하다.

나는 첫 면담 약속 때 그의 사무실로 찾아갔다. 고급스럽기는 하지만 엄청나게 크거나 화려하진 않았다. 늘 열어두는 것이 분명해 보이는 문을 통해 시끄러운 록 음악이 복도로 쏟아져 나왔다. "교수님, 어떻게 도와드리면 되겠습니까?" 캐럴이 몸을 앞으로 기울이며 물었다.

나는 찾아온 이유를 설명했다. 오늘 나는 인류학자처럼 시호크스의 문화를 기록할 거라고 말했다. 선수용 헬멧이 있다면 쓰고 있을 거라고도 했다.

물론 캐럴은 그 이야기에 신이 나 있었다. 기록할 정보가 한두 가지가 아니라 무수히 많을 거라며 전부 세세히 기록하라고 주문했다. 그것이 팀의 실체이고 방식이라는 것이다.

시호크스 선수들과 하루를 보내 보니 그의 말에 동의하지 않을 수 없었다. 실천할 수는 있지만 망치거나 잊거나 무시하기 쉬운 세부사항이 무수히 많았다. 그러나 거기에는 몇 가지 주제가 있었다.

가장 분명하게 보이는 것은 언어였다. 캐럴의 코치 하나가 "저는 감독님의 언어에 아주 익숙합니다."라고 말하며 지나갔다. 캐럴의 언어가 곧 시호크스의 언어다. "항상 경쟁하라. 경쟁하지 않으면 시합에 뛸 수 없다. 무엇을 하든 경쟁하라. 우리는 연중무휴 24시간 시호크스다. 마무리까지 힘차게! 긍정적 자기대화를! 그리고 팀 우선이다!"

시호크스 팀과 있는 동안 선수, 코치, 직원을 가리지 않고 모두가 열성적으로 이 이야기를 해줬다. 사용하는 단어마저 똑같았다. "동의어도 안 된다." 이는 캐럴이 자주 하는 말 중의 하나다. "효율적인 소통을 원한다면 명확한 단어를 사용해야 합니다."

내가 만난 시호크스 사람 모두가 캐럴의 말을 중간중간 인용하며 이야기했다. 어느 누구도 중성자처럼 빠른 속도로 10대보다 기운차게 설명하는 63세 감독만큼은 못 하지만, 시호크스 가족으로 불리기를 좋아하는 나머지 팀원들도 캐럴의 구호가 실제로 무슨 의미인지 내가 이해할 수 있도록 성실히 설명했다.

그들은 '경쟁하라'가 내가 생각하는 그 의미가 아니라고 말했다. 내가 늘 불편함을 느끼는, 다른 사람을 이기라는 의미의 경쟁이 아니라고 했다. 시호크스 팀 내에서 경쟁은 탁월성을 의미한다. 서핑 선수 출신의 스포츠 심리학자로 캐럴과 함께 팀 문화를 조성해가고 있는 마이크 제바이스Mike Gervais는 이렇게 설명한다. "경쟁이라는 단어는 라틴어에서 왔습니다. 말 그대로 옮기면 함께 노력한다는 뜻이죠. 어원에는 다른 사람을 패배시켜야 한다는 뜻이 전혀 없습니다."

제바이스는 개인과 팀의 탁월성을 증진시키는 두 가지 핵심 요소가 '진심 어린 지지와 발전을 위한 끊임없는 도전'이라고 설명했다. 그의 말을 듣는 동안 머릿속에 반짝 떠오른 생각이 있었다. 지지해주고 요구하는 양육은 심리적으로 현명한 양육방식이며 자녀가 부모를 본받도록 장려한다. 그렇다면 지지해주고 요구하는 지도자도 마찬가지일 거라는 추론이 가능하다.

나는 조금씩 이해해갔다. 이 프로 미식축구팀에서는 단지 다른 팀에게 이기는 것만이 아니라 내일 자신의 오늘 기량을 넘어서는 것이 중요하다. 탁월성을 추구하는 것이다. 그러므로 시호크스 팀에서 '항상 경쟁하라'는 말은 '자신이 가진 능력을 최대한 발휘하라. 최선을 다하라'는 뜻이다.

내가 면담을 끝내고 나오는데 코치 하나가 복도로 따라 나와 물었다. "마무리에 대해 말해준 사람이 있었나요?"

마무리? 나는 그게 무엇이냐고 물었다.

"우리가 매우 중시하는 한 가지는 마무리까지 힘차게 하자는 것입니다." 그가 예를 들어 설명했다. 시호크스는 시합이 종료되는 마지막 순간까지 전력을 다해 경기에 임한다. 시즌 끝까지 힘차게 경기를 뛴다. 그리고 모든 훈련에서 끝까지 전력을 다한다. "하지만 왜 마무리만 잘하라고 하나요? 시작도 잘하라고 해야 말이 되지 않나요?" 내가 물었다.

"시작도 잘해야죠. 하지만 시작을 잘하기는 쉬워요. 그리고 시호크스 팀에게 '마무리'는 말 그대로 '마무리'만 의미하지는 않습니다." 코치의 대답이었다.

즉 마무리 잘하기는 시작부터 끝까지 매 순간 집중하고 정말로 최선을 다한다는 의미였다.

나는 팀의 핵심 가치를 설교하는 사람이 캐럴만이 아님을 이내 알게 되었다. 20명이 넘는 코치 모두가 회의 도중에 자연스럽게 완벽히 리듬을 맞추며 '우는 소리 금지, 불평 금지, 변명 금지' 구호를 외친다. 바리톤으로만 구성된 합창단 속에 앉아 있는 느낌이다. 그 전 구호는 '항상 팀을 보호한다'이고, 그 뒤의 구호는 '일찍 나온다'였다.

일찍 나온다고? 나는 캐럴의 책을 읽은 다음에 '일찍 참석한다'는 결심을 했지만 아직은 그런 적이 없다고 고백했다. 몇 명이 킥킥거렸다. 그 규칙 때문에 애먹는 사람이 나만은 아닌 모양이었다. 하지만 내 고백 덕에 코치 중 한 명이 일찍 나오는 일이 중요한 이유를 설명해주었다. "그것은 존중의 문제입니다. 세부적인 규칙에도 신경 쓴다는 의미이고요. 탁월성을 지향하는 태도죠."

점심 때쯤 나는 선수들 앞에서 그릿에 관해 강의를 했다. 그에 앞서 코치와 스카우트들에게 유사한 강의를 했고 조금 후에는 경영 본부의 전 직원에게 강의할 예정이었다.

선수 대부분이 점심을 먹으러 나간 사이에 선수 하나가 남동생에 대한 고민을 털어놓았다. 동생은 매우 똑똑한 아이였는데 언젠가부터 성적이 떨어지기 시작했다는 것이다. 그는 동생에게 동기 부여를 해주려고 엑스

박스 게임기를 산 뒤, 포장도 뜯지 않은 채 동생의 방에 두었다. 그리고 A를 받은 성적표를 가져오면 게임기를 주기로 합의했다. 처음에는 그의 계획이 효과가 있는 것처럼 보였지만 동생은 곧 슬럼프에 빠졌다. "동생에게 그냥 엑스박스를 줘야 할까요?" 그가 물었다.

내가 대답할 사이도 없이 다른 선수가 끼어들었다. "네 동생이 A를 받을 능력이 안 되나 보지."

나는 고개를 가로저었다. "이야기를 들어보니 동생은 A를 받을 만큼 똑똑한 것 같아요. 전에는 A를 받아왔잖아요."

질문했던 선수가 그렇다고 말했다. "동생은 똑똑한 애예요. 그건 믿으셔도 돼요. 똑똑한 애가 맞습니다."

그러자 캐럴이 벌떡 일어나 흥분해서 말했다. "첫째, 동생에게 그 게임기를 절대로 주면 안 돼. 자네는 동생에게 동기 부여를 해줬어. 좋아, 그게 시작이지. 그런데 시작일 뿐이야. 이제 어떡해야 할까? 동생을 코치해 줘야지! 이제 무엇을 해야 하는지, 다시 좋은 성적을 받으려면 구체적으로 어떻게 해야 하는지 설명해줄 사람이 필요하다고! 그 아이에게는 계획이 필요해! 다음 단계들을 계획할 수 있게 자네가 도움을 줘야 해."

그 말을 들으면서 캐럴이 사무실로 찾아온 나를 보고 처음에 했던 말이 떠올랐다. "나는 결정을 내리거나 선수에게 조언을 해야 할 때면 항상 '내 자식이라면 어떻게 할까?' 생각합니다. 내가 제일 잘하는 일이 뭔지 아세요? 사실 나는 좋은 아버지예요. 선수들한테도 어느 면에서는 아버지처럼 지도합니다."

그날 방문을 마치고 나는 택시가 오기를 기다리며 로비에 서 있었다. 캐럴도 나를 배웅하려고 함께 나와 있었다. 나는 그가 '사상 최악의 작전'

을 지시한 뒤에 선수들과 함께 훈련을 재개할 용기를 어떻게 찾았는지 직접 묻지 않았음을 깨달았다. 나중에 캐럴은 《스포츠 일러스트레이티드》 Sports Illustrated와의 인터뷰에서 그것은 '최악의 작전'이 아니라 '최악의 결과'였을 뿐이라고 말했다. 그는 이렇게 설명했다. "다른 모든 부정적이고 긍정적인 경험처럼 그 결정도 나의 일부가 됩니다. 나는 그 경험을 모른 척하지 않고 직시할 것입니다. 그때가 떠오르면 다시 생각하고 받아들일 것입니다. 그리고 그 경험을 활용해야죠. 그럼요, 활용해야죠!" [37]

훈련장을 떠나기 직전에 나는 뒤를 돌아다보았다. 그곳에는 6미터쯤 위에 30센티미터 크기의 금속 문자로 '기개'CHARACTER라는 단어가 걸려 있었다. 내 손에는 파란색과 초록색의 시호크스 기념품이 담긴 봉지가 들려 있었다. 그 안에는 초록색으로 'LOB: Love Our Brothers'가 찍힌 파란 고무줄 팔찌도 한 움큼 들어 있었다.

천재가 아닌
모든 이들에게

        지금까지 여러분의 잠재력을 실현하게 해주는 그릿의 힘에 대해 살펴봤다. 내가 이 책을 쓴 이유는 인생이라는 마라톤에서 우리가 어디까지 갈지를 좌우하는 요인이 그릿, 즉 장기적 목표를 향한 열정과 끈기이기 때문이다. 우리는 재능에 현혹되어 그 단순한 진실을 간과하고 있다.

  나는 여러분과 함께 커피를 마시며 내가 알고 있는 사실들을 알려주는 기분으로 이 책을 썼다.

  이제 거의 이야기가 끝나간다.

  그러므로 몇 가지 맺음말로 이야기를 마무리 지으려고 한다. 첫째는 여러분도 그릿을 기를 수 있다는 것이다. 여기에는 두 가지 방법이 있다.

먼저 여러분 스스로 '안에서 밖으로' 그릿을 키워나갈 수 있다. 여러분은 관심사를 계발할 수 있다. 현재의 기술 수준을 능가하는 도전 과제를 매일 연습하는 습관을 들일 수 있다. 여러분의 일을 자신보다 큰 목적과 연관 지을 수 있다. 그리고 모든 희망이 사라진 것 같은 때에도 희망을 배울 수 있다.

다음으로 '밖에서 안으로' 그릿을 길러갈 수도 있다. 우리의 그릿 개발은 부모, 코치, 교사, 상사, 멘토, 친구 등 다른 사람에게 크게 의존하고 있다.

책을 마무리하면서 두 번째로 떠올린 생각은 행복이다. 내셔널 스펠링 비에서 우승하든 웨스트포인트에 합격하든 또는 지역 최고의 연간 매출액을 달성하든 성공이 여러분의 유일한 관심사는 아닐 것이다. 당연히 여러분은 행복도 원한다. 행복과 성공은 연관이 있기는 하지만 동일하지는 않다.

투지가 강해져서 더 성공하면 행복이 급감할까?

몇 년 전 나는 이 질문에 대한 답을 찾기 위해 미국 성인 2,000명을 대상으로 설문조사를 했다. 다음 그래프는 그릿과 삶의 만족도의 관계를 보여준다. "나는 인생을 다시 산다면 아무것도 바꾸지 않겠다."와 같은 문항으로 측정한 삶의 만족도는 최저 7에서 최고 35까지 된다. 이 연구에서는 흥분 같은 긍정적 감정들과 수치심 같은 부정적 감정도 측정했다. 그 결과 그릿이 높은 사람일수록 건강한 정서적 삶을 즐길 가능성이 높다고 나타났다. 행복감을 어떤 식으로 측정하든 그릿 점수가 최고점일 때까지도 그릿과 행복감 간에는 비례 관계가 성립됐다.[1]

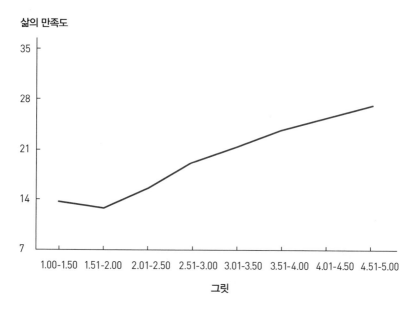

삶의 만족도

학생들과 나는 이 연구 결과를 발표하면서 보고서의 맺음말을 이렇게 썼다. "투지가 매우 강한 사람들은 그 배우자와 자녀도 더 행복한가? 그들의 직장 동료와 직원들은 어떠한가? 추후 연구에서는 그릿의 부정적인 면이 없는지 탐구해볼 필요가 있다."

아직 그 답을 찾진 못했지만 좋은 질문이라고 생각한다. 그릿의 전형들이 자기 자신보다 큰 목적을 위해 열정적으로 일하며 얼마나 큰 기쁨을 느꼈는지 이야기할 때, 그들의 가족도 똑같이 기뻤을지는 알 수 없었다.

예컨대 단 하나의 중요한 상위 목표에만 전념한 그 세월이 내가 아직 측정하지 못한 대가를 치른 결과인지는 알지 못한다.

다만 내 딸들, 어맨다와 루시에게 투지 넘치는 엄마 밑에서 자라는 게 어땠는지 물어봤을 뿐이다. 아이들은 이 책의 집필처럼 내가 한 번도 해보지 않은 일들을 시도하는 모습을 지켜봤고, 일이 잘 풀리지 않을 때 우

제13장 천재가 아닌 모든 이들에게 · 353

는 모습도 목격했다. 아이들은 해내기 어려운 수많은 기술들을 익히기까지 얼마나 고통스러운지도 알고 있었다. 그래서 저녁식사 자리에서 이렇게 질문하기도 했다. "항상 의식적인 연습 이야기만 해야 해요? 왜 모든 대화가 엄마 연구로 이어져야만 해요?"

어맨다와 루시는 내가 조금만 더 느긋해지고 함께 테일러 스위프트 Taylor Swift 얘기를 더 많이 나누길 바란다.

하지만 아이들은 내가 그릿의 전형이 아닌 다른 사람이 되기를 바라지는 않는다.

사실 어맨다와 루시도 나처럼 되기를 열망한다. 그들도 몹시 힘든 일이라 해도 자신과 타인을 위해 중요한 일을 시도하고 잘해낼 때 느끼는 만족감을 맛보았다. 그래서 더 경험하기를 원한다. 그들은 현실 안주도 그 나름의 매력이 있지만 자기 잠재력의 실현에서 오는 충족감과 맞바꿀 만한 가치는 없다는 사실을 인식하고 있다.

지나친 투지가
나쁠 수도 있을까?

나는 '투지가 너무 지나칠 수도 있는가?' 라는 질문에 대한 답 역시 아직 찾지 못했다.

아리스토텔레스는 좋은 것도 지나치면(또는 부족하면) 좋지 않다고 했다. 예컨대 그는 용기가 부족하면 비겁해지지만, 지나치면 어리석은 행동을 하게 된다고 말했다. 같은 논리로 하면 친절과 관대함, 정직, 자제심도 지나칠 수 있다. 현대에 와서 심리학자인 애덤 그랜트와 배리 슈워츠가 다시 다룬 주제이기도 하다. 그들은 어떤 특성의 효용이 극대화되는 지점은 양극단 사이의 어딘가에서 뒤집힌 U자 곡선을 이룬다고 추론한다.[2]

나는 지금까지 아리스토텔레스가 용기에서, 그랜트와 슈워츠가 외향성 같은 특성에서 발견한 뒤집힌 U자 곡선 등을 그릿에서 발견하지 못했다. 그럼에도 불구하고 모든 선택에는 반대급부가 있으므로 그릿에 부작용이 따른다고 해도 이해할 수 있다. 포기가 최선의 방책인 상황들은 쉽게 떠올릴 수 있다. 여러분도 어떤 생각이나 스포츠, 직업, 연인에게 정도 이상으로 집착했던 경험이 있을 것이다.

내 경험을 말하자면 피아노에 흥미도 재능도 없는 게 분명해졌을 때 피아노를 포기한 일은 훌륭한 결정이었다. 좀 더 일찍 포기했더라면 미리 연습하지 않은 곡을 서툴게 치는 걸 듣는 괴로움에서 선생님을 구해줄 수도 있었을 것이다. 프랑스어 공부는 재미있었고 피아노보다는 학습 진도가 빨랐지만, 프랑스어를 유창하게 하겠다는 계획도 결국 포기하길 잘했다. 피아노 연주와 프랑스어 공부에 쓰던 시간을 더욱 큰 충족감을 주는 일에 할애할 수 있었으니 말이다.

그러므로 시작한 일을 예외 없이 반드시 끝내려다 더 나은 기회를 놓칠 수도 있다. 가장 이상적인 것은 한 가지 활동을 중단하고 다른 하위 목표를 선택하더라도 궁극적인 관심은 여전히 굳건히 고수하는 것이다.

그릿 문화가 급속히 확산될 가능성은 매우 낮아 보이므로 그런 걱정은 하지 않는다. 당신이 퇴근해서 배우자에게 "어휴, 우리 사무실의 직원들은 다들 너무 투지가 넘쳐! 각자 중요한 목표를 너무 오래 붙들고 있어! 너무 지나치게 노력해! 열정이 조금만 덜했으면 좋겠어!"라고 불평한 날이 얼마나 되는가?

최근에 나는 미국 성인 300명에게 그릿 척도 검사를 부탁했고, 자기 점수를 받았을 때 어떤 기분이 들었는지 말해달라고 요청했다. 많은 사람이 자기 점수에 만족했고 일부는 좀 더 투지가 있기를 바랐다.[3] 그렇지만 자신의 투지가 덜하기를 염원한 사람은 표본을 통틀어 단 한 명도 없었다.

나는 우리 대부분이 투지가 약해지기보다는 강해지는 편이 나을 거라고 확신한다. 더 이상 투지가 강해질 필요가 없는 사람도 있겠지만 그런 예외는 드물다.

그릿이 성공의 전부는 아니다

종종 왜 그릿만 중요하다고 생각하느냐는 질문을 받기도 한다. 나는 정말로 그렇게 생각하지 않는다.

분명히 말해두지만 나는 아동기를 벗어나 성인기로 가고 있는 내 아이들이 오직 그릿만 발달하기를 원하지 않는다. 그들이 무엇을 하든 잘하기를 바라는가? 물론이다. 하지만 탁월함greatness과 선량함goodness은 다르며, 만약 반드시 선택해야 한다면 나는 선량함을 우선으로 꼽을 것이다.

심리학자로서 나는 그릿이 개인의 유일하거나 가장 중요한 성격 특성이 아니라고 분명히 말할 수 있다. 사실 사람들이 타인을 어떻게 판단하는지 조사한 연구에서는 다른 어떤 성격 특성들보다 도덕성이 우선인 것으로 드러났다.[4] 물론 우리는 이웃이 게을러 보이는 것도 싫지만 그들이 정직성, 진실성, 신뢰성 같은 자질이 부족해 보일 때 특히 불쾌해진다.

그러므로 그릿이 전부는 아니다. 개인이 성장하고 발전하기 위해 필요한 것들은 많다. 성격은 여러 요소로 구성돼 있다.[5]

그릿을 이해하는 한 가지 방법은 다른 성격 특성과 관련지어 생각하는 것이다. 나는 그릿을 다른 성격 특성과 함께 평가해보면서 세 범주를 발견했다. 그리고 각 범주를 성격의 내적 차원intrapersonal dimension, 대인 관계적 차원interpersonal dimension, 지적 차원intellectual dimension으로 이름 붙였다.[6] 의지력, 공감력, 지력이라고도 부를 수 있을 것이다.

그릿은 내적 차원에 들어간다. 이 범주에는 문자하기와 게임하기 같은 유혹에 저항하는 힘과 특히 관련이 많은 자기 통제self-control가 포함된다. 이는 그릿이 높은 사람은 자기 통제력이 강한 경향이 있고, 역의 관계도 성립한다는 의미다.[7] 개인적으로 가치 있는 목표를 달성하게 해주는 이 품성은 포괄적으로 '수행 인격'performance character 또는 '자기 관리 기술' self-management skills이라고 불려왔다. 사회평론가이자 기고가인 데이비드 브룩스David Brooks는 사람들이 채용되고 고용 상태를 유지해주는 덕목이라는 의미에서 '이력서 품성'resume virtues이라고도 부른다.

대인 관계적 차원에는 감사, 사회지능, 분노와 같은 감정의 자기 통제력이 포함된다. 이 덕목들은 타인과 원만히 지내고, 그들에게 도움을 제공한다. '도덕 인격'moral character으로 지칭되기도 한다. 브룩스는 이러한 성격 특성이 사람들이 우리를 어떻게 기억하는가에 그 무엇보다 중요할 수 있으므로 '추도사 품성'eulogy virtues이라는 용어를 선호한다.[8] 우리가 누군가를 '참으로 선한' 사람이라고 찬사를 보낼 때 생각하는 품성이 이 범주일 것이다.

마지막 범주인 지적 차원은 호기심과 열의 같은 덕목을 말한다. 이는 관념의 세계에 적극적이고 개방적으로 참여하게 만드는 품성이다.[9]

내 종단연구들의 결과를 보면 세 범주의 성격 특성은 다른 성과를 예측해준다.[10] 뛰어난 성적 등 학업 성취에 대한 예측력이 가장 높은 것은 그릿을 포함한 내적 품성이다. 하지만 친구의 수 등의 긍정적인 사회적 기능에는 대인 관계적 품성이 더욱 중요하다. 그리고 학습에 대한 적극적이고 독립적인 자세에는 어느 덕목보다 지적 품성이 가장 중요하다.

결국 어느 품성만 특별히 중요하기보다는 다면적 성격 특성이 다함께 작용한다고 볼 수 있다.

나는 그릿을 고무하는 것이 아동에게 터무니없이 높은 기대 수준을 요구함으로써 해가 되지는 않는지 자주 질문받는다. "더크워스 박사님, 조심하세요. 아니면 모든 아이가 자신도 우사인 볼트Usain Bolt나 모차르트, 아인슈타인이 될 수 있다고 생각하며 자랄 겁니다."

우리가 아인슈타인이 될 수 없다면 물리학을 공부할 자격이 없는가? 우사인 볼트가 될 수 없다면 오늘 아침 달리기를 하지 말았어야 하는가? 어제보다 조금 빨리, 조금 오래 달리려고 노력하는 것은 쓸데없는 일인가? 이는 어리석은 질문이라고 생각한다. 내 딸이 내게 "엄마, 나는 절대로 모차르트가 될 수 없으니까 오늘 피아노 연습을 하지 않겠어요."라고 말한다면 이렇게 대답해줄 것이다. "너는 모차르트가 되려고 피아노를 연습하는 게 아니란다."

우리 모두는 재능뿐 아니라 기회에 있어서도 한계에 직면한다. 하지만 우리 스스로 부여한 한계가 생각보다 많다. 우리는 시도했다 실패하면 가능성의 한계에 부딪쳤다고 결론을 내린다. 또는 겨우 몇 걸음 가보고는 방향을 바꾼다. 어느 경우든 우리가 가볼 수 있는 곳까지 아직 가보지 못했다.

그릿이란 한 번에 한 걸음씩 계속 나아가는 것이다. 흥미롭고 목적이 뚜렷한 목표를 굳건히 지키는 것이다. 매일, 몇 주씩, 몇 해씩 도전적으로 연습하는 것이다. 일곱 번 넘어지면 여덟 번 일어나는 것이다.

최근에 한 기고가가 나를 인터뷰했다. 메모한 것들을 챙기면서 그가 말했다. "온종일이라도 그릿에 관해 말씀해주실 수 있겠는데요. 이 주제에 정말 애정을 갖고 계시네요."

"어머, 성취심리학보다 흥미로운 것이 또 있어요? 이보다 중요한 것이 있을 수 있나요?"

그가 싱긋 웃으며 말했다. "저도 제 일을 정말 사랑합니다. 제가 아는 사람들 중에 마흔을 훌쩍 넘기고도 어느 한 가지에 제대로 전념하지 못하는 이가 아주 많은데요. 그걸 보면 신기해요. 그들은 자신이 무엇을 놓치고 있는지도 모를 겁니다."

마지막으로 한 가지만 덧붙이겠다.

올해 초 맥아더상이 발표됐다. 두 번째 책 《세상과 나 사이》Between the World and Me가 엄청난 베스트셀러가 된 기고가, 타네히시 코츠Ta-Nehisi Coates도 수상자 중의 한 명이었다.

8년 전 코츠는 《타임》에서 해고되는 바람에 느닷없이 프리랜서 생활을 하게 됐다. 힘든 시기였다. 그는 중압감 때문에 체중이 15킬로그램 가까이 불었다고 했다. "나는 어떤 작가가 되고 싶은지 알고 있었지만 그 꿈을 이루지 못할 것 같았죠. 헛된 노력만 계속되고 결과물은 아무것도 없었습니다."[11]

그의 아내는 한 번도 불평하지 않고 확실한 지지를 보내주었다. 그렇지만 그들에게는 어린 아들과 눈앞에 닥친 현실이 있었다. "택시를 몰 생각까지 했습니다."

마침내 그는 다시 일어섰고 '말할 수 없는 스트레스'를 견디며 원고를 써나간 끝에 본궤도에 올라섰다. "글이 아주 달라졌죠. 문장에 훨씬 힘이 생겼더라고요."

맥아더 재단의 웹사이트에 올라온 3분짜리 영상에서 코츠가 제일 처음 한 말은 이것이었다. "아마 제 모든 작품에서 가장 중요한 요소는 실패일 것입니다. 제 글은 실패작이었습니다. 거듭거듭 실패작만 나왔죠."[12] 이어서 그는 어려서 지칠 줄 모르는 호기심을 갖고 있었다고 설명했다. 볼티모어에서 성장한 탓에 특히 신체적 안전과 위협에 대한 생각에 매달렸고 지금도 그렇다고 했다. 그는 저널리즘이 그가 관심 있는 문제에 대해 계속 질문하게 해준다고 말했다.

영상의 끝부분에서 코츠는 글쓰기가 어떤 일인지 내가 들어본 말 중에 가장 적절하게 묘사한다. 그의 음조와 운율이 전달될 수 있도록 그 이야기를 시로 옮겨본다.

글쓰기의 어려움은

지면에 옮겨진 자신의 형편없는 글과

서툰 글을 보고

잠자리에 들어야 하는 데 있다

그리고 다음 날 잠에서 깨어

형편없고 서툰 글귀들을 들여다보고

다듬어서

너무 형편없고 서툴지 않게 고치고

다시 잠자리에 들어야 하는 데 있다

그리고 또 다음 날이 되면

조금 더 그 글을 다듬어서

그리 나쁘지 않게 만든 다음

다시 잠자리에 든다

그리고 그 글을 다시 다듬어

평균 수준으로 만든 다음에

한 번 더 다듬는다

운이 좋다면

좋은 글을 얻을 수도 있으리라

그리고 거기까지 했다면

성공이다

코츠가 지나치게 겸손하다고 생각할 수도 있다. 그는 겸손하다. 하지만 투지 또한 넘친다. 그리고 나는 다른 방법으로 업적을 달성했다고 말하는 맥아더상이나 노벨상 수상자, 올림픽 우승자를 아직 만나보지 못했다.

내가 어릴 적 아버지는 "네가 천재는 아니잖니."라는 말을 자주 하셨다. 이제 나는 그 말이 나뿐 아니라 당신 자신에게도 한 말임을 안다.

천재란 노력하지 않고도 위대한 업적을 달성할 수 있는 사람이라고 정의한다면 아버지 말이 맞다. 나도 아버지도 천재가 아니다.

하지만 천재를 자신의 모든 것을 바쳐 부단히 탁월성을 추구하는 사람으로 정의한다면 아버지도 천재고, 나도 코츠도 천재다. 그리고 여러분도 부단히 노력할 마음만 있다면 천재다.

  《그릿》이 한국에서 150쇄를 돌파했다는 소식을 들었다. 최근 《그릿》을 인생책으로 추천하는 인플루언서들과 독자들의 성원에 힘입어 서점가에서도 역주행하고 있다는 기쁜 소식도 접했다. 지구 반대편의 한국에서도 내가 말하고자 하는 메시지에 많은 공감을 해주었다는 증거일 것이다. 특히 한국은 저성장과 청년실업 등 어려운 경제 상황으로 '노력' 자체에 대한 자조적인 분위기가 만연해 있다고 들었다. 그럼에도 불구하고, 당신이 이 책을 끝까지 읽었다면 알게 됐을 사실들을 꼭 가슴에 담아두었으면 좋겠다. 당신이 어떤 일에 지속적인 열정을 갖고 있다면, 비록 계속된 실패를 겪는다 해도 또다시 일어서 끊임없이 도전한다면, 언젠가 그 목표를 성취해낼 수 있다는 사실을 말이다.

  한국의 독자들을 만날 수 있도록 힘써준 출판사에게 무한한 감사를 보낸다. 나의 부족한 글을 훌륭한 언어로 옮겨준 번역가와 멋진 책으로 재탄생시켜준 담당 편집자에게도 깊은 감사의 인사를 전한다.

이 책이 전 세계적인 베스트셀러가 된 데는 여기에 거명하는 훌륭한 분들의 공임을 알아주기 바란다. 이제 나를 지원해준 많은 분들이 잠시 조명 아래로 나와 응당 받아야 할 갈채를 받을 시간이다. 혹시 내 부주의로 빠뜨린 분이 있다면 미리 사과의 말을 전한다.

맨 먼저 공동 연구자들에게 감사드리고 싶다. 이 책에서는 '나'를 주어로 썼지만 사실 연구도 논문 집필도 거의 공동 작업으로 해왔다. 공을 돌려야 할 '우리' 중에서 출간된 연구의 공동 저자들은 주석에 밝혀뒀다. 연구를 가능하게 해준 우리 연구원들에게 그들을 대표해 진심으로 감사를 전한다.

이 책을 나오게 해준 분들 가운데 세 분에게 특히 감사드리고 싶다. 우선 담당 편집자인 릭 호건Rick Horgan에게 무한한 감사를 보낸다. 그는 내가 생각했던 것 이상으로 내 글과 사고를 개선해주었다. 그가 다시 나와 작업해준다면 큰 행운일 것이다. 맥스 네스테라크Max Nesterak는 매일매일 내 편집자이자 연구 조교, 양심 역할을 해줬다. 한마디로 말해서 맥스가 없었다면 오늘 이 책이 여러분 손에 들어갈 수 없었을 것이다. 마지막으로 내 대부 요정과도 같은 존재인 리처드 파인Richard Pine은 처음부터 끝까지 이 책을 현실로 만들어준 분이다. 8년 전 그는 "교수님께 책을 써야 한다고 제안한 사람은 없었나요?"라고 이메일을 보내왔다. 나는 주저했다. 투지 넘치고 용감한 그는 계속 내 의향을 물었지만 내가 준비가 될 때까지 결코 강요하지 않았다. 리처드, 모든 도움에 감사합니다.

사이먼 앤드 슈스터Simon & Schuster의 우수한 직원들의 확실한 지원에도 깊이 감사드린다. 이 책을 쓰는 데 있어서 어려움은 오직 집필뿐이었고 나머지 작업은 뛰어난 직원들 덕분에 수월했다. 특히 낙천적이며 에너지 넘치고 담당 저자에게 진심 어린 애정을 가진 낸 그레이엄Nan Graham에게 감사를 전한다. 케이티 모너건Katie Monaghan과 브라이언 벨필리오Brian Belfiglio는 세계 정상급의 홍보 활동을 능숙하게 지휘해 이 책이 여러분 손에 들어갈 수 있게 해주었다. 거장의 솜씨로 이 책을 제작해준 카를라 벤턴Carla Benton과 그녀의 팀에게도 감사드린다. 편집의 전 과정에서 최선을 다해 멋진 책이 나올 수 있게 해준 데이비드 램David Lamb은 진정한 프로다. 마지막으로 이 책의 표지를 멋지게 꾸며준 자야 미셀리Jaya Miceli에게도 감사의 인사를 전한다.

엘리자베스 로스타인Eliza Rothstein, 린지 블레싱Lindsey Blessing, 알렉시스 헐리Alexis Hurley를 포함한 잉크웰 매니지먼트InkWell Management의 세계 정상급 팀에게도 심심한 감사를 표한다. 그들은 참으로 품위 있게 그리고 전문가답게 모든 일을 훌륭하게 처리해줬다.

이 책에 소개된 그릿의 전형들처럼 나도 지지와 요구를 아끼지 않은 선생님들에게 큰 은혜를 입었다. 매슈 카Matthew Carr는 내게 글쓰기와 언어를 사랑하도록 가르쳤다. 케이 머세스Kay Merseth는 중요한 시기마다 우리가 각자 인생사의 저자라는 점을 일깨워주었다. 마틴 셀리그먼에게서는 옳은 질문은 옳은 답만큼이나 중요하다는 사실을 배웠다. 작고한 크리스 피터슨Chris Peterson은 진정한 스승이란 학생을 우선으로 생각하는 사람임을 보여줬다. 시갈 바르세이드Sigal Barsade는 교수란 어떤 사람이며 어떻게 해야 하는지 수없이 보여줬다. 월터 미셸Walter Mischel에게는 과학의 정점은 예술임을 배웠다. 그리고 짐 헤크먼Jim Heckman은 진심 어린 호기심과 참다운 투지는 최고의 동반 관계임을 가르쳐주었다.

국립노화연구소National Institute on Aging, 빌 앤드 멀린다 게이츠 재단Bill & Melina Gates Foundation, 핑커턴 재단the Pinkerton Foundation, 로버트 우드 존슨 재단the Robert Wood Johnson Foundation, KIPP 재단the KIPP Foundation, 존 템플턴 재단the John Templeton Foundation, 스펜서 재단the Spencer Foundation, 론 파인 재단the Lone Pine Foundation, 월턴 가족 재단the Walton Family Foundation, 리처드 킹 멜런 가족 재단the Richard King Mellon Family Foundation, 펜실베이니아대학교 연구 재단the University of Pennsylvania Research Foundation, Acco 브랜즈Acco Brands, 미시간 은퇴 연구소Michigan Retirement Research Center, 펜실베이니아대학교, 멜빈과 캐럴린 밀러Melvyn and Carolyn Miller, 아리엘 코Ariel Kor와 에이미 에이브럼스Amy Abrams 등 내 연구를 지원해준 단체와 개인에게도 깊은 감사를 드린다.

내가 하는 모든 일의 과거, 현재, 미래인 캐릭터 랩Character Lab의 위원들과 직원들에게도 특별한 감사를 전한다.

마지막으로 가족들에게 감사드린다. 어맨다, 루시, 너희의 인내심과 유머, 이야기가 이 책이 가능하도록 해주었단다. 자식들을 위해 헌신하신 어머니, 아버지, 감사합니다. 날마다 나를 나은 사람으로 만들어주고 있는 제이슨, 이 책을 당신에게 바칩니다.

──────────────── 제1장 그릿, 성공의 필요조건 ────────────────

1   입학 절차를 포함해 웨스트포인트에 관한 자세한 정보는 www.usma.edu 참조.

2   미국 육군사관학교에서 제공받은 자료.

3   "Information for New Cadets and Parents," United States Military Academy
    ─West Point, 2015, www.usma.edu/parents/SiteAssets/Info─4─New─
    Cadets_Class─of─19.pdf.

4   Ibid.

5   웨스트포인트 졸업을 예측하는 문제와 관련된 제리의 견해를 더 알고 싶다면 다음을
    참조. Jerome Kagan, An Argument for Mind (New Haven, CT: Yale University
    Press, 2006), 49-54.

6   웨스트포인트의 종합전형점수와 그 역사에 관한 자세한 정보는 다음 참조.
    Lawrence M. Hanser and Mustafa Oguz, United States Service Academy
    Admissions: Selecting for Success at the Military Academy/West Point and
    as an Officer (Santa Monica, CA: RAND Corporation, 2015).

7   Angela L. Duckworth, Christopher Peterson, Michael D. Matthews, and
    Dennis R. Kelly, "Grit: Perseverance and Passion for Long─term Goals,"
    Journal of Personality and Social Psychology 92 (2007): 1087-1101.

8 Michael D. Matthews, Head Strong: How Psychology Is Revolutionizing War (New York: Oxford University Press, 2014), 16.

9 Michael D. Matthews, Head Strong: How Psychology Is Revolutionizing War (New York: Oxford University Press, 2014), 16.

10 Hanser and Oguz, Selecting for Success.

11 Duckworth et al., "Grit."

12 Lauren Eskreis-Winkler, Elizabeth P. Shulman, Scott A. Beal, and Angela L. Duckworth, "The Grit Effect: Predicting Retention in the Military, the Workplace, School and Marriage," Frontiers in Psychology 5 (2014): 1-12.

13 Duckworth, et al., "Grit."

14 미국 대학 중퇴율에 관한 자세한 정보는 다음 참조. "Institutional Retention and Graduation Rates for Undergraduate Students," National Center for Education Statistics, last updated May 2015, http://nces.ed.gov/programs/coe/indicator_cva.asp.

15 Dick Couch, Chosen Soldier: The Making of a Special Forces Warrior (New York: Three Rivers Press, 2007), 108.

16 Eskreis-Winkler et al., "The Grit Effect."

17 위와 동일. 중요한 점은 이원분산분석 결과 모든 경우에서 그릿과 성과의 연관성도 유의미하게 나왔다는 것이다.

18 Duckworth et al., "Grit."

19 위와 동일. 다음 자료도 참고하라. Kennon M. Sheldon, Paul E. Jose, Todd B. Kashdan, and Aaron Jarden, "Personality, Effective Goal-Striving, and Enhanced Well-Being: Comparing 10 Candidate Personality Strengths," Personality and Social Psychology Bulletin 1 (2015), 1-11. 1년에 걸쳐 수행된 이 종단연구에서도 그릿은 다른 자아강도 측정치보다 목표 달성을 예측해주는 신뢰할 만한 변인으로 드러났다. 또한 동료인 필립 테틀록Philip Tetlock과 바버라 멜러즈 Barbara Mellers도 자신들의 종단연구에서 미래 사건에 대해 놀랄 만치 정확하게 예측하는 사람들은 다른 이들보다 그릿이 상당히 높다는 사실을 발견했다. "초예측력의 가

장 강력한 변수는 영구적인 베타, 즉 최신 정보에 신념을 맞춰가고 자기개발을 위해 노력하는 정도이다. 이는 가장 근접 변수인 지능보다 대략 세 배 강력한 예측변수이다." Philip E. Tetlock and Dan Gardner, Superforecasting: The Art and Science of Prediction (New York: Crown, 2015), page 192 참조.

─────────── 제2장 우리는 왜 재능에 현혹되는가? ───────────

1 내가 교사 생활을 했던 학교는 '티치 포 아메리카'의 전 회원인 대니얼 오스카Daniel Oscar가 설립했다. 내가 볼 때 그 학교에서 최고의 교사는 닐 도로신Neil Dorosin이란 친구였다. 대니얼과 닐 두 사람은 여전히 교육개혁에 앞장서고 있다.

2 2015년 5월 8일 데이비드 르엉과의 면담.

3 Karl Pearson, The Life, Letters and Labours of Francis Galton, vol. 1 (Cambridge, UK: Cambridge University Press, 1930), 66.

4 Francis Galton, Hereditary Genius (London: Macmillan, 1869), 38. 유전에 대한 골턴의 강한 흥미가 그릇된 길로 이어졌다는 점을 여기서 지적해야겠다. 열의와 노력, 능력(재능)의 중요성에 대한 그의 결론은 현대적 연구에 의해서도 지지를 받고 있지만 유전과 인종에 관한 잘못된 결론은 지지받지 못한다.

5 찰스 다윈이 1869년 12월 23일 프랜시스 골턴에게 보낸 편지. Frederick Burk-hardt et al., ed., The Correspondence of Charles Darwin, vol. 17, 1869 (Cambridge, UK: Cambridge University Press, 2009), 530.

6 Leonard Mlodinow, The Upright Thinkers: The Human Journey from Living in Trees to Understanding the Cosmos (New York: Pantheon Books, 2015), 195. Catharine Morris Cox, "The Early Mental Traits of Three Hundred Geniuses," in Genetic Studies of Genius, vol. 2, ed. Lewis M. Terman, (Stanford, CA: Stanford University Press, 1926), 399.

7 Charles Darwin, The Autobiography of Charles Darwin (London: Collins Clear-Type Press, 1958), 140-41.

8 Adam S. Wilkins, "Charles Darwin: Genius or Plodder?" Genetics 183 (2009):

773-77.

9 William James, "The Energies of Men," Science 25 (1907): 321-32.

10 물론 여러 재능이 있을 수 있다. 관심 있는 독자는 다음 책과 논문 참조. Howard Gardner, Frames of Mind: The Theory of Multiple Intelligences (New York: Basic Books, 1983). Also, Ellen Winner, Gifted Children: Myths and Realities (New York: Basic Books, 1996). Robert J. Sternberg and James C. Kaufman, "Human Abilities," Annual Review of Psychology 49 (1998): 479-502.

11 Survey of America's Inner Financial Life, Worth Magazine, November 1993.

12 "CBS News Poll: Does Practice Make Perfect in Sports?," CBS News website, April 6, 2014, www.cbsnews.com/news/cbs-news-poll-does-practice-make-perfect-in-sports.

13 The 60 Minutes/Vanity Fair Poll, Vanity Fair, January 2010.

14 Chia-Jung Tsay and Mahzarin R. Banaji, "Naturals and Strivers: Preferences and Beliefs About Sources of Achievement," Journal of Experimental Social Psychology 47 (2011): 460-65.

15 Chia-Jung Tsay, "Privileging Naturals Over Strivers: The Costs of the Naturalness Bias," Personality and Social Psychology Bulletin (2015).

16 Ibid.

17 "Juilliard Pre-College," The Juilliard School, accessed August 10, 2015, http://www.juilliard.edu/youth-adult-programs/juilliard-pre-college

18 Robert Rosenthal, "Pygmalion Effect," in The Corsini Encyclopedia of Psychology, ed. Irving B. Weiner and W. Edward Craighead (Hoboken, NJ: John Wiley & Sons, Inc., 2010), 1398-99.

19 유니버시티 칼리지 런던의 조교수 치아중 차이와의 면담. 2015년 4월 8일.

20 Elizabeth Chambers et al., "The War for Talent," McKinsey Quarterly 3 (1998): 44-57.

21 Ed Michaels, Helen Handfield-Jones, and Beth Axelrod, The War for Talent (Boston: Harvard Business School Press, 2001).

22 Ibid., xii.

23 John Huey, "How McKinsey Does It," Fortune, November 1993: 56-81.

24 Ibid., 56.

25 Duff McDonald, "McKinsey's Dirty War: Bogus 'War for Talent' Was Self-Serving (and Failed)," New York Observer, November 5, 2013.

26 Malcolm Gladwell, "The Talent Myth," New Yorker, July 22, 2002.

27 Clinton Free, Norman Macintosh, and Mitchell Stein, "Management Controls: The Organizational Fraud Triangle of Leadership, Culture, and Control in Enron," Ivey Business Journal, July 2007, http://iveybusiness journal.com/publication/management-controls-the-organizational-fraud-triangle-of-leadership-culture-and-control-in-enron/.

28 Ibid.

29 Imagination Institute 대표, 스콧 배리 코프먼과의 면담. 2015년 3월 3일. www.scottbarrykaufman.com도 참조.

30 Scott Barry Kaufman, "From Evaluation to Inspiration: Scott Barry Kaufman at TEDxManhattanBeach," YouTube video, posted January 6, 2014, https://youtu.be/HQ6fW_GDEpA.

31 Ibid.

32 Kaufman, interview.

33 적성검사가 훗날의 성취를 그다지 잘 예견해주지 못한 사람을 두 명 알고 있다. 그 첫 번째가 다트머스대학교의 저명한 역사학자, 대린 맥마흔Darrin McMahon이다. 그는 자신의 책 《신성한 분노: 천재성의 역사》Divine Fury: A History of Genius(New York: Basic Books, 2013)에서 천재라는 말이 양가감정을 불러일으킨다고 지적한다. 우리 중 소수가 천부적 재능 면에서 나머지보다 우위에 있다는 생각은 한편으로는 시대를 초월해 사람들을 매료시킨다. 그러나 다른 한편으로 우리는 모두가 성공할 가능성을 똑같이 지니고 있다는 평등의 개념을 사랑한다. 최근 대린은 이 주제를 놓고 나와 대화를 나누던 중 이렇게 말했다. "현재 우리는 천재성의 민주화 현상을 목격하고 있습니다. 우리는 마음 한편으로 모두가 천재가 될 수 있다고 믿고 싶어 하죠."

나는 학창시절에 역사 성적이 좋았던 적이 한 번도 없고 가끔씩 성적이 매우 나빴던 학생이었다. 때문에 나는 대린의 책을 손에서 놓지 못하고 읽으면서 적잖이 놀랐다. 그의 글은 유려했다. 어찌된 까닭인지 꼼꼼히 인용한 연구와 신중히 전개하는 논증도 이야기의 흐름에 방해가 되지 않았다. 그리고 마지막 243쪽에 다음과 같은 감사의 글이 있었다. "의심의 여지없이 나는 많은 착각을 하며 살아왔으며 여전히 많은 착각을 하고 있다. 하지만 천재라는 착각을 하지는 않는다." 이어서 대린은 유머와 애정이 깃든 어조로 그의 부모는 아들이 '절대 분수를 모르고 자라지 않도록' 길렀다고 했다. 그리고 더 중요한 이야기가 나온다. 그도 어려서 학교 영재 프로그램에 들어갈 자격이 있는지 테스트를 받았다고 했다. '도형과 그림 같은 것들이' 나온 듯했지만 그가 확실히 기억하는 사실은 하나뿐이었다. "나는 통과하지 못했다." 대린은 '천부적 재능을 가진 아이들을 위한 특별학급으로 매주 떠나갔던' 급우들을 지켜봐야 했다. 이어서 그는 재능이 없는 아이로 분류된 일이 결국에는 축복이었는지 저주였는지 반추해본다. "나는 어린 나이에 객관적인 과학적 사실처럼 재능을 타고나지 못했다는 말을 들었다. 그때 그 자리에서 손을 들어버렸을 수도 있다. 하지만 나는 고집스러운 사람이라 오랜 세월 그 판결에 이의를 제기하고, 내가 보잘것없는 존재로 태어나지 않았다는 사실을 나 자신과 다른 사람들에게 증명하기 위해 노력해왔다."

마이클 로맥스Michael Lomax 역시 눈에 바로 띄는 신동은 아니었다. 그럼에도 불구하고 그의 이력은 화려하기만 하다. 그는 United Negro College Funds의 이사장이자 CEO를 10년 넘게 맡고 있다. 그 전에는 딜라드대학교Dillard University의 총장이었다. 그는 에모리대학교Emory University, 스펠먼 칼리지Spelman College, 모어하우스 칼리지Morehouse College에서 영문학을 가르쳤으며 두 차례 애틀랜타 시장 후보로 나서기도 했다. "솔직히 내가 학교에서 가장 똑똑한 학생은 아니었습니다." 최근 마이클이 내게 말했다. 하지만 그가 열여섯 살이 됐을 때 그의 어머니는 모어하우스 칼리지 총장에게 편지를 썼다. 그곳 예비학교에 아들의 입학을 부탁하는 내용이었다. "물론 그 대학에 예비학교는 없었어요." 그가 싱긋 웃으며 말했다. 모어하우스 칼리지 총장은 마이클의 뛰어난 성적을 근거로 그를 신입생으로 받아들였다. "모어하우스에 갔는데 학교가 너무 싫었어요. 떠나고 싶더라고요. 우리 학번에서 내가 최우수 학생이었지만 다른 학교로 편입하고 싶었습니다. 윌리엄스 칼리지Williams College가 내게 더 맞을 것 같다는 생각이 들어서 거기 지원했죠. 나는 편입을 위해 모든 노력을 기울였습니다. 마침내 윌리엄스 칼리지에서 입학의 뜻을 비쳤는데 입학처장이 '그런데 SAT 성적을 제출해줘야겠어요.'라고 요구했어요." 마이클은 정식으로 지원 과정을 밟지 않고 모어하우스에 입학했기 때문에 SAT를 치른 적이 없었다. "SAT가 편입을 좌우하는 열쇠였기 때문에 바로 시험을 봤습니다. 그런데 성적이 좋지 않았어요. 결국 윌리엄스에서는 편입시켜주지 않았죠." 그래서 마이클은 모어하우스 칼리지에 남아 최선을 다했고, 파이 베타 카파 회원으로 선정되면서 영문학 학사학위를 취득했다. 그 뒤에 컬럼비아대학교에서 영문학 석사학위를, 에모리대학교에서 미국 문학과 흑인 문학 연구로 박사학위를 취득했다. 현재 68세인 마이클은 내게 이렇게 말한다. "내 나이에는 천재성보다는 성격이 중요하다고 생각해요. 나는 재능은 뛰어난데 위대한 재능을 허비해버렸거나, 재능이 다라고 생각해서 현재가 불만스럽고 불행한 사람들을 많이 압니다. 사실 재능만으로는 절대 충분하지 않습니다. 중요한 것은 땀과 노력, 끈기, 투지입니다. 내가 자식들과 손자들 그리고 멘토 노릇을 하게 되는 사람들에게 늘 전해주려고 애쓰는 말이죠. 툭툭 털고 일어날 줄 알아야 합니다."

영재 프로그램에 대한 이런 발언 때문에 항의가 쏟아질 수도 있으므로 내 입장을 밝혀둬야겠다. 나는 아이들이 감당할 수 있는 한 그들에게 지적 자극을 주어야 한다는 데 진심으로 찬성한다. 동시에 모든 아이들에게 그런 교육 프로그램을 개방할 것을 촉구한다. 30년 전 벤저민 블룸이 이런 입장을 아주 훌륭하게 밝혔다. "이 나라 사람들은 음악 적성검사를 통해 위대한 음악가가 될 사람을 가려낼 수 있고, 수학 적성검사를 통해 훌륭한 수학자가 될 사람을 가려낼 수 있다고 믿는다. 그러느라 너무 어린 나이에 일부만 받아들이게 하고 나머지는 배제시킨다……. 모든 어린아이에게 그들이 관심이 있을지 모를 분야를 탐색해볼 기회가 주어져야만 한다." Ronald S. Brandt, "On Talent Development: A Conversation with Benjamin Bloom," Educational Leadership 43 (1985): 33-35.

──────────── 제3장 재능보다 두 배 더 중요한 노력 ────────────

1 Daniel F. Chambliss, "The Mundanity of Excellence: An Ethnographic

Report on Stratification and Olympic Swimmers," Sociological Theory 7 (1989): 70-86.

2 Ibid., 81.

3 Ibid., 86.

4 Ibid., 78.

5 Ibid., 78.

6 Ibid., 79.

7 해밀턴 칼리지Hamilton College 사회학과 교수, 대니얼(댄) 챔블리스와의 면담. 2015년 6월 2일.

8 이는 다음에 대한 비공식적 번역이다. Friedrich Nietzsche, Menschliches, Allzumenschliches: Ein Buch fur Freie Geister (Leipzig: Alfred Kroner Verlag, 1925), 135.

9 Friedrich Nietzsche, Human, All Too Human: A Book for Free Spirits, trans. R. J. Hollingdale (Cambridge, UK: Cambridge University Press, 1986), 80.

10 Ibid., 86.

11 Ibid.

12 Ibid.

13 Ibid.

14 마틴 셀리그먼은 미국 심리학회 회장 취임 연설에서 긍정심리학을 주장하는 근거를 제시한다. 그의 연설은 《아메리칸 사이콜로지스트》 54(1999): 559-2.에 실려 있다.

15 재능이라는 단어는 사람에 따라 다르게 사용되는데 여기서 제시한 정의가 가장 직관과 일치한다고 본다. 사람마다 기술을 습득하는 속도가 다르다는 증거는 다음을 참조. Paul B. Baltes and Reinhold Kliegl, "Further Testing of Limits of Cognitive Plasticity: Negative Age Differences in a Mnemonic Skill Are Robust," Developmental Psychology 28 (1992): 121-25. 아울러 Tom Stafford and Michael Dewar, "Tracing the Trajectory of Skill Learning with a Very Large Sample of Online Game Players," Psychological Science, 25 (2014), 511-18. 참조. 마지막으로 연습 외에 기술 습득에 영향을 미칠 가능성이 있는 요인

에 관한 데이비드 햄브릭David Hambrick과 동료들의 연구도 참조할 수 있다. Brooke N. Macnamara, David Z. Hambrick, and Frederick L. Oswald, "Deliberate Practice and Performance in Music, Games, Sports, Education, and Professions: A Meta-Analysis," Psychological Science 25 (2014): 1608-18. 우리가 제7장에서 자세히 살펴볼 안데르스 에릭슨은 이 메타분석 연구를 비판하는데, 그의 비판은 웹페이지 https://psy.fsu.edu/faculty/ericsson/ericsson.hp.html.에서 찾아볼 수 있다.

16 "Oral History Interview with Warren MacKenzie, 2002 October 29," Archives of American Art, Smithsonian Institution, www.aaa.si.edu/collections/interviews/oral-history-interview-warren-mackenzie-12417.

17 Ibid.

18 도예가 워런 매켄지와의 면담. 2015년 6월 16일.

19 Warren MacKenzie, Artist's Statement, Schaller Gallery, https://www.schallergallery.com/artists/macwa/pdf/MacKenzie-Warren-statement.pdf.

20 "Oral History," Archives of American Art.

21 Ibid.

22 Alex Lauer, "Living with Pottery: Warren MacKenzie at 90," Walker Art Center blog, February 16, 2014, http://blogs.walkerart.org/visualarts/2014/02/16/living-with-pottery-warren-mackenzie-at-90.

23 John Irving, The World According to Garp (New York: Ballantine, 1978), 127.

24 Peter Matthiessen, quoted in "Life & Times: John Iriving," New York Times, http://www.nytimes.com/books/97/06/15/lifetimes/irving.html.

25 Irving, Garp, 127.

26 John Irving, The Imaginary Girlfriend: A Memoir (New York: Ballantine, 1996), 10.

27 Sally Shaywitz, Overcoming Dyslexia: A New and Complete Science-based Program for Reading Problems at Any Level (New York: Alfred A. Knopf, 2003), 345-50.

28 Ibid., 346.

29 Irving, Imaginary Girlfriend, 9.

30 Shaywitz, Overcoming Dyslexia, 346.

31 Ibid., 347.

32 Ibid.

33 John Irving, "Author Q&A," Random House Online Catalogue, 2002.

34 Shaywitz, Overcoming Dyslexia, 347.

35 CBS, 60 Minutes, 2007년 12월 2일 방송. http://www.cbsnews.com/news/
    will-smith-my-work-ethic-is-sickening. 윌 스미스의 랩 중 한 곡의 가사는
    다음과 같다. "네가 3마일을 달리겠다고 말해놓고 2마일만 달린다면 네게 질까 걱정
    할 건 없지." "Will Smith Interview: Will Power," Reader's Digest, December
    2006 참조.

36 Tavis Smiley, PBS, December 12, 2007.

37 Clark W. Heath, What People Are: A Study of Normal Young Men
    (Cambridge, MA: Harvard University Press, 1945), 7.

38 Katharine A. Phillips, George E. Vaillant, and Paula Schnurr, "Some
    Physiologic Antecedents of Adult Mental Health," The American Journal of
    Psychiatry 144 (1987): 1009-13.

39 Heath, Normal Young Men, 75.

40 Ibid., 74.

41 Phillips, Vaillant, and Schnurr, "Some Physiologic Antecedents," 1012.

42 George Vaillant, professor at Harvard Medical School and former director
    of the Grant Study, in an interview with the author, April 8, 2015.

43 William Safire, "On Language; The Elision Fields," New York Times,
    August 13, 1989.

44 Ibid.

45 Consumer Reports, "Home Exercise Machines," August 2011.

46 Today show, NBC, June 23, 2008.

1 이 그릿 척도는 Duckworth et al., "Grit"에서 발표된 것으로 원래 10문항이었던 것을 12문항으로 고쳐 만든 검사지다. 두 검사 간의 상관관계는 r = .99이었다. 제9 장에게 알게 되겠지만 2번 문항인 "나는 실패해도 실망하지 않는다."에 "나는 쉽게 포기하지 않는다."를 덧붙이는 것으로 수정했다.

2 이 기준 자료들의 출처는 Duckworth et al., "Grit" Study 1이다. 그릿 척도와 같은 자기보고식 설문지는 물론 어떤 측정에도 수많은 한계가 있다는 사실에 유의해야 한다. 보다 자세한 논의는 다음을 참조. Angela L. Duckworth and David S. Yeager, "Measurement Matters: Assessing Personal Qualities Other Than Cognitive Ability for Educational Purposes," Educational Researcher 44 (2015): 237-51.

3 Jeffrey Gettleman, East Africa bureau chief for the New York Times, in an interview with the author, May 22, 2015.

4 Abigail Warren, "Gettleman Shares Anecdotes, Offers Advice," Cornell Chronicle, March 2, 2015, http://www.news.cornell.edu/stories/2015/03/gettleman-shares-anecdotes-offers-advice.

5 Gettleman, interview.

6 Max Schindler, "New York Times Reporter Jeffrey Gettleman '94 Chronicles His Time in Africa," Cornell Daily Sun, April 6, 2011.

7 Gettleman, interview.

8 시애틀 시호크스 감독, 피트 캐럴과의 면담. 2015년 6월 2일.

9 피트의 관점을 더 알고 싶다면 Pete Carroll, Win Forever: Live, Work, and Play Like a Champion (New York: Penguin, 2010). 참조. 이 장과 다음 장들에 인용된 내용의 일부는 2014년부터 2015년 사이에 저자와의 면담 기록이 그 출처이며 나머지는 피트의 책과 공개 발언에서 가져왔다.

10 Carroll, Win Forever, 73.

11 Ibid., 78.

12 이 장에서 목표의 위계 구조에 관한 내용은 Angela Duckworth and James J.

Gross, "Self-control and Grit: Related but Separable Determinants of Success," Current Directions in Psychological Science 23 (2014): 319-25. 에서 가져왔다. 목표의 위계에 관한 보다 전반적인 논의는 다음을 참조하라. Arie W. Kruglanski et al., "A Theory of Goal Systems," in Advances in Experimental Social Psychology 34 (2002): 331-78. 목표 설정 이론에 대한 비평은 다음 참조. Edwin A. Locke and Gary P. Latham, "Building a Practically Useful Theory of Goal Setting and Task Motivation: A 35-Year Odyssey," American Psychologist 57 (2002): 705-17.

13 Robert A. Emmons, The Psychology of Ultimate Concerns: Motivation and Spirituality in Personality (New York: Guildford Press, 1999).

14 Ira Berkow, "Sports of the Times; Farewell, Sweet Pitcher," New York Times, June 23, 1987.

15 Pat Jordan, "Tom Terrific and His Mystic Talent," Sports Illustrated, July 24, 1972, http://www.si.com/vault/1972/07/24/612578/tom-terrific-and-his-mystic-talent.

16 Ibid.

17 Ibid.

18 Gabriele Oettingen, "Future Thought and Behaviour Change," European Review of Social Psychology 23 (2012): 1-63. 목표 설정과 계획에 관한 훌륭한 요약과 현실적인 제안은 다음을 참조. Gabriele Oettingen, Rethinking Positive Thinking: Inside the New Science of Motivation (New York: Penguin, 2014).

19 James Clear, "Warren Buffett's 'Two List' Strategy: How to Maximize Your Focus and Master Your Priorities," Huffington Post, originally posted October, 24, 2014, updated December 24, 2014, http://www.huffington post.com/james-clear/warren-buffetts-two-list-strategy-how-to-maximize -your-focus- b_6041584.html.

20 예를 들어 한 연구에서는 청년들이 상위, 중위, 하위 목표를 기록한 다음 2주 동안 매일 좌절감을 느꼈던 경험을 보고하도록 했다. 목표가 체계화된 청년은 일상의 좌절

감에서 쉽게 회복되는 것으로 보였다. 특히 그들은 불만스러운 경험을 할 때도 목표 달성의 주도권이 자신에게 있다는 생각을 유지했다. 유사한 방법으로 진행된 연구에서도 체계화된 목표를 가지고 있을수록 다음 2주 동안 일상적인 좌절감에서 분노와 짜증을 덜 느끼는 것으로 나타났다. Michael D. Robinson and Sara K. Moeller, "Frustrated, but Not Flustered: The Benefits of Hierarchical Approach Motivation to Weathering Daily Frustrations," Motivation and Emotion 38 (2014): 547-59.

21 Michael Martel, Improvise, Adapt, Overcome: Achieve the Green Beret Way (Seattle: Amazon Digital Services, Inc., 2012).

22 Robert Mankoff, How About Never—Is Never Good for You?: My Life in Cartoons (New York: Henry Holt and Company, 2014), 34.

23 Syd Hoff, Learning to Cartoon (New York: Stravon Educational Press, 1966), vii.

24 Mankoff, How About Never, 38.

25 Bob Mankoff, cartoon editor of the New Yorker, in an interview with the author, February 10, 2015.

26 Mankoff, interview.

27 Mankoff, How About Never, 44.

28 Ibid., 46.

29 Mankoff, interview.

30 Ibid.

31 Mankoff, How About Never, 114.

32 Cox, "Early Mental Traits."

33 Ibid., 181. Presented here in alphabetical order by last name.

34 Ibid., 187.

───────── 제5장 그릿의 성장 비밀 ─────────

1 심리학자 스티브 하이네Steve Heine의 연구에 의하면 사람들은 유전된다고 생각하는

일은 '선천적'이며 '그럴 수밖에 없는' 것으로 받아들인다. 예를 들어 비만인 사람들에게 비만은 기본적으로 유전이라고 말하면 그들은 다이어트를 하려는 노력을 덜 한다. Ilan Dar-Nimrod and Steven J. Heine, "Genetic Essentialism: On the Deceptive Determinism of DNA," Psychological Bulletin 137 (2011): 800-18. 그들이 유전과 환경의 상호작용이 복잡하고 역동적이라는 사실을 제대로 이해한다면 그렇게 자동반사적으로 반응하지는 않을 것이다. 이 주제에 관심이 있는 독자라면 엘리엇 터커-드롭Elliot Tucker-Drob의 연구가 이해를 도와줄 것이다. Daniel A. Briley and Elliot M. Tucker-Drob, "Comparing the Developmental Genetics of Cognition and Personality Over the Life Span," Journal of Personality (2015): 1-14. 참조.

2   Timothy J. Hatton and Bernice E. Bray, "Long Run Trends in the Heights of European Men, 19th-20th Centuries," Economics and Human Biology 8 (2010): 405-13.

3   Alison Moody, "Adult Anthropometric Measures, Overweight and Obesity," in Health Survey for England 2013, ed. Rachel Craig and Jennifer Mindell (London: Health and Social Care Information Centre, 2014).

4   Hatton, "Long Run Trends." Yvonne Schonbeck et al., "The World's Tallest Nation Has Stopped Growing Taller: The Height of Dutch Children from 1955 to 2009," Pediatric Research 73 (2013): 371-77.

5   Eric Turkheimer, Erik Pettersson, and Erin E. Horn, "A Phenotypic Null Hypothesis for the Genetics of Personality," Annual Review of Psychology 65 (2014): 515-40.

6   Richard E. Nisbett et al., "Intelligence: New Findings and Theoretical Developments," American Psychologist 67 (2012): 130-59.

7   Niels G. Waller, David T. Lykken, and Auke Tellegen, "Occupational Interests, Leisure Time Interests, and Personality: Three Domains or One? Findings from the Minnesota Twin Registry." In Assessing Individual Differences in Human Behavior: New Concepts, Methods, and Findings,

ed. David John Lubinski and Rene V. Dawis (Palo Alto, CA: Davies-Black Publishing, 1995): 233-59.

8   Fiona M. Breen, Robert Plomin, and Jane Wardle, "Heritability of Food Preferences in Young Children," Physiology & Behavior 88 (2006): 443-47.

9   Gary E. Swan et al., "Smoking and Alcohol Consumption in Adult Male Twins: Genetic Heritability and Shared Environmental Influences," Journal of Substance Abuse 2 (1990): 39-50.

10 Paul Lichtenstein et al. "Environmental and Heritable Factors in the Causation of Cancer-Analyses of Cohorts of Twins from Sweden, Denmark, and Finland," New England Journal of Medicine 343 (2000): 78-85.

11 Elizabeth Theusch and Jane Gitschier, "Absolute Pitch Twin Study and Segregation Analysis," Twin Research and Human Genetics 14 (2011): 173-78.

12 Lisa M. Guth and Stephen M. Roth, "Genetic Influence and Athletic Performance," Current Opinion in Pediatrics 25 (2013): 653-58.

13 Bonamy Oliver et al., "A Twin Study of Teacher-Reported Mathematics Performance and Low Performance in 7-Year-Olds," Journal of Educational Psychology 96 (2004): 504-17.

14 Chambliss, interview.

15 챔블리스와의 면담. 다음의 자료는 교사의 자질이 향후 학업 성취에 미치는 엄청난 영향을 입증해 보인다. Eric A. Hanushek, "Valuing Teachers: How Much Is a Good Teacher Worth?" Education Next 11 (2011), 40-45.

16 로버트 플로민Robert Plomin과의 개인적 대화. 2015년 6월 21일. 성격 특성의 유전율에 대한 비평은 Turkheimer, Pettersson, and Horn, "Phenotypic Null Hypothesis." 참조. 쌍둥이를 대상으로 하지 않은 행동유전학 연구도 있다는 사실과 유전율은 여기서 완전히 요약 정리하기엔 너무 복잡한 주제임을 지적해야겠다. 특히 다른 유전자 간의 상호작용과 유전자와 환경의 상호작용, 후생유전 효과가 존

재한다. 그와 관련해 양육방식이 원인이 되는 환경적 영향에 대한 논의가 진행 중이다. 양육의 영향과 유전된 천성을 분명히 구분하기는 어렵다. 아동을 무작위로 다른 부모에게 보내 생활하도록 할 수 없다는 것이 주요 이유이다. 하지만 새끼 쥐와 어미로는 그런 실험을 할 수 있다. 예를 들어 새끼를 잘 돌보는 어미 쥐와 양육에 태만한 어미 쥐에게 새끼 쥐를 무작위로 배정할 수 있다. 신경생리학자 마이클 미니 Michael Meaney 는 정확히 그렇게 실험했다. 그 결과 어미 쥐가 평균보다 자주 털을 핥아 손질해주고 젖을 줘서 키운 새끼 쥐는 힘든 상황에 대처해야 할 때 스트레스를 덜 받는다는 사실을 발견했다. 그 효과는 성체가 되어서까지 지속되며 새끼를 잘 핥아주지 않는 어미에게서 태어난 새끼를 생후 24시간 내에 자주 핥아주는 어미에게 키우게 할 경우 자라서 자주 핥아주는 어미가 된다. Darlene Francis, Josie Diorio, Dong Liu, and Michael J. Meaney, "Nongenomic Transmission Across Generations of Maternal Behavior and Stress Responses in the Rat," Science 286 (1999): 1155-58. 참조.

17 Christopher F. Chabris et al., "The Fourth Law of Behavioral Genetics," Current Directions in Psychological Science 24 (2015): 304-12.

18 Andrew R. Wood et al., "Defining the Role of Common Variation in the Genomic and Biological Architecture of Adult Human Height," Nature Genetics 46 (2014): 1173-86.

19 "A Brief Guide to Genomics," National Human Genome Research Institute, last modified August 27, 2015, http://www.genome.gov/18016863.

20 현재 웩슬러 지능검사는 Pearson's Clinical Assessment에서 발행되고 있다.

21 플린 효과에 관한 정보는 2006년부터 2015년까지 제임스 플린과의 개인적 교신을 통해 얻었다. James R. Flynn, Are We Getting Smarter?: Rising IQ in the Twenty-First Century (Cambridge, UK: Cambridge University Press, 2012) 참조. 아울러 야콥 피츠쉬니히 Jakob Pietschnig 와 마틴 보라첵 Martin Voracek 의 다음 연구를 참조. "One Century of Global IQ Gains: A Formal Meta-Analysis of the Flynn Effect (1909-2013)," Perspectives on Psychological Science 10 (2015): 282-306. 271개의 다른 표본, 31개국의 총 400만에 가까운 사람들을 분석한 그들의 연

구에서 나온 핵심 결과는 다음과 같다. 지난 세기에 걸쳐 모든 국가에서 IQ 증가는 공통적 현상이며 증가 폭은 지능의 하위 영역에 따라 다양하다. IQ 증가의 원인이 될 만한 요인에는 사회적 승수 효과 외에 교육, 영양, 위생, 의료, 시험을 치르는 기술의 변화가 있다.

22 William T. Dickens and James R. Flynn, "Heritability Estimates Versus Large Environmental Effects: The IQ Paradox Resolved," Psychological Review 108 (2001): 346-69.

23 이 자료는 원래 Duckworth, et al., "Grit", 1092에서 보고됐던 것이다.

24 Avshalom Caspi, Brent W. Roberts, and Rebecca L. Shiner, "Personality Development: Stability and Change," Annual Review of Psychology 56 (2005): 453-84.

25 Ibid., 468.

26 Shaywitz, Overcoming Dyslexia, 347.

27 시애틀 레이크사이드 스쿨Lakeside School의 교장, 버니 노Bernie Noe와의 면담. 2015년 7월 29일.

28 Ken M. Sheldon, "Becoming Oneself: The Central Role of Self-Concordant Goal Selection," Personality and Social Psychology Review 18 (2014): 349-65. 심리학자 켄 셸던Ken Sheldon은 소위 '자율적 동기 목표'의 두 요소로 즐거움과 중요성을 든다. 켄은 우리 모두에게는 의무나 필요에 따라 이행해야만 하는 책임이 있다고 지적한다. 하지만 우리가 아무리 외적 동기 목표가 중요하다고 이야기해도 그것들을 달성했을 때는 흥미롭고 뜻 깊은 목표를 달성했을 때의 충족감을 좀체 느끼지 못한다. 켄의 연구 대상 중 많은 이가 교육 수준이 높고 안락하게 생활하는 중상류층이지만 자율적 동기 목표들이 별로 없었다. 그들은 자기 인생인데도 조수석에 앉아 있는 기분이라고 말했다. 켄은 상당 기간 그들을 추적하는 동안 그들이 목표를 달성할 가능성이 적고 설사 목표를 달성해도 그에 따른 만족감이 덜하다는 사실을 알게 됐다. 최근 나도 25세부터 75세까지의 성인 수백 명에게 수집한 자료에서 켄이 측정했던 자율적 동기와 그릿 사이에는 긍정적 상관관계가 있음을 발견했다.

1 Indiana University, "Will Shortz's 2008 Commencement Address," CSPAN, http://www.c-span.org/video/?205168-1/indiana-university-commence ment-address.

2 Princeton University, "Jeff Bezos' 2010 Baccalaureate Remarks," TED, https://www.ted.com/talks/jeff_bezos_gifts_vs_choices.

3 Taylor Soper, "Advice from Amazon Founder Jeff Bezos: Be Proud of Your Choices, Not Your Gifts," GeekWire, October 13, 2013, http://www.geek wire.com/2013/advice-amazon-founder-jeff-bezos-proud-choices-gifts.

4 Hester Lacey, "The Inventory," published weekly in the Financial Times.

5 《파이낸셜 타임스》 기자, 헤스터 레이시와의 면담. 2015년 6월 2일.

6 Mark Allen Morris, "A Meta-Analytic Investigation of Vocational Interest-Based Job Fit, and Its Relationship to Job Satisfaction, Performance, and Turnover" (PhD dissertation, University of Houston, 2003).

7 Rong Su, Louis Tay, and Qi Zhang, "Interest Fit and Life Satisfaction: A Cross-Cultural Study in Ten Countries" (manuscript in preparation)."

8 Christopher D. Nye, Rong Su, James Rounds, and Fritz Drasgow, "Vocational Interests and Performance: A Quantitative Summary of over 60 Years of Research," Perspectives on Psychological Science 7 (2012), 384-403.

9 Cal Newport, So Good They Can't Ignore You: Why Skills Trump Passion in the Quest for Work You Love (New York: Hachette Book Group, 2012). 참조. 캘은 어떤 일을 매우 잘하게 되어 타인에게 소중한 사람이 되고 나서야 자기 일에 열정을 느낀다는 사실을 알아채는 경우가 많다고 지적한다.

10 William James, Talks to Teachers on Psychology; and to Students on Some of Life's Ideals (New York: Henry Holt and Company, 1916), 114.

11 Gallup, State of the Global Workplace: Employee Engagement Insights for

Business Leaders Worldwide (Washington, DC: Gallup, Inc., 2013).

12 Julie & Julia, dir. Nora Ephron, Columbia Pictures, 2009.

13 Marilyn Mellowes, "About Julia Child," PBS, June 15, 2005, http://www. pbs.org/wnet/americanmasters/julia-child-about-julia-child/555.

14 수영 올림픽 금메달리스트 로디 게인스와의 면담. 2015년 6월 15일.

15 요리사, 마크 베트리와의 면담. 2015년 2월 2일.

16 Julia Child with Alex Prud'homme, My Life in France (New York: Alfred A. Knopf, 2006).

17 Ibid., 3.

18 Mellowes, "About Julia Child."

19 "Fleeting Interest in Everything, No Career Direction," Reddit, accessed June 17, 2015, https://www.reddit.com/r/jobs/comments/1asw10/fleeting_ interest_in_everything_no_career.

20 스와스모어 칼리지의 사회이론 및 사회행동학 석좌교수, 배리 슈워츠와의 면담. 2015년 1월 27일.

21 Douglas K. S. Low, Mijung Yoon, Brent W. Roberts, and James Rounds. "The Stability of Vocational Interests from Early Adolescence to Middle Adulthood: A Quantitative Review of Longitudinal Studies." Psychological Bulletin 131 (2005): 713-37.

22 관심의 발달에 관한 이 장의 내용은 2015년 7월 13일 스와스모어 칼리지 교육학 석좌교수, 앤 레닝어Ann Renninger와 했던 면담 기록에서 가져온 것이 많다. 심도 깊은 비평에 관심이 있는 독자는 다음 참조. K. Ann Renninger and Suzanne Hidi, The Power of Interest for Motivation and Engagement (London: Routledge, 2015).

23 Rob Walker, "25 Entrepreneurs We Love: Jeff Bezos, Amazon.com," Inc. magazine, April 2004, 150.

24 NASA 우주비행사이자 미 공군 대령인 마이크 홉킨스와의 면담. 2015년 5월 12일.

25 Vetri, interview.

26 Marc Vetri, Il Viaggio Di Vetri: A Culinary Journey (New York: Ten Speed

Press, 2008), ix.

27 Amy Chua, Battle Hymn of the Tiger Mother (New York: Penguin, 2011), 213.

28 Benjamin Bloom, Developing Talent in Young People (New York: Ballantine, 1985).

29 위와 동일. 관심이 생긴 후에 다음 장에서 논의할 노력을 요하는 연습이 오는 것이 일반적이지만 역으로 노력을 기울인 만큼 열정이 생기기도 한다는 사실을 입증해주는 연구도 있음으로 지적해두고 싶다. Michael M. Gielnik et al., "'I Put in Effort, Therefore I Am Passionate': Investigating the Path from Effort to Passion in Entrepreneurship," Academy of Management Journal 58 (2015): 1012-31. 참조.

30 관련된 연구를 알고 싶다면 다음 참조. Stacey R. Finkelstein and Ayelet Fishbach, "Tell Me What I Did Wrong: Experts Seek and Respond to Negative Feedback," Journal of Consumer Research 39 (2012): 22-38.

31 Bloom, Developing Talent, 514.

32 Robert Vallerand, Nathalie Houlfort, and Jacques Forest, "Passion for Work: Determinants and Outcomes," in The Oxford Handbook of Work Engagement, Motivation, and Self-Determination Theory, ed. Marylene Gagne (Oxford, UK: Oxford University Press, 2014), 85-105.

33 퀸즈대학 심리학과 교수, 장 코테와의 면담. 2015년 7월 24일. 아울러 다음을 참조. Jean Cote, Karl Erickson, and Bruce Abernethy, "Play and Practice During Childhood," in Conditions of Children's Talent Development in Sport, ed. Jean Cote and Ronnie Lidor (Morgantown, WV: Fitness Information Technology, 2013), 9-20. Cote, Baker, and Abernethy, "Practice and Play in the Develop-ment of Sport Exercise," in Handbook of Sport Psychology, ed. Gershon Tenenbaum and Robert C. Eklund (Hoboken, NJ: John Wiley & Sons, 2007), 184-202.

34 Robert J. Vallerand, The Psychology of Passion: A Dualistic Model (Oxford, UK: Oxford University Press, 2015). 발러랜드는 열정은 의식적인 연습으로 이어지며

교사와 부모가 자율성을 지지해줄 때 열정이 생긴다는 사실을 발견했다.

35 《뉴욕 타임스》 십자말풀이 편집자, 윌 쇼츠와의 면담. 2015년 2월 28일.

36 Elisabeth Andrews, "20 Questions for Will Shortz," Bloom Magazine, December 2007/January 2008, 58.

37 쇼츠와의 면담.

38 재키 베저스Jackie Bezos와의 면담. 2015년 8월 6일. 또한 재키는 제프가 어릴 때부터 갖고 있던 우주에 대한 열정이 감소한 적이 없다고 했다. 제프는 고등학교 졸업식 답사에서 우주 개척에 관해 연설했다. 그로부터 수십 년 뒤 그는 우주에 상주 기지를 마련하기 위해 Blue Origin 사를 설립했다. www.blueorigin.com.

39 쇼츠와의 면담.

40 벽화 프로그램 설립자이자 협회장인 제인 골든과의 면담. 2015년 6월 5일.

41 노스캐롤라이나대학교 심리학과 부교수, 폴 실비아와의 면담. 2015년 7월 22일.

42 Paul J. Silvia, "Interest-the Curious Emotion," Current Directions in Psychological Science 17 (2008): 57-60.

43 www.templeton.org.

44 실비아와의 면담.

45 Will Shortz, "How to Solve the New York Times Crossword Puzzle," New York Times Magazine, April 8, 2001.

46 James, Talks to Teachers, 108.

제7장 질적으로 다른 연습을 하라

1 Duckworth et al., "Grit."

2 Lacey, interview.

3 Anders Ericsson and Robert Pool, Peak: Secrets from the New Science of Expertise (New York: Houghton Mifflin Harcourt, 2016). See also, K. Anders Ericsson, "The Influence of Experience and Deliberate Practice on the Development of Superior Expert Performance," in The Cambridge

Handbook of Expertise and Expert Performance, ed. K. Anders Ericsson et al. (Cambridge, UK: Cambridge University Press, 2006). K. Anders Ericsson, Ralf Th. Krampe, and Clemens Tesch−Romer, "The Role of Deliberate Practice in the Acquisition of Expert Performance," Psychological Review 100 (1993): 363–406.

4 K. Anders Ericsson and Paul Ward, "Capturing the Naturally Occurring Superior Performance of Experts in the Laboratory," Current Directions in Psychological Science 16 (2007): 346–50. See also Allen Newell and Paul S. Rosenbloom, "Mechanisms of Skill Acquisition and the Law of Practice," in Cognitive Skills and Their Acquisition, ed. John R. Anderson (Hillsdale, NJ: Lawrence Erlbaum Associates, 1981), 1–56. 그릿의 전형들은 돋보기로 본다면 학습 곡선이 매끄럽지 않다는 사실을 알게 되리라고 누누이 말한다. 몇 시간, 며칠, 몇 주씩 또는 그보다 길게 한 문제에 걸려서 꼼짝 못 하는 짧은 침체기에 빠졌다가 갑자기 돌파구를 찾고는 한다고 말한다. 맥아더상 수상자이며 시인인 96세의 어빙 펠드먼 Irving Feldman은 "학습은 완만한 비탈이 아니라 고원에서 고원으로 건너뛰는 것과 같다."고 표현했다.

5 Ericsson et al., "The Role of Deliberate Practice."

6 Martha Graham, "I Am a Dancer," on Edward R. Murrow's This I Believe, CBS, circa 1953. Republished on NPR, "An Athlete of God," January 4, 2006, http://www.npr.org/templates/story/story.php?storyId=5065006.

7 Bryan Lowe William and Noble Harter, "Studies on the Telegraphic Language: The Acquisition of a Hierarchy of Habits," Psychological Review 6 (1899): 358. 관련 연구로는 John R. Hayes, "Cognitive Processes in Creativity," in Handbook of Creativity, ed. John A. Glover, Royce R. Ronning, and Cecil R. Reynolds (New York: Springer, 1989), 135–45.가 있다.

8 See K. Anders Ericsson, "The Danger of Delegating Education to Journalists: Why the APS Observer Needs Peer Review When Summarizing New Scientific Developments" (unpublished manuscript, 2012), https://psy.

fsu.edu/faculty/ericsson/ericsson.hp.html.

9 플로리다주립대학교 심리학과 교수, 안데르스 에릭슨과의 대화. 2005년 12월.

10 Ericsson et al., "The Role of Deliberate Practice."

11 Gaines, interview.

12 Curtis Institute of Music 회장 겸 CEO, 로베르토 디아스와의 면담. 2015년 10월 7
일.

13 아울러 1대 1이나 3대 3으로 즉흥 경기를 하는 데 15퍼센트의 시간을 할애함으로써
세심하게 개선해가고 있는 기술을 팀플레이에 통합시킬 수 있도록 한다. 나머지 15
퍼센트의 시간에는 시합처럼 연습하는 데 할애한다. "Kevin Durant," The Film
Room Project.

14 에어리어9 회장 겸 맥그로힐 에듀케이션 선임연구원, 울리크 크리스텐센과의 면담.
2015년 7월 15일.

15 Herbert A. Simon and William G. Chase, "Skill in Chess: Experiments with
Chess-Playing Tasks and Computer Simulation of Skilled Performance
Throw Light on Some Human Perceptual and Memory Processes,"
American Scientist 61 (1973): 394-403. See also: Ericsson et al., "The Role of
Deliberate Practice."

16 The Autobiography of Benjamin Franklin: With an Introduction and Notes
(New York: MacMillan Company, 1921), 14.

17 Benjamin Franklin, "The Way to Wealth," in Memoirs of Benjamin Franklin
(New York: Harper & Brothers, 1839), 7.

18 Peter F. Drucker, The Effective Executive: The Definitive Guide to Getting
the Right Things Done (New York: HarperCollins, 2006), ix.

19 Atul Gawande, "The Learning Curve: Like Everyone Else, Surgeons Need
Practice. That's Where You Come In," New Yorker, January 28, 2002.

20 David Blaine, "How I Held My Breath for 17 Minutes," TED video, filmed
October 2009, http://www.ted.com/talks/david_blaine_how_i_held_my_
breath_for_17_min. See also Roy F. Baumeister and John Tierney,

Willpower: Rediscovering the Greatest Human Strenth (New York: Penguin, 2011).

21 Barrie Trinkle, Carolyn Andrews, and Paige Kimble, How to Spell Like a Champ: Roots, Lists, Rules, Games, Tricks, and Bee-Winning Tips from the Pros (New York: Workman Publishing Company, 2006)

22 James Maguire, American Bee: The National Spelling Bee and the Culture of Word Nerds (Emmaus, PA: Rodale, 2006), 360.

23 퀴즈 풀기도 대회에서의 성적을 예측해주는 변인이었지만 같은 시간만큼 퀴즈를 푼 참가자들끼리 비교했을 때 의식적인 연습을 한 참가자의 성적이 더 좋았다. 반면에 의식적인 연습에 쓴 시간이 같은 참가자들끼리 비교했을 때 퀴즈 풀기는 도움이 되지 않는 것으로 나타났다.

24 Henry L. Roediger and Jeffrey D. Karpicke, "The Power of Testing Memory: Basic Research and Implications for Educational Practice," Perspectives on Psychological Science 1 (2006): 181-210.

25 Duckworth et al., "Spells Success," 177.

26 학습에 요구되는 노력에 관해서는 다음을 참조. Elizabeth L. Bjork and Robert Bjork, "Making Things Hard on Yourself, but in a Good Way: Creating Desirable Difficulties to Enhance Learning," in Psychology and the Real World: Essays Illustrating Fundamental Contributions to Society, ed. Morton A. Gernsbacher et al. (New York: Worth Publishers, 2011), 56-64. See also Sidney K. D'Mello and Arthur C. Graesser, "Confusion" in International Handbook of Emotions in Education, ed. Reinhard Pekrun and Lisa Linnenbrink-Garcia (New York: Routledge, 2014), 289-310.

27 Ericsson et al., "The Role of Deliberate Practice."

28 Graham, "I Am a Dancer."

29 2009년 7월 31일 찰리 로즈 쇼에서 저드 애퍼타우의 인터뷰 내용. Apatow, Sick in the Head: Conversations About Life and Comedy (New York: Random House, 2015), 26에 수록되어 있다.

30 K. Anders Ericsson, "How Experts Attain and Maintain Superior Performance: Implications for the Enhancement of Skilled Performance in Older Individuals," Journal of Aging and Physical Activity 8 (2000): 366-72.

31 Karen Stansberry Beard, "Theoretically Speaking: An Interview with Mihaly Csikszentmihalyi on Flow Theory Development and Its Usefulness in Addressing Contemporary Challenges in Education," Educational Psychology Review 27 (2015): 358. 미하이 칙센트미하이는 우리의 순간적 경험의 질에 영향을 미치는 중요한 요인은 주관적으로 느끼는 난이도와 기술 수준임을 강조한다.

32 Mihaly Csikszentmihalyi, "Play and Intrinsic Rewards," Journal of Humanistic Psychology 15 (1975): 50.

33 Mihaly Csikszentmihalyi, "Flow: The Joy of Reading," in Applications of Flow in Human Development: The Collected Works of Mihaly Csikszentmihalyi (Dordrecht, Netherlands: Springer, 2014), 233.

34 K. Anders Ericsson and Paul Ward, "Capturing the Naturally Occurring Superior Performance of Experts in the Laboratory," Current Directions in Psychological Science 16 (2007): 349.

35 Csikszentmihalyi, Applications of Flow, xx.

36 Ibid.

37 Ibid.

38 Mihaly Csikszentmihalyi and K. Anders Ericsson, "Passion and World-Class Performance" (presentation, University of Pennsylvania, Philadelphia, PA, August 2006).

39 이 연구에서 몰입은 사전에 타당도가 검증된 6문항으로 구성된 설문지로 측정됐으며 몰입 점수는 최저 1점에서 최고 5점이 나올 수 있다. 예시 문항: "평소 나는 일할 때나 놀 때 나도 모르게 빠져든다." Katherine R. Von Culin, Eli Tsukayama, and Angela L. Duckworth, "Unpacking Grit: Motivational Correlates of Perseverance and Passion for Long-term Goals," Journal of Positive

Psychology 9 (2014): 1-7.

몰입

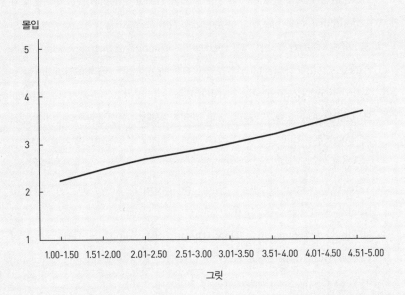

그릿

40 Gaines, interview.

41 올림픽 금메달리스트인 덴마크 조정선수, 마스 라스무센과의 면담. 2015년 6월 28
일.

42 Rod Gilmour, "Ledecky Betters Own 1500m Freestyle World Record,"
Reuters, August 3, 2015, http://in.reuters.com/article/2015/08/03/
swimming-world-1500m-idINKCN0Q813Y20150803.

43 Ashley Branca, "Katie Ledecky: 'I've Just Always Felt Comfortable in the
Water from Day One,'" Guardian, March 10, 2015.

44 Duckworth et al., "Spells Success."

45 미국 수영 국가대표팀 코치, 브루스 게멀과의 면담. 2015년 8월 24일.

46 2006 스크립스 내셔널 스펠링 비 우승자, 케리 클로스와의 면담. 2015년 8월 10일.

47 K. Anders Ericsson, "The Influence of Experience and Deliberate Practice
on the Development of Superior Expert Performance," in Cambridge

Handbook of Expertise and Expert Performance ed. K. Anders Ericsson et al. (Cambridge, UK: Cambridge University Press), 685-706. '전략적' 연습의 중요성을 훌륭하게 보여주는 연구는 다음 참조. Robert Duke, Amy Simmons, and Carla Davis Cash, "It's Not How Much; It's How: Characteristics of Practice Behavior and Retention of Performance Skills," Journal of Research in Music Education 56 (2009): 310 21.

48 라스무센과의 면담.

49 줄리아드음악대학 수행심리학자 노아 카게야마와의 면담. 2015년 9월 21일.

50 Lauren Eskreis-Winkler et al., "Using Wise Interventions to Motivate Deliberate Practice," Journal of Personality and Social Psychology (in press).

51 Judith A. Ouellette and Wendy Wood, "Habit and Intention in Everyday Life: The Multiple Processes by Which Past Behavior Predicts Future Behavior," Psychological Bulletin 124 (1998): 54-74. See also, Charles Duhigg, The Power of Habit: Why We Do What We Do in Life and Business (New York: Random House, 2012).

52 Mason Currey, Daily Rituals: How Artists Work (New York: Alfred A. Knopf, 2013), 217-18.

53 Ibid., 122.

54 William James, "The Laws of Habits," The Popular Science Monthly 30 (1887): 447.

55 Robert Compton, "Joyce Carol Oates Keeps Punching," Dallas Morning News, November 17, 1987.

56 Total Immersion Swimming 수석 코치 및 최고 낙관론자(농담이 아니라 진짜 그의 직함이다.) 테리 로플린과의 면담. 2015년 7월 24일.

57 Tools of the Mind 설립자, 엘레나 보드로바와 데보라 렁과의 면담. 2015년 7월 15일. 다음 논문들도 참조. Adele Diamond and Kathleen Lee, "Interventions Shown to Aid Executive Function Development in Children 4 to 12 Years Old," Science 333 (2011): 959-64. Clancy Blair and C. Cybele Raver, "Closing

the Achievement Gap Through Modification of Neurocognitive and Neuroendocrine Function," PLoS ONE 9 (2014): 1-13.

58 계멀과의 면담.

──────────── 제8장 높은 목적의식을 가져라 ────────────

1 Alex's Lemonade Stand, http://www.alexslemonade.org.

2 Bloom, Developing Talent.

3 Bloom, Developing Talent, 527.

4 Golden, interview.

5 Melissa Dribben, "Gracing the City Jane Golden Has Made Mural Arts the Nation's Top Public Arts Program," Philadelphia Inquirer, July 27, 2008, http://articles.philly.com/2008-07-27/news/25245217_1_jane-seymour-golden-globes-philadelphia-s-mural-arts-program.

6 Ibid.

7 Golden, interview.

8 와인 평론가이며 온라인 잡지 《바이너스》Vinous 창립자, 안토니오 갈로니와의 면담. 2015년 7월 24일.

9 "Liv-Ex Interview with Antonio Galloni, Part One," Liv-Ex Blog, December 13, 2013, www.blog.liv-ex.com/2013/12/liv-ex-interview-with-antonio-galloni-part-one.html.

10 Galloni, interview.

11 목적이라는 단어는 학자에 따라 조금씩 달리 쓰인다. 많은 경우 목적이 있는 목표는 자신에게 의미가 있는 동시에 타인에게도 유익해야 한다는 점이 강조된다. 제7장에서 관심이라는 자기중심적 동기를 이미 다뤘으므로 여기서는 자신 이외의 목적이 강조된다.

12 Aristotle, The Nicomachean Ethics, trans. David Ross(Oxford, UK: Oxford University Press, 2009), 5.

13 Sigmund Freud, "Formulations Regarding the Two Principles in Mental Functioning," in The Standard Edition of the Complete Psychological Works of Sigmund Freud, vol. 12, trans. James Strachey and Anna Freud (London: Hogarth Press, 1958), 218-26.

14 John T. Cacioppo and William Patrick, Loneliness: Human Nature and the Need for Social Connection (New York: W.W. Norton & Company, 2008). See also Roy F. Baumeister and Mark R. Leary, "The Need to Belong: Desire for Interpersonal Attachments as a Fundamental Human Motivation," Psychological Bulletin 117 (1995): 497-529. 아울러 다음의 자료도 참고하라. Edward L. Deci with Richard Flaste, Why We Do What We Do: Understanding Self-Motivation (New York: Penguin, 1995). 최근 영장류 연구에서 장수와 왕성한 번식은 다른 개체와 지속적이며 강한 유대를 형성하는 능력에 좌우된다는 결과가 나왔다는 데 주목해야 한다. 관계 욕구는 인간에게, 심지어 포유류에게도 쾌락 욕구만큼 기본적인 욕구이다. Robert M. Seyfarth and Dorothy L. Cheney, "The Evolutionary Origins of Friendship," Annual Review of Psychology 63 (2012): 153-77.

15 Richard M. Ryan and Edward L. Deci, "On Happiness and Human Potential: A Review of Research on Hedonic and Eudaimonic Well-Being," Annual Review of Psychology 52 (2001): 141-66.

16 Amy Wrzesniewski, Clark McCauley, Paul Rozin, and Barry Schwartz, "Jobs, Careers, and Callings: People's Relations to Their Work," Journal of Research in Personality 31 (1997): 25.

17 이 자료는 2015년에 수집됐다.

18 Wrzesniewski et al., "Jobs, Careers, and Callings," 25.

19 J. Stuart Bunderson and Jeffery A. Thompson, "The Call of the Wild: Zookeepers, Callings, and the Double-Edged Sword of Deeply Meaningful Work," Administrative Science Quarterly 54 (2009): 32-57.

20 Studs Terkel, Working: People Talk About What They Do All Day and

How They Feel About What They Do (New York: Pantheon Books, 1974), xi. 터클의 책에서 직장인들의 이름은 가명으로 처리됐다.

21 Ibid., 521-24.

22 Ibid., xi.

23 Ibid., 103-6.

24 Wrzesniewski et al., "Jobs, Careers, and Callings."

25 예일대학교 경영대학원 조직행동학 교수, 에이미 브제스니예프스키와의 면담. 2015년 1월 27일.

26 Metropolitan Transit Authority, "Facts and Figures," accessed March 10, 2015, http://web.mta.info/nyct/facts/ffsubway.htm.

27 뉴욕 트랜싯 수석부사장, 조 리더와의 면담. 2015년 2월 26일.

28 펜실베이니아의과대학교 임상부교수 및 마음 챙김 프로그램 원장 마이클 베임과의 면담. 2015년 1월 21일.

29 이듬해 우리는 학생들을 제대로 지원하기 위해 규모를 두 배로 늘리고 방과 후 프로그램을 개발했다. 그다음 해에 그 프로그램은 매사추세츠 정부의 혁신상을 수상했다. 그 무렵 하버드 케네디 공공정책 대학원의 교수들이 사회적 기업의 사례로 서머브리지 케임브리지를 들었다.

30 브레이크스루 그레이터 보스턴에 관한 정보를 더 알고 싶다면 www.breakthroughgreaterboston.org 참조.

31 펜실베이니아대학교 와튼스쿨 1965 동문 석좌교수, 애덤 그랜트와의 면담. 2015년 7월 15일.

32 Adam Grant, Give and Take: Why Helping Others Drives Our Success (New York: Penguin, 2014).

33 Adam Grant, "Does Intrinsic Motivation Fuel the Prosocial Fire? Motivational Synergy in Predicting Persistence, Performance, and Productivity," Journal of Applied Psychology 93 (2008): 48-58.

34 Ibid.

35 이와 관련해 긍정적 가치는 다른 이유, 특히 자신이 자격이 있는 사람이라는 느낌을

유지해줌으로써 성과를 높일 수 있음을 보여준 연구들도 있다.

36 Assetlink의 설립자이며 이사인 오로라 폰트와 프랑코 폰트 부부와의 면담. 2015년 3월 13일.

37 스탠퍼드대학교 교육대학원 심리학과 교수, 빌 데이먼과의 면담. 2015년 7월 20일.

38 예를 들어 범인에게 피해를 입은 적이 있는 형사들이 투지가 더 강하고 근무에 더욱 충실했다.

39 시나본 회장, 카트리나 캣 콜과의 면담. 2015년 2월 1일.

40 Charlotte Alter, "How to Run a Billion Dollar Brand Before You're 35," Time, December 2, 2014.

41 조 바시Jo Barsh와의 면담. 2015년 7월 31일.

42 Kat Cole, "See What's Possible, and Help Others Do the Same," from Kat Cole's blog, The Difference, August 7, 2013, http://www.katcole. net/2013/08/see-whats-possible-and-help-others-do.html.

43 David S. Yeager et al., "Boring but Important: A Self-Transcendent Purpose for Learning Fosters Academic Self-Regulation," Attitudes and Social Cognition 107 (2014): 559-80.

44 Amy Wrzesniewski and Jane E. Dutton, "Crafting a Job: Revisioning Employees as Active Crafters of Their Work," Academy of Management Review 26 (2001): 179-201. 아울러 다음의 자료도 참고하라. www.jobcrafting. org and Grant, Give and Take, 262-63.

이 부분에는 2015년 10월 20일 예일대학교 경영대학원 조직행동학 교수, 에이미 브제스니예프스키와 주고받은 개인적 교신 내용도 반영되어 있다.

45 관심 있는 독자는 빌 데이먼의 질문 목록을 그의 책《The Path to Purpose: How Young People Find Their Calling in Life》(New York: Free Press, 2008), 183-86 에서 확인할 수 있다.

1 희망의 개념화에 대한 보다 폭넓은 논의는 다음 참조. Kevin L. Rand, Allison D. Martin, and Amanda M. Shea, "Hope, but Not Optimism, Predicts Academic Performance of Law Students Beyond Previous Academic Achievement," Journal of Research in Personality 45 (2011): 683-86. Also see Shane J. Lopez, Making Hope Happen: Create the Future You Want for Yourself and Others (New York: Atria Books, 2013).

2 실제로 하버드대학교에서는 2006년까지 '집중 연구 영역'(하버드에서 전공 대신 사용하는 용어)을 보고하는 동시에 수강할 계획인 모든 강좌를 작성하도록 되어 있었다. 몇 년 후에야 집중 연구 영역에 신경생리학이 추가됐기 때문에 내 집중 연구 영역은 생물학 내에서 신경생리학이었다.

3 사실 학습된 무력감과 관련된 실험들은 개에게 전기 충격 자체를 가하지 않는 세 번째 조건을 포함해 세 조건으로 구성돼 있다. 대체로 세 번째 조건의 개들은 통제할 수 있는 스트레스에 노출된 개들과 비슷한 행동을 보였다. 이 장의 내용 일부는 2015년 7월 20일 마틴 셀리그먼 교수와의 면담 내용이다.

4 아론 벡에 관한 정보를 더 원한다면 www.beckinstitue.org 참조.

5 Christopher Peterson et al., "The Attributional Style Questionnaire," Cognitive Therapy and Research 6 (1982): 287-300. See also Lyn Y. Abramson, Gerald I. Metalsky, and Lauren B. Alloy, "Hopelessness Depression: A Theory—Based Subtype of Depression," Psychological Review 96 (1989): 358-72.

6 Peter Schulman, Camilo Castellon, and Martin E. P. Seligman, "Assessing Explanatory Style: The Content Analysis of Verbatim Explanations and the Attributional Style Questionnaire," Behavioural Research and Therapy 27 (1989): 505-9.

7 Leslie P. Kamen and Martin E. P. Seligman, "Explanatory Style Predicts College Grade Point Average" (unpublished manuscript, 1985). Christopher Peterson and Lisa C. Barrett, "Explanatory Style and Academic Performance

Among University Freshman," Journal of Personality and Social Psychology 53 (1987): 603-7.

8   Toshihiko Maruto, Robert C. Colligan, Michael Malinchoc, and Kenneth P. Offord, "Optimists vs. Pessimists: Survival Rate Among Medical Patients Over a 30-Year Period," Mayo Clinic Proceedings 75 (2000): 140-43. Christopher Peterson, Martin E. P. Seligman, "Pessimistic Explanatory Style Is a Risk Factor for Physical Illness: A Thirty-Five-Year Longitudinal Study," Journal of Personality and Social Psychology 55 (1988): 23-27.

9   Karen J. Horneffer and Frank D. Fincham, "Construct of Attributional Style in Depression and Marital Distress," Journal of Family Psychology 9 (1995): 186-95. See also, Horneffer and Fincham, "Attributional Models of Depression and Distress," Personality and Social Psychology Bulletin 22 (1996): 678-89.

10 낙관주의와 영업의 관계에 관한 정보는 다음을 참조. Martin E. P. Seligman and Peter Schulman, "Explanatory Style as a Predictor of Productivity and Quitting Among Life Insurance Sales Agents," Journal of Personality and Social Psychology 50 (1986): 832-38. Shulman, "Explanatory Style." See also Peter Schulman, "Applying Learned Optimism to Increase Sales Productivity," Journal of Personal Selling & Sales Management 19 (1999): 31-37.

11 Martin E. P. Seligman, "Explanatory Style as a Mechanism of Disappointing Athletic Performance," Psychological Science 1 (1990): 143-46.

12 Lacey, interview.

13 Aaron T. Beck, A. John Rush, Brian F. Shaw, and Gary Emery, Cognitive Therapy of Depression (New York: Guilford Press, 1979). 같은 시기에 앨버트 엘리스Albert Ellis도 유사한 치료법을 개발했다. 따라서 벡과 엘리스는 인지행동치료 CBT(cognitive behavioral therapy)의 선구자로 같이 거명된다.

14 일부 환자들은 부정적 자기대화에서 벗어나도록 스스로에게 말을 하는 인지행동치

료 방식에 어려움을 겪는다. 이 환자들은 "내 스스로 실패자라고 부르는 게 부당하다는 사실을 머릿속으로는 알아요. 낙인을 찍고 전부가 아니면 아무것도 아니라는 사고를 하는 거죠. 하지만 가슴으로는 여전히 내가 실패자 같고 결코 쓸모 있는 인간이 못 될 것처럼 느껴져요." 새로운 형태의 CBT인 수용전념치료 ACT_{acceptance and commitment therapy}에서는 이런 문제를 다룬다. ACT의 목표는 부정적인 자기대화의 존재를 인식하고 수용하는 반면에 그것이 행동을 통제하지 못하도록 하는 데 있다.

15 티치 포 아메리카의 사명과 역사에 관한 정보는 www.teachforamerica.org 참조.

16 Claire Robertson-Kraft and Angela L. Duckworth, "True Grit: Perseverance and Passion for Long-term Goals Predicts Effectiveness and Retention Among Novice Teachers," Teachers College Record (1970) 116 (2014): 1-24.

17 Carol S. Dweck, "The Role of Expectations and Attributions in the Alleviation of Learned Helplessness," Journal of Personality and Social Psychology 31 (1975): 674-85.

18 이 측정 방식은 Carol Dweck, Sheri Levy, Valanne MacGyvers, C.Y. Chiu, and Ying-yi Hong이 개발한 것이다.

19 Carol S. Dweck, "Mindsets and Human Nature: Promoting Change in the Middle East, the Schoolyard, the Racial Divide, and Willpower," American Psychologist (2012): 614-22.

20 Brian Galla et al., "Intellective, Motivational, and Self-Regulatory Determinants of High School Grades, SAT Scores, and College Persistence" (manuscript under review, 2015).

21 KIPP에 관한 정보는 www.kipp.org 참조.

22 원래 이 용어집을 개발한 사람은 심리학자 데이비드 예거이다. 모든 연령대에 쓸 수 있도록 수정해준 그에게 감사를 전한다. 일반화 진술에 관해서는 다음 참조. Daeun Park et al., "How Do Generic Statements Impact Performance? Evidence for Entity Beliefs," Developmental Science (in press, 2015). 마지막으로 진정한 성장형 사고방식의 중요성에 관해서는 다음을 참조. Carol S. Dweck, "Carol Dweck Revisits the 'Growth Mindset'" Education Week, September 22,

2015.

23 James Baldwin, Nobody Knows My Name (New York: Vintage Books, 1993), 61-62.

24 Daeun Park et al., "Young Children's Motivational Frameworks and Math Achievement: Relation to Teacher-Reported Instructional Practices, but Not Teacher Theory of Intelligence," Journal of Educational Psychology (in press, 2015).

25 Kyla Haimovitz and Carol S. Dweck, "What Predicts Children's Fixed and Growth Mindsets? Not Their Parent's Views of Intelligence But Their Parents' Views of Failure" (manuscript under review, 2015).

26 Harvard Business Review Staff, "How Companies Can Profit from a 'Growth Mindset'" Harvard Business Review, November 2014.

27 Vanguard CEO, 빌 맥냅과의 면담. 2015년 8월 20일.

28 Friedrich Nietzsche, The Anti-Christ, Ecce Homo, Twilight of the Idols: and Other Writings, ed. Aaron Ridley, trans. Judith Norman (Cambridge, UK: Cambridge University Press, 2005), 157.

29 시련이 우리의 가능성을 키워준다는 생각은 사실 시대를 막론하고 존재해왔다. 모든 주요 종교에는 시련을 통해 깨달음을 얻는다는 우화가 있다. OED Online, Oxford University Press, September 2015.

30 《아웃워드 바운드》에 관한 정보를 더 원한다면 www.outwardbound.org 참조.

31 John A. Hattie, Herbert W. Marsh, James T. Neill, and Garry E. Richards, "Adventure Education and Outward Bound: Out-of-Class Experiences That Make a Lasting Difference," Review of Educational Psychology 67 (1997): 43-87.

32 Maier and Seligman, "Learned Helplessness."

33 Kenneth H. Kubala et al., "Short-and Long-Term Consequences of Stressor Controllability in Adolescent Rats," Behavioural Brain Research 234 (2012): 278-84.

34 콜로라도대학교 심리학과 교수 겸 신경과학센터 원장, 스티브 마이어와의 면담. 2015년 4월 2일.

35 밀턴 허시 자신이 그릿의 전형으로, 여러 번 회사를 세웠다가 실패한 끝에 시행착오를 거쳐 밀크초콜릿 제조법을 개발했고 곧 그의 회사는 세계 최대 과자 회사가 됐다. 이런 사실은 결코 우연이 아니다. 그와 아내는 자식을 낳을 수 없었기 때문에 허시스쿨을 설립했고 이 학교는 허시사의 대주주가 됐다. 밀턴 허시 스쿨과 설립자에 관한 자세한 정보는 www.mhskids.org 참조.

36 케이번의 연주를 듣고 싶다면 www.kayvonmusic을 방문해보라.

37 Sue Ramsden et al., "Verbal and Non-Verbal Intelligence Changes in the Teenage Brain," Nature 479 (2011): 113-16.

38 Carol S. Dweck, "The Secret to Raising Smart Kids," Scientific American 23 (2015). Lisa S. Blackwell, Kali H. Trzesniewski, and Carol S. Dweck, "Implicit Theories of Intelligence Predict Achievement Across an Adolescent Transition: A Longitudinal Study and in Intervention," Child Development 78 (2007): 246-63. Joshua Aronson, Carrie B. Fried and Catherine Good, "Reducing the Effects of Stereotype Threat on African American College Students by Shaping Theories of Intelligence," Journal of Experimental Psychology 38 (2002): 113-25. David Paunesku et al., "Mind-Set Interventions Are a Scalable Treatment for Academic Underachievement," Psychological Science (2015): 1-10. Allyson P. Mackey, Kirstie J. Whitaker, and Silvia A. Bunge, "Experience-Dependent Plasticity in White Matter Microstructure: Reasoning Training Alters Structural Connectivity," Frontiers in Neuroanatomy 6 (2012): 1-9. Robert J. Zatorre, R. Douglas Fields, and Heidi Johansen-Berg, "Plasticity in Gray and White: Neuroimaging Changes in Brain Structure During Learning," Nature Neuroscience 15(2012): 528-36.

39 펜실베이니아대학교의 탄력성 프로그램은 제인 길햄Jane Gillham, 캐런 레이비치Karen Reivich, 리사 제이콕스Lisa Jaycox에 의해 개발됐다. 학교에서 사용되는 이 프로그램은

역할극, 게임, 상호작용 활동을 통해 학생들에게 인지행동 기술과 사회·정서적 기술을 가르친다. 다음 참조. J. E. Gillham, K. J. Reivich, L.H. Jaycox, and M. E. P. Seligman, "Preventing Depressive Symptoms in Schoolchildren: Two Year Follow-up," Psychological Science 6 (1995): 343-51. Martin E. P. Seligman, Peter Schulman, Robert J. DeRubeis, and Steven D. Hollon, "The Prevention of Depression and Anxiety," Prevention and Treatment 2 (1999). 이후의 메타분석 연구에서는 처치 후 12개월 동안 이 프로그램에 참여한 집단은 참여하지 않은 집단에 비해서는 도움이 됐지만 통제 조건인 소극적 처치 집단에 비해서는 효과가 없는 것으로 확인됐다. Steven M. Brunwasser, Jane E. Gillham, and Eric S. Kim, "A Meta-Analytic Review of the Penn Resiliency Program's Effect on Depressive Symptoms," Journal of Consulting and Clinical Psychology 77 (2009): 1042-54.

40 인지치료에 관한 자세한 정보는 www.beckinstitute.org 참조.

41 브린모어 칼리지Bryn Mawr College 수학과 명예교수 겸 EDGE 프로그램 공동 설립자인 론다 휴스와의 대화. 2013년 5월 25일.

42 스펠먼 칼리지 수학과 명예교수, 실비아 보즈먼과의 교신. 2015년 10월 14일. 실비아는 Edna Francisco, "Changing the Culture of Math," Science, September 16, 2005에서도 유사한 견해를 밝혔다. 계속하라고 이야기해줄 사람이 아무도 없을 때도 있다는 점 또한 지적해두겠다. 심리학자인 크리스틴 네프Kristin Neff 는 친구가 비슷한 상황에 놓였다면 무슨 이야기를 해주겠는지 생각해보고 그런 연민과 이해가 담긴 이야기를 자신에게 해주는 연습을 하라고 제안한다.

──────────── 제10장 그릿을 길러주는 양육방식 ────────────

1 John B. Watson, Psychological Care of Infant and Child (London: Unwin Brothers, 1928), 14.

2 Ibid., 73.

3 Don Amore, "Redemption for a Pure Passer?" Hartford Courant, January

29, 1995.

4 Grit: The True Story of Steve Young, directed by Kevin Doman (Cedar Fort, KSL Television, and HomeSports, 2014), DVD.

5 Ibid

6 Steve Young with Jeff Benedict, "Ten Thousand Spirals," chapter in forthcoming book, 2015, http://www.jeffbenedict.com/index.php/blog/389-ten-thousand-spirals.

7 Doman, Grit: The True Story.

8 Christopher W. Hunt, "Forever Young, Part II: Resolve in the Face of Failure," Greenwich Time, February 2, 2013.

9 Doman, Grit: The True Story.

10 The Pro Football Hall of Fame, "Steve Young's Enshrinement Speech Transcript," August 7, 2005.

11 Doman, Grit: The True Story.

12 Kevin Doman, "Grit: The True Story of Steve Young," Deseret News, April 4, 2014.

13 스티브 영의 부모인 셰리 영과 르그랜디 영과의 면담. 2015년 8월 23일.

14 샌프란시스코 포티나이너스 쿼터백 출신인 스티브 영과의 면담. 2015년 8월 18일.

15 Observer, "The A-Z of Laughter(Part Two)," Guardian, December 7, 2003.

16 코미디언, 프란체스카 마르티네스와의 면담. 2015년 8월 4일.

17 Francesca Martinez, What the **** Is Normal?!(London: Virgin Books, 2014), 185.

18 프란체스카 마르티네스와의 면담. 프란체스카는 그녀의 책에서도 비슷한 이야기를 한다.

19 Martinez, What the **** Is Normal?!, 48.

20 Wendy S. Grolnick and Richard M. Ryan, "Parent Styles Associated with Children's Self-Regulation and Competence in School," Journal of Educational Psychology 81 (1989): 143-54. Earl S. Schaefer, "A

Configurational Analysis of Children's Reports of Parent Behavior," Journal of Consulting Psychology 29 (1965): 552-57. Diana Baumrind, "Authoritative Parenting Revisited: History and Current Status," in Authoritative Parenting: Synthesizing Nurturance and Discipline for Optimal Child Development, ed. Robert E. Larzelere, Amanda Sheffield Morris, and Amanda W. Harrist (Washington, D.C.: American Psychological Association, 2013), 11-34.

21 Laurence Steinberg, "Presidential Address: We Know Some Things: Parent–Adolescent Relationships in Retrospect and Prospect," Journal of Research on Adolescence 11 (2001): 1-19.

22 Laurence Steinberg, Nina S. Mounts, Susie D. Lamborn, and Sanford M. Dornbusch, "Authoritative Parenting and Adolescent Adjustment Across Varied Ecological Niches," Journal of Research on Adolescence 1 (1991): 19-36.

23 Koen Luyckx et al., "Parenting and Trajectories of Children's Maladaptive Behaviors: A 12–year Prospective Community Study," Journal of Clinical Child & Adolescent Psychology 40 (2011): 468-78.

24 Earl S. Schaefer, "Children's Reports of Parental Behavior: An Inventory," Child Development 36 (1965): 413-24. Nancy Darling and Laurence Steinberg, "Parenting Style as Context: An Integrative Model," Psychological Bulletin 113 (1993): 487-96.

25 "Construction and Validation of the Parenting Style Inventory II (PSI–II)," (unpublished manuscript, 1997). 동의를 얻어 수정한 후 사용했다.

26 Albert Bandura, Dorothea Ross, and Sheila Ross, "Imitation of Film–Mediated Aggressive Models," Journal of Abnormal and Social Psychology 66 (1963): 3-11.

27 Bloom, Developing Talent, 510.

28 Ronald S. Brandt, "On Talent Development: A Conversation with Benjamin Bloom," Educational Leadership 43 (1985): 34.

29 Center for Promise, Don't Quit on Me: What Young People Who Left School Say About the Power of Relationships (Washington, D.C.: America's Promise Alliance, 2015), www.gradnation.org/report/dont-quit-me.

30 Tobi Lutke, "The Apprentice Programmer," Tobi Lutke's blog, March 3, 2013, http://tobi.lutke.com/blogs/news/11280301-the-apprentice-programmer.

31 Kathryn R. Wentzel, "Are Effective Teachers Like Good Parents? Teaching Styles and Student Adjustment in Early Adolescence," Child Development 73 (2002): 287-301. Douglas A. Bernstein, "Parenting and Teaching: What's the Connection in Our Classrooms?" Psychology Teacher Network, September 2013, http://www.apa.org/ed/precollege/ptn/2013/09/parenting-teaching.aspx.

32 Ronald F. Ferguson and Charlotte Danielson, "How Framework for Teaching and Tripod 7Cs Evidence Distinguish Key Components of Effective Teaching," in Designing Teacher Evaluation Systems: New Guidance from the Measures of Effective Teaching Project, ed. Thomas J. Kane, Kerri A. Kerr, and Robert C. Pianta (San Francisco: Jossey-Bass, 2014), 98-133.

33 David Scott Yeager et al., "Breaking the Cycle of Mistrust: Wise Interventions to Provide Critical Feedback Across the Racial Divide," Journal of Experimental Psychology 143 (2013): 804-24. 이 실험 처치를 고안하도록 자극이 됐던 대단히 효과적인 개인 지도에 관한 연구는 다음을 참조. Mark R. Lepper and Maria Woolverton, "The Wisdom of Practice: Lessons Learned from the Study of Highly Effective Tutors," in Improving Academic Achievement: Impact of Psychological Factors on Education, ed. Joshua Aronson (New York: Academic Press, 2002), 135-58.

34 Yeager et al., "Breaking the Cycle"

35 스탠퍼드대학교 컴퓨터공학 박사과정의 코디 콜먼과의 대화. 2013년 5월 24일.

36 Winslow Township 고등학교 수학 교사, 샨텔 스미스와의 대화. 2015년 3월 15일.

37 Cody Coleman, interview by Stephanie Renee, 900AMWURD, October 31, 2014.

──────────── 제11장 그릿을 기르는 운동장 ────────────

1   Reed W. Larson and Douglas Kleiber, "Daily Experience of Adolescents," in Handbook of Clinical Research and Practice with Adolescents, ed. Patrick H. Tolan and Bertram J. Cohler (Oxford, UK: John Wiley & Sons, 1993), 125-45. Reed W. Larson, "Positive Development in a Disorderly World," Journal of Research on Adolescence 21 (2011): 317-34. Data are originally from Reed W. Larson, Giovanni Moneta, Maryse H. Richards, and Suzanne Wilson, "Continuity, Stability, and Change in Daily Emotional Experience Across Adolescence," Child Development 73 (2002): 1151-65. See also David J. Shernoff, Mihaly Csikszentmihalyi, Barbara Schneider, and Elisa Steele Shernoff, "Student Engagement in High School Classrooms from the Perspective of Flow Theory," School Psychology Quarterly 18 (2003): 158-76. David J. Shernoff and Deborah Lowe Vandell, "Engagement in After-School Program Activities: Quality of Experience from the Perspective of Participants," Journal of Youth and Adolescence 36 (2007): 891-903. Kiyoshi Asakawa and Mihaly Csikszentmihalyi, "The Quality of Experience of Asian American Adolescents in Academic Activities: An Exploration of Educational Achievement," Journal of Research on Adolescence 8 (1998): 241-62.

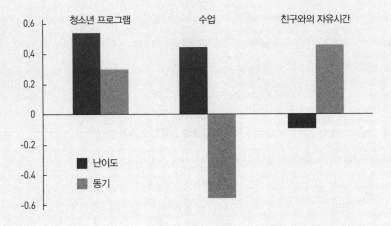

청소년 프로그램   수업   친구와의 자유시간

난이도
동기

* 해당 그래프는 Young 등의 동의를 얻어 작성했다.

2   Reed W. Larson, "Toward a Psychology of Positive Youth Development,"
    American Psychologist 55 (2000): 170-83. See also Robert D. Putnam, Our
    Kids: The American Dream in Crisis (New York: Simon & Schuster, 2015), 174-
    82.

3   예컨대 다음과 같은 논문 참조. Jennifer Fredricks and Jacquelynne S. Eccles,
    "Extracurricular Participation Associated with Beneficial Outcomes?
    Concurrent and Longitudinal Relations," Developmental Psychology 42
    (2006): 698-713.

4   Bureau of Labor Statistics, "American Time Use Survey," Average Hours
    Spent Per Day in Leisure and Sports Activities, by Youngest and Oldest
    Populations Graph, 2013, http://www.bls.gov/TUS/CHARTS/LEISURE.
    HTM. See also Vanessa R. Wight, Joseph Price, Suzanne M. Bianchi, and
    Bijou R. Hunt, "The Time Use of Teenagers," Social Science Research 38
    (2009): 792-809.

5   Margo Gardner, Jodie Roth, and Jeanne Brooks-Gunn, "Adolescents'
    Participation in Organized Activities and Developmental Success 2 and 8
    Years After High School: Do Sponsorship, Duration, and Intensity Matter?"

Developmental Psychology 44 (2008): 814-30.

6 Warren H. Willingham, Success in College: The Role of Personal Qualities and Academic Ability (New York: College Entrance Examination Board, 1985). 워런 윌링햄이 이 연구를 진행하고 있을 무렵 10대였던 아들 댄Dan이 심리학 전공으로 대학에 입학했다. 현재 버지니아대학교 심리학과 교수인 댄은 아버지의 유지를 이어받아 인지심리학의 성과들을 바탕으로 아이들을 돕는 데 전념하고 있다. 나는 댄의 책 중에서 《Why Don't Students Like School?》 (San Francisco: Jossey-Bass, 2009)이 가장 마음에 든다.

7 표준화 학력검사가 학교와 직장에서의 성과를 예견해주는 예측타당도는 충분히 입증됐다. 특히 심리학자, 폴 새킷Paul Sackett과 네이선 쿤셀Nathan Kuncel의 연구를 참조하기 바란다. 여기서 나는 학력검사 자체가 타당성이 없다는 것이 아니라 학생들이 아는 것과 할 수 있는 것을 측정하기에 불충분하고 불완전하다고 주장하는 것이다. 다음을 참조. Angela L. Duckworth, Patrick D. Quinn, and Eli Tsukayama, "What No Child Left Behind Leaves Behind: The Roles of IQ and Self-Control in Predicting Standardized Achievement Test Scores and Report Card Grades," Journal of Educational Psychology 104 (2012): 439-51. See also James J. Heckman, John Eric Humphries, and Tim Kautz, ed., The Myth of Achievement Tests: The GED and the Role of Character in American Life (Chicago: University of Chicago Press, 2014).

8 Willingham, Success in College, 213.

9 Michael Wines, "Extracurricular Work Spurs Success in College," Los Angeles Times, October 17, 1985.

10 Willingham, Success in College, 193. For a review of the advantages and disadvantages of various approaches to measuring qualities like grit, see Duckworth and Yeager, "Measurement Matters."

11 Brian M. Galla et al., "Cognitive and Noncognitive Determinants of High School Grades, SAT Scores, and College Persistence," Journal of Educational Psychology (under review, 2015).

12 Alyssa J. Matteucci et al., "Quantifying Grit from Extracurricular Activities: A Biodata Measure of Passion and Perseverance for Long—Term Goals" (manuscript in preparation, 2015).

13 Robertson—Kraft and Duckworth, "True Grit"

14 Brent W. Roberts and Avshalom Caspi, "The Cumulative Continuity Model of Personality Development: Striking a Balance Between Continuity and Change in Personality Traits Across the Life Course," in Understanding Human Development: Dialogues with Lifespan Psychology, ed. Ursula M. Staudinger and Ulman Lindenberger (Norwell, MA: Kluwer Academic Publishers, 2003), 183-214.

15 1890년 윌리엄 제임스는 30세까지는 인성이 "석고처럼 굳는다."고 주장했다. 다음에서 인용. Brent W. Roberts and Wendy F. DelVecchio, "The Rank—Order Consistency of Personality Traits from Childhood to Old Age: A Quantitative Review of Longitudinal Studies," Psychological Bulletin 126 (2000): 6.

16 Ibid. Avshalom Caspi, Brent W. Roberts, and Rebecca L. Shiner, "Personality Development: Stability and Change," Annual Review of Psychology 56 (2005): 453-84. Brent W. Roberts, Kate E. Walton, and Wolfgang Viechtbauer, "Patterns of Mean—Level Change in Personality Traits Across the Life Course: A Meta—Analysis of Longitudinal Studies," Psychological Bulletin 132 (2006): 1-25.

17 Brent W. Roberts, Avshalom Caspi, and Terrie E. Moffitt, "Work Experiences and Personality Development in Young Adulthood," Journal of Personality and Social Psychology 84 (2003): 582-93.

18 하버드대학교 입학 및 학자금 지원처장, 빌 피츠시먼스Bill Fitzsimmons와의 면담. 2015년 2월 17일.

19 William R. Fitzsimmons, "Guidance Office: Answers from Harvard's Dean, Part 3," New York Times, September 14, 2009, http://thechoice.blogs.nytimes.com/tag/harvarddean.

20 피츠시먼스와의 면담.

21 Kaisa Snellman, Jennifer M. Silva, Carl B. Frederick, and Robert D. Putnam, "The Engagement Gap: Social Mobility and Extracurricular Participation Among American Youth," The Annals of the American Academy of Political and Social Science 657 (2015): 194-207.

22 제프리 캐나다와 할렘 칠드런스 존에 관한 자세한 정보는 www.hcz.org 참조.

23 할렘 칠드런스 존 설립자, 제프리 캐나다와의 면담. 2012년 5월 14일.

24 Geoffrey Canada, "Our Failing Schools. Enough Is Enough!" TED Talks Education video, filmed May 2013, https://www.ted.com/talks/geoffrey_canada_our_failing_schools_enough_is_enough?language=en.

25 그의 연구를 요약적으로 보고 싶다면 다음 참조. Robert Eisenberger, "Learned Industriousness," Psychological Review 99 (1992): 248-67 and Eisenberger's book Blue Monday: The Loss of the Work Ethic in America (New York: Paragon House, 1989).

26 고등학교와 대학을 다닐 나이가 지난 사람들도 여러 활동에 등록함으로써 도전하고 지지를 받을 수 있다. 나 같은 경우도 스파르탄 레이스Spartan Race 창설자인 조 드 세나Joe De Sena로부터 그릿에 관해 많은 것을 배웠다. 그와의 면담에서 다음과 같은 이야기를 들었다. "우리는 버몬트에 살고 있습니다. 매우 추운 곳이죠. 아들은 스키 선수예요. 하루는 아들이 점심시간 한 시간 전에 들어왔어요. 너무 추워서 일찍 왔다고 하더군요." 알아보니 팀의 다른 아이들은 여전히 연습하고 있었다. 조는 아들에게 말했다. "좋아. 추웠다는 것은 알겠어. 하지만 너는 팀원이고 팀이 아직 스키를 타고 있다니까 너는 이제 내 팀 선수가 되는 거다. 내 팀은 리프트를 타지 않아." 그리고 부자는 밖으로 나가 걸어서 산 위로 올라갔다. 그의 아들은 올라가는 내내 씩씩거리며 불평했다. 산 위로 올라간 뒤 스키를 타고 내려오는 것으로 수업은 끝났다. "고문 같네요." 내가 반쯤 농담으로 말했다. "아들을 괴롭히려고 그랬던 것이 아닙니다." 조가 대답했다. "더 힘들어질 수도 있다는 것을 가르치려고 했던 거죠. 아들이 '이것도 괴롭지만 훨씬 더 힘들어질 수도 있다'는 것을 알게 됐기 때문에 다시는 그런 문제가 생기지 않았습니다." 조가 잠시 뜸을 들이더니 말을 이었다. "저도 시합을 포기한 적

이 있었어요. 그때 당장의 고통보다 훨씬 괴로운 일이 있을 수 있다는 것을 배웠죠. 그건 도움이 있어야 배울 수 있는 교훈이에요. 저절로 아는 게 아니지요."

<hr>

제12장 강력한 그릿 문화의 힘

1 Pete Carroll, interviewed by Eric Wayne Davis, NFL AM, posted by the Seattle Seahawks, "Pete Carroll: 'We're Looking for Grit,'" February 3, 2014, http://www.seahawks.com/video/2014/02/03/pete-carroll-were-looking-grit.

2 시애틀 시호크스 코치, 피트 캐럴과의 전화 통화. 2013년 5월 13일.

3 Chambliss, interview.

4 Lee Ross and Richard E. Nisbett, The Person and the Situation: Perspectives of Social Psychology (London: McGraw-Hill, 1991). 이 책은 이 모든 연구를 요약해놓았다.

5 James G. March, "How Decisions Happen in Organizations," Human-Computer Interaction 6 (1991): 95-117.

6 선더캣 테크놀로지 공동 창업자 겸 CEO, 톰 디어라인Tom Deierlein과의 이메일. 2011년 10월 29일.

7 톰 디어라인과의 이메일. 2015년 9월 17일.

8 Time, "Northern Theatre: Sisu," January 8, 1940.

9 Hudson Strode, "Sisu: A Word That Explains Finland," New York Times, January 14, 1940.

10 Emilia Lahti, "Above and Beyond Perseverance: An Exploration of Sisu" (Masters Capstone, University of Pennsylvania, 2013).

11 Betty Liu, Work Smarts: What CEOs Say You Need to Know to Get Ahead (Hoboken, NJ: John Wiley & Sons, 2014), 7.

12 Thomas II, Amazon review of "Last Man Standing: The Ascent of Jamie Dimon and JP Morgan Chase," October 8, 2009, http://www.amazon.com/

Last-Man-Standing-Ascent-JPMorgan/dp/B003STCKN0.

13 Ben Smith, "Master Howard Dean," Observer, December 8, 2003, http://
observer.com/2003/12/master-howard-dean.

14 Duff McDonald, Last Man Standing: The Ascent of Jamie Dimon (New York:
Simon and Schuster, 2009), 5.

15 JP모건체이스 CEO인 제이미 다이먼과의 대화. 2015년 4월 14일.

16 다이먼과의 대화.

17 Nick Summers and Max Abelson, "Why JPMorgan's Jamie Dimon is Wall
Street's Indispensable Man," Bloomberg Businessweek, May 16, 2013.

18 다이먼과의 대화.

19 Theodore Roosevelt, "The Man in the Arena. Citizenship in a Republic,"
address delivered at the Sorbonne, Paris, 1910.

20 JPMorgan Chase & Co., How We Do Business, 2014, http://www.jpmorgan
chase.com/corporate/About-JPMC/document/20140711_Website_PDF_
FINAL.pdf.

21 Tim Crothers, The Man Watching: Anson Dorrance and the University of
North Carolina Women's Soccer Dynasty (New York: Thomas Dunne, 2006),
37.

22 Ibid., 106.

23 노스캐롤라이나대학교 여자 축구팀 감독, 앤슨 도런스와의 면담. 2015년 8월 21일.

24 Luc A. Leger, D. Mercier, C. Gadoury, and J. Lambert, "The Multistage 20
Metre Shuttle Run Test for Aerobic Fitness," Journal of Sports Sciences 6
(1988): 93-101.

25 앤슨 도런스와의 면담. 2015년 9월 30일.

26 다이먼과의 대화.

27 George Bernard Shaw, Man and Superman: A Comedy and a Philosophy
(New York: Penguin, 1903), 32. 원문은 다음과 같다. "This is the true joy in life,
the being used for a purpose recognized by yourself as a mighty one . . .

the being a force of Nature instead of a feverish selfish little clod of ailments and grievances complaining that the world will not devote itself to making you happy."

28 West-Point.org, "Bugle Notes," accessed February 10, 2015, http://www.west-point.org/academy/malo-wa/inspirations/buglenotes.html.

29 미국 육군사관학교 전 교장 존 스코필드 소장의 생도 훈화. 1879년 8월 11일.

30 미국 육군사관학교 교장 로버트 캐슬런 중장과의 면담. 2015년 9월 4일.

31 이 자료는 미국 육군사관학교에서 제공한 것이다.

32 Carroll, Win Forever, 183.

33 "Pete Carroll Returns to USC, Full Interview, 2014," YouTube video, 1:57:42, posted March 20, 2014, https://youtube/jSizvISegnE.

34 Earl Thomas, "Take Nothing for Granted," Earl Thomas's blog, January 25, 2014, http://www.earlthomas.com/2014/01/25/take-nothing-granted.

35 Don Banks, "The Worst Play Call in NFL History Will Continue to Haunt Seahawks in 2015," Sports Illustrated, July 21, 2015.

36 "The Wizard's Wisdom: 'Woodenism,' " ESPN, June 5, 2010.

37 Greg Bishop, "Pete Carroll, NFL's Eternal Optimist, Is Ready to Turn Heartbreak into Triumph," Sports Illustrated, August 3, 2015, http://www.si.com/nfl/2015/07/28/pete-carroll-seattle-seahawks-2015-season-super-bowl-xlix.

───────────────── 제13장 천재가 아닌 모든 이들에게 ─────────────────

1 Victoria Young, Yuchen Lin, and Angela L. Duckworth, "Associations Between Grit and Subjective Well-Being in a Large Sample of US Adults," poster presented at the 16th Annual Convention of the Society for Personality and Social Psychology, Long Beach, CA, February 2015.

2 Aristotle, Nicomachean Ethics. Adam M. Grant and Barry Schwartz, "Too

Much of a Good Thing: The Challenge and Opportunity of the Inverted U,"

Perspectives in Psychological Science 6 (2011): 61-76.

3 이 자료는 2015년에 수집된 미발표 자료이다.

4 Geoffrey P. Goodwin, Jared Piazza, and Paul Rozin, "Moral Character
Predominates in Person Perception and Evaluation," Journal of Personality
and Social Psychology 106 (2014): 148-68.

5 "성격은 다양한 요소로 구성돼 있다."는 주장을 내 공으로 하고 싶지만 그럴 수 없
다. 다음을 포함해 많은 학자들이 동일한 관찰 결과를 내놓았다. Christopher
Peterson and Martin Seligman in Character Strengths and Virtues (New York:
Oxford University Press, 2004), 10.

6 Daeun Park et al., "A Tripartite Taxonomy of Character: Evidence for
Interpersonal, Intrapersonal, and Intellectual Competencies in Youth,"
(manuscript under review, 2015). 이 세 범주의 성격 특성은 대략 성격의 5요인 모형
의 성실성, 순응성, 경험에의 개방성과 일치한다는 데 주목하라.

7 나는 자제력이 그릿과 관련은 있지만 다른 덕목이라고 본다. 상위 목표, 궁극적 관심
이 아닌 목표에 대해서는 자기 통제력을 발휘할 수 있다. 또한 자기 통제력은 좌절과
실패를 극복하는 것과는 직접적 관계가 없다. 하지만 그릿과 자기 통제력은 모두 가
치 있는 목표를 달성하는 것이다. Angela L. Duckworth and James J. Gross,
"Self-Control and Grit: Related but Separable Determinants of Success,"
Current Directions in Psychological Science 23 (2014): 319-25. 참조. 나는 개
인적으로 자기 통제력이 매우 중요한 덕목이라고 믿는다. 자제력을 강화할 수 있는
전략과 그 유익함에 대해 알고 싶다면 다음을 참조하기 바란다. Walter Mischel,
The Marshmallow Test: Mastering Self-Control (New York: Little, Brown,
2014), and Roy F. Baumeister and John Tierney, Willpower: Rediscovering
the Greatest Human Strength (New York: Penguin, 2011).

8 David Brooks, The Road to Character (New York: Random House, 2015), xi.

9 이 책에서는 창의성에 대해서는 다루지 않았다. 창의력이 꼭 필요한 일도 매우 많으
므로 관심 있는 독자는 다음을 참고하기 바란다. Scott Barry Kaufman and

Carolyn Gregoire, Wired to Create: Unraveling the Mysteries of the Creative Mind (New York: Perigee Books, 2015).

10 Park et al., "Tripartite Taxonomy."

11 "Advice on Writing from the Atlantic's Ta-Nehisi Coates," Atlantic video, September 27, 2013, http://www.theatlantic.com/video/archive/2013/09/advice-on-writing-from-i-the-atlantic-i-s-ta-nehisi-coates/280025.

12 "Journalist Ta-Nehisi Coates, 2015 MacArthur Fellow," MacArthur Foundation video, posted September 28, 2015, https://www.macfound.org/fellows/931.